Tausche Schwester gegen Endspielkarte
Das ultimative Buch der Fußball-Wahrheiten
Band 2

»Irgendwann, wenn ich aufhöre, schreibe ich mal ein Buch:
die dümmsten Sprüche der Bundesliga.«

Otto Rehhagel

Tausche SCHWESTER gegen ENDSPIELKARTE

Das ultimative Buch der Fußball-Wahrheiten

Band 2

Zusammengestellt
von Ben Redelings

VERLAG DIE WERKSTATT

Bibliografische Information der Deutschen Nationalbibliothek:
Die Deutsche Nationalbibliothek verzeichnet diese Publikation in der
Deutschen Nationalbibliografie; detaillierte bibliografische Daten sind
im Internet über http://dnb.d-nb.de abrufbar.

1. Auflage März 2012
2. Auflage Mai 2012
© 2012 Verlag Die Werkstatt GmbH
Lotzestraße 22a, D-37083 Göttingen
www.werkstatt-verlag.de
Alle Rechte vorbehalten

Satz und Gestaltung: Verlag Die Werkstatt, Göttingen
Druck und Bindung: Clausen & Bosse, Leck
Zeichnungen (Umschlag und Innenteil): ©TOM

ISBN 978-3-89533-843-4

Inhalt

Über Fußball

A

Co Adriaanse *(niederländischer Spieler und Trainer)*
Die meisten langen Spieler sind technisch schwach, weil ihre Füße so weit weg von ihrem Gehirn sind.

Fußball ist mehr als nur »'O sole mio«!

Peter Alexander *(österreichischer Sänger und Schauspieler)*
Es gibt ein weit verbreitetes Vorurteil, dass Profi-Fußballer nur drei graue Zellen haben und zwei davon in der Blutbahn unterwegs sind, um die dritte zu suchen.

Jonas Allgöwer *(Sohn von Karl Allgöwer)*
Papa, du hast einen blöden Beruf. Du musst sogar sonntags trainieren, wenn andere Leute in die Kirche gehen.

Klaus Allofs
Ein Torriecher ist wahrscheinlich wie Fahrrad fahren – das verlernt man auch nicht.

Jäger kommen manchmal ohne Beute nach Hause. Trotzdem muss es am nächsten Tag weitergehen, sonst werden sie verhungern. *(sehr poetisch gestimmt nach einer Niederlage)*

Michael Antwerpes *(ARD-Kommentator)*
Fußball-WM der Frauen ist, wenn man trotzdem Spaß hat.

Rudi Assauer
Alles aus dem Norden kannst du gebrauchen. Auch der Tscheche an sich macht seinen Job, den hörst und siehst du nicht. Absolut pflegeleicht. Polen und Russen verursachen nur Theater. Da passiert ständig etwas, mit dem Auto, mit den Landsleuten, mit der Freundin.

Klaus Augenthaler
Fußball ist nur schön, wenn du hinterher einen Verband hast und nicht nach zehn Minuten geföhnt bist.

Ob Sie es glauben oder nicht: Ich habe es schon erlebt – nicht jetzt hier in Wolfsburg –, dass nachts um halb elf ein Spieler anrief. Sein Wecker würde nicht mehr funktionieren, jemand müsse ihm Batterien besorgen.

B

Markus Babbel
In Kaiserslautern werden wir ausgeruhter sein. Das ist ein Abendspiel, da kann man sich am Nachmittag noch hinlegen.

Michael Ballack

Im Fußball geht es manchmal komisch und schnell.

Mario Basler

Vor allem den vielen Südamerikanern ist doch mittlerweile völlig egal, was mit ihren Vereinen passiert. Die meisten von denen küssen mehr Vereinswappen auf dem Trikot als Frauen in ihrem Leben. Ähnlich untreu ist nur die Liliana Matthäus.

Lars Bastrup *(dänischer Fußballspieler)*

In den größeren menschlichen Perspektiven ist der Fußball nur Nebensache.

Dr. Peco Bauwens

Fußball ist kein Frauensport. Wir werden uns mit dieser Angelegenheit nie ernsthaft beschäftigen. *(der DFB-Präsident im Jahr 1955)*

Bebé *(portugiesischer Fußballspieler)*

Ich habe die vielen Nächte noch nicht vergessen, in denen ich auf der Straße schlafen musste. Wenn ich zurückblicke auf das, was passiert ist, dann hört es sich an wie die Sportversion von Aschenputtel. Letztlich waren all die Opfer nicht umsonst, sondern haben sich gelohnt. Der Fußball kann Leben verändern.

Franz Beckenbauer

Vor zehn Jahren hatte ich noch Probleme beim Hinschauen, aber der spielerische Standard hat sich längst gebessert. Nur die Kleidung gefällt mir noch immer nicht, die weiten Hosen, die weiten Trikots – die Spielerinnen müssten sich fraulicher kleiden, vielleicht in Leggings, aber jedenfalls körperbetont. *(über Frauenfußball, Anfang der neunziger Jahre)*

Früher haben wir noch Schweinshaxen vor dem Spiel gegessen und auch gewonnen. Aber heute wirst du mit Müsli Meister.

Der WM-Ball ist ja kein Lederball mehr, sondern eine Mischung aus Marsstaub, Mondstaub, Gold und Platin.

Wir sind in einem Fußballverein und nicht in einem
Kirchenklub, da sagt man sich
manchmal die Wahrheit.

Pink ist die Lieblingsfarbe von
meiner Tochter. Sie ist fünf.
Das wäre zu meinen Zeiten
undenkbar gewesen. *(der Präsident von Bayern München
über die pinkfarbenen Schuhe
von Franck Ribéry)*

Ich finde es großartig, dass sich
die Frauen immer mehr ver-
mehren in der Bundesliga.

Fußball ist keine einsame Insel.
Er ist Teil der Gesellschaft.

Im Erfolg ist alles richtig, im
Misserfolg alles falsch. Wenn
die Mannschaft gegen den Abstieg kämpft und der Trainer
im Kaschmir-Sakko erscheint,
wird er betrachtet wie ein Hei-
ratsschwindler.

Boris Becker

Ich bin froh, dass ich mich
selbst aufstellen und mich
keiner vom Platz holen kann.
*(über die Vorteile des Tennis-
sports gegenüber dem Fußball)*

Reinhold Beckmann

Erlebnispark Bundesliga –
der reine Wahnsinn!

Uwe Bein

Die Zuschauerrolle ist die
schwierigste Rolle für einen
Spieler.

Helmut Benthaus *(Fußball-
trainer)*

Spielen kann nur, wer den Ball
hat.

George Best

Als ich Fußball spielte, fand ich
es immer am schönsten, meine
Gegenspieler lächerlich zu machen.

Oliver Bierhoff

Als ich das erste Mal am Profi-
tisch saß und die große Schüssel Pommes kam, sagte ich:
»Bitte, nehmt doch zuerst.«
Die Schüssel kam leer zurück.
Da verstand ich, du musst lernen, dich zu behaupten.

Wenn Uli Hoeneß sein Privat-
vermögen in seine Wurstfabr-
rik steckt, ist das auch Wett-
bewerbsverzerrung gegenüber
dem Metzger, der dieses Pri-
vatvermögen nicht hat. *(zu den
Diskussionen über den Einstieg
von privaten Investoren bei
deutschen Bundesligaklubs)*

Slaven Bilić

Vor ein paar Tagen wollte ich eine Pizza kaufen, und während ich wartete, traf ich einen Freund, den ich schon viele Jahre nicht mehr gesehen hatte und der dort als Pizza-Bote arbeitete. Er fragte mich, ob ich nicht Arbeit für ihn hätte. Er sagte: »Ich halte diesen Druck nicht mehr aus. In 30 Minuten muss ich ausliefern, über rote Ampeln fahren, wütende Kunden bedienen. Das ist einfach zu viel für mich!« Da habe ich gemerkt, wie gut ich es doch mit meinem wundervollen Job habe.

Björk *(Musikerin)*

Fußball ist ein Fruchtbarkeitsfestival. Elf Spermien, die versuchen, das Ei zu versenken. Ich bedaure echt die Torhüter.

Joseph S. Blatter

Es stellt den Fußball nicht auf den Kopf, sondern ist ein Dienst am Kunden. *(bei der Umstellung von zwei auf drei Punkten pro Sieg)*

Rudi Bommer

Je länger das Spiel dauerte, desto kürzer wurden die Beine.

Helmut Böttiger *(Autor)*

Was besagt ein Shakespearescher Theatertod gegen das entscheidende Kopfballtor in der 92. Minute?

Helmut Bracht *(BVB-Spieler)*

Der Fußball hat uns geformt. Uns Disziplin beigebracht, Teamgeist. Vor allem aber die Erkenntnis: Allein bist du eine Pflaume.

Andreas Brehme

Zum Glück ist die Mannschaft nach dem Spiel besser ins Spiel gekommen.

Paul Breitner

Ich will kein Sklave des Fußballs sein. Wenn der FC Bayern nicht spielt, möchte ich meine Ruhe haben.

Erst nach dem Training bin ich Mensch.

Hans-Peter Briegel

Manche Fußball-Funktionäre haben ein Brett vor dem Kopf. Und manche aus der Luxusklasse, die haben ein Teakholzbrett vorm Kopf.

Günter Brocker

Bei mir sind früher die Bälle kaputt gegangen. Heute halten die Köpfe nicht mehr. *(nachdem einer seiner Spieler nach einem Kopfballduell verletzt ausgewechselt wurde)*

Markus Brzenska

Man hat wieder gesehen: Wenn die Null bei uns steht, bleiben wir unschlagbar.

C

Cacau
Mit 30 kann man noch Gas geben und hat auch viel Erfahrung. Man kennt die kürzeren Wege auf dem Platz.

Tschik Čajkovski
Ball rund, Stadion rund, ich rund.

Der Ball ist eine Kartoffel.

Eric Cantona
Der Ball ist wie eine Frau, er liebt Umarmungen.

Papiss Demba Cissé
Es war wie mit einer Frau, die schwanger ist, sich auf ihr Kind freut und hofft, dass es endlich zur Welt kommt. *(das Warten auf den ersehnten Transfer setzt offensichtlich poetische Kräfte frei)*

Cleveland Plain Dealer
Biathlon. Rodeln. Fußball. Eins wie das andere. *(die Zeitung über die Inszenierung der WM 1994 in den USA)*

Brian Clough
Für mich ist das Fernsehen eine größere Bedrohung für den Fußball als der Hooliganismus.

Gianluigi Buffon
Als Kind schießt man Tore, dann hast du eine blöde Phase, und plötzlich stehst du im Tor.

Manfred Burgsmüller
Was bringt dir im Spiel die große Pumpe, wenn du unterwegs den Ball vergisst?

Der beste Präsident ist der, der ein dickes Konto hat, den Verein nach außen repräsentiert, den Trainer und Manager in Ruhe arbeiten lässt. Den würde ich jeden Samstag eigenhändig mit der Sänfte zum Spiel tragen.

Paulo Coelho *(Schriftsteller)*
Man kann nicht die Magie eines Fußballspiels in einem Roman vermitteln. Das ist ebenso absurd, wie das Gefühl eines Orgasmus beim Lesen zu vermitteln.

Albert Cohen *(Schweizer Schriftsteller)*
Fußball: Eine der Möglichkeiten, sich brüllend über die Grenzen des Daseins hinwegzusetzen.

Dettmar Cramer
Freundschaften schließen ist noch viel wichtiger, als Tore schießen – mit Abstand.

In der Kunst und im Fußballsport ist die Vollkommenheit nicht dann erreicht, wenn man nichts mehr hinzufügen, sondern erst dann, wenn man nichts mehr weglassen kann.

Spieler wie Beckenbauer kann man nicht machen. Auf sie muss man warten. Sie sind ein Geschenk, sie kommen wie die guten Jahre, wie die reichen Ernten auf den Feldern und in den Weinbergen.

Johan Cruyff
Die Grundlage ist es, den Ball so schnell wie möglich unter Kontrolle zu bekommen. Desto mehr Zeit hast du fürs Gucken.

Du musst schießen, sonst kannst du nicht treffen.

Pál Csernai
Das ist das Schlimme an den Bundesligaklubs: dass sie alle gewinnen wollen.

In der Bundesliga wird ein Fußball gespielt, wie sie in China Anzüge tragen: einheitlich, alles gleich.

D

Christoph Daum
Der Paul Bocuse würde Ihnen auch nicht jedes Rezept für eine Soße rausgeben. Oder fragen Sie doch mal Coca-Cola nach der richtigen Mischung. *(auf die Frage, welche Tricks er auf Lager habe)*

Um zu rennen und zu kämpfen, braucht man kein Abitur.

Wenn du nichts triffst, dann bist du überzeugt davon, dass du nichts triffst. Und dann triffst du wirklich nichts. *(zur Ladehemmung seines Stürmers Theofanis Gekas)*

Wenn der Kopf funktioniert, ist das wie ein drittes Bein.

Die Keimzelle des Fußballs ist das Zweikampfverhalten. Jeder, der das Fußballfeld betritt, hat das Ticket zum Krankenhaus in der Tasche. Ob er es einlöst oder nicht, wissen wir erst nach 90 Minuten! So sieht das aus!

Jede starre Taktik wird zu einem Grab.

Markus Daun *(Spieler, u. a. MSV Duisburg)*
Mit der Allianz Arena in München ist es wie mit deiner Traumfrau. Wenn du einmal drin warst, willst du immer wieder rein. *(nach dem Eröffnungsspiel)*

Aad de Mos *(niederländischer Spieler und Trainer)*
Im Leben gibt es zwei Dinge, die unumstößlich sind: Jeder Mensch stirbt, und ein Trainer wird entlassen.

Didier Deschamps *(französischer Spieler und Trainer)*
Die Leute gehen ins Stadion wie zum Theater. Wenn ich auf den Rasen komme, sehe ich auf der Tribüne gegenüber Typen in schwarzen Anzügen, als ob sie zur Beerdigung kommen. *(bei der WM 1998)*

DFB-Regelwerk
Kein Spieler darf sich zum Ausruhen auf den Boden legen. Nach dem Spiel muss sich jeder, zumal bei kühler Witterung, warm einhüllen und möglichst schnell nach Hause gehen, um sein Hemd zu wechseln. Eine kräftige Abreibung ist dabei sehr zu empfehlen. *(Anfang des 20. Jahrhunderts)*

Bernard Dietz
Im Spiel habe ich immer Angst, dass ich die zehn anderen in die Pfanne haue, wenn ich nicht vor meinem Gewissen mein Bestes gegeben habe.

Wie man ein Tor schießt? Man muss im richtigen Moment in geeigneter Weise vor den Ball treten.

Raymond Domenech
Du verlierst immer, wenn der Gegner Tore macht und du nicht.

E

Stefan Effenberg
Ich sag immer: Ein Stürmer schießt ihn rein, ein Mittelfeldspieler legt ihn quer, und ein Verteidiger schießt ihn halt rüber.

Christian Eichler (*»FAZ«-Journalist*)
Konzeptfußball ist, wenn ein Team gewinnt und man sich keinen Spieler merken kann.

René Eijkelkamp (*niederländischer Spieler und Trainer*)
Der Ball war zu hoch, um ihn mit dem Fuß zu nehmen. (*erklärt eines seiner seltenen Kopfballtore*)

Eljero Elia
So ist Fußball. An einem Tag bist du Michael Jackson und am nächsten Tag dann nur noch Roy Black.

Willi Entenmann (*Spieler und Trainer, u. a. VfB Stuttgart*)
Weißt du, Gerd, als ich früher Tore schoss, da hieß es immer, der staubt nur ab. Aber man muss halt wissen, wo man zu stehen hat. (*im Oktober 1971 zu Gerd Müller, als dieser gerade eine kleine Torkrise durchlebte*)

Sven-Göran Eriksson
Meine Großmutter hat nie verstanden, dass man so viel Geld verdienen kann, indem man einen Ball umherschießt. Jedes Mal, wenn wir uns gesehen haben, hat sie mir fünf oder zehn Pfund zugesteckt. (*Englands Team-Manager*)

Buffy Ettmayer
Die Jungs von heute haben Hornhaut auf den Oberschenkeln – vom vielen Reingrätschen. Rennen, kämpfen, das können die, aber Fußball spielen, dafür sollten die Videos von uns anschauen – zum Lernen.

F

Sir Alex Ferguson
Es ist interessant, dass wir bei den Spielen, in denen wir keine Tore geschossen haben, Punkte verloren haben.

Euan Ferguson (*englischer Kolumnist*)
Kein Mann findet Sushi wirklich toll; keine Frau findet in Wahrheit Fußball toll.

Eberhard Figgemeier (*ZDF-Sportredakteur*)
Der Strafraum ist keine entmilitarisierte Zone. Hier ist Schießen erlaubt.

Volker Finke
Das Faszinierende am Fußball ist, dass es keine Gerechtigkeit gibt.

Beim Fußball geht es nicht um Krieg und Frieden, sondern um einen Job auf Zeit.

Klaus Fischer
Ich besaß als Kind nur ein einziges Spielzeug, es war ein Ball.

George Foreman
Ich weiß nicht viel darüber. Es
ist mir zu Ohren gekommen,
dass letzten Sommer in den
USA ein sehr wichtiges Turnier
stattgefunden hat. *(der Boxer
im Jahre 1995 auf die Frage,
was er über Fußball wisse)*

Rolf Fringer *(österreichisch-
schweizerischer Fußballtrainer)*
Einige spielen kurzärmelig, um
nicht die Ärmel hochkrempeln
zu müssen.

Michael Frontzeck
Im Profifußball kannst du dir
Träume nicht erlauben. Da
musst du, wenn du weiterkommen willst, hellwach sein.

Walter Frosch
Wenn du früher zum Trai-
ner gesagt hast, du hast Kopfschmerzen, hat der gesagt:
»Geh ans Kopfball-Pendel,
dann gehen die weg.« Und
heute? Da schickt er dich zur
Kernspintomografie …

Alle frisch gestylt – und bei
Windstärke 4 fallen sie um.
*(über die heutige Spielergene-
ration)*

Uwe Fuchs *(u. a. Fortuna Köln
und Millwall)*
Ich denke zu viel nach, obwohl
ich ein Instinktfußballer bin.

Werner Fuchs *(Trainer, u. a.
Aachen und Hertha)*
Auf dem Platz hat nur einer
was zu sagen. Sonst geht's hier
zu wie beim Bundesparteitag
der Grünen.

Ernst Fuhry *(DFB-Funktionär)*
Tritt niemals neben oder über
den Ball – dann triffst du ihn
immer! *(»Fußball-Fibel«, 1934)*

Friedhelm Funkel
Wir haben einen tollen Job,
sind jeden Tag an der frischen
Luft.

G

Giancarlo Galavotti
Dass Middlesbrough Fabri-
zio Ravanelli verpflichtet, ist,
wie wenn jemand einen Ferrari kauft, ohne eine Garage
zu haben. *(»La Gazzetta dello
Sport«)*

Eduardo Galeano *(Autor)*
Ein Mann kann Frauen wech-
seln, politische Parteien oder
Religionen, aber nicht den
Lieblingsverein.

Maurizio Gaudino
Ein Spieler muss akzeptieren, nicht verstehen.

Holger Gehrke
Wenn man morgens wach wird, denkt man: »Scheiße!« *(über den Abstiegskampf)*

Theofanis Gekas
Ich muss kein Deutsch sprechen. Es reicht, wenn ich die Sprache des Fußballs spreche.

Christian Gentner
Wir haben keine Auswärtsschwäche, sondern eine Ergebnisschwäche in Auswärtsspielen.

Eric Gerets
Die Luft an der Spitze ist gut.

Hermann Gerland
Die Pferde, die sich anfangs sträuben und wehren, sind am Ende die besten. So ist es auch im Fußball. Die, die eckig und kantig sind, kannst du am besten gebrauchen.

Wenn man beim 5 gegen 2 keine Freude mehr hat, dann muss man mit dem Fußballspielen aufhören, dann muss man sich einen anderen Beruf suchen.

Länge kann man nicht trainieren. *(über den zu kleinen Bayern-Torwart Thomas Kraft)*

Fußball heißt Tore schießen und Tore verhindern. Wir schießen zu wenige und wir verhindern zu wenige. Das zwischen den Toren sieht allerdings manchmal wie Fußball aus.

Dicke Autos fahren, abends ins P1 rennen und Fußball spielen wie die Osterhasen. Das geht nicht … *(im Werbespot)*

Eduard Geyer
Die Fans wollen keine Spiele, bei denen man erkennt, dass manche Spieler nachher kein Deo brauchen. *(nach einer Sitzblockade Cottbuser Fans)*

Wenn ein Turmspringer einen Fehler macht, klatscht er auf den Bauch. Beim Fußball ist das anders, da lernt man aus den Fehlern, deshalb trainieren wir oft zu merkwürdigen Zeiten.

Timo Glock

Ich hoffe halt mal, dass die sich nicht an den Haaren ziehen oder so, wenn die eine oder andere da mal eine Grätsche setzt. *(der deutsche Automobilrennfahrer über Frauenfußball)*

Falko Götz

Marcello hat die ganze Woche böse dreingeschaut. Das ist so, als wenn man in einer Familie das Kind beschimpft hat und es dann schmollt. *(der Hertha-Trainer über Marcelinho, der nach einem Spiel viel Kritik zu hören bekam)*

Frank Goosen *(Autor)*

Spieler, Trainer, Funktionäre haben viele Vereine, Fans nur einen.

Ron Greenwood *(englischer Spieler und Trainer)*

Ich verzichte auf Außenstürmer, weil ich die Erfahrung gemacht habe, dass die meisten nur an der Außenlinie stehen und sich in der Nase bohren.

Ruud Gullit

Ein Torwart ist ein Torwart, weil er nicht Fußball spielen kann.

Rudi Gutendorf

Wenn wir auf Unentschieden spielen, dann ist das, als wenn wir unsere Schwester zum Tanz auffordern – da ist nichts drin.

H

Arie Haan *(niederländischer Spieler und Trainer)*

Schlafen kann ich hervorragend. Aber das Aufwachen ist so fürchterlich. *(im Abstiegskampf)*

Nick Hancock *(britischer Komiker und Stoke-Fan)*

Ein zweites Team in der Premier League zu unterstützen, ist ungefähr so, als ob Jassir Arafat sagen würde, er habe eine Schwäche für das Judentum.

Werner Hansch

Wenn eine Mauer sich erhebt, wird es oben eng, aber unten ist Platz.

Ernst Happel

Ordnung und Disziplin müssen sein. Aber der Spieler muss auch einen regelmäßigen Sexverkehr haben. Fünf Wochen ohne Sex auskommen, das kann er nicht. Er kann es ja nicht aus dem Hirn rausschwitzen.

Jimmy Hartwig

Ich dachte immer, Berufsfußballer sind erwachsene Männer mit Hirn. Aber ich muss leider immer wieder feststellen, wie viele Idioten da rumlaufen. Je tiefer die Spielklasse, desto dümmer sind die Kerle.

Karl-Heinz Heimann (»kicker«-Chefredakteur)

Ein Sportplatz ist kein Leichenhaus. Gefühlsregungen müssen ein Ventil haben.

Siggi Held

Wir haben gewonnen, weil wir zwei und die Eintracht nur ein Tor geschossen hat. Auf diese Art gewinnt man meistens.

Ich wundere mich manchmal, wenn in einem so erfolgsorientierten Gewerbe wie dem Profifußball mehr zwischen jungen und alten als zwischen guten und schlechten Spielern unterschieden wird. Das ist doch nicht wie bei der Papstwahl. Der Papst muss immer

katholisch sein. Doch ein guter Fußballer muss nicht jünger als 30 Jahre sein.

Eckhard Henscheid (Schriftsteller)

Geld und Liebe sind die Säulen unseres Lebens. Die dritte aber ist der Fußball – ja, er hat möglicherweise sogar die Liebe schon überholt.

Sepp Herberger

Der schnellste Spieler ist der Ball.

Wenn alle Vereine von Männern geführt würden, die eine Ahnung von Fußball hätten, ginge es dem Spiel besser. Trotzdem ist es so stark, dass es selbst die Dilettanten nicht kaputt machen können.

Fußball ist keine Sportart, die für Frauen geeignet ist, eben schon deshalb, weil er ein Kampfsport ist. (Anfang der fünfziger Jahre)

Heiko Herrlich
Fußball ist wie in der Natur. Die starken Tiere fressen die schwachen Tiere schnell weg. Und wenn ich die Tabelle angucke, sehe ich, dass wir gerade im Moment eher zu den schwachen Tieren gehören. Und da ich nicht gerne gebissen werde und lieber zurückbeiße, werde ich die Mannschaft versuchen zu motivieren, ab jetzt, und am liebsten schon am kommenden Sonntag, zurückzubeißen.

Jupp Heynckes
Die Spieler, die sich für kritische Worte taub stellen, die dürfen sich nicht wundern, wenn man sie eines Tages auch für blind hält.

In so einer Stadt habe ich früher nur das Netz geprüft, ob es stark genug ist für meinen Schuss. *(nach einer Europapokal-Blamage bei Cork City)*

Dirk Heyne
In der DDR waren die Böden härter. *(Torhüter nach der Wende)*

Gonzalo Higuaín
Lieber so ein Tor als eine wilde Nacht mit Pamela Anderson. *(über sein entscheidendes 4:3 in der 89. Minute gegen Espanyol Barcelona)*

Dieter Hildebrandt *(Kabarettist)*
Das Fußballfieber ist eine weltumspannende Geisteskrankheit.

Ottmar Hitzfeld
Ein Gefühl wie in der Hochzeitsnacht! *(nach einem Sieg in der Saison 1992/93 gegen den 1. FC Nürnberg)*

Uli Hoeneß
Ich dachte, wir reden über Fußball. *(in einer Gesprächsrunde von Sky, in der das Thema Frauenfußball-WM angeschnitten wurde)*

Das sind Profis, und da geht es Gott sei Dank nur um Geld. *(nach einer Vertragsverlängerung mit Bastian Schweinsteiger)*

Richard Hofmann
Wenn wir verloren haben, hat meine Braut Pech gehabt. Da gab's ooch keen' Kuss! *(Nationalspieler in den zwanziger und dreißiger Jahren)*

Ian Holloway *(englischer Spieler und Trainer)*
Wir müssen um jeden Millimeter kämpfen. Wir wissen, dass wir die schmutzigsten Hunde im Hundeheim sind. *(zum Thema Abstiegskampf)*

Lewis Holtby
Ich sage es mal mit einem Spruch aus der Kreisliga A: »Am Ende ist der Pimmel dick!« *(nach einer Aufholjagd mit dem FC Schalke 04)*

Peter Hyballa
Fußball ist doch kein Mädchen-Mikado.

I

Bodo Illgner
Lieber vor dem Spiel auf die Toilette als im Spiel in die Hose.

J

Carsten Jancker
Man muss auch mal aus zwei Chancen drei Tore machen können.

Marcell Jansen
Ich will später noch eine Familie gründen. So bin ich auf der sicheren Seite. *(auf die Frage eines Kindes, warum er sich bei einem Freistoß immer die Hände unten herum vorhalte)*

Walter Jens *(Schriftsteller, Philologe)*
Wenn ich den letzten Goethe-Vers vergessen habe, werde ich den Eimsbütteler Sturm noch aufzählen können.

Walter Johannsen *(ARD-Teamchef)*
So breit ist das Tor, und nur ein Mann steht drin. Aber je näher man kommt – glaube ich –, desto mehr laufen die Pfosten zusammen.

Harald Juhnke
Es gibt etwas, das mich speziell mit Fußballern verbindet: Der Trost liegt nicht selten im Prost.

K

Oliver Kahn
Krisen gibt es im Krankenhaus auf der Intensivstation oder im Nahen Osten, aber nicht im Fußball.

Kardinal Meisner
Der liebe Gott ist nicht der Trainer. Er hat den Spielern Körper und Beine gegeben, damit sie sich retten.

Christian Karembeu
Als ich meine Frau zum ersten Mal getroffen habe und ihr gesagt habe, dass ich ein Fußballspieler bin, fragte sie: »Ja gut, aber wovon lebst du?«

Daniel Kehlmann
Ich glaube, Schriftsteller äußern sich zum Beispiel ständig über Fußball, weil sie in der Schule immer als Letzte in die Mannschaft gewählt wurden.

kicker
Der Trainerjob ist ein Nutten-geschäft.

Viktor Klima
Eigentlich habe ich mir als Junge beim Fußballspielen keine Gedanken gemacht, was ich da tue. Ich habe immer nur versucht, das Ding reinzukriegen. *(Österreichs Bundeskanzler auf die Frage, ob er einen Zusammenhang zwischen Fußball und Sex sehe)*

Uwe Klimaschefski
Als Bundesligatrainer siehst du doch schon am Gang, ob einer Fußball spielen kann oder bei der Müllabfuhr ist.

Jürgen Klinsmann
Ein Bäcker kann nicht von dem Brot leben, das er gestern gebacken hat. Und ein Fußballer kann nicht von seinem letzten Spiel leben. Es geht immer um hier und jetzt.

Jürgen Klopp
Es ist nicht unbedingt leichter, sich die Seele aus dem Leib zu rennen, wenn man gerade aus dem Fünf-Sterne-Bett aufgestanden ist. Zu gemütlich macht bequem.

Berti Vogts hat mal gesagt, Klinsmann hat eine perfekte Positionstechnik.

Ich kann Schütze Arsch im zwölften Glied sein und bin trotzdem wichtig, weil auch ich meinen Auftrag und meine Rolle habe. *(Klopp über die Rolle der Ersatzspieler)*

Wenn die Zuschauer Emotionen wollen, du aber Rasenschach anbietest, muss sich einer von beiden ein neues Stadion suchen.

Helmut Kohl
Ich verstehe durchaus etwas von Fußball. Ich kenne sehr wohl den Unterschied zwischen einem Strafstoß und einem Elfmeter.

Jürgen Kohler
Der Stürmer muss das Hecheln im Ohr haben. Das kann sehr unangenehm sein.

Kölner Stadt-Anzeiger
Im Fußball werden Entscheidungen eben aus dem Bauch heraus gefällt. Vielleicht liegt es ja daran, dass so viel in die Hose geht. *(über missglückte Transfers)*

Andreas Köpke
Ich gehe schon nicht mit dem Netz einkaufen – aus Furcht, auch da könnte ein Ball drinliegen.

Wenn man Männer weinen sehen will, muss man nur in unsere Kabine gehen. *(nach dem Abstieg mit dem Club 1994)*

Die deutsche Nationalhymne im Untertitel des Schweizer Fernsehens.

Fritz Korbach *(deutscher Fußballtrainer)*
Fußball bedeutet elf gegen elf, und dann steht niemand mehr frei.

Niko Kovač
Es ist nicht so wichtig, wie viel du rennst, sondern wie du rennst. Man muss die Wege mit Hirn gehen, sonst sind sie vergeblich.

Bernd Krauss
Was heißt hier eigentlich neue Besen, und immer wird dabei nur auf die Trainer geguckt. Das ist doch zu 80 Prozent PR. Auch beim neuen Besen kommt es auf die Kraft der Borsten an. Und das sind in erster Linie die Spieler!

Martin Kree
Die Taktik war in Ordnung, nur der Gegner war zu stark.

Willibert Kremer
Profifußballer sind keine normalen Menschen. Sie sind hochgezüchtet und damit überempfindlich.

Stefan Kretzschmar
Wir sind ja nicht so Schwuletten wie Bayer Leverkusen, die nicht Meister werden wollen. *(der Handballer vom SC Magdeburg zu den eigenen Meisterschaftsambitionen)*

Gerda Kronsbein
Wir sind 23 Jahre verheiratet und haben zwölf Umzüge hinter uns. Das letzte Schlafzimmer, das wir kauften, war bereits das vierte. Wir wanderten von Bielefeld nach Ulm, von dort nach Hannover, dann nach Duisburg, nach Aachen, nach Mannheim und wieder zurück nach Hannover. Neue Stadt, neue Wohnung, neue Sorgen, neue Schule für die beiden Kinder. Mein Mann ist ein rastloser Fußballtrainer voller Leidenschaft. So habe ich ihm mitunter einiges verschwiegen: die anonymen Briefe in Aachen, die Anpöbeleien beim Einkaufen in Meiderich, die hässlichen Anrufe … *(die Frau des bekannten Bundesligatrainers Fiffi Kronsbein in einem Brief an den »kicker«)*

Helmut »Fiffi« Kronsbein
Kraft zählt und Tempo ist wichtig. Und dann muss man es im Kopf und in den Zehenspitzen haben. Oben muss es blitzen und unten muss es funken.

Mladen Krstajić
Ich akzeptiere den Frauenfußball, aber lieber treffe ich Frauen in der Disko.

Edgar Külow *(Kabarettist)*
Eine Mauer steht so fest wie ihr ängstlichster Spieler.

L

Philipp Lahm
Während eines Spiels die Position von der einen auf die andere Seite zu verändern, ist etwa so anspruchsvoll, wie mit einem linksgesteuerten Auto im dichten Berufsverkehr von London ausgesetzt zu werden.

Elf Freunde? Eine Mannschaft besteht aus zwei Dutzend Konkurrenten.

Ata Lameck
Fußball ist einfach: Auf jeder Seite steht eine Kiste, und da muss der Ball rein.

Fritz Langner
Was nützt es, wenn ich weiß, wie der Läufer von Marathon hieß oder was rote und weiße Blutkörperchen sind? Ich muss wissen, wer Tore schießt und wer nicht.

Udo Lattek
Als Trainer musst du eine Sau sein. Wenn du keine mehr bist, dann bist du tot.

Ehrlichkeit? Das ist doch eine Seifenblase im Fußball.

Wir sind nicht so stark, wie die anderen meinen, aber die anderen sind auch nicht so stark, wie sie glauben.

Thorsten Legat
Wenn ich wüsste, welches System wir spielen, würden wir vielleicht sogar gewinnen.

Jens Lehmann
Eine WM ist, wenn die besten Fußballer vieler Länder gegeneinander spielen, und Papa steht bei Deutschland im Tor. *(so würde er seinem Sohn die Weltmeisterschaft erklären)*

Sascha Lewandowski *(Jugendtrainer)*
So ist es im Fußball manchmal. Einmal gehen die Schüsse ins Tor, einmal nicht.

Stan Libuda

Ich kann doch bei der Nationalmannschaft nicht »datt« und »watt« sagen.

Gary Lineker

Das Schöne am Fußball ist: Wenn es nicht läuft, ist immer der Trainer der Schuldige.

Marcus Lipton *(englischer Parlamentsabgeordneter)*

Unser Land steht vor einem wirtschaftlichen Zusammenbruch, aber der Manager der Fußball-Nationalmannschaft offeriert seinen Spielern großzügig 5.000 Pfund für den Gewinn der Europameisterschaft. Diese Art von Bestechung, die die Profis zu besserer oder rauerer Spielweise anspornen soll, wird den Fußball eines Tages zerstören. *(im Oktober 1975)*

Pierre Littbarski

Wir sind doch als Fußballer in erster Linie Künstler, die mehr vom Applaus leben als vom Geld.

Wenn jetzt die Kinder beim Spielen einen Ball über die Mauer schießen, können sie ihn wenigstens wiederholen. *(in einem Interview am 16.11.1989)*

Die beste Mannschaft ist immer die, in der ich aufgestellt bin.

Dass ich eine sportliche Disziplin ausübe, bedeutet doch nicht, dass ich Sport nur aus Disziplin ausübe.

Es gibt Bundesligatrainer, die sind so leise, dass man von denen gar nicht mehr weiß, ob sie überhaupt noch leben.

Gyula Lorant

Die Hamburger spielen ein tolles 1-5-5-System. Aber nicht von hinten nach vorne, sondern von links nach rechts.

Kein Spieler darf klüger sein als der Trainer.

Wegen Gyula Lorant hätte ich beinahe aufgehört. Er hat mir mal erklärt, dass man einen herausgesprungenen Meniskus am besten mit der Eckfahne wieder reinhaut. *(Dr. Müller-Wohlfahrt)*

Werner Lorant

Schlimm ist dieses Gejammer. Tut hier weh, tut da weh. Aber solange sie das Handy halten können, muss ja noch genug Kraft da sein.

Joachim Löw

Wir stellen nach Leistung auf, nicht nach Tattoos! *(auf eine Kritik von Jones, dass er für die DFB-Elf zu viele Tattoos habe.)*

Mike Lyons *(Verteidiger
bei Everton)*
Wenn es den Fußball nicht
gäbe, wären wir alle frustrierte
Fußballspieler.

M

Felix Magath
Die Tabelle, die ja nie lügt,
täuscht ja oft.

Einer Schachfigur verspringt
kein Ball, bloß weil sie schlecht
geschlafen hat. *(über Parallelen und Nicht-Parallelen von
Schach und Fußball)*

Eine schöne Kombination auf
dem Fußballplatz ergibt sich
nicht einfach so. Schönheit ist
die Abwesenheit von Zufällen.

Roy Makaay
Wenn ich denke, dass der Torwart denkt, und der Torwart
denkt, dass ich denke – dann
kann ich auch einfach schießen. Es macht keinen Unterschied.

Manfred Manglitz
Ich hatte keine Lust, montags
in den Briefkasten zu greifen und die Kündigung eines
Metzgermeisters zu lesen, der
gerade mal Fußball-Präsident
war. *(auf die Frage, warum er
kein Trainer geworden sei)*

Lothar Matthäus
Strunz und Heinrich müssen
dann einen seitlichen Libero
spielen.

Die Baseball-Regeln kann ich
genauso wenig erklären wie
die Abseitsfalle.

Wer den Fußball so liebt wie
ich, der hat nirgendwo auf der
Welt Probleme.

Mit neuen Schuhen geht
man ja auch nicht gleich zum
Opernball. *(Erklärung, warum
er den Elfmeter im Finale der
WM 1990 nicht schoss)*

Das ist eine tolle Mannschaft.
Nicht nur, was das Fußballerische betrifft – auch das Optische. Und was das Schöne
am Frauenfußball ist: Es sieht
nicht mehr so nach Frauenfußball aus wie vor 20, 30 Jahren, als man – in Anführungszeichen – noch über den Ball
gefallen ist.

Stanley Matthews
Du hörst nicht mit dem Fußball auf, weil du zu alt bist. Du
wirst alt, weil du mit dem Fußball aufgehört hast.

Michael Meier
Im Leben trifft man sich zweimal, im Fußball dreimal.
(nachdem der BVB 1995 zum zweiten Mal in drei Jahren an Juventus Turin gescheitert war; 1997 kam es im Champions-League-Finale dann tatsächlich zum dritten Aufeinandertreffen, und Dortmund gewann)

Norbert Meier
Das 2:1 war ein Muscheltor. So heißt das auf Hamburgerisch. *(darauf Gladbachs Trainer Horst Köppel: »Im Schwäbischen gibt es für solche Tore kein Wort«)*

Angela Merkel
Die Frauenfußball-Nationalmannschaft ist ja schon Fußballweltmeister, und ich sehe keinen Grund, warum Männer nicht das Gleiche leisten können wie Frauen.

Max Merkel
Man glaubt, dass beim Fußball Frauen keine Rolle spielen. Dass ich nicht lache. Wo gibt es das schon auf dieser Welt, dass Frauen in einem Männerleben keine Rolle spielen. Selbst ein Homosexueller braucht eine Frau, weil er sonst nicht auf die Welt kommen kann.

Hans Meyer
Wenn du Fußball machst, dann lässt dich der Beruf nicht mehr frei. Man entwurzelt sozial ein bisschen. Geh mal abends ins Theater, wenn du dreimal verloren hast. Da bist du ein Laune-Schreck.

In jedem Kader gibt es fünf richtig blöde Spieler.

Bernhard Minetti *(Schauspieler)*
Im Anfang war der Ball – Symbol für Sonne und Erde –, und irgendwann muss ihn jemand mit dem Fuß getreten haben.

Andreas Möller
Verlieren ist wie gewinnen, nur umgekehrt.

Das war eine Schutzschwalbe. Ich dachte, dass Dirk Schuster mich voll umhauen würde.

Lolita Morena *(zweite Ehefrau von Lothar Matthäus)*
Fußballer sind ideale Väter, weil sie viel Zeit haben: morgens vier Stunden Training, am Wochenende ein Spiel. Sonst nichts.

Max Morlock
Wir empfehlen Schwimmen, Leichtathletik, Turnen oder Skilaufen. Das sind eher frauliche Betätigungen.

José Mourinho

Ich bin ein Trainer, nicht Harry Potter. Im wirklichen Leben gibt es aber keine Zauberei. Magie ist Fiktion, Fußball ist Realität.

Druck? Was für ein Druck? Druck ist, wenn arme Menschen sich dumm und dämlich arbeiten, um ihre Familie ernähren zu können. Im Fußball gibt es keinen Druck.

Junge Spieler sind wie Melonen. Nur wenn du sie probierst, bist du dir 100 Prozent sicher, ob die Melone gut ist. Manchmal hat man wunderschöne Melonen, aber sie schmecken nicht gut, und andere sind ein bisschen hässlich, aber sie schmecken fantastisch.

Youri Mulder

Fußball ist für mich: Wer kann am härtesten schießen!

Gerd Müller

Ich glaube nicht, dass dieser Sport genauso populär wird wie unser traditioneller Fußball. Warum sollen auch Frauen hinter dem Ball herlaufen? Sie gehören doch hinter den Kochtopf. Meiner Frau würde ich nicht erlauben, Fußball zu spielen. *(1980)*

Thomas Müller

Wir spielen Louis van Löw. *(zu den Auswirkungen des Bayern-Blocks auf die Spielweise der deutschen Fußball-Nationalmannschaft)*

Jim Murray

Beim Fußball stehen 21 Kerle herum und einer macht einen Stepptanz mit dem Ball. *(amerikanischer Sportjournalist in den Sechzigern)*

N

Karsten Neitzel *(Co-Trainer beim VfL Bochum)*

Der Chef auf dem Platz ist die Spielsituation.

Peter Neururer

Nachdem hier zwei Jahre lang Verhinderungsfußball gespielt worden ist, sind die Zuschauer für jedes unfallfreie Überschreiten der Mittellinie dankbar. *(beim 1. FC Saarbrücken)*

Wir haben nicht gewonnen – aber ein Sieg war es trotzdem. Ein Sieg gegen die Kraft des Vorurteils im Sport. *(pathetische Umschreibung für eine knappe Niederlage seiner vermeintlich chancenlosen Saarbrücker gegen die großen Bayern im Jahr 1992)*

Bei einem anderen Punktestand würden wir anders Fußball spielen. Aber wir müssen anders Fußball spielen, um den Punktestand zu verbessern.

Dieter Nuhr

Am Ende ist es der klassische Placeboeffekt: Wer glaubt, dass er zu Hause unschlagbar ist, gewinnt am Ende auch.

O

Morten Olsen

Liebe ist gut für Fußballer, solange es nicht während der Halbzeitpause passiert.

Holger Osieck *(Trainer und FIFA-Funktionär)*

Das geht bei Amnesty International als Folter durch. *(über das Video eines Spiels Bochum – Karlsruhe)*

Rolf-Jürgen Otto *(Präsident bei Dynamo Dresden)*

Ein Spieler ohne Trainer bleibt ein guter Spieler. Aber ein Trainer ohne Spieler sieht nicht gut aus.

Wolfgang Overath

Ich kann mir nichts Schlimmeres vorstellen als schreiende Fußballbräute auf den Tribünen. Gottlob ist meine Frau genau das Gegenteil. Sie hat wirklich keine Ahnung von Fußball.

P

Orhan Pamuk *(türkischer Schriftsteller)*

Fußball ist schneller als Worte.

Papst Benedikt XVI.

Fußball ist das Heraustreten aus dem versklavten Ernst des Alltags in den freien Ernst dessen, was nicht sein muss und deshalb schön ist.

Papst Johannes Paul II.

Das Fußballspiel ist die wichtigste unwichtige Sache der Welt.

Carlos Alberto Parreira

Das ist wie bei einem Lastwagen. Am Anfang muss man ihn aus seiner Trägheit herausholen. Später bewegt er sich, wenn man ihn nur mit dem Finger antippt. *(über die Anlaufprobleme der brasilianischen Nationalmannschaft)*

Stuart Pearce

Ich schaue immer nach einer Frau, aber am Ende lande ich dann doch immer auf dem gleichen alten Kerl. *(über das ins Publikum springen, um ein Tor zu feiern)*

Pelé

Wenn ein guter Fußballer zu einem ganz großen, überdurchschnittlichen Spieler werden will, dann muss er mit Freude und Enthusiasmus dabei sein und vor allem immer wissen, was er mit dem Ball macht, noch bevor er ihn zugespielt bekommt.

Der Fußballsport kann nicht verschwinden, höchstens dann, wenn die ganze Welt verschwindet.

Tore – ein anderes Wort für Erlösung!

Wenn Spieler heutzutage über ein Tor jubeln, schauen sie zuerst die Bandenwerbung an und entscheiden dann, vor welchem Schriftzug sie in die Knie gehen.

Elfmeter sind eine feige Art, Tore zu erzielen!

Michel Platini

Sex kurz vor dem Spiel? Nein. In der Halbzeit müssen sie es selbst wissen.

Fußball ist wie Musik. Man muss nicht Klavier spielen können, um den Pianisten zu verstehen.

Der Profi, der den entscheidenden Elfmeter verschießt, ist doch für sein Leben traumatisiert. Ihm wird eine Verantwortung aufgebürdet, als habe er seine Kollegen, seine Eltern, die ganze Welt getötet.

David Pleat *(englischer Spieler und Trainer)*
Ein Spiel ist nicht gewonnen, bis es verloren ist.

Lukas Podolski
Doppelpass alleine? Vergiss es!

Bojan Prašnikar *(Trainer von Energie Cottbus)*
Das Wort Abstiegskampf ist nicht richtig. Denn um abzusteigen, brauchst du nicht zu kämpfen.

R

Stefan Raab

Gegen Liechtenstein nicht zu treffen ist so, als würde man im Puff keine Frau abbekommen.

Mittlerweile sind die deutschen Frauen im Fußball genauso gut wie im Kochen und Putzen!

Ralf Rangnick
Wenn wir am
Ende der Saison
vor den Bayern
stehen, steigen wir
zu 100 Prozent
nicht ab.

Tim Raue *(Sterne-*
koch für die VIPs
bei Hertha BSC)
Es gibt dieses La-
mentieren über Edel- und
Kaviar-Fans, aber das ist Bull-
shit. Es gibt nirgendwo auf der
Welt, außer in Kalifornien, ein
so hohes Bewusstsein für bio-
logisch-organisch angebaute
Lebensmittel wie in Deutschland und nirgendwo so viele
Discounter. Das ist die gleiche
Diskrepanz wie im Stadion. Es
gibt genug Leute, die jahrelang
mit der S-Klasse ins Stadion
gefahren sind und sich dann
eine schmierige Currywurst
reingeboxt haben.

Friedel Rausch
Es gibt nichts Schöneres als
eine grüne Wiese mit zwei Toren.

Otto Rehhagel
Lassen Sie doch den Sport
so, wie er ist. Ist doch wunderbar. Keiner weiß, wie die
Dinge ausgehen. Sie möchten
immer alles programmieren.
Wissen Sie, 2024, da wird es

ja auch noch Fußball geben,
und auch Trainer – und dann
wird irgendwo im Ruhrgebiet
ein Trainer entlassen; weil Sie
fragen ja immer nach, wann
werden die Trainer entlassen,
ne?! Nur, dieser Trainer, der
ist noch gar nicht geboren, ist
noch gar nicht auf der Welt,
der ist schon entlassen. Verstehen Sie? 2024 wird dann
irgendwo ein Trainer entlassen, ist noch gar auf der Welt,
der arme Kerl, der tut mir jetzt
schon leid!

100.000 sind im Stadion, und
der Einzige, der keine Ahnung
hat, das ist der Trainer.

Die Kunst für den Trainer besteht darin, Präsidenten und
Vorstandsleute mitzutrainie-
ren – sie dürfen es aber nicht
merken.

Du bist erst ein richtiger Trainer, wenn du nur noch als Feldherr auf dem Platz stehst.

Ich bin der erfolgreichste Trainer dieses Jahrzehnts. Wenn ein Theaterdirektor 95 Prozent Auslastung melden kann, fragt ihn auch keiner nach der Qualität der Proben. Ich wäre mit der Mannschaft Deutscher Meister und UEFA-Pokalsieger geworden. *(nach seiner Entlassung bei den Bayern kurz vor Schluss der Spielzeit 1995/96)*

Meine Frau will sich immer mit mir streiten. Dann sage ich: »Beate, alles unwichtig, der Ball muss ins Tor!«

Wenn alles läuft, dann sagt man, es geht ohne Trainer. Wenn es nicht läuft, dann ist der Trainer schuld.

Hannibal hat auch nicht gesagt, dass er mit Elefanten über die Alpen kommt. *(erklärt, warum er vor dem Spiel weder seine Aufstellung noch die Taktik verraten möchte)*

Erich Ribbeck
Wenn man in Form ist, sollte man nicht gackern, sondern Eier legen.

Lars Ricken
Ich sehe Vereine, die teure Profis kaufen, ohne den Nachwuchs zu fördern. Ich sehe Typen in Nadelstreifen, ich sehe Geschäftemacherei ohne Ende. *(in einer berühmten Nike-Werbung Mitte der neunziger Jahre)*

Aleksandar Ristić
Wenn wir kein Tor machen, können wir nicht einmal in Kaiserslautern gewinnen.

Wenn du gehen kannst, kannst du auch spielen. Wenn du nicht gehen kannst, kannst du gehen.

Bobby Robson *(englischer Trainer)*
Ich bin mit dem Fußball verheiratet und gehe mit meiner Frau fremd.

Nereo Rocco *(Milan-Coach der sechziger Jahre)*
Tretet gegen alles, was sich auf Höhe der Grasnarbe befindet. Wenn es der Ball ist, umso besser!

Ronaldo
Wir haben verloren, weil wir nicht gewonnen haben.

Cristiano Ronaldo
Tore sind wie Ketchup. Erst kommen gar keine, dann kommen ganz viele auf einmal.

Einen Ball muss man streicheln wie seine eigene Frau.

Markus M. Ronner *(Schweizer Theologe)*
Alice Schwarzer behauptet, die Männer könnten nicht mal richtig küssen. Die Emanzipation scheint noch nie ein 1:0 auf dem Fußballplatz miterlebt zu haben.

Wayne Rooney
Frühstück, Training, Mittag, Bett, Abendbrot, Bett. *(über einen typischen WM-Tag)*

Nico Rosberg
Man schaut doch auch Paralympics – Menschen, die nicht ganz so große Leistungen bringen können, aber unter sich ist es trotzdem spannend. *(der Formel-1-Fahrer über Frauenfußball)*

Rolf Rüssmann
Abschlusstraining ist wie Schwangerschaftsgymnastik.

Frank Rost
0:3 hinten liegen geht ja gar nicht mehr schlimmer. Außer 0:4 oder 0:5 …

René Rydlewicz
Ich hab mir überlegt, in Bochum vorm Tor habe ich zu lange überlegt, und ich habe mir heute überlegt, nicht zu überlegen. Reporter: Also demnächst weniger nachdenken bei Rostock, sondern mehr Tore? Rydlewicz: Ja, so ist das. Wenn man was im Kopf hätte, wäre man schließlich nicht Fußballer geworden.

S

Klaus Sammer *(Vater von Matthias Sammer)*
Der beste Mathematiker muss Fehler machen, um das Rechnen nicht zu verlernen. So halte ich es auch als Trainer.

Matthias Sammer
Wenn du heute bei drei nicht schnell genug auf dem Baum bist, wirst du Sportdirektor.

In England heißt der Trainer Boss. In Italien ist es der Meister, in Brasilien der Professor – in Deutschland teilweise der Buhmann. *(der DFB-Sportdirektor über das Ansehen der Fußballtrainer)*

Souleyman Sané
Wir hätten gewinnen können – wenn wir nicht verloren hätten!

Nilton Santos *(brasilianischer Fußballspieler)*
Wenn der Ball meine Geliebte war, dann war sie mir von allen die liebste.

Winfried Schäfer
Manchmal denke ich, dieser
Beruf frisst mich auf.

Nico Scheepmaker *(niederländischer Dichter)*
Fußball ist eine sportliche
Form des Gruppensexes.

Otto Schily
Das sinnliche Vergnügen an
dem runden Gegenstand, das
ist immer noch da.

Harald Schmidt
Ein Trainerstab ist kein Vibrator.

Mehmet Scholl
Die Momente, in denen es sich
wirklich lohnt, Fußball-Profi
zu sein, sind, wenn man Oli
Kahn beim Einseifen zusieht.

Die Fußball-Euphorie nach
der WM wird weitergehen,
weil jetzt auch Frauen schauen,
ohne wirklich zu wissen, worum es geht.

Dmitri Schostakowitsch *(russischer Komponist)*
Fußball ist Ballett für die Massen.

Das Stadion ist in diesem Land
der einzige Ort, wo man laut
die Wahrheit über das sagen
kann, was man sieht.

Willy Schulz
Ein auswärts erzielter Punkt
zählt immer.

Ludger Schulze *(»Süddeutsche Zeitung«)*
Wenn Fußballer keine Erklärung haben für das Absurde,
das dem Fußball bisweilen
eigen ist, sagen sie: »So ist
Fußball.«

Harald Schumacher
Was man mit dem Mund
macht, das braucht man nicht
zu laufen.

In deinem Alter reicht zum
Warmmachen eine heiße Dusche. *(zu Wolfgang Rolff,
35 Jahre)*

Bernd Schuster
Eine Meisterschaft ist wie eine
Geburt. Sie dauert neun Monate – am Ende wird sie immer
schmerzhafter.

Manfred Schwabl
Ich habe immer gewusst, dass
ich spiele. Ob es der Trainer
gewusst hat, weiß ich nicht.

Robert Schwan *(Manager des FC
Bayern München)*
Ich finde leichter zweitausend
Rechtsanwälte für einen Prozess als einen Linksaußen für
die Bundesliga.

Bastian Schweinsteiger

Wenn man eine neue Freundin hat, klappt auch nicht immer gleich alles perfekt. *(zur Eingewöhnungszeit zwischen der Mannschaft und Trainer Louis van Gaal)*

Felipe Scolari

In meinem Team gibt es einen Spieler, der ist taktisch undiszipliniert. Ich hätte von dieser Sorte gern noch zwei weitere.

Gerhard Seehase *(Journalist und Altherrenfußballer)*

Wir spielen halbhoch, weil wir den Ball unterhalb der Gürtellinie nicht mehr sehen.

Uwe Seeler

Wenn sich der Gegner hinten etwas entblößt, ist es einfacher für unsere schnellen Jungs.

Keine Angst, im Himmel wird auch Fußball gespielt.

Tennis kann man länger spielen als Fußball. Diese Sportart hat den Vorzug, dass hinter einem niemand steht, der einen foult.

Bastian Sick *(Autor & Journalist)*

Fußball hat uns viel zu geben: Er hinterlässt zertretenen Rasen, Berge von leeren Bierdosen und vollgekotzte Zugabteile.

Günter Siebert

Was willst du von denen denn noch verlangen? Mit dem Kettchen am Hals und dem Clip am Ohr kommen die nicht mal mehr zum Kopfball hoch.

Wenn früher zu einem Spiel das Fernsehen kam, sind wir alle zum Friseur gegangen.

Vera Siepoj *(italienische Psychologin)*

Fußballer leben wie Hühner in einer Legebatterie.

Zlatko Škorić

Ein Fußballspieler sollte nicht vergessen, dass er auch einen Kopf besitzt, zum Denken. *(meinte der Stuttgarter Torwart und notierte sich alle Eigenarten der Bundesligaschützen in einem Notizbuch)*

Zvonimir Soldo
Als Trainer muss dein Koffer immer gepackt sein.

Ole Gunnar Solskjær
United-Fans sind zu mir gekommen und haben mir gesagt: »Vielen Dank für die beste Nacht meines Lebens!« Meistens haben sie dann auch noch hinzugefügt: »Aber bitte sagen Sie das nicht meiner Frau!« *(nach seinem Siegtor im Champions-League-Finale 1999)*

Georg Solti *(Dirigent)*
Es kann passieren, dass er schneller dirigiert, wenn ein wichtiges Fußballmatch kommt. *(Lady Valerie Solti über ihren Mann)*

Jürgen Sparwasser
Die haben jetzt zwar Bananen, können nach Spanien fahren, haben die Reisefreiheit. Aber sie haben im jugendlichen Alter kein Durchsetzungsvermögen. *(über die Mentalität der ostdeutschen Fußballspieler)*

Holger Stanislawski
Ein guter Fußballer spielt auch barfuß auf Rollsplitt.

Ich will die beste Elf, nicht die besten elf.

Rico Steinmann
Wenn wir früher in den Westen kamen, hatten wir Minderwertigkeitskomplexe. Die Auslagen in den Schaufenstern haben uns so beeindruckt, dass wir anschließend verloren haben. *(Nationalspieler der DDR)*

Dragoslav Stepanović
Soll ich mal sagen, was nötig ist, damit Mannschaften Tore schießen? Erstmal Training, dass die Jungs hinterher nicht mehr wissen, wer sie sind. Die müssen den Ball hassen, dass sie nur ein Gefühl haben: weg das Ding! Aber nicht irgendwohin, sondern in diesen verfluchten kleinen Kasten da ganz weit vorn, der nur bringt die Erlösung. Denn nur diese Erlösung macht die Seele frei, ansonsten ist doch dieser ganze Fußball eine elende Quälerei. Ohne Tore ist das wie Beton auf der Brust!

Mehr Tore bedeuten meistens mehr Punkte.

Huub Stevens
Zwischen den Ohren muss es stimmen.

Uli Stielike
Fußball war schon immer ein Dschungel, in dem man mit Affen herumturnen muss.

Sandy Strang

Die Glasgower Definition von einem Atheisten ist ein Kerl, der zu einem Rangers-Celtic-Spiel geht, um ein Fußballspiel zu schauen. *(der Rangers-Fan in einer TV-Doku)*

Stuttgarter Zeitung

Fußballstars leben nicht wie Hunde, aber ungefähr ebenso lange. Zwölf bis fünfzehn Jahre kann eine Karriere dauern, manchmal auch ein bisschen länger.

T

Oscar Tabárez *(Uruguays Nationaltrainer)*

Fußball ist wie das Leben. Nur die Sieger schreiben die Kapitel der Geschichte. Für die Verlierer ist kein Platz.

Ernst Tanner *(Manager von 1899 Hoffenheim)*

Reingefressen ins Spiel, auch mal mit Fouls reingewichst.

The National

Sie werden diese Sache 1994 in die Staaten bringen, und sie werden Eintritt dafür verlangen. Wenn das eine Broadway-Show wäre, hätte man es nach einer Nacht geschlossen. *(Frank Depford in der amerikanischen Zeitung nach der WM 1990)*

Karl-Heinz Thielen

Einige von unseren Spielern können kaum ihre Namen schreiben. Aber Sie sollten sie mal addieren sehen. *(Manager des 1. FC Köln)*

Wim Thoelke

Nach einem Anfangsinteresse schläft das dann bald ein, und dann stehen nur noch die Freunde da und die Väter vielleicht und die Mütter und sagen: Ach guck mal, unsere Else, läuft die nicht hübsch? *(der ZDF-Sportmoderator über Frauenfußball)*

Andreas Thom

Zieht die Schuhe aus, wenn ihr den Rasen betretet. *(im Wembley-Stadion zu seinen Mitspielern)*

Hans Tilkowski

Ein Torwart ähnelt immer einem Artisten, der ohne Netz arbeiten muss. Greift er daneben, ist es passiert!

Jens Todt

Wenn ich mich immer fair verhalten würde, wäre ich in ein paar Monaten kein Bundesligaspieler mehr.

Luca Toni

Liebe machen und Tore schießen sind die schönsten Dinge,
die Gott uns gegeben hat.

Klaus Toppmöller

Das ist für mich die Abteilung
Sandkasten, fünftes bis sechs-
tes Lebensjahr. *(Erich Ribbeck,
als Toppmöller in seiner Aufstellung zwei Spieler verschwieg;
Toppmöllers Konter, der früher
selbst unter Ribbeck spielte: »So
etwas hat Trainer Ribbeck mir
in Lautern vorgemacht!«)*

Giovanni Trapattoni

Ich glaube, Trainer sind wie
Fisch. Wenn sie frisch sind,
sind sie gut, aber nach einer
Weile fangen sie an zu stinken.

Wer Mozart hört, kann auch
besser Fußball spielen. Man
lernt viel über Spannungen,
Tempo, Rhythmus, den Aufbau
und die Strukturen. Man lernt
die Logik, ein Spiel zu lesen.

Der Ball ist nicht immer rund –
manchmal befindet sich in
ihm ein Hase.

Thomas Tuchel

Wir Trainer geben das »Was«
vor, und die Mannschaft liefert
den Klebstoff, damit das Ge-
bilde hält.

Was ist Abstiegskampf? Muss
man das kennen, um ihn zu
können? Zieht man da Helme
auf?

U

Sven Ulreich

Jung und erfahren gibt es im
Fußball nicht. Das gibt es nur
auf dem Straßenstrich. *(in Anlehnung an einen Spruch aus
»Stromberg«, nachdem er von
Trainer Labbadia aus Mangel
an Erfahrung vorübergehend
aussortiert wurde)*

USA Today

Der Rest der Welt will uns
allen Ernstes einreden, dass
Fußball das Größte sei. Haben
uns die Russen das Gleiche
nicht immer über den Kom-
munismus erzählt?

V

Jorge Valdano

Gegen einen Gegner zu spielen, der sich nur verteidigt,
ist so, als ob man mit einem
Baum Liebe macht.

Adolfo Valencia *(kolumbianischer Fußballspieler)*
Fußball ist wie Lotto. Mal spielt man gut, mal schlecht.

Mark van Bommel
Hier in Italien hast du immer mehrere Klubs, die die Champions League gewinnen können. In Deutschland mit dem FC Bayern nur einen. Schalke schafft das höchstens auf der Playstation.

Jede gute Mannschaft hat fünf, sechs, sieben Jungs, die die Kabine bewachen.

Hans van Breukelen *(niederländischer Torwart)*
Torhüter sind einfach tragische Figuren. Die Menschen kommen ins Stadion, um Tore zu sehen, und Torhüter sind da, um genau die zu verhindern.

Willem van Hanegem *(niederländischer Trainer)*
Schnell sein bedeutet nichts. Du musst rechzeitig loslaufen.

Ruud van Nistelrooy
Fußball ist das Wichtigste, Schönste für mich. Jeden Tag zu trainieren, das ist etwas Besonderes. Ich ziehe jeden Morgen meine Fußballschuhe an und denke: »Ich habe Glück!«

Armin Veh
Fußball könnte so schön sein, wenn nicht dauernd was Blödes passieren würde.

Berti Vogts
An sich bin ich gegen Damenfußball. Es gibt so schöne Sportarten, warum ausgerechnet Fußball für die Dame. *(Mitte der Siebziger)*

Manche Profis knipsen doch heute schon vor der Ampel ihr Lächeln an, weil sie es für das Rotlicht einer Fernsehkamera halten.

Rudi Völler
Ich wollte kein Bodybuilder werden und kein Carl Lewis. Ich wollte mit dem Ball am Fuß zum nächsten Tor flitzen.

Fußballprofi sein ist doch wie Kino: Guckst einen Film an, schön mit Popcorn und Cola – aber irgendwann ist der Film zu Ende, und du musst raus in die Wirklichkeit.

W

Fritz Walter

Je leichter der Schuh, desto enger der Kontakt zum Ball. Und umso deutlicher der Unterschied zwischen Ball und Ball. Der Chef hatte ein besonders feines Gespür dafür. Er hörte schon am Klang eines aufspringenden Balles, ob er gut war oder schlecht. Klang es dumpf und hohl, dann schüttelte er den Kopf: Der hat keine Seele, der ist leblos. Wie Recht er hatte, spürten wir später. Der Ball spielte nicht mit, er sang nicht, er ließ sich nicht streicheln, er war nicht Kamerad und Freund des Spielers, sondern ein Fremder.

Horst Weigang (DDR-Nationalspieler)

Von Frauenfußball halte ich nichts. Er passt höchstens in die gerade abgelaufene Karnevalszeit.

Jens Weinreich (Sportjournalist)

Das System Blatter läuft wie geschmiert.

Hennes Weisweiler

Wer sich in dieses Geschäft begibt, muss aufhören zu träumen. Selbstverständlich muss der Mensch träumen. Aber das soll er bitte nachts tun. Das gilt auch für Fußballprofis. Wobei ich allerdings hinzufügen muss: Die sollen nachts lieber schlafen!

Arsène Wenger

Bisher war noch jede Mannschaft, die ich habe spielen sehen, das Spiegelbild der Persönlichkeit ihres Trainers.

Wenn Sie ihre Spieler etwa aufgrund wissenschaftlicher Erkenntnisse dazu anhalten, am Vorabend des Spiels ein Steak zu essen, und der Gegner hat Lionel Messi in seiner Elf, dann werden Sie auch mit zwei Steaks geringere Siegchancen haben als der Gegner.

Oscar Wilde

Fußball mag ein durchaus passendes Spiel für harte Mädchen sein, als Spiel für feinsinnige Knaben ist er wohl kaum geeignet.

Uwe Witt (früherer Profi von Hertha BSC Berlin)

Wenn meine Frau spielt: Scheidung!

Roger Wittmann (Spielerberater)

Früher wurden diese Spieler fast noch in Kartoffeln bezahlt. Heute würden sie für ihre Leistungen ganze Äcker kassieren. (über die Diskrepanz der Gehälter aus den 50er bis 70er Jahren und heute)

U.E.F.A CUP SPIEL VALE IA C.F. - SCHALKE 04.

BESUCHERS

MIT MOTIV AUF DER SPIEL DASS IST NÄCHTEN DIENSTAG IN UNSERE STADION AUF MESTALLA, WIR WOLLEN UNSEREN NORMEN GEBEN DASS SIE MACHEN MUSSEN, DIESE SIND VON U.E.F.A. VOR DER ORDNUNG HABEN, UND DER NORMEN SIND DIESE :

- ES IST VERBOTEN WERFEN SACHEN IN DER STADION WIE FLASCHEN, ODER FEIER SACHEN.
- ES IST VERBOTEN WERFEN SACHEN IN DAS FIELD.
- SIE MUSSEN INMER ORDNUNG UND SICHERHEIT HABEN.
- SIE MUSSEN INMER GUTEN SACHEN MACHER FÜR HABEN EINE GUTE SPIEL.
- JEDER SPECTATOR HAST IHRE SELVE REPONSABILITÄTEN FÜR IHRE TEAM.
- BITTE NICHT GEHEN IN DER STADION MIT KEINE VERBOTEN ALCOHOL, KONTROLLIEREN VOR DER SPIEL FANG AN, AUCH VERBOTEN DRUGS.
- WER BRINGT FEIER SACHEN WILL NICHT IN DER STADION BLEIBEN

WIRF KEIN FEIER SACHE MACH EIN GUT UND NETT SPIEL.

Hinweise für die deutschen Besucher beim UEFA-Cup-Spiel FC Valencia gegen den FC Schalke 04 im Jahr 2007.

Lothar Woelk

Die Fans wollen gute Spiele und Siege sehen, aber wenn du alles gibst und in der letzten Minute unglücklich verlierst, dann verzeihen sie dir das auch. Denn Fußball ist ja keine Verarsche, sondern Wahrheit.

Jörg Wontorra

Die Pille für den Mann.

Phil Woosnam *(walisischer Fußballer und Trainer)*

Die Regeln für Fußball sind sehr einfach. Im Grunde gilt: Wenn es sich bewegt, tritt es. Wenn es sich nicht bewegt, tritt es, bis es sich bewegt.

Z

Klaus Zaczyk

Ich war nie ein Typ, der lange liegen geblieben ist nach einem Foul. Das wäre mir peinlich gewesen.

ZDF

Welche Mädchen und Frauen zieht es überhaupt zum Fußball? Sie? Um einige Energien, ein paar Pfunde loszuwerden, in heißen Höschen, die manchem schon zu heiß sind? Sie? Vielleicht in der Hoffnung, die weite Welt des Fußballs verbreite angenehmere Düfte als die des Kochtopfs. *(über Frauenfußball, 1971)*

Branko Zebec

Gegen Amateure muss man zu Hause gewinnen. Egal ob um Mitternacht oder nur auf einem Bein. *(nach einer Pokalschlappe seiner Braunschweiger Eintracht 1975 gegen Viktoria Köln)*

zeit.de

Fußball ohne Bier ist wie Tennis!

Hochzeit gucken ist wie Fußball-WM gucken: David Beckham sieht gut aus, sitzt aber nur auf der Bank. *(bei der Hochzeit von William und Kate)*

Rainer Zietsch *(Abwehrspieler, u. a. Stuttgart und Nürnberg)*

Als Junggeselle finde ich das gar nicht schlecht. Da bekomme ich wenigstens was Warmes zu essen. *(über Trainingslager)*

Spieler

A

Adhemar
Ich weiß, wo ich hinschieße. Wo der Torwart hinläuft, ist mir egal.

René Adler
Das wird alles hochkristallisiert.

Victor Agali
Wenn Ebbe Sand heute ein Tor schießen will, muss er nicht nur zwei Verteidiger, sondern auch noch den Agali umspielen. *(Klaus Fischer ist kein Fan von Agali)*

Er läuft, arbeitet und rackert, auch wenn es staksig aussieht. Ich kann ihn doch nicht kleiner machen und die Beine absägen. *(Rudi Assauer über seinen Stürmer)*

Gabriel Agbonlahor *(Stürmer von Aston Villa)*
Agbonlahor ist nicht schnell von Begriff. Aber er ist schnell, sehr schnell. *(Graham Taylor)*

Ailton
Ailton ist wie Medizin für Kranke.

Was Toni sagt, geht da rein und da raus. Das kannst du sofort in die Mülltonne kloppen. *(Rudi Assauer)*

Ailton ist die deutsche Sprache nicht viel geläufiger als dem Pinguin das Fliegen. *(Christoph Biermann für die »Süddeutsche Zeitung«)*

Carlos Alberto Gomes de Jesus
Im Sommer komme ich zurück. Mit Musikern. Und dann mache ich im Garten eine große Spießbraten-Party. *(der gescheiterte Werder-Profi, der vor allem durch Nachbarschaftsstreitigkeiten auffiel)*

Jörg Albertz
Jörg Albertz wird beim Training vom Kreidewagen überholt. *(Uwe Bahn)*

Hamit Altintop
Eines sag ich dir: Ich als Mohammedaner mache drei Kreuzzeichen, wenn wir nachher wieder im Bus sitzen. *(während eines heißen Trainingslagers in Dubai)*

Mohamed Amsif

Schwarz-Gelb hat gewonnen: Aua Wespe!

Ingo Anderbrügge

Ich bin doch hier nicht der Hans Doof. Wir haben so viele Verletzte. Einer spielt nur mit einem Arm und ein anderer mit 40 Grad Fieber – und dann bin ich immer noch der Letzte, der eingewechselt wird.

Marko Arnautović

Sie muss tätowiert sein, das steht bei mir an erster Stelle. Und schwarze Haare und Silikonbrüste haben. *(über seine Traumfrau)*

Ich denke jetzt zehnmal nach, bevor ich einmal rede. Früher habe ich einmal nachgedacht und zehnmal geredet. Das war eben neunmal zu viel.

☺

Ja, was soll ich über Marko sagen? Der hat ja nur Stroh im Kopf. *(Paul Scharner, österreichischer Nationalspieler)*

Wenn er sein Potenzial original nur beim Einkaufen abruft, ist das zu wenig. *(Didi Kühbauer)*

Andrei Arshavin

Wir wissen, dass Arsène Wenger Arshavin sehr mag. Ich mag Angelina Jolie. Das bedeutet aber nicht, dass man immer bekommt, was man will. *(Dennis Lachter, Agent des russischen Stürmers)*

Gerald Asamoah

Spontanes Frust-Saufen. *(auf die Frage, wie die Mannschaft trotz der verpassten Deutschen Meisterschaft feiern wird)*

Die habe ich meiner Frau zu verdanken, denn sie hat in Ghana nicht so viel Essen gekocht. *(über seine gute körperliche Fitness)*

Asamoah steht dumm rum, weiß wieder mal nicht, wo er hin soll. Ball kommt, Kopfball, Tor.

☺

Er kämpft um jeden Ball, als wäre er der letzte seines Lebens. *(Helmut Schulte)*

Thimothée Atouba

Atouba hat heute wieder ein Bewerbungsschreiben an Zirkus Krone abgeschickt. *(HSV-Boss Bernd Hoffmann)*

Klaus Augenthaler

Mei, was kann ich dafür, wenn der so schnell ist. *(nachdem er Rudi Völler krankenhausreif getreten hatte)*

Raimond Aumann

Immer wenn Aumann die Klappe aufreißt, kriegt er den Laden voll. *(Udo Lattek)*

Ausputzer Deck

Hier in Essen mussten wir ja kommen, aber in Köln können wir kontern. Da holen wir dann den Rückstand wieder auf. *(der Spieler des Bezirksligisten FV 1912 Essen nach einem 1:9 im Pokal 1971 gegen den 1. FC Köln)*

Mimoun Azaouagh

Ich bin nicht so der sportliche Typ! *(als der Verkäufer im Fahrradladen ihm ein Rennrad anpries)*

Rachid Azzouzi *(marokkanischer Nationalspieler)*

In der Luft können wir den Norwegern nicht das Wasser reichen.

B

Júnior Baiano

Raus, links, Mitte, rechts. Und tschüss.

Ich komme als ganz einfacher Soldat nach Bremen. *(bei seiner Verpflichtung zu den Journalisten)*

Baiano mit dem Charme einer Planierraupe. *(Werner Hansch)*

Michael Ballack

Natürlich nicht, ich bin ja auch gegangen. *(auf die Frage, ob sich der FC Chelsea seit seinem Weggang verbessert habe)*

Mario Balotelli

Mir ist egal, was die Leute über mich denken. Ich fokussiere mich auf den Fußball, den Trainer, meine Freundinnen und meine Familie.

Er hört mir nicht zu. Aber wenn er trifft, ist das okay. *(sein Trainer Roberto Mancini)*

Maurice Banach

Wer erstmal sein Gewissen abschafft, bei dem beginnt ganz schnell die steile Karriere nach unten. *(über Doping)*

Fabien Barthez

Linda Evangelista? Nur dumm und arrogant. So was endet dann halt – da gibt es Gerechtigkeit – bei Fabien Barthez. *(Harald Schmidt)*

Mario Basler

Die Mannschaft müsste sich mal zusammensetzen und sich richtig auskotzen.

Ich muss ja bald wissen, ob es sich lohnt, in Bremen den Dachboden auszubauen. *(kurz danach bekam er ein Vierjahresangebot von Werder)*

☺

Basler ist gerade auf der Autobahn zwischen Dortmund und Hannover, weil Horst Hrubesch gesagt hat, der Weg in die Nationalelf führt nur über die A2. *(Django Asül, Kabarettist)*

Gabriel Batistuta

Gabriel Batistuta war ein Snob. Er war zwar Argentinier, aber machte auf richtig vornehm. Als wir an einem Tag nach dem Training an der Bar anstanden, hat er sich vor mir in die Schlange gedrängelt. Wir haben beide einen Latte Macchiato bestellt. Da habe ich meinen Finger in die Nase gesteckt und anschließend damit sein Getränk umgerührt, als ob es ein Löffel sei. *(Antonio Cassano, Spieler von Genua)*

Franz Beckenbauer

Es war nicht die Hand Gottes, sondern die Watschn eines Sechzigers. *(über die Ursache für seinen Wechsel zum FCB)*

Rudolf, sei mir nicht bös. Bevor du jetzt weiter oder noch näher zu mir heranrutschst, bleib drüben sitzen, ich gehöre einer anderen Fakultät an. *(zum homosexuellen Ballettstar Rudolf Nurejew)*

☺

Für den Libero Beckenbauer beantrage ich künftig eine Sonderbewachung. *(Sepp Maier nach zwei Eigentoren des Kapitäns)*

Beckenbauer läuft oft breitbeinig im Strafraum herum. Vielleicht kann man ihm mal durch die Beine schießen. *(Wilhelm Röcker, Trainer des Fußball-Amateurklubs TV Unterboihingen, vor einem DFB-Pokal-Spiel)*

Für das Geld würd ich nach Amerika schwimmen. *(Sepp Maier über den Wechsel Beckenbauers zu Cosmos New York)*

Franz, du musst stets wissen, wohin mit dem Ball, wenn er noch gar nicht bei dir ist. Und wenn du nach zwei Querpässen keinen Steilpass wagst, ist alles umsonst. *(Dettmar Cramers Ratschlag an den späteren Ehrenspielführer der Nationalmannschaft)*

Faul war er, hat andere für sich rennen lassen und auf dem Platz rumgeplärrt. Genial waren vor allem seine Eigentore. *(Sepp Maier)*

Junge muss essen, Gegner soll es merken! *(sagte Trainer Tschik Čajkovski zu seinem jungen Spieler und lud ihm die Teller voll)*

David Beckham

Eine Frau ist zwei Wochen lang jeden Tag zu meinem Haus gekommen und hat einen Schlüpfer in meinen Briefkasten gesteckt. Gott sei Dank waren die alle immer ganz neu. *(über sein Leben in Madrid)*

Wenn man die Trikots tauscht, dann sind die schweißgetränkt, aber das Shirt von Beckham hat nur nach Parfum gerochen. Entweder schützt er sich gegen Körpergeruch oder er schwitzt Kölnisch Wasser. *(Brasiliens Stürmer Ronaldo nach dem gewonnenen WM-Viertelfinale 2002 gegen England)*

Das David einen Sarong trägt, ist nicht ordinär. Er trägt auch meine Schlüpfer. *(Victoria Beckham)*

Es tut einem weh, dass er Engländer ist. Er ist so schön, dass er einer Frau ähnelt. *(Diego Maradona)*

Es gibt nichts Wichtigeres als den Gesundheitszustand von David Beckhams Fuß. *(Premierminister Tony Blair, nachdem sich Beckham kurz vor der WM 2002 den rechten Mittelfußknochen gebrochen hatte)*

Auch wenn Beckham nur noch in irgendeinem Park kicken würde, würde ich ihn in der Nationalelf spielen lassen. *(Englands Nationalspieler Frank Lampard)*

Beckham einen Ritterschlag geben? Dass ich nicht lache. Er ist nur ein guter Fußballspieler mit einer berühmten Tusse. *(Ian Holloway)*

Posh Spice ist schwanger. Wenigstens da ist David Beckham lang genug auf dem Platz geblieben. *(TV-Comedian Bradley Walsh)*

Dennis Bergkamp

Ich weiß nicht, ob er auch vor Zügen Angst hat – ich habe das Gefühl, Dennis glaubt, dass auch Züge fliegen. *(Arsène Wenger über den Niederländer, der zu Auswärtsspielen nur mit dem Auto fährt)*

Thomas Berthold

Mit dem Mundwerk größer als Pelé, Beckenbauer und Cruyff zusammen. Mit den Füßen eher Generalvertreter für Birkenstock-Sandalen. *(Max Merkel über den Stuttgarter Verteidiger)*

George Best

1969 habe ich mit den Frauen und dem Alkohol aufgehört. Das waren die schlimmsten zwanzig Minuten meines Lebens.

Als ich in den Vereinigten Staaten spielte, wohnte ich in einem Haus direkt am Meer. Ich war nie im Wasser. Auf dem Weg war eine Bar.

Ja, ich habe nie was mit der Miss Venezuela und der Miss Kanada gehabt. *(auf die Frage, ob er durch den übermäßigen Alkoholkonsum in seinem Leben etwas verpasst habe)*

Ich habe aufgehört mit dem Trinken. Allerdings nur während des Schlafs.

Marc Bircham *(kanadischer Mittelfeldspieler)*

Ich habe weder bei unserer Hochzeit noch bei der Geburt meiner Kinder geweint. Darum hat mir meine Frau gedroht, dass ich Ärger bekommen würde, wenn sie eine Träne in meinen Augen sieht, falls wir aufsteigen.

Jakub Błaszczykowski

Ich habe auf dem Platz versucht, nicht zu lachen. Es ist mir nicht gelungen. *(Neven Subotić, als Kuba das komplett leere Tor aus sechs Metern nicht traf)*

Kevin-Prince Boateng

Innerhalb von einem Tag kaufte ich mir drei Autos. Für eine hohe sechsstellige Summe leistete ich mir einen Lamborghini, einen Hummer und einen Cadillac Oldtimer. Des Weiteren habe ich aus dieser Zeit noch rund 200 Käppis, rund 20 Lederjacken und 160 Paar Schuhe. Ich hatte durch meinen Frust eine enorme Kaufwut. Nach dem Training bereitete ich mich sofort auf die Partys am Abend vor. Manchmal verprasste ich in den Nächten unfassbar viel Geld. *(über seine Zeit in England)*

Jérôme ist nicht sein richtiger Bruder und auch nicht sein richtiger Freund. *(Manuel Neuer über das Brüderpaar Jérôme und Kevin-Prince Boateng)*

Jörg Böhme

Er kann, wie beim Spiel in Duisburg, nicht nach 20 Minuten seinem Mitspieler auf die Fresse hauen. Das geht mal, aber nicht ständig. *(Ernst Middendorp)*

Tim Borowski

Mal bin ich beliebt wie Fußpilz, und dann bin ich auf einmal der Fußball-Gott.

Wenn Tim Borowski nicht abhebt, wird er einmal ein ganz großer Spieler. Er hat etwas von Effenberg, Ballack und Schwarzenbeck. Außerdem briegelt er ein wenig und hat Matthäus den Taktstock geklaut. *(Leserbrief in der »Sport Bild«)*

Er kann sich bei der WM das Trikot mit dem Adler auf der Brust überstreifen. Wenn er sich eins bei Karstadt Sport in der Sögestraße kauft. *(Mario Basler über Borowskis Chancen zur Teilnahme an der WM 2010)*

Khalid Boulahrouz

Ich habe vorher gesagt, wenn ich heute kein Tor mache, nehm ich mir ein Taxi und komme nie wieder zurück. *(der Abwehrspieler hatte erstmals seit sechseinhalb Jahren ein Bundesliga-Tor erzielt)*

Rune Bratseth

Ich zähle keine Tore, ich zähle nur Meisterschaften. *(nach seinem ersten Saisontor in der Spielzeit 1993/94)*

Andreas Brehme

Andreas Brehme hätte mit einem Bein besser gespielt als einige meiner Spieler heute mit zweien. *(Friedel Rausch)*

Spiel Halma, spiel Schach, spiel alles – aber nicht Fußball. *(Franz Beckenbauer)*

Andreas Brehme, der lange Jahre seiner Karriere als Filigrantechniker so viel galt wie Rambo Stallone als Charakterschauspieler. *(»Hörzu«)*

Paul Breitner

Die Journalisten nennen mich »Il abisino«, den Abessinier, weil ich die gleichen Schneckerl-Haare habe wie der Kaiser Haile Selassie. *(in seiner Zeit bei Real Madrid)*

In der Mannschaft wissen natürlich alle, dass der ein Arschloch ist, nur sagt es keiner offiziell. *(Rudi Völler)*

Der Paule ist ein gerissener Hund. Noch hält er zwar nicht die Mannschaftsbesprechungen persönlich ab. Noch gibt er seine Befehle über Derwall weiter. Ich würde mich nicht wundern, wenn eines Tages der Breitner dem Derwall die Aufstellung unter der Türritze durchschiebt. *(Bernd Schuster)*

Breno

Brenos Problem ist, dass er zu früh nach Deutschland kam. Das ist kein einfacher Platz zum Leben. Es gibt da kein Montags-Grillfest, keine Samba und auch keine schönen Frauen … *(Juvenal Juvêncio, Klubchef des FC São Paulo)*

Ansgar Brinkmann

Wenn alle, die ich in meinem Leben schon umdribbelt habe, eine Kerze in den Händen halten, haben wir eine Lichterkette von Mainz bis Hamburg.

Momentan bin ich nicht zu Hause. Wer aber Taste 3 drückt, bekommt von mir einen Planetenkasper. Bei Taste 4 einen LKW voll Waschpulver. Und wer mit mir persönlich sprechen will, erreicht mich täglich zwischen 17 Uhr abends und fünf Uhr morgens in meiner Stammkneipe »Pane et Vino«. *(Text auf seinem Anrufbeantworter)*

Wie bitte – ausgerechnet du willst mir den Fußball erklären? Du triffst ja selbst dann nicht das Meer, wenn du mit dem Ball am Fuß am Strand stehst! *(bei Dynamo Dresden zum Co-Trainer von Peter Pacult, als der ihm eine Übung erläutern wollte)*

So, mal sehn, wer noch auf der Straße ist. Schlafen wird auch überbewertet. *(des Nachts bei Facebook)*

Völlig Latte, ob unser Trainer oder der Busfahrer auf der Bank sitzt. Mit beiden gewinnen wir keinen Blumentopf. *(Ansprache als Kapitän auf der Weihnachtsfeier des BV Cloppenburg)*

Exzentrische Spieler sind eben nicht so diszipliniert. Es gibt Leute, die können auf einem Klavier spielen, andere müssen es tragen.

Schreibt doch auch noch, dass ich Bin Laden im Keller verstecke.

Auszubildender, wir wechseln! *(bei Tennis Borussia Berlin wechselte sich Brinkmann mit diesen Worten an den Linienrichter – ohne das Wissen des Trainers – selbst ein)*

Nico Broeckaert

Der Schädel von Broeckaert – ein Heiligtum des Antwerpener Fußballs. *(»Le Soir« im Jahre 1989)*

Andreas Buck

Wenn der seinen Vertrag verlängert, wird da drin stehen, dass er ebenerdig wohnt. *(Jürgen Sundermann über seinen Spieler, nachdem dieser sich beim Treppensteigen eine Verletzung zugezogen hatte)*

Dieter Burdenski

Ich sage, ohne überheblich sein zu wollen, dass es in meinem Alter keinen besseren Torwart auf der Welt gibt. Wenn Sie mich spielen sehen, würden Sie Ihren Augen nicht trauen. *(mit sechzig Jahren)*

Mike Büskens

Ich muss jetzt etwas Geld verdienen gehen. *(Minuten vor einem Bundesligaspiel)*

Hans-Jörg Butt

Wenn Erfahrung viel zählen würde, müsste noch immer Sepp Maier im Tor stehen.

C

Cafu

Es war, als ob dir ein Klavier auf den Kopf gefallen ist. *(nach der Niederlage im Champions-League-Finale 2005 gegen Liverpool nach 3:0-Führung)*

Fabio Calcaterra

Calcaterra war unheimlich schüchtern. Ich musste ihn in jedem Training erst vergewaltigen, damit er mal ein wenig Initiative zeigte. *(Giovanni Trapattoni)*

Eric Cantona

Ich würde den ganzen Champagner, den ich jemals getrunken habe, dafür hergeben, wenn ich mit Eric Cantona bei einer großen europäischen Nacht in Old Trafford hätte spielen dürfen. *(George Best)*

Jamie Carragher

Carragher hatte eine große Klappe, aber das war auch das Einzige, das wirklich groß an ihm war. *(Stripperin Liz Traill, nachdem Carragher nackt zur Weihnachtsfeier von Liverpool kam)*

Franco Causio
Ich will ein Zimmer mit Meer-
blick. *(Spitzname »der Baron«,
bei der Ankunft von Juve im
Hotel am Vorabend des Spiels
bei Cesena; schade nur, dass
Cesena nicht am Meer liegt)*

Harald Cerny
Ich habe gedacht, es ist Carl
Lewis mit einer weißen Maske.
(Eric Wynalda)

Stéphane Chapuisat
Nee, nee, das ist nur eine
kleine Wiedergutmachung.
Der Chappi hat mir schön die
Elle reingejagt, die Lippe ist
aufgeplatzt, da habe ich zu ihm
gesagt: »Pass auf, gib mir das
Trikot, dann ist die Sache vergessen.« *(Joachim Hopp, MSV
Duisburg, im TV-Interview
nach dem Spiel gegen Dortmund)*

Angelos Charisteas
Mit jedem Tor ist er um dreißig Zentimeter gewachsen, er
ist jetzt 2,50 m groß – und das
ist gut so, denn wir brauchen
gute Kopfballspieler. *(Frank
Baumann, sein Mannschafts-
kollege bei Werder Bremen, zu
den EM-Toren des Griechen
2004)*

Giorgio Chiellini
Ich kann euch garantieren,
dass mich Giuseppe Rossi nie-

mals getunnelt hat. Hätte er
es getan, würde er jetzt nicht
mehr laufen können!

Pascal Chimbonda
Für eine Saison war Chim-
bonda gut in Wigan. Jetzt jammert er mehr als seine Exfrau.
(Alan McInally)

Thomas Cichon
Gut, dass wir schwarze Hosen anhatten, sonst hätte man
unsere Knödel gesehen.

Christian Clemens
Ich habe ihm schon mal zu seinem ersten Tor des Monats gra-
tuliert. Jetzt braucht er nur noch
zehn, um mich einzuholen. *(Lukas Podolski nach einer direkt
verwandelten Ecke vom Kölner)*

Peter Crouch
Wie verteidigt man gegen den
Eiffelturm? *(Jelle Goes, Trainer
von Estland, nachdem Crouch
ein Tor für England gegen sein
Team geschossen hatte)*

Johan Cruyff
Johan war der bessere Spie-
ler, aber ich bin Weltmeister.
(Franz Beckenbauer)

Bernd Cullmann
Der hat eine solche Spann-
weite, dass ich ihm auch einen
Medizinball durch die Beine
spielen kann. *(Jupp Kaczor)*

D

Christoph Dabrowski

Wir arbeiten vernünftig mit dem Trainer zusammen, und das sieht man auch. *(nach vier Niederlagen in Folge und dem 17. Tabellenplatz in der zweiten Liga über Trainer Funkel und die Mannschaft)*

Dante

Brasilianer bin ich eigentlich nur im Urlaub.

Kevin Davies

Ich konnte es kaum glauben – ich dachte, es wäre ein Scherz. Ich habe davon geträumt, seitdem ich ein kleiner Junge war. Im Sommer war ich im Supermarkt, um eine WM-Dekoration für zu Hause zu besorgen, und nun bin ich selbst ein Teil davon – das ist alles sehr aufregend. *(über seine erstmalige Nominierung für die englische Nationalmannschaft im Alter von 33 Jahren)*

Deco

Irgendwas mit Fußball. Vielleicht Zuschauer. *(auf die Frage, was er machen möchte, wenn er kein Fußballprofi mehr ist)*

Julien de Guzmán

Wenn ich gegen Real Madrid ein Tor schieße, komme ich ein Jahr ohne Sex aus.

Sebastian Deisler

Für die anderen war ich ein Star, aber ich habe mich gefühlt wie eine Glühbirne, die einsam von der Decke hängt – nackt.

Ashkan Dejagah

Dejagah hat eine tolle Woche hinter sich. Er hat alles mitgenommen. *(Dieter Hoeneß über Dejagah nach einem Wechseltheater, einer Inhaftierung wegen Fahrerflucht und einer gelb-roten Karte als Einwechselspieler)*

Günter Delzepich *(Stürmer von Alemannia Aachen)*

Wir haben Krafttraining mit Medizinbällen gemacht. Dann lag der Ball am Sechzehner. Ich sagte:»Ich mach ihn rein.« Die anderen wetteten dagegen. Na ja, dann habe ich ihn drübergeschossen.

Martin Demichelis

Er ist ein ausgezeichneter Spieler, aber er will nicht laufen. Er will nur in der Abwehr spielen. Da hat er es einfacher, da kann er mit der Krawatte spielen. *(Franz Beckenbauer)*

Diego

Wenn jemand Diego kaufen will, muss er mich vorher ermorden. Diego wird Werder nur über meine Leiche verlassen. *(Jürgen L. Born)*

Thomas Doll

Das einzige Problem, das ich hier in Italien habe, sind die Küsse von Männern. Da ist mir meine Frau lieber.

José Dominguez

Seine Freundin will nicht in Birmingham leben. Ich habe ihm gesagt, dass er sich eine neue Freundin und nicht einen neuen Verein suchen soll. *(Barry Fry, über Birminghams portugiesischen Stürmer)*

Julian Draxler

Bier ist ja, glaub ich, ab 16 erlaubt, und wenn nicht – ich hab's auf jeden Fall gemacht. *(der 17-Jährige zu den Pokalfeierlichkeiten in der Kabine von Schalke 04)*

E

Dieter Eckstein

Bisher wusste ich gar nicht, dass ich so viele weibliche Fans habe. Die sollten sich halt mal blicken lassen bei mir, wenn meine Frau gerade nicht in der Nähe ist. *(auf die Frage, wie er denn zu seinen vielen weiblichen Fans stehe)*

Ralf Edström *(schwedischer Nationalstürmer bei der WM 1974)*

Mein langes Haar bleibt. Es ist mein sechster Sinn, den ich im Kopf habe und der mir sagt, wann und wo der Ball kommt.

Man sollte meinen, dass ein Spieler alles dransetzt, in möglichst praktischem Aufzug zu erscheinen. Lange Haare an sich sind nichts Schimpfliches. Etwas anderes aber ist es, wenn die langen Strähnen dem Spieler in die Augen fallen, wie es bei Edström zu beobachten ist. Wahrscheinlich war er deshalb in den letzten Länderspielen auch so schwach! *(»Idrottsbladet«)*

Stefan Effenberg

Paul Breitner kann ich sagen, dass ich nie zerbrechen werde, nie im Leben. Ein Stefan Effenberg wird nicht zerbrechen … Wir sind Erster in der Tabelle, Freunde. Ist das so schwer zu verstehen? … Jaaa, aber da muss man aufpassen. Da muss man aufpassen mit dem, was man sagt, was man schreibt und wie man das rüberbringt. Damit muss man aufpassen. Weil ich bin einer, der lässt sich das nicht gefallen, Freunde der Sonne! Nächste Frage!

Schöne Grüße an alle Bayern-Spieler. Nur nicht an die Bratwürste Olaf Thon und Thomas Berthold.

Nur so viel: Wenn wir gestern so viel gearbeitet hätten wie meine Frau heute, hätten wir mindestens zehn zu null gewonnen.

Ich wurde an der Hose gehalten, hatte Angst, nackt im Stadion zu stehen. Deshalb versuchte ich mich loszureißen. *(erklärt eine Tätlichkeit)*

Manchmal wäre ich lieber Maurer.

Dieser fußballspielende Heino gehört nicht in die Nationalmannschaft – womit ich nichts gegen Heino gesagt haben will. *(Klaus Schlappner)*

Christian Eichner
Solange nicht der letzte Nagel in den Sarg geschlagen ist, liegen wir nicht im Grab.

Da haben wir sicherlich mal das notwendige Glückchen gehabt.

René Eijkelkamp
Was ist der Unterschied zwischen Inter Mailand und Schalke? Ronaldo und Eijkelkamp – Ronaldo schießt Tore, Eijkelkamp nicht.

Eigentlich hasse ich Kopfbälle. Aber seit ich mit meinem

Bruder Harold einen eigenen Taxifahrer habe, der mich zwischen Zwolle und Schalke hin und her chauffiert, bin ich ausgeruht für solche Tore.

Elano
Meine Töchter haben mich gerettet. *(der brasilianische Nationalspieler nach einem Foul. Auf den Schienbeinschonern sind die Namen seiner Töchter Maria Teresa und Maria Clara aufgedruckt)*

Giovane Elber
Wir waren besonders motiviert. Dieser Trainer Camacho, Caramba oder wie der heißt, hat vor dem Spiel im spanischen Fernsehen gesagt, Fußball in Deutschland ist nur bumm, bumm, bumm. Nächstes Mal soll er die Fresse halten.

Vor einem Giovane Elber schlottern den gegnerischen Abwehrspielern schon lange nicht mehr die Knie, vor einem Uwe Seeler hat ja auch niemand mehr Angst. *(Horst Köppel erklärt die Nichtberücksichtigung des Brasilianers)*

Lothar Emmerich
Der macht noch mit 40 seine Tore! *(Aki Schmidt, als er den betagten Emmerich zu sich nach Regensburg holte)*

Joël Epalle
Er trägt eine so große Armbanduhr, die würde ich mir höchstens ins Wohnzimmer hängen. *(Stefan Kunz, Manager vom VfL Bochum, über seinen Spieler)*

Fabian Ernst
Wir können auch noch schlechter. *(nach einer Niederlage mit dem FC Schalke 04)*

Samuel Eto'o
Ich werde keine Tore versprechen. Ich werde rennen wie ein Schwarzer, um morgen leben zu können wie ein Weißer.

Buffy Ettmayer
Letzte Woche war ich noch ein Meerschweinchen, jetzt sehe ich aus wie eine Sau. Der Grund: Ich habe 200 Gramm zugenommen.

F

Jefferson Farfán
Farfán hat sich beim Biertrinken krank gemeldet. Es ist zu befürchten, dass er erst einmal ausfällt. *(Felix Magath)*

Les Ferdinand
Les liebte Sex. Aber er hat vorher immer kurz die Fußballergebnisse im Videotext gecheckt. *(Eva Dijkstra, Model)*

Rio Ferdinand
Ich bin reifer geworden. Auch meine Mama sagt das.

Dieter Ferner
Sie hören ja auch nicht auf, wenn Sie mal einen Versprecher haben. *(auf die Frage eines Journalisten, ob seine Verletzung das Ende seiner Karriere bedeute)*

Klaus Fichtel
Berlin gut und schön. Ich bleibe lieber im Westen. Ich würde selbst ein Angebot Schalkes oder eines anderen Westklubs akzeptieren, das um 20.000 Mark niedriger liegt als das Berlins oder Bayerns.

Christian Fiel
Am liebsten hätte ich auch noch die Hose ausgezogen. *(nach einem Trikot-Striptease)*

Thorsten Fink
Ich habe lediglich den Ball ein, zwei Meter weggekickt, um ein wenig zu verschnaufen. *(nach einer gelb-roten Karte wegen Ballwegschlagens)*

Klaus Fischer
Ich weiß, dass er Fallrückzieher kann. Und was sonst? *(Aleksandar Ristić)*

Jan Åge Fjørtoft

Ich sterbe aus. *(über den Verlust der Typen in der Bundesliga)*

Schön war es auch im Herbst, als ich unter Magath nach zehn Monaten in der Wüste, ohne Wasser und fast ohne Kleider, es geschafft habe, wieder zu alter Klasse zu finden.

Robbie Fowler

Willkommen im Klub! *(Stuart Pearce nimmt seinen Mitspieler bei Manchester City nach einem verschossenen Elfmeter in den Arm)*

Maik Franz

Ich bin der meistgehasste Spieler der Bundesliga. Ich bin mit Sicherheit kein Unschuldslamm. Ein Typ, der dazwischenfegt und Zeichen setzt. Wie mein Vorbild Stefan Effenberg.

Kleiner Junge in einer Fragerunde: Ich heiße Max und bin sechs Jahre alt. Meine Frage ist, ob du noch was anderes gut kannst außer Fußball. Franz: Ob ich noch was anderes gut kann? Klar, ich kann mehrere Sachen gut, m-äh-ee, hahaha, das ist eine gute Frage! Ähhhhh, jetzt werde ich selber rot, das ist gut. Na, ja, klar, also … ts … ts … gut!

Arne Friedrich

Dafür, dass wir in Afrika sind, können wir uns nicht beschweren. *(über das deutsche WM-Quartier 2010)*

Wir machen ihm ja keinen Vorwurf, dass er bei seinen Ex-Vereinen nicht gelernt hat, zu verteidigen. *(Felix Magath)*

Manuel Friedrich

Im Moment läuft es für uns – und zwar in die falsche Richtung.

Torsten Frings

Zurzeit verliere ich sogar Laufduelle gegen meine kleinen Töchter. *(im Aufbautraining)*

Was willst du denn von mir, du Lutscher?! *(beim ersten Training bei Werder Bremen zu Andreas Herzog)*

Walter Frosch

Ein Walter Frosch spielt nur in der A-Mannschaft oder in der Weltauswahl.

Die Lust auf Zigaretten beginnt, sobald ich morgens aufsteh. Ich vermisse es. Ihr könntet mir das Mädchen von Seite 1 nackt auf den Bauch binden. Ich würde sie sofort gegen eine Zigarette eintauschen.

Das ist ein anständiger Junge. Ich kenne ihn jahrelang. Er hat immer versucht, sauber und fair zu spielen. *(Walter Eschweiler)*

Christian Fuchs

Es fühlt sich wie eine Niederlage an, vielleicht sogar noch schlimmer. *(nach einem 1:1 mit Mainz gegen Borussia Dortmund)*

Uwe Fuchs

Im Moment nicht. Yeboah und Chapuisat sind besser drauf. *(auf die Frage, ob die Nationalmannschaft ein Thema sei)*

Jan Furtok

Jan Furtok, ein Stürmer, wie man ihn an der Ramschtheke im Supermarkt zu Dutzenden findet. *(Joachim Böttcher)*

G

Tomáš Galásek

Ich bin dankbar, dass ein alter Mann wie Galásek sich bereit erklärt hat, uns zu helfen. Und wie er uns geholfen hat. Und das für einen Nasenpopel, so wenig hat er uns gekostet. *(Hans Meyer)*

György Garics *(Abwehrspieler der österreichischen Nationalmannschaft)*

Wir haben eine Super-Partie gespielt, und am Ende stehen wir wieder mit leeren Händen da. Das ist, wie wenn in einer Geldbörse ein Loch drinnen ist. Dann fällt das Geld raus, und am Ende hast du nichts mehr.

Über den Trainer der österreichischen Nationalmannschaft, Didi Constantini:

Fußball passiert oft im Kopf, und der Trainer muss die Richtung vorgeben. Nach einer gewissen Zeit sollte man die Handschrift des Trainers sehen. Elf Namen auf den Spielbericht draufschreiben kann jeder.

Er hat keine Eier, um mir zu sagen, den Garics brauche ich nicht!

Constantini sagt A, denkt B und macht C. Das ist nur lächerlich.

Luigi Garzya
Ich bin vollkommen zur Hälfte einverstanden mit dem Trainer. *(zu Zeiten als Bari-Spieler)*

Paul Gascoigne
George Best ohne Hirn. *(Stan Seymour, Präsident von Newcastle)*

Ich habe immer gedacht, dass die 10 seine Rückennummer wäre. Dabei scheint es sein IQ zu sein. *(George Best)*

Es heißt, er komme mit der Presse nicht zurecht, sei arrogant und außerdem ein Säufer. Wenn Sie mich fragen: Er hat alles, was man braucht. *(George Best)*

Ein Renaissance-Mensch aus der Tyneside. Jemand, der gleichzeitig furchterregend und albern sein kann. *(Jimmy Greaves, Vorgänger von Gascoigne bei Tottenham und im englischen Team)*

Gascoigne mit Pelé zu vergleichen ist so, als würde man den Entertainer Rolf Harris mit Rembrandt vergleichen. *(Rodney Marsh, ehemaliger Stürmer der englischen Nationalmannschaft)*

Gazza erinnert mich an Marilyn Monroe. Sie war zwar nicht die größte Schauspielerin der Welt, aber sie war ein Star, und man wartete gern, wenn sie zu spät kam, hehe. *(Michael Caine)*

Sie müssen entschuldigen. Er verfügt nur über einen äußerst begrenzten Wortschatz. *(Lawrie McMenemy, Co-Trainer der englischen Nationalmannschaft, nach Gascoignes »Fuck off, Norway« gegenüber dem norwegischen Fernsehen)*

Er ist ein phantastischer Spieler, wenn er nicht betrunken ist. *(Brian Laudrup)*

Das soll jetzt nicht unhöflich klingen, aber ich glaube, dass ihm Gott, als er ihn mit diesem enormen fußballerischen Talent bedachte, als Ausgleich dafür gleichzeitig sein Gehirn rausgenommen hat. *(Tony Banks, Sportminister)*

Wenn man Zeitung liest, könnte man meinen, Paul und ich hätten ein Vater-Sohn-Verhältnis. Nun, ich hab zwei Söhne, und ich habe nie das Verlangen gehabt, sie zu schlagen, aber Gascoigne hätte ich das ein oder andere Mal gerne windelweich geprügelt. *(Walter Smith, Gascoignes Trainer bei Everton und bei den Rangers)*

Zu seiner Zeit war Gazza einfach phänomenal, der beste Spieler, den ich in diesem Land je gesehen habe. Beckham ist ein großer Fußballer, aber er kann ihm nicht mal die Schnürsenkel binden. *(Paul Merson)*

Gennaro Gattuso

Die 20 Minuten, die ich gegen Lazio gespielt habe, waren ein Alptraum. Ich hatte das Gefühl, als wäre ich betrunken. Ich konnte Zlatan Ibrahimović in vier verschiedenen Positionen sehen. *(Gattuso über seine Sehnerv-Erkrankung)*

Der Mensch stammt vom Gattuso ab. *(beliebter Spruch in Italien)*

Maurizio Gaudino

Der war spitz wie Lumpi, nur er hat Tor nicht gefunden. Und dann er ist in der Abseitsfalle gekommen. *(Dragoslav Stepanović)*

Theofanis Gekas

Hermann Gerland

Da kannst du nichts für, Junge. Dat Gras ist ein bisschen hoch gewesen, was?! *(nachdem ein Probespieler des VfL Bochum Trainer Rolf Schafstall den Ball an den Hinterkopf geschossen hatte)*

Alcides Ghiggia

Lediglich drei Menschen haben das Maracanã zum Schweigen gebracht: der Papst, Frank Sinatra und ich. *(nach seinem Tor für Uruguay im WM-Spiel um den Titel 1950 gegen Brasilien zum 1:2-Endstand)*

David Ginola

Wie kommt jemand auf die Idee, Ginola faul zu nennen? Er ist ein Sexsymbol und muss jeden Tag sein wundervolles Haar trocken föhnen. Das alleine ist doch schon eine Stunde Arbeit pro Tag. *(Simon Mayo von »Radio 5« in England)*

Arno Glesius

Ich war von acht bis zehn drei Stunden unterwegs.

Richard Golz

Unser Trainer erzählt immer, dass seine 82-jährige Oma mehr Tore schießen würde als wir. Langsam glaube ich es ihm.

Mario Gomez

Ich will jeden Ball versenken. Zu Hause im Garten und auch in jedem Bundesligaspiel.

Das war kein Zuckerbissen für die Fans.

In der Aktion davor bin ich von der Mittellinie nach vorne gelaufen und habe überlegt, wohin ich den Ball schieße. Eigentlich wollte ich ihn in die Mitte schießen, dann ging er doch nach rechts unten. Man sollte immer beim ersten Gedanken bleiben. *(der Stürmer des FC Bayern München erklärt einen verschossenen Elfmeter)*

Wir haben schon den Druck gespürt, ich hatte richtig dicke Schenkel, als ich reinkam.

Man kann sich immer verbessern, aber ich kenne meine Stärken und weiß, dass ich komplett bin.

Natürlich muss das ein Tor sein. Aber in meinem Kopf war: In diesem Stadion hast du das Toreschießen gelernt, da wirst du schon ein, zwei machen. *(nachdem er mit den Bayern in Stuttgart freistehend vor dem Kasten das Tor nicht traf)*

Wir müssen hoffen, dass der BVB mal ein, zwei, drei, vier, fünf Spiele verliert.

Wir haben einen Außerirdischen mit der Nummer 33, der hätte den Ball auch von der Kabine aus ins Tor geknallt. *(Ludovic Magnin über den Stürmer. Antwort von Gomez: »Vom Aussehen her ist eher Ludo ein Außerirdischer.«)*

Mario Gomez

Penis-Tor für Mann gefährlich?

„Das Körperteil ist groß und es tat sehr weh"

GOMEZ – Dieses Tor war GENI(T)AL

Mario Götze

Manchmal nennen wir ihn Götzinho. *(Mats Hummels über seinen Mitspieler)*

Mario hatte so viel Talent, dass selbst ich das nicht kaputt trainieren konnte. *(Christian Droese, E-Jugend-Trainer des Nationalspielers bei Hombruch)*

Mario Götzes Spiel hat etwas Hypnotisierendes, und seine Tricks machen Fans atemlos. *(»The Guardian«)*

Wir sind Marios Vater sehr dankbar, dass er damals aus dem Allgäu nach Dortmund gezogen ist. *(Jürgen Klopp)*

Wenn ich sehe, was der Junge spielt, muss ich sagen: Da habe ich früher eine andere Sportart betrieben. *(Lars Ricken)*

Karl-Heinz Granitza

Noch ein Jahr in Gütersloh, und ich hätte an den Deutschen Meisterschaften im Hürdenlauf teilgenommen. *(über das spezielle Training)*

Robert Green

Wir müssen uns hinter Green stellen. *(eine gute Idee der Absicherung von Steven Gerrard, nach einem Aussetzer seines Nationaltorhüters im ersten WM-Spiel 2010)*

Christian Grindheim

Wir haben uns einen mächtigen Skalp geholt. *(Norwegens Siegtorschütze nach einem 1:0 gegen Deutschland)*

Volkmar Groß

Ich habe weder private noch finanzielle Sorgen. Der einzige Kummer sind die Maler in meiner Wohnung. Aber das hat mit meiner schwachen Leistung nichts zu tun. *(der Torwart von Hertha BSC Berlin im Jahr 1971)*

Kevin Großkreutz

Kevin wird heute sicherlich nicht nur stilles Wasser trinken, vielleicht nimmt er eins mit Kohlensäure. *(Mats Hummels nach dem Gewinn der Meisterschaft)*

Der BVB im Dortmunder Zoo.

BVB-Fan zu sein, ist kein Grund für einen Startplatz im Team. *(Jürgen Klopp, als er Großkreutz im Derby gegen Schalke zuerst auf der Bank ließ)*

Kevin war so heiß auf die Südtribüne, dass er selbst abends
vor unserem Spiel noch in den
Signal-Iduna-Park wollte. Mir
blieb keine Wahl. Ich musste
ihm ein BVB-Verbot erteilen!
*(Christian Wück, sein Trainer
in Ahlen)*

Der Junge würde bei einer Partie Schach sicher nicht gerade
haushoch gegen die Großmeis-
ter Karpow oder Kasparow gewinnen. *(Mario Basler)*

Ruud Gullit

Nein, meine Frau hat den Laden dichtgemacht. *(auf die
Frage, ob nach der Geburt seiner zweiten Tochter noch ein
Junge kommt)*

Ilkay Gündoğan

Wir sind ein magisches Elfeck.
*(angesprochen auf die Bedeu-
tung des magischen Dreiecks
Ekici, Gündoğan, Schieber)*

Ralph Gunesch

Ich habe mir vorgenommen,
ihn aufzufressen. *(das galt seinem Gegenspieler)*

H

Mia Hamm

An jedem einzelnen Tag wache
ich auf und setze mich dafür ein,
eine bessere Spielerin zu werden.

Mike Hanke

Die ganze Bundesliga ist hinter
mir her, Bayern München, alle.
Ich kann mich kaum retten vor
Angeboten. Von daher muss
ich mich irgendwann mal entscheiden. *(ironisch in einem
Formtief)*

Gerhard Harpers

Meine Dame, ich darf Sie darauf aufmerksam machen: Sie
tanzen mit dem bekannten Nationalspieler Gerdi Harpers.

John Hartson

Ich habe früher jeden Tag
gegen ihn im Training gespielt.
Er schlug mich mit dem Ellenbogen, trat mich und gab mir
Kopfnüsse. Ich hatte Spaß. *(Rio
Ferdinand zum Duell mit dem
walisischen Stürmer, mit dem
er einst bei West Ham United
spielte)*

Jimmy Hartwig

Als ich in die Pubertät kam
und selbst anfing, meinen Körper zu erkunden, wurde es besonders schwierig. Wenn einmal alle, Mutter, Oma, Opa,
Onkel Werner und Onkel
Karl-Heinz, aus dem Hause
waren, onanierte ich unter der
Bettdecke, und nicht selten
musste ich aufhören, wenn es
am schönsten war. *(in seinem
Buch »Ich möchte noch so viel
tun ...«)*

Trainer Ernst Happel versteht auch, dass ein Spieler nach 14 Tagen Trainingslager Schweißausbrüche kriegt, wenn er eine Frau sieht.

Thomas Häßler
In Fachkreisen nennt man mich Mr. Uhu, weil mir der Ball immer am Fuß klebt.

Drei Punkte sind drei Punkte, und wir brauchten drei Punkte.

Der Kawasaki – oder wie der heißt … *(über seinen zukünftigen Sturmkollegen in Turin, Pierluigi Casiraghi)*

Philipp Heerwagen
Wir müssen gucken, dass wir den Köttel aus der Hose bekommen.

Hartmut Heidemann
Wenn ich bei allem Bemühen meine Form durchgehend nicht mehr bringe, braucht mich niemand mit dem Lasso vom Spielfeld zu holen. *(als er 1971 als Kapitän des MSV Duisburg von den eigenen Zuschauern ausgepfiffen wurde)*

Siggi Held
Trainer, mal ehrlich, soll ich die Scheiße etwa noch umbiegen, oder was?! *(er weigert sich, beim Stand von 10:0 für den Gegner eingewechselt zu werden)*

Horst Heldt
Wenn der kleine Kölner Heldt eine Ansichtskarte in den Briefkasten werfen will, braucht er ein Trampolin. *(Max Merkel)*

Thomas Helmer
Er ist vielleicht intelligent, aber nicht klug. *(Berti Vogts spitzfindig)*

Matthias Herget
Ich traue mir ein Comeback als Auswechselspieler zu.

Heiko Herrlich
Er könnte »wunderbar«, »phantastisch« oder »phänomenal« heißen, aber der liebe Gott nannte ihn schlicht und einfach »Herrlich«. *(Jörg Dahlmann)*

Andreas Herzog
Wenn ich nicht Fußballprofi geworden wäre, dann wäre ich wohl in einer Bank gelandet. Und dann wäre ich heute vielleicht Finanzminister von Österreich.

Josef Hickersberger
In meinem Alter muss ich darauf achten, in einen Verein zu kommen, wo es Medikamente umsonst gibt. *(zu seinen Vertragsgesprächen mit Bayer 04 Leverkusen)*

Gonzalo Higuaín

So, jetzt bin ich mal bösartig, legen wir ein nasses Handtuch ins Tor, und der Higuaín trifft noch immer nicht. *(Marco Hagemann, Kommentator)*

Timo Hildebrand

Stuttgarts Tormann Timo Hildebrand ist so gut – viele sagen, zur Nummer 1 in Deutschland fehle ihm nur noch eine blonde Schlampe aus der Disco! *(Harald Schmidt)*

Reinhold Hintermaier

Es war eine unheimliche Motivation, dass mich Thon und Matthäus »alter Mann« genannt haben – die mussten raus, ich nicht. *(nach einem Comeback)*

Thomas Hitzlsperger

Immer wenn ich die Kiste mal treffe, denke ich: Und was jetzt? Und dann laufe ich da so jämmerlich rum mit Gesten, die ich hinterher peinlich finde.

Dieter Hoeneß

Ich bin inzwischen der beste Warmläufer der Bundesliga. *(nachdem er sich in drei Spielen hintereinander aufgewärmt hatte, ohne eingewechselt zu werden)*

Uli Hoeneß

Ich habe mir früher im Training Schienbeinschützer angezogen, weil ich wusste: Wenn der »Bulle« Roth sauer auf mich ist, dann fegt der mich auf die Aschenbahn. Das Training war für mich Überlebenskampf.

Erwin Hoffer

Hoffer ist ein Panzertyp mit Jennifer-Lopez-Arschbacken – oder auch Shakira-Arschbacken. *(Ümit Korkmaz)*

Erwin hat für das alte Betze-Feeling gesorgt, bei dem der Schiedsrichter erst abpfeift, wenn wir gewonnen haben. *(Stefan Kuntz)*

Richard Hofmann

Meine Stärke war Schlafen. Vorher, meine ich. Im Spiel war ich hellwach. 90 Minuten! *(Nationalspieler in den zwanziger und dreißiger Jahren)*

Lewis Holtby

Wer Freiburg vor dem Spiel für einen schwachen Gegner hielt, der irrte sich gewalttätig!

Als ganzes Team haben wir versagt in der Hinrichtung.

Bernd Hölzenbein

Man braucht Hölzenbein nur scharf anschauen, dann fällt

er schon auf den Rasen. *(FCB-Trainer Udo Lattek nach dem Pokalhalbfinale 1974 der Bayern gegen Frankfurt)*

Horst-Dieter Höttges
Der Höttges ist ein Mörder. *(Gilbert Gress)*

Horst Hrubesch
Ich habe mit dem Horst Hrubesch einen wunderschönen Doppelpass spielen wollen, aber der hat einfach nicht zurückgespielt. *(Paul Breitner über einen Fehlpass zu Hrubesch, der daraus ein Tor erzielte)*

Horst Hrubesch sah ja auch an besseren Tagen nach dem Aufstehen so aus, als ob er sich mit einer Bratpfanne ins Gesicht gehauen hat. *(Oliver Welke)*

Mats Hummels
In den Ferien treff ich hoffentlich auch eine gute Bekannte wieder, meine Passsicherheit. Die ist nach dem Österreichspiel einfach schon in den Sommerurlaub abgehaun, fand ich nicht nett von ihr.

Klaas-Jan Huntelaar
Normalerweise sagt man ja, die Holländer haben einen Riecher für Käse – er hat einen für Tore. Er ist ein Phänomen. *(Lewis Holtby)*

Robert Huth
Ich würde auf der Straße leben und Leute verprügeln. *(auf die Frage, was für ein Leben ihn ohne den Fußball erwartet hätte)*

Ich bin vielleicht etwas besser auf der Playstation geworden, aber das ist auch kein Trost. *(über eine lange Verletzungspause)*

I

Bodo Illgner
Wir haben im Training viele Elfmeter geübt, aber Bodo war eine Katastrophe. Unsere Chance lag darin, dass er angeschossen wird. *(Franz Beckenbauer nach der WM 1990 über Bodo Illgner)*

Die Kölner diskutieren auch gar nicht. Bis auf Bodo. Der hat Abitur. *(Manfred Breuckmann über den Torhüter)*

Paul Ince
Ich liebe das Geräusch eines knackigen Tacklings und das »Aah« des Gegenspielers.

Pippo Inzaghi
Pippo Inzaghi wurde im Abseits geboren. *(Sir Alex Ferguson)*

Sammy Ipoua

Dann ist er wertlos, dann kannst auch gleich eine Vogelscheuche aufstellen. *(Didi Kühbauer auf die Frage, wie gut ein gezähmter Sammy Ipoua für Rapid ist)*

Trifon Iwanow

Seine Devise: Ein schneller Schritt könnte wehtun. *(Didi Kühbauer)*

J

David James

Während der Organisation meiner Hochzeit und den Wechselgedanken habe ich einen Anruf erhalten, der von einer unbekannten Nummer kam. Normalerweise gehe ich dann nicht an mein Handy, aber ich war betrunken, also ging ich ran. *(über seinen Wechsel zum Zweitligisten Bristol City)*

Wo war ich bloß? Ach ja, in einer Kneipe mit einem Kumpel. Wir haben Orangensaft getrunken. *(Englands Torwart erinnert sich an das letzte WM-Duell gegen Deutschland bei der WM 1990)*

Carsten Jancker

Ich kann Locken nicht leiden. *(über seinen kahlen Kopf)*

Marcell Jansen

Da ist schon einiges auf den Platz geflogen – unter anderem ein Snickers.

Ich werde hier viel Neues erleben, was ich aus Gladbach so nicht kannte. Auswärtssiege zum Beispiel. *(nach seinem Wechsel von Gladbach zum FC Bayern München)*

Jens Jeremies

Ronaldo? Da hätte früher der Jens Jeremies gesagt: »Dass mir den ja niemand anfasst. Der gehört mir!« *(Mehmet Scholl bei einer Fernsehübertragung der ARD über Cristiano Ronaldo)*

Erland Johnsen

Er wirkt wie ein Goldfisch unter Piranhas. *(die »Süddeutsche Zeitung« über den Vorstopper der Bayern)*

Jermaine Jones

Der Trainer hat gesagt, ich hätte muskuläre Probleme. *(auf die Frage, warum Felix Magath ihn nicht aufgestellt habe)*

Vinnie Jones

Ich bin Vinnie Jones. Ich bin ein verdammter Outlaw. Heute gibt es nur mich und dich, du Fettsack, nur dich und mich … *(zu Paul Gascoigne)*

Ich würde mich erschießen, wenn ich den Mumm dazu hätte. *(nachdem er das zehnte Mal vom Platz verwiesen wurde)*

Jorginho
Ich trinke nur Mineralwasser. Wasser ist für meinen Körper Benzin.

K

Shinji Kagawa
Am Kopfball-Pendel haben wir das mit ihm nicht geübt. So tief kann man das auch gar nicht einstellen. *(Jürgen Klopp nach einem Kopfball-Tor vom 1,72-m-Mann Kagawa)*

Oliver Kahn
Ich war ein perfekter Techniker, das hat man bloß nie gemerkt.

Ich habe neue Kräfte getankt. Jetzt kann ich die nächsten 75 Spiele in den nächsten vier Wochen in Angriff nehmen.

Interviews von mir nach dem Spiel haben nur bedingte Zurechnungsfähigkeit.

Es geht heute gar nicht mehr, dass du absolut fehlerfrei spielst – der Einzige, der das kann, bin ich.

Die Karten sind neu gewürfelt.

Mal sehen, ob mich Jürgen aufstellt. *(vor seinem eigenen Abschiedsspiel über Trainer Jürgen Klinsmann)*

Wenn der Olli Kahn aufs Feld läuft, ruft Ottmar Hitzfeld am Rand: »Der tut nix, der will nur spielen.« *(Harald Schmidt)*

Ich wünsche mir, dass er wieder eine Kabinentür eintritt, die Fußballschuhe in die Ecke wirft und nicht nur die Handschuhe. Ich bin überzeugt, dass das bald wieder passieren wird. *(Ottmar Hitzfeld)*

Hallo Oliver, jetzt hörst du also auf. Ein wenig eher als ich, aber du bist ja auch noch ein bisschen älter als ich. Bei aller Rivalität muss ich sagen, dass mir deine Einstellung immer unheimlich imponiert hat. Das hat mich nie den Ansporn verlieren lassen, immer hart zu trainieren. Ich wusste immer, da ist jemand in München, der trainiert gerade härter oder genauso hart wie ich, um das Ziel, der Beste sein zu wollen, zu erreichen. Das hat mir gerade während unseres Konkurrenzkampfes seit 1998, als ich zur Nationalmannschaft gekommen bin, sehr geholfen, mich selber zu verbessern und auch in meinem Verein mit den ganzen Konkurrenz-Situationen fertig zu werden. Dafür danke ich dir und wünsche dir alles Gute für die Zukunft! *(Jens Lehmann, Nationalkeeper von Deutschland und Keeper von Arsenal London, würdigt im ZDF-»Sportstudio« seinen Konkurrenten Oliver Kahn)*

Ich habe ihn das erste Mal im November 2002 kennengelernt. Da saß ich neben ihm. Und das erste Mal, dass er mit mir gesprochen hat – das war dann so 2005. *(Bastian Schweinsteiger)*

Jeder Spieler hat bei uns ein Handtuch in der Kabine. Nur komischerweise war bei mir nie eines da. Ich dachte immer, wo ist nur mein Handtuch? Dann sehe ich neben mir den Olli, wie er sich seine Haare schön macht, wie er seine Handschuhe poliert und alles Mögliche – mit zwei Handtüchern! *(Bastian Schweinsteiger)*

Kahn – der schaut schon bei der Hymne drein wie Graciano Rocchigiani, aber nach dem Kampf. *(Johannes B. Kerner)*

Kaká
Er wollte morgens, nachmittags und abends trainieren. Wir haben ihm ein Beruhigungsmittel gegeben, damit er gelassener wird. *(Brasiliens Nationaltrainer Carlos Dunga)*

Raymond Kalla
Sprich Deutsch, du Arschloch! *(zu Mitspieler Sunday Oliseh, der das Deutschgebot von Trainer Neururer ignorierte)*

Manfred Kaltz
Steif wie ein Stock ist er gewesen, der Kaltz, der Herr Weltklasse-Libero. Zweimal hab ich geschwänzelt, und dann war ich an ihm vorbei. *(Hans Krankl nach dem legendären 3:2-Sieg in Cordoba bei der WM 1978)*

Jonas Kamper

Die Woche im Training hat er uns Torhütern die Bälle nur so um die Ohren gehauen. Irgendwann ist er mir so auf den Sack gegangen, dass ich gesagt habe: »Du müsstest normalerweise 30 Saisontore machen. Jetzt wird's Zeit, dass du mal anfängst.« *(Bielefelds Torhüter Mathias Hain)*

Nwankwo Kanu

Kanu ist so träge. Manchmal habe ich gedacht, er würde schlafen, wenn er gespielt hat. *(Paul Robinson über seinen früheren Mitspieler bei West Bromwich Albion)*

Jupp Kapellmann

Für mich persönlich gibt es mit Paul Breitner in Zukunft nur noch einen möglichen Berührungspunkt: ich als Arzt und er als Notfall. *(über seinen Intimfeind)*

Roy Keane

Ich würde eher eine CD von Bob der Baumeister für meinen Zweijährigen kaufen als das Buch von Roy Keane. *(Jason McAteer, früherer Mitspieler in der irischen Nationalmannschaft)*

Sergej Kirjakow

Slalomschule für Fortgeschrittene. *(Werner Hansch)*

Mein Lieblingsschauspieler ist Sergej Kirjakow. *(Richard Golz, auf die Frage, wen er besonders gerne im TV sieht)*

Maik Kischko

Es ist nur noch eine Frage der Zeit, wann Leipzig ein Kischko-Denkmal bekommt. *(Sat.1-Kommentator Thomas Klementz in der Saison 1993/94)*

Wolfgang Kleff

Mit Muskelkater kann ich mich so schlecht bücken. *(erklärt sein bedächtiges Trainingsprogramm)*

Der Schiedsrichter hatte ständig die Pfeife im Mund und wollte reinpusten. Da hab ich den Ball wieder rausgehauen. *(nach einer überragenden Leistung im Europapokal in Everton in den siebziger Jahren)*

Ich habe mich die ganze Zeit über mit Waldläufen durch die Düsseldorfer Altstadt fit gehalten. *(nach seiner kurzfristigen Arbeitslosigkeit)*

Kein Problem. Ein älterer Herr setzt sich auch ganz gern auf eine Parkbank. *(als er in Bochum auf der Ersatzbank Platz nehmen musste)*

Jürgen Klinsmann

Wenn sich jemand beschwert, er komme nicht nahe genug an mich ran, ist das für mich nur ein Zeichen, ihm klarzumachen: Da gehörst du auch nicht hin.

Jürgen Klinsmann ist seit 694 Länderspielminuten ohne Tor. Das hat vor ihm nur Sepp Maier geschafft! *(Harald Schmidt)*

Der coolste blonde Deutsche seit Marlene Dietrich. *(»Observer«)*

Er kam mit dem Ruf eines Elfmeterschinders und geht mit einem Image irgendwo zwischen Schneewittchen und Mutter Teresa. *(»The Sun«)*

Jürgen Klopp

Ich war fußballerisch noch limitierter als Jürgen Klinsmann. Aber immerhin habe ich es auf 325 Zweitligaspiele gebracht, ohne einen einzigen Trick zu beherrschen.

Dragoslav Stepanović hat mich mal vor einem Hallenturnier gefragt, ob ich auch schon mal Halle gespielt hätte. Als ich das bejahte, sagte er nur: Gut, aber heute nicht.

Außerdem war Jürgen schon damals ein wenig cholerisch veranlagt. Ich musste ihn manchmal in die Kabine oder nach Hause schicken. *(Wolfgang Frank, einer seiner Trainer in Mainz)*

Auf dem Zimmer hat er manchmal so viel geraucht, dass ich eigentlich eine Disco-Kugel hätte aufhängen müssen, um noch etwas zu sehen. *(Ansgar Brinkmann)*

Miroslav Klose

Ich war laufen. Mit mir wollte keiner Fußballspielen. *(auf die Frage, wie er sich während seiner Isolation wegen der Schweinegrippeerkrankung seiner Kinder fit gehalten habe)*

Da meine Frau nicht da ist, muss ich mit Harald kuscheln. Da kann ich mir allerdings Schöneres vorstellen. *(auf die Frage, wie er seinen freien Tag gestaltet, und mit Blick auf DFB-Pressechef Harald Stenger)*

Für Streicheleinheiten müssen wir uns eine Katze kaufen.

Wenn Sie ein wenig aufgepasst hätten, wäre Ihnen aufgefallen, dass ich mich im Stadion für die zweite Hälfte warm gemacht habe. Deswegen kann ich das nicht wissen. Aber seien Sie froh, so etwas nicht Louis van Gaal gefragt zu haben. *(auf die Frage eines Reporters, was Löw in der Halbzeitpause beim Spiel gegen Aserbaidschan gesagt habe)*

Wann ist ein guter Zeitpunkt für eine Verletzung? Fällt man im Urlaub aus, hat man keinen Urlaub.

Ich bin froh, wenn ich ab und zu die Tür von der Kabine finde. *(in der Reha)*

Wenn wir Weltmeister werden, können Sie mit mir machen, was Sie wollen. Ich fahre dann überall hin.

Ich rauche nicht. Ich trinke nicht. Man kennt mich nicht.

Der Höhepunkt war während der EM gegen Lettland erreicht, als er Sekunden vor dem Abpfiff aus formidabler Position vorbeiköpfte wie ein Fußgänger, dem ein Blumen-topf auf den Kopf fällt. *(Ludger Schulze für die »Süddeutsche Zeitung« über den Nationalstürmer)*

Peer Kluge
Wenn irgendwo auf dem Platz ein Knochen vergraben ist, Peer Kluge findet ihn. *(Wolff-Christoph Fuss)*

Robert Koch
Ich habe noch zwei Karten für das Open Air von Matthias Reim in Kamenz ergattert, da will ich hin. *(Dresdens Pokalheld lehnte eine Einladung ins »aktuelle sportstudio« ab)*

Ján Kocian
Der Dieter und ich, wir haben uns überlegt, dass wir von jetzt an nur noch Foul spielen, wenn es nötig ist. *(nach zwei roten Karten für Dieter Schlindwein und ihn)*

Ludwig Kögl
Davon hättest du dich 14 Tage ernähren können. *(nachdem beim FC St. Pauli Gegenstände auf den Platz geworfen worden waren)*

Benjamin Köhler
Keine Ahnung! Den haben wir uns selbst ausgedacht. *(über den Namen seines Sohns Dian)*

Jürgen Kohler

Hier in Italien werde ich noch abgezockter, kann noch mehr auf die Socken hauen – ohne dass es jemand merkt.

Seit ich keinen Schnäuzer mehr habe, bin ich wieder ein Thema für die. *(er sprach über die »Bravo«)*

Deutschlands Abwehr-Ass Kohler schwört auf den Augenkontakt. Beim Aufwärmen vor den großen Spielen der WM läuft er zu seinem Gegenspieler, baut sich vor ihm auf und blickt ihm tief und drohend in die Augen. Das signalisiert: Du gehörst mir. Ich habe keine Angst vor dir. *(»Bunte« nach der WM 1990)*

Da muss Kohler aber sehr spitze Finger gehabt haben. *(der kurzhaarige und krausköpfige Michél Mazingu-Dinzey, nachdem Kohler wegen Haareziehens bei ihm vom Platz gestellt worden war)*

Ein Hackentrick von Jürgen Kohler – das kann ja nicht gut gehen. *(Manfred Breuckmann)*

Jan Koller

Ich kenne ihn. Dem habe ich mal die Schuhe kaputt getreten. Mit Größe 53 war er halt der Leidtragende. *(Jacques Abardonado)*

Andreas Köpke

Pass auf, der Andy steht gern weit vorm Tor. *(sagte Rudi Völler zu Bernd Schuster, und der legte aus 45,7 m dem Nationalkeeper ein Ei ins Nest)*

Erwin Kostedde

Ich gehe zurück nach Deutschland, weil meine Frau wieder hier leben will. Das Risiko, alleine in Belgien zu bleiben, wäre mir zu groß. Dann könnte das Lotterleben wieder wie früher anfangen. Und das kommt nicht infrage. *(bei seinem Wechsel von Standard Lüttich zu den Offenbacher Kickers im Jahr 1971)*

Peter Közle

Ich hab spekuliert, was ich machen soll. Offensichtlich habe ich zu gut spekuliert, aber nicht getroffen.

Torsten Kracht

Die einen werden als Abzocker, Heulsusen oder Arbeitsverweigerer geboren. Andere kommen als Torsten Kracht zur Welt. *(Slogan einer PR-Kampagne von Eintracht Frankfurt)*

Annike Krahn

Man of the Match werde ich, glaube ich, nie werden. *(die Fußball-Nationalspielerin auf die Frage, was sie über ihre vermeintliche Auszeichnung zum »Man of the Match« denke)*

Christoph Kramer

Ich habe so viele Fehler gemacht, darüber könnte man ein dickes Lehrbuch schreiben.

Hans Krankl

Vivat der Mutter, die diesen Sohn geboren hat! Eine Krankl-Symphonie in D-Dur. Maschinengewehr Krankl. 9:0! *(nach einem 9:0 von Barcelona über Vallecano, bei dem Krankl fünf Tore geschossen hatte, in den spanischen Zeitungen)*

Erwin Kremers

Einmal gehe ich rechts vorbei, dann wieder links, dann wieder spiele ich den Ball durch die Beine oder mache einen Doppelpass mit einem Schalker Mitspieler. Ich variiere ganz bewusst, so dass es meine Kontrahenten besonders schwer haben. Man muss immer wieder etwas Neues bringen im Showgeschäft.

Thomas Kroth

Der schlägt so viele Kerzen, als wenn morgen Weihnachten wäre. *(Werner Hansch)*

Axel Kruse

Beim Football muss man nicht ins Tor schießen, sondern oben drüber. Das konnte ich schon immer ganz gut. *(nachdem ihn Berlin Thunder als Kicker eingestellt hatte)*

Der hat erkannt, dass Tennis im Vergleich zum Boxen irgendwie anders ist. Mensch, ist der schlau! *(über den Tennisspieler Michael Stich)*

Mir sind beim Tor Eiswürfel aus der Nase gekullert, so cool war ich.

Axel Kruse, er hat in Rostock mehrere Pferdchen laufen. *(Thomas Wark, Journalist)*

Jacek Krzynówek

Krzynówek – die zufällige Aneinanderreihung von Buchstaben ergibt diesen polnischen Namen. *(Norbert Dickel)*

Didi Kühbauer

Bevor ich jemand schneid, häng ich lieber die Schuhe an den Nagel. Da könnt einer mein Feind sein, auf dem Platz ist er mein Freund – und ich hab jedem noch die Kugel hingespielt, wenn er besser steht.

Der wilde Didi ist zu Hause der milde Papa, der sich von seinen zwei Töchtern austricksen lässt. Da muss ich meine Spielart noch verändern.

Stefan Kuntz
In der Mannschaftssitzung hat Berti Vogts gesagt:»Wir haben da vorn ein Tier drin.« Damit hat er wohl mich gemeint.

Kevin Kuranyi

Nationalspieler entlaufen

Am Samstag ist unser Nationalspieler entlaufen. Er hört auf den Namen Kevin und wurde zuletzt um ca. 21:30 Uhr in der Nähe des Dortmunder Westfalenstadions gesehen.
Kevin hat am Schnäuzchen ein Bärtchen und auf dem Kopf ein ganz glattes Fell. Er ist sehr kinderlieb und fehlt uns sehr.

Wer uns unsere Muschi zurückbringt bekommt eine Belohnung (Schwatzgelb.de-Abo). Hinweise bitte per Telefon (0231-1349613) oder Email (redaktion@schwatzgelb.de).

| 0231 - 13 49 613 (ab 18 Uhr) | 0231 - 13 49 613 (ab 18 Uhr) | 0231 - 13 49 613 (ab 18 Uhr) | 0231 - 13 49 613 (ab 18 Uhr) | 0231 - 13 49 613 (ab 18 Uhr) | 0231 - 13 49 613 (ab 18 Uhr) | 0231 - 13 49 613 (ab 18 Uhr) | 0231 - 13 49 613 (ab 18 Uhr) | 0231 - 13 49 613 (ab 18 Uhr) | 0231 - 13 49 613 (ab 18 Uhr) |

Ich habe genau 75 Milliliter geschafft. Aber neuerdings braucht man 90! *(der Stürmer des FC Schalke 04 konnte bei der Dopingkontrolle nicht genug pinkeln)*

Wenn wir gewinnen, spielen wir am Sonntag immer Fußball. Wenn wir verlieren, dann machen wir einen Waldlauf.

Deshalb versuchen wir immer zu gewinnen. *(unter Trainer Felix Magath)*

Kevin hat gefragt:»Asa, wie kann ich so sexy aussehen wie du?« *(Gerald Asamoah)*

Adidas hat jetzt ein neues Modell rausgebracht. Das heißt Kuranyi, hat nur zwei linke Schuhe und ist schon im Preis reduziert. *(Atze Schröder)*

Hoppy Kurat
Ich bekam die letzte Spritze wegen Entzündung des Zwölffingerdarms, eine Folge meiner Nervosität, als ich nicht spielen konnte. *(was es nicht alles gibt)*

Michael Kutzop
Das ist der Mann, der mir die Schale weggeschossen hat! *(Rudi Völler über seinen ehemaligen Mitspieler, der 1986 einen entscheidenden Elfmeter gegen Bayern verschossen hat)*

Ernst Kuzorra
Auf die Kohle, die der Ernst Kuzorra hochgeholt hat, konnze kein Funt Ärpsen heiß kriegen. *(Spruch unter Kumpeln)*

L

Bruno Labbadia

In meinem Spind hängen Zeitungsausschnitte, in denen mich Trainer Ribbeck ziemlich heftig kritisiert. Wenn ich den Spind aufmache, kriege ich Wut. *(als er 1992 bei den Bayern unter Trainer Erich Ribbeck spielte)*

Philipp Lahm

Oft bin ich vom Training nach Hause gekommen und habe zu meiner Frau gesagt: »Gudrun, dem Philipp Lahm beim Training zuzusehen, ist wie Bratwurst essen. Ein richtiger Genuss.« *(Hermann Gerland)*

Philipp ist kein Mann für eine Nacht, der hat meistens gar nicht so viel Zeit! *(Mehmet Scholl)*

Auf dem Platz Weltklasse, außerhalb Kreisklasse. *(Rudi Völler)*

Wenn der kein großer Spieler wird, werde ich Wasserball-Trainer! *(Hermann Gerland)*

Ata Lameck

Wir lagen in Frankfurt zur Pause mit 1:3 zurück. Es war 35 Grad heiß, Trainer Höher war fix und fertig. Wir haben uns in der Kabine nur gesagt, wir gehen jetzt raus und treten auf alles, was sich bewegt. Das war ein Bombenspiel. Wir haben 5:3 gewonnen. *(in der Halbzeit war der VfL bereits abgestiegen)*

Frank Lampard

Die Mädels lieben Lampsy. Wenn ich andersherum wäre, würde ich auch auf ihn stehen. *(John Terry)*

Søren Larsen

Wenn im Strafraum Billard gespielt wird, steht Larsen immer da, wo der Ball hinfällt. *(Rudi Assauer)*

Thorsten Legat

Verstärken können die sich, aber nicht auf der rechten Seite. Da bin ich. Mein Vater war auf der Hütte. Wenn ich wieder fit bin, zeige ich denen, watt malochen heißt.

Jens Lehmann

Jetzt gehe ich nach Hause und muss meine Kinder erziehen, damit wenigstens die korrekt werden. *(nachdem ihn ein Balljunge in Hannover veräppelt hatte)*

Der Konjunktiv ist der Feind des Verlierers.

Trotz Katheter – Lehmann hält Elfmeter. *(Mario Basler bei einem Spiel nach der »Pinkel-Affäre«)*

Der Lehmann soll in die Muppet-Show gehen. Der Mann gehört auf die Couch. Vielleicht wird ihm da geholfen. Einweisen – am besten in die Geschlossene! *(Tim Wiese)*

Eher gelingt es, in der Wüste Fische zu züchten, als in der Champions League ein Tor gegen Jens Lehmann zu schießen. *(»Mladá fronta Dnes«, tschechische Zeitung)*

Kein Witz. Jens Lehmann ist der Lebensretter meines Sohnes! Zur Saison-Eröffnungsfeier war ein Podest vor dem Stadion aufgebaut, von dem mein kleiner Sohn runtergefallen ist. Unten stand Jens und hat ihn aufgefangen. Von da an war er meine Nummer 1. *(Peter Neururer)*

Das hat mich sehr an die Tour de France erinnert. Manchmal hat man eben keine andere Möglichkeit, auszutreten. Das hat er ganz geschickt gemacht. Er hätte ja schlecht in die Kabine gehen können … *(Horst Heldt über den Torwart, der während eines Champions-League-Spiels hinter die Bande gepinkelt hatte)*

"Ok, Jens! Den hast Du!" Brille: <u>Lehmann</u>.

Dass die Zähne langsam lockerer werden, könnte auch am Alter liegen. *(Hans-Joachim Watzke über Lehmann, der nach einem Ellenbogenschlag von Neven Subotić um seine Zähne fürchtete)*

Jens Lehmann ist dabei, seine Karriere zu urinieren! *(Arnd Zeigler nach Lehmanns »hinter die Bande pinkeln«-Aktion)*

Uwe Leifeld
Mach das Trikot nicht dreckig, das brauche ich das nächste Mal. *(zu seinem etwas älteren Konkurrenten bei Preußen Münster Uwe Tschiskale)*

Tobias Levels
Das war eine Hormonausschüttung, wie ich sie zuletzt mit fünf Jahren im »Phantasialand« hatte. *(nach seinem ersten Bundesligator)*

Stan Libuda
I am the white ring. *(der wohl eigentlich »right wing«, also Rechtsaußen, meinte)*

☺

Was denkst du, was deine Frau jetzt zu Hause macht!? *(beliebter Spruch von Gegenspielern zu Stan Libuda)*

Ich habe noch nie einen Spieler gesehen, nie davor, nie danach, der so oft seinen Gegner per Beinschuss vernatzt hat. Aber nicht, dass er sich das vorher überlegt hatte, das kam bei ihm spontan, intuitiv. *(Friedel Rausch)*

Dieser Mann ist nur mit einer Flinte zu stoppen. *(Bulgariens Nationaltrainer Dr. Boskov)*

Ewald Lienen

Wenn mich der Konopka zu sehr geärgert hat, ist der Berti über die Mittellinie gekommen und hat mich gerächt. Das war zwar gegen meine pazifistische Grundeinstellung, aber tief drinnen habe ich eine leichte Genugtuung gespürt.

Viele Fans wollen nicht begreifen, weshalb mein Mann keine Autogramme schreibt. Die halten das für Arroganz. So ein Unsinn. Der Ewald setzt sich halt lieber hin und quatscht mit den Leuten ihre Probleme aus. *(seine Frau Rosi)*

Willi Lippens

Schweißnassen Händedruck vonne Kumpels – mehr brauch ich nicht!
(auf die Frage, was ihm seine Mannschaftskameraden zum Geburtstag schenken)

Der Lippens kann am Ball alles – sogar aufpumpen und einfetten. *(Horst Gecks)*

Pierre Littbarski

Nee, das geht nicht. Einer muss doch an die Klinke kommen. *(auf die Frage, ob er denn mit Thomas Häßler auf einem Zimmer liege)*

Mit 1,68 bin ich auch in der japanischen Elf der Drittkleinste.

☺

Dem Litti muss man die eigenen Füße nummerieren, damit er nicht dauernd darüber fällt. *(Max Merkel)*

Hannes Löhr

Ich weiß gar nicht, warum ich mich so abracke. Demnächst lasse ich mich erst fünf Minuten vor Schluss einwechseln. *(nachdem ihm kurz hintereinander zwei entscheidende Tore in den letzten Spielminuten gelungen waren)*

Dirk Lottner

Da herrschte plötzlich fünfzehn, zwanzig Minuten Konfusität im eigenen Strafraum.

Lúcio

Lúcio hat eine richtige Ruder-WM bestritten. *(Mario Gomez, der in den Zweikämpfen ständig durch die Arme des Brasilianers traktiert wurde)*

Michael Lusch

Ich habe in dieser Saison zwei Drittel aller Borussen-Tore geschossen, nämlich zwei.

Peter Lux

Meine Tochter Ann-Kathrin ist 56 Zentimeter groß – fast so groß wie ich. *(er ist 1,68 m)*

M

Madjer

Madjer bereitet sich nur für das Spiel in München vor. Er trainiert wieder den Hackentrick … *(Artur Jorge, als es vier Jahre nach dem Europacup-Finale erneut zum Spiel Bayern – Porto kam)*

Sepp Maier

Wenn ich lüge und meine Frau mir draufkommt. *(auf die Frage, wovor er Angst hat)*

Wenn die Fans mit Flaschen werfen, stört mich das nicht. Nur voll müssten die Flaschen sein.

Gebt's mir einen Liegestuhl. *(zu Fotografen während des Spiels Deutschland – Zypern, Ergebnis: 12:0)*

Ich habe nie Angst vor irgendwelchen Stürmern. Angst habe ich nur vor Idi Amin.

Ja, außer den genannten Viecherln mag ich auch noch sehr die zweibeinigen Haserln, von Caroline bis Stefanie. *(der Pferdebesitzer und Hundefreund)*

Mir hat unser Koch, der Sauhund, immer was ins Essen getan, da hat sich unten nichts gerührt. Und wenn, dann hab ich auf Handbetrieb geschaltet. *(über menschliche Bedürfnisse im Trainingslager)*

Ich habe heute viel Zeit gehabt. Es waren genau 53.738 Zuschauer im Stadion, davon 11.721 Frauen und 58 mit Fahnen. Die Alkoholfahnen habe ich nicht alle zählen können. *(1969 nach einem 12:0-Sieg gegen Zypern)*

Zuschaun tu i net, aber beim Duschn geh i mit … *(über Frauenfußball)*

Erst wenn ich Moos auf den Knien habe und die Kameraden mich beim Einlaufen stützen müssen, dann höre ich auf. *(am Ende stoppte ihn ein Autounfall)*

Eine Stunde vor dem Spiel noch mal Sex – das macht schön locker, zack-zack, da geht's viel besser.

Cyril Makanaky *(Fußballstar aus Kamerun)*

Ich habe zu lange überlegt, ob ich schießen oder abspielen soll. Und als ich dann schoss, hatte ich mich eigentlich schon entschieden, abzugeben.

Paolo Maldini

Er ist wirklich die Nummer eins. Es gibt tolle Spieler, es gibt Weltklasse-Spieler, und dann gibt es noch Spieler, die darüber hinausgehen. Paolo ist das perfekte Beispiel dafür. *(Alessandro del Piero, Kapitän von Juventus Turin)*

Maldini ist das Symbol Milans. Er bringt Kontinuität mit und verbindet die fußballerische Antike mit der Moderne. *(Milan-Legende Gianni Rivera)*

Manfred Manglitz

Ich hatte einen Schuss wie ein Ochse. Wenn ich die Querlatte traf, sprang der Ball bis zur Mittellinie zurück.

Diego Maradona

Sie müssen uns das Herz aus der Brust reißen, wenn sie unseren Titel wollen. *(bei der WM 1990)*

Ich habe es geliebt, Fußball zu spielen. Morgens und nachmittags. Sogar wenn ich mit meiner Frau ins Bett ging, habe ich noch trainiert.

Ich habe in einer Epoche des spanischen und italienischen Fußballs gespielt, in der die Verteidiger oft wahre Bulldoggen waren, die sich an einem festgebissen haben. Die waren mir immer auf den Fersen.

Endlich trainiert er mal, und dann nehmen sie ihn fest. *(ein Teamkollege, als der exzentrische Star auf dem Weg zum Training von der Polizei festgenommen worden war)*

Maradona war der höchstbezahlte Handspieler in der Geschichte. *(Con Houlihan, Journalist)*

Ich habe Maradona aus zeitlichen Gründen nicht mehr so erlebt. *(Thomas Müller, der 1989 geborene Spieler, auf die Frage, wie er Diego Maradona als Fußballer erlebt habe)*

Maradona ist der beste Spieler aller Zeiten. Er ist der einzige Spieler, der mit Mainz aufsteigen und dann gleich noch Meister in der Bundesliga werden würde. *(Željko Petrović)*

Der Maradona muss das angebliche Wunder-Wachs der Schweizer an den Füßen haben. Dem klebt der Ball an den Stiefeln, da verzweifelst du an dir selber. *(Gerd Müller)*

Die größten Auftritte hatte er abseits vom Rasen, als Macho, Verweigerer, Nachtschwärmer, Nudelesser und Bräutigam des Jahres. *(»Welt am Sonntag«)*

Gegen das, was Maradona verdient, sind wir eine Thekenmannschaft. *(Klaus Augenthaler vor einem Duell zwischen Bayern und Neapel)*

Stephan Marasek
Wie er neu war bei uns, hat er immer den Schädel unten gehabt beim Grüßen. Da hast glaubt, er haut die Tischplatten zam. *(Didi Kühbauer)*

Marcelinho
Ich habe ihn gefragt, was der Marmorkuchen auf seinem Kopf gekostet hat? *(Wolfsburg-Trainer Klaus Augenthaler auf die Frage, was er von der neuen Frisur von Marcelinho hält)*

Ich fürchte, der Vogel denkt nur von der Tapete bis zur Wand. *(Max Merkel)*

Federico Marchetti
Morgens gehe ich immer joggen, und eines Tages winkten mir Kinder zu, die gerade zur Schule gingen. Ein Mann rief: »Wir stehen alle hinter Ihnen.« Erinnern Sie sich an Rocky, der mit den Kindern trainierte, die hinter ihm liefen? Nun, ich fühlte mich wie Rocky. *(nachdem er von Cagliari gefeuert worden war)*

Marko Marin
Aber, Kleiner: Du musst dich auch nicht wundern, wenn einer wie der van Bommel dich beim Einlaufen vorm Anpfiff an die Hand nimmt, weil er denkt, du wärst einer aus der E-Jugend. *(Mario Basler)*

Mit seinem Körperschwerpunkt auf Höhe der Grasnarbe ist es schwer, gegen ihn zu verteidigen. *(Per Mertesacker)*

Reinhold Mathy
Ich glaube, ich bin schon mit einer Zerrung auf die Welt gekommen. *(der ehemalige Bayern-Spieler über seine Verletzungsanfälligkeit)*

Joel Matip

Joel Matip ist einer der jungen Spieler, die mir zugelaufen sind. *(Felix Magath)*

Lothar Matthäus

Lolita möchte, dass er Schriftsteller wird. Ich bin für Tennis-Profi, dann verdient er viel Geld. *(über seinen Sohn Loris)*

In den Neunzigern, als ich noch bei den Bayern war, haben wir Karten gespielt, sind ins Casino gegangen, haben auf Bundesliga- und Zweitligaspiele gewettet. National, international, in Einzel- und Kombinationswetten …

Die Ersatzspieler sollen sich ruhig verhalten, ins Zimmer gehen und in ihr Bett beißen.

Sagt mal, Jungs, wo kann man hier Shampoo kaufen? *(fragte der Jungstar früh am Morgen bei der WM 1982 Journalisten, die ihn dabei ertappt hatten, wie er verbotenerweise das Hotel verlassen hatte)*

Komm, Schatz – und jetzt einen Zungenkuss für die Herren von der Presse. *(zu seiner Freundin)*

Damit kann ich auch dann gut essen, wenn Lolita mal nicht zu Hause ist. *(zum Abschluss eines Werbevertrags mit einer Tiefkühlkostfirma)*

Ich werde schon kritisiert, wenn ich zu einem Tor von mir nicht noch die Vorlage gebe.

Wenn ich mit allen Leuten, mit denen ich schon Ärger hatte, nicht mehr sprechen würde oder zusammenarbeiten könnte, stünde ich des Öfteren alleine auf dem Platz.

Ich brauch ja gar nicht in den Pass zu schauen, ich brauch ja nur in die Zeitung zu schauen, um zu wissen, wie alt ich bin.

Der Muskel hinten links hat zugemacht.

Ich dachte, er kommt mit dem Hubschrauber. *(Ottmar Hitzfeld, nachdem er seinen Wagen versehentlich auf dem falschen Parklatz abgestellt hatte)*

Lothar Matthäus hat ein eigenes Kapitel. Die erste Seite habe ich weiß gelassen, weil eigentlich jedes Wort über ihn zu viel ist. *(Stefan Effenberg in seinem Buch »Ich hab's allen gezeigt«)*

Lothar Matthäus war einmal mein Jugendidol. Jetzt nicht mehr, weder sportlich noch sonst. *(Matthias Sammer, nachdem er ihn als Gegenspieler kennengelernt hatte)*

Stan Matthews

Stan Matthews erzählte mir, dass er für zwanzig Pfund in der Woche gespielt hat. Heute würde er alles Geld, das in der Bank of England liegt, verdienen. *(Gianfranco Zola)*

Matuzalém Francelino Da Silva

Matuzalém: trotz seines Namens erst 17 Jahre alt. *(Journalist Karsten Linke)*

Mazinho

Ich muss schnell laufen, weil ich bekanntlich so friere. *(ein Brasilianer beim FC Bayern München)*

Alan McInally

Sein Kopf ist härter als die hölzerne Ersatzbank des FC Bayern. *(Burkhard Weber)*

Kevin McKenna

Solche Leute liebe ich. Kevin würde auch im Tor spielen. Der meckert nie über seine Position. *(Michael Meier)*

Thomas Meggle

Unter Didi Demuth haben wir bei einem Training am 1. Mai morgens um zehn mal »Betrunken gegen Nüchtern« gespielt. Gewonnen hat Team Betrunken, weil wir viel mehr waren …

1997 in der Vorbereitung auf dem Weg zu einem Spiel fragte mich Trainer Eckhard Krautzun plötzlich: »Wie heißt du, und was ist deine Position?« Ich hab schnell die Mannschaft überschlagen und geantwortet: »Meggle, defensives Mittelfeld!« Weil wir da keinen hatten und meine Einsatz-Chancen entsprechend hoch waren.

Felipe Melo

Felipe Melo sollte seinen Urlaub lieber nicht in Brasilien verbringen. *(Ronaldo via Twitter nach dem Eigentor und der roten Karte seines Landsmanns beim 1:2 im WM-Viertelfinale gegen die Niederlande)*

Jens Melzig
Ich dachte, der Melzig lässt sich fünf Stiche machen und spielt weiter. Die Sachsen sind auch schon weicher geworden. *(Otto Rehhagel nach einem Bundesligaspiel 1993)*

Franz Merkhoffer *(Eintracht Braunschweig)*
Ich hoffe, dass die gegnerischen Stürmer das Alter ehren. *(mit 36 Jahren)*

Lionel Messi
Lionel Messi kratzt am perfekten Fußballer. Nur in Sachen Härte könnte ich ihm einen Kurs geben. *(Didi Kühbauer)*

Christoph Metzelder
Ich bin gespannt, was jetzt im LKW aus Stuttgart kommt. *(nachdem Borussia Dortmund dem VfB mit einem Sieg über Schalke zur Meisterschaft verholfen hatte)*

☺

Jetzt ist es schon so weit, dass Metzelder unser Hoffnungsträger ist. *(Felix Magath auf Schalke)*

Metzelder, der Jogger. Wie gewohnt, weiß er genau, wo er stehen muss, um nicht ins Spiel einzugreifen. *(»Frankfurter Rundschau«)*

Frank Mill
Ich habe so dicke Waden, dass ich die Schienbeinschoner nicht unter den Stutzen tragen kann. Der Hersteller ist seit Jahren nicht in der Lage, größere Stutzen anzufertigen. In die vorhandenen Dinger passen nur Fußballer rein, die ihre Beine in Fanta-Flaschen baden können.

Mein Sohn wünschte sich: »Papa, spiel noch ein bisschen Bundesliga!« *(einfache Erklärung dafür, warum er auch mit 37 Jahren noch in Düsseldorf spielte)*

Pierre Littbarski hat mal gesagt: »Jetzt erlebt der Fränkie seinen fünften Frühling.« Das ist jetzt aber auch schon wieder fünf Jahre her. *(als er mit 37 Jahren noch für Düsseldorf in der Bundesliga spielte)*

Zvjezdan Misimović
Lass mich schießen, du triffst im Moment eh nichts. *(zum Wolfsburger Teamkollegen Marcel Schäfer; er hat den Freistoß tatsächlich im Tor versenkt)*

☺

Wer hat dem Dicken den Ball gegeben? *(Hermann Gerland, als er eigentlich das Kommando an Zwetschge ausgegeben hatte, Runden zu drehen)*

Luka Modrić

Luka Modrić macht Dinge mit dem Ball, da fängt mancher Trainer vor Freude an zu onanieren. *(Hans Meyer)*

Andreas Möller

Ich bin vorsichtig geworden mit hochfliegenden Plänen – sie verschwinden leicht in den Wolken.

Wenn du in Italien eine gute Aktion gehabt hast, reden die Fans eine Viertelstunde davon – du kannst dich gemütlich zurücklehnen. Das kommt meiner Spielweise sehr entgegen.

Ich denke, dass man stolz sein kann auf die Leistung von Schalke 04, wegen der Leistung.

Letztes Jahr haben wir in Bremen 3:6 im Pokal verloren. Ein Profi von Werder hat Möller am Anfang gekniffen und gesagt: »Heute bringe ich dich um.« Den Andreas habe ich in der ersten Halbzeit nicht gesehen. *(Dragoslav Stepanović)*

Der muss doch erst einmal in seine Lügenfibel schauen. *(Axel Kruse)*

Der Bengel ist so empfindlich, der holt sich sogar einen Schnupfen, wenn er zu nah an der Drehtür steht. *(Max Merkel)*

Dich kriegen wir auch noch. *(Anfang der Saison 1989/90 hing in der Kabine über dem Platz von Andreas Möller ein Messer mit diesem Spruch seiner Dortmunder Mannschaftskollegen)*

Spielt ihr gegen Dortmund mit Andreas Möller oder wollt ihr gewinnen? *(Rudi Brückner, Kommentator, fragt Olaf Thon)*

Faryd Mondragón

Ich fühle mich, als hätte ich ein Messer im Rücken. Auch Jesus Christus wurde hinterhältig behandelt und verraten. *(nach seiner Suspendierung in Köln)*

Ramiro Funes Mori

Manchmal lasse ich zu, dass man mich für meinen Bruder hält. Aber ich mache es nur, damit die Leute kein schlechtes Gewissen bekommen und weil sie mir ohnehin nicht glauben, wenn ich es leugne. Aber mit Mädchen haben wir das noch nie gemacht, das schwöre ich! *(ein Reservespieler von River Plate, über seinen berühmten Zwillingsbruder und Teamkollegen Rogelio)*

Max Morlock

Max Morlock in Nürnberg – das ist ein Begriff wie einst Marilyn Monroe in Hollywood. (*»kicker«*)

Gerd Müller

Gerd war schon als Junge geradezu versessen aufs Spielen. Wenn er von der Schule nach Hause kam, hörte man das mitunter schon an der Blechbüchse, die er vor sich hertrieb. (*sein Jugendtrainer Ottenweiler*)

Vielleicht wären wir ohne Gerd Müller und seine Tore noch immer in unserer alten Holzhütte an der Säbener Straße. (*Franz Beckenbauer*)

Hansi Müller

Es ist besser, mit einem Stuhl als mit Hansi Müller zu spielen. Denn bei einem Stuhl kommt der Ball wenigstens wieder zu dir zurück, wenn du ihn anschießt. (*Evaristo Beccalossi*)

Thomas Müller

Langsam habe ich das Gefühl, dass ich mit meinem linken Fuß mehr anfangen kann, als nur Bier zu holen.

Hm. Tja, was bin ich? Raumdeuter? Ja, ich bin ein Raumdeuter.

Den Antrag habe ich letztes Jahr an Weihnachten gemacht. Aber auf die Knie musste ich nicht. Auf die Knie geht man nur beim Torjubel. (*zur bevorstehenden Hochzeit mit Freundin Lisa*)

Das Mikrofon verbiegt sich auch schon, weil ich so stinke.

Die haben Leute dabei, die mehr Haare am Rücken haben als auf dem Kopf. Da ist natürlich mehr Erfahrung da. (*als Erklärung für das Ausscheiden in der Champions League gegen Inter Mailand*)

N

Norbert Nachtweih

Er ist es nicht wert, über ihn zu sprechen. Nur so viel: Ich sah ihn zwei-, dreimal vormittags mit roten Augen. Nachtweih hatte eine Fahne – da war ich schon vom Riechen besoffen. (*Dragoslav Stepanović*)

Deniz Naki

Ich komme aus der Gosse, da wird man entweder Zuhälter oder Fußballprofi.

Ach, das kann man nicht beschreiben, das musst du selbst erleben. (*auf die Frage, wie er sein erstes Bundesligator erlebte*)

Louisa Nécib

Wenn sie den Ball berührt, scheint die Sonne. Mir ist normalerweise kalt, aber ihre Kunst erwärmt mich und bringt die ganze Mannschaft zum Glühen. *(Frankreichs Trainer Bruno Bini über seine Spielerin)*

Günter Netzer

Günter hat zweimal den Nikolaus bei uns gemacht! Wir haben es kein drittes Mal versucht, weil eine unserer Töchter gesagt hat: »Du Günter, schon komisch, der Nikolaus hat genauso ›Tichtuch‹ gesagt wie du!« *(Paul Breitner)*

Was ich so gehört hatte, kam es mir vor, als würde ich die Marlene Dietrich des Fußballs einkaufen. *(Karl Oberholzer, Präsident von Grasshopper Zürich)*

Frank Neubarth

Der rennt, als hätten sie ihm Pampers-Windeln in die Hosen genäht – aber Tore macht er trotzdem. *(Max Merkel)*

Manuel Neuer

Die Frau an der Kasse hat nichts gesagt, die wollte nur das Geld haben. *(auf die Frage, wie bei einem Drogeriebesuch in Köln der Kontakt zum Otto-Normal-Bürger war)*

> MANUEL NEUER ÜBER...
>
> **Vereinswechsel:** Innerhalb von Deutschland ist für mich ein solcher Schritt nicht denkbar. Manuel Neuer beim FC Bayern München – das passt nicht. Ich habe früher in der Kurve gestanden und nicht gerade nette Dinge über die anderen Vereine geschrieben... Wie soll ich denn da das Trikot dieser Clubs tragen?

Auszug aus dem Schalker Jahrbuch 2007/08, Seite 18.

Urin. *(auf die Reporterfrage, was bei der Dopingprobe herausgekommen sei)*

Ey, sag dem Japs mal Bescheid, er soll warten, bis ich wieder stehe! *(im Training zum Dolmetscher des Japaners Takashi Usami, als dieser zu schnell hintereinander Flanken schlug)*

Uli Hoeneß: »Wir wollen Manuel. Und wo ein Wille ist, ist auch ein Weg. Aber die Schalker dürfen jetzt bloß keine Mondpreise aufrufen.« Schalke-Aufsichtsrat Clemens Tönnies: »Wie wertvoll Manuel ist, hat er gegen Manchester United wieder mal bewiesen. Wie hoch der Mond hängt, entscheiden wir.« Karl-Heinz Rummenigge: »Ich denke, Schalke bestimmt nicht, wo der Mond steht. Das macht die Natur schon selber. Im Übrigen haben wir im Moment abnehmenden Mond.«

Wenn Clemens Tönnies hofft, dass Manuel Neuer noch einmal zurückkommt, dann muss er ihn nach der Karriere schon als Mitarbeiter in seiner Fleischfabrik anstellen. *(Olaf Thon über eine mögliche Rückkehr von Neuer zu Schalke)*

Manuel Neuer ist die Steigerung von Titan – ich weiß nicht, wie man diese Legierung nennt. *(Karl-Heinz Rummenigge)*

Hans-Günter Neues

Seit Neues von Lautern weg ist, können die Mütter ihre Töchter wieder beruhigt durch die Stadt gehen lassen. *(Max Merkel über den ehemaligen Libero des 1. FC Kaiserslautern)*

Gary Neville

Ich habe Beschimpfungen erwartet, aber ich habe auch einen Hamburger und 4,50 Pfund Wechselgeld erhalten. *(nachdem man ihn in Liverpool mit Sachen beschmissen hatte)*

Wenn er auch nur einen Inch größer wäre, wäre er der beste Innenverteidiger Englands. Sein Vater ist 6 Fuß, 2 Inches groß – ich checke mal den Milchmann. *(Sir Alex Ferguson)*

Norbert Nigbur

Lauter Opas stehen vor mir! *(schimpfte der Torhüter über seine Abwehr auf Schalke)*

O

David Odonkor

Ein Odonkor hätte bei Helmut Schön nicht einmal den Medizinkoffer tragen dürfen. *(Buffy Ettmayer)*

Wolfgang Overath

Wer hier reingrätscht, ist beinahe ein Selbstmörder! *(bei der Begutachtung eines ramponierten Platzes)*

P

Christan Pander

Vielleicht ähnelt mein Körper ein bisschen einem Auto mit Ferrari-Motor und Golf-Chassis. *(versucht seine Verletzungsanfälligkeit zu erklären)*

Nico Patschinski

Dass wir uns nun nicht auf die Schenkel hauen im Bus und uns alle 'nen Porno angucken, ist auch klar. *(nach einem 0:0 Ahlens in Aue)*

Stuart Pearce

Als ich für Forest in Derby gespielt habe, hat man mich mit Münzen beschmissen und bespuckt, als ich die Einwürfe gemacht habe. Und das waren nur die alten Frauen.

Pelé
Hier hast du ihn, du Rindvieh. *(zu seinem Gegenspieler, der brutal versuchte, an das Spielgerät zu kommen)*

Babett Peter
Ich finde es schön, dass wir ein eigenes Maskottchen haben, aber ob das jetzt schön ist, lass ich mal dahingestellt. *(die Verteidigerin über das Maskottchen der WM 2011 Karla Kick)*

Mladen Petrić
Ich habe mich gefühlt wie ein Kronleuchter. Ich hing in der Luft.

Alfred Pfaff
Ungarisches Gulasch. *(auf die Frage des DFB-Kochs am Tag nach der 3:8-Niederlage gegen Ungarn bei der WM 1954, was er kochen solle)*

Jean-Marie Pfaff
Wir wurden dann in Cabrios bis auf die Grand Place im Herzen von Brüssel eskortiert, wo wir von einer riesigen Menschenmenge in Schwarz, Gelb und Rot gefeiert wurden. Ich glaube sogar, ein Autogramm auf der Brust einer Frau gegeben zu haben, die genauso wie wir alle etwas euphorisch war! *(über die Rückkehr der Belgier nach dem Erreichen des Halbfinales bei der WM 1986 in Mexiko)*

Der soll ruhig sein, Bälle fangen und sich schön die Haare föhnen, damit er immer schön lächeln kann. *(Toni Schumacher)*

Martin Pieckenhagen
Ich habe immer noch Rückenschmerzen vom vielen Bücken. *(Torwart von Hansa Rostock nach einem 1:6 gegen den FC Bayern München)*

Sergio Pinto
Der gehört nach Los Angeles zur Oscar-Verleihung *(Uli Hoeneß über den seiner Einschätzung nach schauspielernden Hannoveraner)*

Jonathan Pitroipa
Pitroipa. Was ein Ding! Wenn mir letzte Saison einer gesagt hätte:»Der kann schießen.« Da hätte ich gesagt:»Sein Bruder vielleicht.« *(Marcel Reif)*

Jonathan Pitroipa ist wie ein Schulabbrecher – beide haben keinen Abschluss. *(Holger Pfandt, Kommentator)*

Claudio Pizarro
Wenn einer plötzlich glaubt, er sei Schewtschenko, dann muss er auch so spielen wie Schewtschenko. *(Karl-Heinz Rummenigge)*

Michel Platini
Ich vergleiche den Fußball gerne mit der Formel 1 – mit Pilot und Auto. Ich hatte eben ein gutes Auto.

Lukas Podolski
Ich überlege, mir die Zahl zu tätowieren. *(über seine Torflaute, die er nach 1.425 Minuten beendete)*

Ich denke nicht vor dem Tor – das mache ich nie.

Damals, als er noch mein Trainer in der A-Jugend war, hatte er auch schon am selben Tag Geburtstag. *(über seinen Trainer Frank Schaefer)*

Andererseits hat er aber auch Recht: Ich bin dem BVB tatsächlich zu teuer, weil ja nun die Champions-League-Einnahmen fehlen. Wo sie doch jetzt als Gruppenletzter ausgeschieden sind, kann ich verstehen, dass sich das nicht lohnt. *(nachdem Klopp sich kritisch über das »Preis-Leistungs-Verhältnis« beim Kölner geäußert hatte)*

Der Bundestrainer hat uns gut eingestellt – man hat ja gesehen, wir haben uns schwer getan.

Ich hab mit dem Miro ein ganz normales Super-Verhältnis.

Wenn man mit mir nicht in die neue Saison gehen will, muss ich in die zweite Mannschaft oder auf die Tribüne gehen. *(nachdem Manager Finke gemeint hatte, falls man mit Podolski nicht verlängern könne, solle er im Sommer verkauft werden)*

Es überwiegt eigentlich beides!

Wir stehen jetzt wieder mit leeren Punkten da.

Poldi erinnert mich an Boris Becker zu seinen schlechtesten Zeiten. Becker hat sich auch immer aus dem Rhythmus gebracht, wenn er zu viel gemeckert und seinen Schläger geschmissen hat. Dann hat er auch immer verloren. *(Harald Strutz, Präsident von Mainz 05)*

… er muss nun nur aufpassen, dass sie in Köln die Stadt nicht einreißen, wobei, die Häuser stürzen bereits ein … *(Franz Beckenbauer, nachdem in Köln das Stadtarchiv eingestürzt war)*

Der soll gerade was sagen, der hat doch die gleiche Frisur, seit er elf ist. *(nachdem Lukas Podolski sich über seine neue Frisur lustig gemacht hatte)*

Wenn ich so einen linken Fuß gehabt hätte wie Lukas Podolski, hätte ich nicht 220 Bundesligatore gemacht, sondern 500. *(Jupp Heynckes)*

Lukas Podolski ist ein Muskelpaket mit einem Schuss wie ein Pferd, dazu ein lieber, gemütlicher Typ, der Harmonie und Ruhe mag. Lukas wird kein dicker Brummer, aber vielleicht so ein kleiner, gemütlicher Dicker. Die wunderbare Küche seiner schlesischen Heimat könnte da einiges beitragen. *(Reiner Calmund wagt eine Gewichtsprognose)*

Der kann doch kein Deutscher sein! Podolski verpatzt einen Elfmeter. Aber er wurde auch in Polen geboren. *(»Daily Mail«)*

Ich habe jetzt die Trainer alle gesprochen, unter denen er gearbeitet hat. Jeder Trainer hat mir bestätigt, dass er der faulste Spieler ist, den sie je hatten. *(Uli Stein)*

Toni Polster

Wie gute Ehemänner: Was wir auswärts verdienen, geben wir zu Hause ab. *(nach einem Auswärtssieg und einer Heimpleite)*

Erst neulich hat mir Uli Hoeneß gesagt:»Toni, dass wir dich nie geholt haben, war ein großer Fehler.« Das hat mir gut getan. Dafür habe ich den Bayern dann gleich zwei eingeschenkt, als sie bei uns antraten. Hat auch gut getan.

Ich werde schießen, dass seine Hände rauchen. Bodo soll vier Paar Torwarthandschuhe mitbringen. Er wird mit Brandblasen in den Händen nach Hause fliegen. *(vor dem Spiel Österreich gegen Deutschland, das 1:5 endete)*

Alexandra Popp

Ich bin eine typische Fritz-Walter-Spielerin. Ich liebe es, bei Regen zu spielen.

Birgit Prinz

Das ist meine erste Barbie. Das sagt ja wohl schon eine Menge aus. *(bei der WM 2011)*

Birgit Prinz sieht gut aus, hat einen tollen Körper, und als Fußballerin ist sie sehr tüchtig. *(Luciano Gaucci als Präsident des AC Perugia)*

Herbert Prohaska

Seine ersten Prämien hat der »Schneckerl« alle zum Friseur getragen. Er wollte immer glatte Haare. Aber da hat ihm kein Friseur helfen können. *(Rudolf Sabetzer, Trainer vom 15-jährigen Prohaska)*

Ferenc Puskás

Mein Vater war mein strengster Kritiker. Er sagte mir niemals, dass ich gut gespielt habe. Ich vergesse nie den Tag meines ersten Länderspiels. Bei dem 5:2 gegen Österreich schoss ich das erste Tor. Später ließ ich eine gute Chance aus. Als ich abends nach Hause kam, empfing mich mein Vater mit vorwurfsvoller Miene. »Du lässt hundertprozentige Chancen aus und besitzt die Frechheit, in der Nationalmannschaft zu spielen«, stauchte er mich zusammen.

Anton Putsila

Das war irgendwie eine Durcheinander-Version und falsch. Aber es war schon überall so draufgeschrieben, da habe ich nichts gesagt. *(der in seiner Zeit beim Hamburger SV immer Putsilo geschrieben wurde)*

Carles Puyol

@carlespuyol hat weniger in seinem Kühlschrank, als ein Affe Haare an seinem Arsch hat. *(Gerard Piqué twittert humorvoll Geheimnisse in die Welt hinaus)*

R

Nando Rafael

So wie er heute aufgetreten ist, hätte ich ihn auch gerne mal bei der Hertha gesehen. *(sein ehemaliger Mannschaftskamerad Christian Fiedler nach zwei Toren von Rafael)*

Raúl

Wenn du ihm den Ball gibst, ist das so, als würdest du dein Geld der Schweizer Bank anvertrauen. *(Ivan Rakitić)*

Oliver Reck

Wenn Sie einen Schuldigen suchen, nehme ich die Schuld auf mich. Ich bin aber nicht schuld.

Werders Antwort auf Charly Chaplin. *(Max Merkel über Bremens früheren Torwart)*

Ralf Regenbogen

Geschmeidig wie eine Litfaßsäule. *(Max Merkel über Schalkes Stürmer)*

Uwe Reinders

Mit dem Ball ist er Weltklasse – ohne Ball Kreisklasse. *(Otto Rehhagel)*

Franck Ribéry

Wenn er alleine spielen will, muss er Tennis spielen gehen. *(Trainer Louis van Gaal über seinen Spieler, der mehr Freiheiten auf dem Spielfeld haben wollte)*

Vielleicht holt er damit noch ein paar Zehntel raus. *(Thomas Müller über den neuen Kurzhaarschnitt des Franzosen)*

Man stelle sich vor, der zieht jetzt auch noch richtige Fußballschuhe an. *(Franz Beckenbauer über seine pinkfarbenen Schuhe)*

Es war lustig, weil so ein kleiner Zwerg an so einem großen Trainer hing. *(Bastian Schweinsteiger zum Jubelsprung Ribérys in die Arme von Trainer Louis van Gaal)*

Ribéry? Da hat jemand irgendwann einmal Mist gemacht und behauptet, dass er das Hirn des Teams sei. Und er hat es geglaubt. *(Just Fontaine)*

Franck ist nur ein einziger Muskel, ich hatte keine Chance. *(Christian Lell)*

Lars Ricken

Den Lars, das Milchgesicht, den möchte man am liebsten noch an die Brust nehmen. *(Werner Hansch im Jahre 1993)*

Ich sehe Spieler, die sprechen mehr mit der Presse als mit ihrem eigenen Trainer. *(Jürgen Kohler als Konter auf Rickens legendäre Nike-Werbung)*

Thomas Riedl

Meinem Vater habe ich gesagt, dass ich bei meiner Freundin übernachte. Ich ging aber ins Trainingslager. Vater kam ins Stadion und war total überrascht, dass ich spielte. *(sein Vater Johannes hat selbst 441 Bundesligaspiele gemacht)*

Arjen Robben

Der Robben fällt öfter aus als die Winter-Flüge der Lufthansa. *(Mario Basler)*

Robinho

Robinho: »Chelsea hat mir ein gutes Angebot gemacht, und ich habe akzeptiert.« Reporter: »Sie meinen Manchester City, richtig?« Robinho: »Yeah, Manchester. Sorry!« *(Gespräch bei der Pressekonferenz, auf der der 32,5 Mio. Pfund teure Brasilianer vorgestellt wurde)*

"SCHUHE SIND SEIT ÜBER 100 JAHREN EIN WUNDER PUNKT IM FUSSBALL".

Bryan Robson, *Kapitän der englischen Nationalelf und von Manchester United.*

Fußball hat sich nicht sehr verändert, seit 1863 die Grundregeln festgelegt wurden. Und auch in puncto Schuhen hat sich leider nicht viel getan. Nun hat jedoch die Firma New Balance des Problems angenommen. Anhand moderner Laufschuhtechnik hat es wirklich

bequeme, schützende und gleichzeitig sehr strapazier- und leistungsfähige Fußballschuhe entwickelt.

Zu den besonderen Merkmalen der New Balance Modelle gehören ein exklusives Fußbett, eine einmalige Fersenstabilisierung, Zunge und Rand mit weicher Polsterung sowie eine flexible Sohle, die sich jeder Bewegung anpaßt. Und weil New Balance Fußballschuhe in mehreren Weiten erhältlich sind, haben sie auch eine bessere Paßform.

Haben Sie genug von Schuhen, die Ihre Füße nicht gut passen? Leistung einengen? Dann sollten Sie auf die Fußballschuhe der Zukunft umsteigen.

new balance

New Balance - Fußballschuhe nach dem neuesten Stand der Technik.

Alltagsweisheiten aus England.

Wolfgang Rolff

Kreuzer hätte mir um ein Haar die Hoden abgetreten. *(über einen robusten Zweikampf mit Oliver Kreuzer)*

Jürgen Rollmann

Wenn aus der Reihe der besten Torsteher mal der beste vortreten soll, es käme Rollmann nach vorn. *(Otto Rehhagel)*

Romario

Sex vor dem Spiel, ja oder nein. Wenn es ginge, würde ich direkt aus dem Bett zum Spiel.

Ronaldinho

Ich bin hässlich, aber sympathisch.

Er liebte es, wenn meine Brüste sein Gesicht berührten. Ich konnte fühlen, wie sein brasilianischer Atem sie anhauchte. *(Lisa Collins, Striptease-Tänzerin, die behauptete, dass sie in einer Nacht achtmal Sex mit Ronaldinho hatte)*

Ronaldo

Gut für mich! Es weiß doch jeder, dass alles anders kommt, als Pelé es immer sagt. *(der verletzte Ronaldo zu Pelés Prognose, er würde nie wieder seine alte Klasse erreichen)*

Ich bin nicht dick. Lediglich mein Biotyp hat sich geändert.

Cristiano Ronaldo

Me, you, fuck, fuck! *(durch diesen Anmachspruch wurde er zum Vater eines Sohnes)*

Die Leute beneiden mich, weil ich reich, schön und ein großer Fußballer bin.

Sein Bett ist mit schwarzem Samt bezogen, daneben steht ein riesiger Spiegel, und überall liegen Pornofilme. *(seine Ex-Freundin Nereida Gallardo plaudert ein bisschen aus dem Nähkästchen)*

Die einzige Sache, die Ronaldo hat, ist Tempo, schnelle Füße und ein gutes Auge für Tore. *(Chris Waddle)*

Cristiano Ronaldo würde ich mit dem unvergleichlichen George Best vergleichen. *(David Pleat, englischer Kommentator)*

Wayne Rooney

In der Premier League sagt Wayne zu den Schiedsrichtern viel schlimmere Sachen. *(Englands verletzter Kapitän Rio Ferdinand über das »F... you!« seines Teamkollegen in Richtung eines Schiedsrichters vor der WM 2010)*

Ich werde nicht über einzelne Spieler reden – aber Rooney spielte nicht wie Rooney. *(Englands Teammanager Fabio Capello)*

Mit Wayne Rooney möchte ich mich nicht auf Mallorca um eine Strandliege streiten müssen. *(Florian König)*

Axel Roos

Voriges Jahr, nach meiner schweren Verletzung und den beiden Operationen, hat hier kein Schwein mehr nach mir gekräht.

Frank Rost

Die meisten von uns trinken Fanta und Cola und gehen um neun Uhr ins Bett.

Das ist der schlimmste Tag, seit ich auf Schalke bin. Die haben mit uns Jojo gespielt. Wir waren so gefährlich wie eine Kobra im Kühlschrank. *(nach einer 0:6-Niederlage)*

Was wir jetzt sehen, ist ein wankender Riese – und wenn wir noch eine auf die Gosche kriegen, dann fällt er um, der Riese! *(der frustrierte HSV-Torwart nach einem 0:6 beim FCB)*

Es hat ja schon vor dem Spiel eine Harmoniestrategie gegeben. Es hat nur noch gefehlt, dass wir in rosa Röckchen aufgelaufen wären. *(nach einem Derby beim FC St. Pauli)*

Heute hätten wir keinen Hering vom Teller gezogen.

Wegschubsen und jemanden auf die Glocke hauen gehört sich auf dem Platz nicht. Das tut man in einem Kindergarten. *(Dieter Eilts zum Ausraster des Torwarts)*

Wynton Rufer

Früher war mein Vorbild Pelé. Heute ist es Jesus.

Karl-Heinz Rummenigge

Sein bestes Dribbling zeigte Rummenigge auf dem Weg von den Umkleidekabinen zum Bus. Wie er da Dutzende von Journalisten aussteigen ließ, indem er die ganze Breite des Flures nutzte und, ohne einen Ton gesagt zu haben, den Bus erreichte, das war gekonnt. *(»L'Équipe« bei der EM 1984)*

Es gäbe für mich nur einen denkbaren Fall, wo ich Rummenigge auf der Bank sitzen ließe: wenn er Grippe hätte! *(Inter Mailands Trainer Ilario Castagner)*

Marco Russ

Ich bin ein … äh … ein Unglückspilz.

Kevin Russell *(Wrexham)*

Frage: »Welche Frage wird Ihnen am meisten von den Fans gestellt?« Antwort: »Warum sind Sie glatzköpfig?« *(Antwort in einem Fragebogen der »Sun«)*

Rolf Rüssmann

Mein fairster Gegenspieler war Rolf Rüssmann von Schalke 04. Der hat sich bei mir immer schon vor dem Foul entschuldigt. *(Gerd Müller)*

Marc Rzatkowski *(Bochumer Nachwuchsspieler)*

Mein Tor werde ich heute mit Sprite statt Wasser feiern.

S

Willy Sagnol

Der hat ja gar nicht geschwitzt. *(Uli Hoeneß, als er nach einem Spiel ein Autogramm auf das Trikot des Profis gab)*

Olcay Şahan

Das Tor ist ein Geschenk für meine Mutter, die ist krass Dortmund-Fan. Jetzt habe ich Hausverbot zu Hause. *(nach einem Tor des Lauterers gegen den BVB)*

Nuri Sahin

Bei Nuri glaube ich nicht, dass Geld ein wesentlicher Antrieb war. Wir bewerfen ja unsere Spieler auch nicht mit Erdnüssen, statt sie zu bezahlen. *(Jürgen Klopp über Sahins Wechsel zu Real Madrid)*

Hasan Salihamidžić

Er muss erst einmal die Sprache lernen, damit er sich in Italien mit seiner Quasselei verständigen kann. *(Uli Hoeneß)*

Der Hasan Salihamidžić hat es am liebsten, wenn er von hinten kommen kann. *(Marcel Reif)*

Bachirou Salou

85 Kilo reine Muskeln, nicht aufzuhalten, wenn die einmal in Bewegung sind, das ist wie 'n Kampfhund, den kriegst du nicht mehr weg, da hast du keine Chance mehr, Baschi ging ab wie Schmidts Katze, definitiv. *(Joachim Hopp)*

Hugo Sanchez

Hugo Sanchez ist ein sehr gefährlicher Mann, er ist genauso beliebt wie ein Piranha in einem Bidet. *(Jesús Gil y Gil, Präsident von Atletico Madrid, über den mexikanischen Stürmer von Real Madrid)*

Was der in unseren zwei UEFA-Cup-Endspielen gegen Real Madrid mit mir angestellt hat, verschlug mir geradezu die Sprache. Der Mexikaner tritt, spuckt und kratzt. *(Paul Steiner)*

Souleymane Sané

Wenn Sané nur die Hälfte seiner Chancen nutzen würde, wäre er bald Torschützenkönig. Aber nicht mehr beim Club, sondern in Mailand. *(Heinz Höher)*

Nix Neger raus, der HSV ist raus! *(nach einem DFB-Pokal-Spiel gegen den HSV im Volksparkstadion, bei dem Sané 90 Minuten lang mit »Neger raus!«-Rufen beschimpft worden war und Wattenscheid 2:1 gewann)*

Boubacar Sanogo

Scheiße auf der Lampenschale gibt gedämpftes Licht im Saale. This was gut, oder? *(präsentiert stolz seine Deutschkenntnisse)*

Wilfried Sanou

Ich habe 15 Jahre Gymnastik in Burkina Faso gemacht. *(Kölns Torschütze über seinen Flickflack-Jubel)*

Héctor Scarone

Héctor Scarone spielte seine Pässe wunderschön wie Geschenke. *(der Schriftsteller Eduardo Galeano)*

Paul Scharner

Ich finde es lächerlich, sich von einem Mentaltrainer so in der Pfeife rauchen zu lassen. Im Team sollte man ihn nicht hinten spielen lassen, weil er da Mittelstürmer spielt. Was hilft's, wenn er wie ein Duracell-Hase überall herumrennt? Andere haben auch ein Herz wie ein Löwe, nur setzen sie ihren Kopf ein. *(Didi Kühbauer)*

Dieter Schatzschneider

Das wissen nur der liebe Gott und der Trainer. Und mit beiden spreche ich nicht momentan. *(auf die Frage, ob er von Trainer Ernst Happel im nächsten Spiel eingesetzt werde)*

Ich mache jetzt erst einmal einen Leber-Ausdauertest. *(auf die Frage eines Reporters, wie er sich denn fit halte)*

Uwe Scherr
Wenn's nach mir geht, würden wir den familieninternen Rekord brechen. Ich weiß nur nicht, ob meine Frau Elke da mitmacht. *(nach der Geburt seines ersten Sohnes; Scherr hat dreizehn Geschwister)*

Jörg Schmadtke
Die Freiburger hatten einen erstklassigen Mann im Tor. *(über sich selbst)*

Edgar Schmitt
Ich stehe morgens dafür auf, Tore zu schießen.

Wahrscheinlich muss ich mit 60 noch alle zwei Wochen zu Ehrungen ins Badische kommen. *(über seine Popularität nach den UEFA-Cup-Spielen mit dem KSC)*

Bernd Schneider
Schalke war heute eine Nummer zu groß für uns, nicht nur von der Größe her.

Solange noch kein Gegenspieler rückwärts an mir vorbeiläuft, möchte ich spielen.

Wenn man sich ansieht, was bei Oliver Neuville und dir immer auf dem Zimmer los war und welche Leistungen ihr danach gebracht habt, müsste man Weizenbier mit Cola und Marlboro ganz nach oben auf die Top-Ernährungsliste für Sportler setzen. *(Reiner Calmund bei Schneiders Abschiedsspiel)*

Schneider war früher ein Rumpel-Fußballer, aber ich habe ihm ja in Jena das Fußballspielen beigebracht. *(Hans Meyer)*

Matthias Schober
Ich habe zwar Abitur und hatte sogar Mathe-Leistungskurs, aber bei Wahrscheinlichkeitsrechnung habe ich nicht aufgepasst. *(auf die Frage, wie hoch die Wahrscheinlichkeit des Klassenerhalts für Rostock ist)*

Mehmet Scholl
Der Uli hat geweint, der Brazzo hat geweint, und jetzt weine ich heute Abend auch noch. *(über seinen Abschied)*

Die Brisanz dieses Spiels hat man daran erkannt, dass sich Franz Beckenbauer über unsere Tore gefreut hat. *(nach einem Derby gegen 1860 München)*

Wenn in zwei Jahren die WM ist, bin ich auch wieder anderthalb Jahre älter.

Jürgen Scholz

Ich war mal in Südamerika. Ich habe ihn so voll gequatscht, dass er den Fußball vergaß. *(der Oberligaspieler von Arminia Hannover nach einem 2:1-Pokalsieg gegen den FC Homburg über seinen Gegenspieler Sergio Silvano Maciel)*

Markus Schroth

Er sieht damit deutlich besser aus als sonst. *(Hans Meyer über seinen Stürmer, der nach einem Nasenbeinbruch mit einer Maske spielte)*

Helmut Schulte

Ich war Vorstopper, das sagt alles: kein Mensch, kein Tier, die Nummer vier.

Michael Schulz

Wieso, kommt hier noch ein LKW durch? *(als ihn nach einem Spiel in Leverkusen ein Ordner zurechtwies: »Bitte verlassen Sie den Gang, Herr Schulz. Oder ich muss Sie rausschmeißen. Sie stehen hier im Weg.«)*

Frage: »Wie verwöhnen Sie sich?« Schulz: »Ich lasse mich von meiner Freundin Petra verwöhnen.«

Wir haben keine Chance, aber wir werden sie nutzen. *(vor einem Europapokalspiel)*

Willi Schulz

Ich klette im Mittelfeld, und der Franz kann hinten den dicken Otto machen – is' nich!

Harald Schumacher

Schuster, Derwall und noch einer sollen sich mal unter drei Augen zusammensetzen.

Ich stand mit Kreuzbandrissen und selbst mit Nierenbluten im Tor.

Schmerz ist Einbildung! *(sein ganz persönliches Motto)*

Ich spiel doch nicht in Meppen. *(nach Schalkes Abstieg)*

Das liegt natürlich an seinen Knien, die sind nämlich jungfräulich. Heute Mittag hat er noch zu meiner Frau gesagt, er bräuchte ihre Knie, dann könnte er noch fünf Jahre weiterspielen. *(Karl-Heinz Rummenigge beim Abschiedsspiel von Toni Schumacher, nachdem der Torhüter das 1:0 kassiert hatte)*

Man darf über ihn jetzt nicht das Knie brechen. *(Rudi Völler)*

Liebchen, mach mal den Herkenrath. *(seine Eltern in Erinnerung an Fritz Herkenrath)*

Marcel Schuon

Er hätte lebenslänglich bekommen müssen. Das Strafmaß von 33 Monaten ist nicht genug. Er hat das Schlimmste getan, was ein Spieler tun kann. Das ist nicht entschuldbar. Solche Spieler gehören für mich ins Gefängnis. *(Wollitz über den Mann, der Spiele manipulierte)*

Bernd Schuster

Man muss ab und zu das Land wechseln. Deshalb will ich nicht ständig Bundesliga spielen. Denn im Fass sind die Gurken zwar endlich unter sich, aber sauer.

Artikel über mich lese ich nicht. Das macht meine Frau.

☺

Er hat die Intelligenz eines ostfriesischen Teebeutels. *(Karl-Heinz Rummenigge)*

Lieber Berndi, was ich von dir weiß, weiß ich aus den Zeitungen. Ich habe nicht einmal deine Telefonnummer. Willst du nur deine Ruhe haben? Hat dich der Trubel so verändert? Ich habe mit dir gezittert und gebangt, ich habe mit dir gejubelt und um dich geweint. Herzliche Grüße und alles Gute, deine Mutti. *(Gisela Schuster in einem offenen Brief in der Illustrierten »Bunte«)*

Bernd Schuster ist kein Schwalbenkönig. Aber er ist in einem Alter, wo er leicht hinfällt. *(Oliver Kreuzer)*

Bastian Schweinsteiger

Shanghai hat 22 Mio. Einwohner, so viele gibt es ja in Europa fast nicht.

Dann bauen wir erstmal einen Damm. *(zur Nachricht, dass das deutsche WM-Quartier 2010 in einem Hochwassergebiet liegt)*

Als wir einmal gegen Argentinien gespielt haben, kam sie einfach rein. Wir müssen aber auch duschen. Dann stehst du da halb nackt neben der Bundeskanzlerin. Das ist schon immer komisch. Sie hat dann noch ein Bier in der Hand und stößt mit dir an. Dann denkst du dir schon: Bin ich hier richtig? *(über sein erhabenes Treffen mit Angela Merkel)*

☺

Dem Schweini wurde zu viel Puderzucker in den Hintern geblasen. Den klopfe ich nun wieder raus. *(Uli Hoeneß)*

Ein Junge, der so heißt wie eine Whiskey-Marke. Swines Tiger. *(Pelé)*

Nur sollte ihm irgendjemand mal diese bekloppten Handschuhe wegnehmen, die er oft im Spiel trägt. Die muss er seiner Sarah geklaut haben. *(Mario Basler findet Schweinsteigers Handwärmer im Winter nicht so richtig klasse)*

Er ist ein sehr nachdenklicher junger Mann geworden, der alle Flausen aus dem Kopf hat: der nicht mehr morgens darüber nachdenkt, mit welcher Frisur er abends in welche Disco geht. *(Uli Hoeneß)*

Uwe Seeler
Die Haitianer haben vorne nur einen.

Das Angebot von Inter Mailand war so gut, dass meine Mannschaftskameraden gesagt haben: »Das musst du annehmen. Wir bringen dich mit Blumen zum Flughafen.«

Ich absolvierte kürzlich einmal ein Prominentenspiel in Hannover, da waren von 4.000 wohl 3.000 nur gekommen, um Uwe zu erleben. Zunächst dachte ich: Der mit seinem Bäuchlein geht doch gar nicht mehr. *(Dieter Schatzschneider über die HSV-Legende)*

Marcos Senna
Ich spiele Playstation, schaue Filme an und telefoniere mit meinen Frauen … äh … mit meiner Frau natürlich. Dann noch mit meiner Mutter und meinen Schwestern. Das hab ich damit gemeint.

Ciriaco Sforza
Als wir uns für die WM qualifiziert haben, ging ein Ruck durch meine ganze Person.

Alan Shearer
Sie sind noch alle da, ich habe nachgezählt. *(der Newcastle-Stürmer nach einem Tritt Robert Huths in den Unterleib)*

Peter Shilton
Was soll ich über Peter Shilton sagen! Peter Shilton ist Peter Shilton, und er war immer schon Peter Shilton. *(Bobby Robson)*

Heinz Simmet
Ich kenn den doch. Der steht zu Haus unterm Pantoffel und muss sich abreagieren. *(Josef Kapellmann)*

Wenn du nicht brav bist, dann hole ich den Simmet! *(Wolfgang Overath drohte seinem Sohn Marco mit seinem eigenen Putzer und Wasserträger Heinz Simmet)*

Ervin Skela

Wir hatten uns fest vorgenommen, kein Tor zu schießen. *(Lauterns Mittelfeldspieler nach einem 0:0 in Bielefeld)*

Tommy Smith

Die Menschen fragen, wie hart Tommy Smith damals war, als er für Liverpool spielte. Nun, das einzige, was ich sagen kann, ist, dass er am 5. April 1945 geboren wurde und nur wenige Wochen später Deutschland kapitulierte.

Ebi Smolarek

Da gibt es ja auch noch den Künstler Smolarek. An guten Tagen kann der Pole einen Eckball treten und ihn danach höchstpersönlich gleich ins Tor köpfen. Wehe aber, es läuft nicht! Smolarek ist ein Sensibelchen. Wenn ihm morgens beim Frühstück ein weichgekochtes Ei auf den Fuß fällt, rennt er zum Arzt und redet von Mittelfußbruch. *(Max Merkel)*

Hope Solo

Graeme Souness

Ich besitze zwar eine Kiste mit Medaillen und Trophäen, aber nirgendwo Freunde. Nicht auf den Zuschauerrängen und nicht in unserem Umkleideraum.

Müsste ich den härtesten und rücksichtslosesten Spieler nennen, dem ich in 15 Jahren auf den Fußballplätzen begegnet bin, brauchte ich keine Sekunde lang zu zögern; es wäre Graeme Souness. *(Frank Worthington)*

Gareth Southgate

Warum hast du den Ball nicht einfach draufgehauen? *(Barbara Southgate zu ihrem Sohn nach seinem Elfmeter-Fehlschuss, wodurch England bei der Euro '96 rausflog)*

Jiří Štajner

Wie immer – leicht behaart am Kopf. *(Hannovers Trainer Dieter Hecking auf die Frage, wie er seinen Profi gesehen hat)*

Uli Stein

Man schlägt sich so durch. *(über die viele Freizeit nach der Karriere)*

Beim Uli Stein waren in Mexikos Höhenluft wohl nicht alle Gehirnzellen eingeschaltet. *(Frank Beckenbauer über Stein, der ihn damals »Suppenkasper« nannte)*

Er hält alles, nur nicht seine Schnauze. *(»Frankfurter Rundschau«)*

Paul Steiner

Ich weiß nicht. Das ist doch meist am Mittwochabend. Da habe ich Kegeln. *(auf die Frage, ob er gerne in der Nationalelf spielen wolle)*

Miroslav Stević

Als der Rauch kam, dachte ich, jetzt landet ein Ufo. *(als bei einem Spiel eine Rauchbombe gezündet wurde)*

Christian Stumpf *(österreichischer Nationalspieler)*

Normal musst a Trottel werden, wennst 2.000-mal in der Woche köpfelst. Er ist aber total in Ordnung, angenehm und ruhig. *(Didi Kühbauer)*

Thomas Strunz

Wahrscheinlich wache ich eines Morgens auf und sage zu meiner Frau Beate: »Jetzt weiß ich, was wir machen.« *(als er sich einmal nicht zwischen mehreren Vereinsangeboten entscheiden konnte)*

Luis Suárez

Am Ende ist die Hand Gottes jetzt meine. *(Uruguays Nationalspieler nach einem Handspiel bei der WM 2010, mit dem er Uruguays Niederlage gegen Ghana in der 120. Spielminute verhindert hatte)*

Neven Subotić

Neven Subotić, einer, der alle Titel geholt hat, gewinnt im Lotto und hört mit dem Fußball auf. *(auf die Frage, welche Schlagzeile er gerne über sich lesen würde)*

Er muss ja nicht unbedingt dahin laufen, wo ich hingrätsche. *(nach einem Foul)*

Eyjólfur Sverrisson

Ich habe zu Hause den Kühlschrank aufgemacht. Und da saß er. Der Mann, der aus der Kälte kam. *(Christoph Daum über den Isländer)*

T

Miro Tanjga

Miro Tanjga hat mich immer geschnitten. Ich glaube, wir haben 400 Spiele zusammen gemacht, und er hat mich siebenmal angespielt. *(Jürgen Klopp über Mitspieler Tanjga)*

Martin Taylor

Solche Dinge passieren, wenn ein 95 Kilo schwerer Einbaukasten, der mehr breit als hoch ist, einen filigranen Techniker umhaut. *(Didi Kühbauer über das Foul von Martin Taylor an Arsenals Eduardo)*

Chong Tese

Ich bin sehr lustig in Bochum zu sein.

Ja, unsere Fans gehen streng mit der Mannschaft um. Aber Strenge ist auch Liebe.

Carlos Tévez

Du bist einfach nur ein fetter Maradona. *(Fans von Stoke City zu Carlos Tévez)*

Olaf Thon

Natürlich werden wir irgendwann mal wieder Meister. Denn es gibt Dinge in der Bundesliga, die waren schon immer in Zukunft so. *(beim FC Bayern München)*

Der Beckenbauer soll ja mal spektakuläre Eigentore gemacht haben. Also, so weit bin ich noch lange nicht …

Wir haben unheimlich viel Tempo gespielt. Ich glaube, sogar der Schiedsrichter hat sich eine Zerrung geholt.

Michael Thurk

Thurk ist ein Straßenköter. *(Walther Seinsch, Vorstandsvorsitzender des FC Augsburg, über den suspendierten Thurk)*

Christian Tiffert

Ich bin seit vier Wochen hier. Wenn ich mich jetzt noch um die Historie kümmere, verpasse ich am Freitag das Spiel. *(auf die Frage, welche legendären Duelle zwischen dem 1. FC Kaiserslautern und dem FC Bayern ihm noch präsent sind)*

Ich muss wohl mehr Kinder machen. *(nachdem er seine letzten beiden Treffer jeweils an den Geburtstagen seiner Tochter und seiner Frau erzielte)*

Ich habe eine Frau und zwei Kinder – das weiß ich noch. *(auf die Frage nach seinem Befinden nach einem Check von HSV-Profi Slobodan Rajković)*

Tinga *(Borussia Dortmund)*
Ich mache donnerstags Sex, wenn ich samstags spiele. Freitags nicht.

Stig Tøfting
Die dänischen Leute lieben den geradlinigen Stil von Stig Tøfting. Mit ihm gibt es kein Kino und keine Fürze. *(Jan Molby, dänischer Spieler und Trainer)*

Luca Toni
Si. *(Bayerns Stürmer auf die Frage, ob es stimme, dass es beim gemeinsamen Deutsch-Unterricht mit den Kollegen Sosa und Ribéry zwar lustig, aber wenig effektiv zugeht)*

Immer wenn ich sage, ich bin hundertprozentig fit, schieße ich keine Tore. Deshalb sage ich, dass ich noch nicht fit bin.

Er kann auch schon »Tschüs«, nicht nur »Hallo«. *(Bayerns Miroslav Klose über die sprachlichen Fortschritte seines italienischen Sturmpartners)*

Faton Toski *(VfL Bochum)*
Ich wusste nicht, dass es so eilig war. *(wurde nach dem Ignorieren des Bundeswehrbescheids mit den Feldjägern aus dem Trainingslager geholt)*

U

Sven Ulreich
Wir müssen uns in einen Erfolgsstrudel reinspielen.

V

Carlos Valderrama
Ein Tag ohne Valderrama – das ist wie ein Tag ohne Sonne. *(Francisco Maturana, Nationaltrainer Kolumbiens)*

Mark van Bommel
Der Platz war sehr schlecht, es gab sehr viele Löcher, aber gut, wir haben es versucht, vor allem in der ersten Hälfte haben wir versucht, die Löcher zu finden.

☺

Dann dürfte ich den ja gar nicht aufstellen, denn der ist ja immer gefährdet. *(Ottmar Hitzfeld auf die Frage, ob man ihn – rotgefährdet – nicht hätte auswechseln müssen)*

Da muss man sich ja schon fast Sorgen machen, wenn ich immer noch schneller bin als Mark van Bommel. *(Karl-Heinz Rummenigge entkam durch einen Sprint der üblichen Meister-Bierdusche)*

So schlimm wie du war ich nie, Mark! Schließlich habe ich ja auch mal den Ball gespielt. *(Stefan Effenberg)*

Daniel van Buyten

Es ist ja ein Mannschaftssport. Wir helfen hinten ein bisschen aus, also kann er ab und zu auch mal vorne treffen. *(Miroslav Klose zum Doppelpack des Verteidigers)*

Rafael van der Vaart

Was er macht, ist unglaublich. Ich genieße es von hinten. *(Khalid Boulahrouz zu seiner Zeit beim HSV über seinen Mitspieler)*

Willem van Hanegem *(niederländischer Nationalspieler)*

Eine wirklich richtig gute Partie habe ich meiner Meinung nach nie gespielt. Das Abschiedsspiel sollte die beste Partie werden, aber dann ist das auch wieder nicht so gekommen wie gedacht.

Robin van Persie

Van Persie ist der richtige Spieler für Arsenal – er kann eine Dose voller Würmer aufmachen. *(Paul Merson)*

Fatmir Vata

Das war kein Rot, das war Knast! *(Arminia Bielefelds Spieler zu seinem Teamkollegen Klodian Duro, der für ein übles Foul nur Gelb sah)*

Frank Verlaat

Er ist unser Pilot. Wenn Stewardessen fliegen, wackelt es. *(Stuttgarts Trainer Rolf Fringer war hörbar froh, dass »Pilot« Verlaat nach vier Wochen Verletzungspause zurückkehrte)*

Dieter Versen *(VfL Bochum)*

Wir fahren nicht mit der Illusion nach München, dass die Bayern mit 2,2 Promille auflaufen. *(vor dem Spiel gegen die Bayern, nachdem sie zuvor den Europapokal gewonnen haben)*

Hugo Viana

Ich wurde gefragt, was ich wählen würde, Viana oder Viagra? Das ist einfach. Samstagnachmittag: Viana. Samstagabend: Viagra. *(Sir Bobby Robson, nachdem er Hugo Viana auf die Insel geholt hatte)*

Berti Vogts

Berti Vogts war mein liebster Gegner. Der hatte zu kurze Beine. Wenn ich den Ball mit dem Hintern abdeckte, stocherte er ins Leere. *(Willi Lippens)*

Beim Berti lernen sogar friedliche Schildkröten schnell, was eine Beinschere ist. *(Max Merkel)*

Ich habe ihn gleich umgetreten. Deswegen habe ich einen Vertrag bekommen. *(Lothar Matthäus über seinen Einstand bei Borussia Mönchengladbach)*

Rudi Völler
Ich kriege viel, aber ich habe auch eine große Familie. Zwei Frauen müssen ernährt werden und vier Kinder.

Irgendwie ist Rudi ein Unglücksmensch. Seine Achillesferse reicht sogar bis hoch zum Ellenbogen. *(Andreas Brehme über Völlers Verletzungspech)*

Mirko Votava
Mit elf Votavas verlierst du kein Spiel!

Dusan Vrto
Als Dusan Vrto zu uns kam, konnte er nicht mehr als »ja«, »nein« und »Guten Morgen« sagen. Eine Woche später kam »Danke schön« und »ein Budweiser, bitte« hinzu. *(Jim Duffy, Trainer von Dundee, über den tschechischen Verteidiger)*

W

Herbert Waas
Vielleicht schreibt er ja schon seine Memoiren. Titelvorschlag: Das waa's! *(Werner Hansch, als der Stürmer bei Bayer Leverkusen nur auf der Tribüne saß)*

Hans Walitza
Der bleibt im Stall! *(Ottokar Wüst, Präsident des VfL Bochum, als Walitza 1973 gerne wechseln wollte)*

Fritz Walter *(VfB Stuttgart)*
Ich bin zuvorkommend, ja. Ich will im Strafraum allen zuvorkommen.

Ich lebe in einem ständigen schwebenden Verfahren – zwischen Lob und Tadel.

Wenn sich der Ball ins Netz senkt, ist das für mich ein Wahnsinnsgefühl. Das sind Momente, da glaube ich, die Welt ist gut und schön.

Na, Fritz, hast du denn auch schon die Spülmaschine ausgeräumt? *(seine Mannschaftskollegen zu Fritz Walter, nachdem er im »kicker« erwähnt hatte, dass er ein wenig im Haushalt helfe)*

George Weah

Wenn ich morgen nach Liberia zurückgehe, könnte ich sofort als Sportminister oder Nationaltrainer anfangen. Das wäre kein Problem für mich.

Uwe Weidemann

Wenn Weidemann so gut mit Fuß, wie Weidemann mit Mund, dann Weidemann Nationalspieler! *(Aleksandar Ristić)*

Roman Weidenfeller

Vielleicht sollte ich mir einfach die Haare schneiden. Oder etwas zierlicher werden. *(Reaktion auf die Nichtnominierung durch Jogi Löw)*

Den Roman Weidenfeller müssen wir uns schon ab und zu schönsaufen. *(Jürgen Klopp über seinen Torwart im Spaß-Interview mit Arnd Zeigler)*

Patrick Weiser

Patrick Weiser, höre ich, ist glücklich, dass er in der Bundesliga aufläuft und eine hübsche Frau hat. Der merkt wohl nicht, dass wir vorm Abstieg stehen. *(sein Trainer beim 1. FC Köln, Wolfgang Jerat, im Jahr 1993)*

Wesley

Er hat nur zu kleine Hände, sonst könnte man ihn auch als Torwart gebrauchen. *(Thomas Schaaf)*

Heiko Westermann

Vielleicht haben wir extra noch ein paar Schafe vorher rumwühlen lassen. *(über den schlechten Rasen in der Schalker Arena)*

David Wheater *(Verteidiger von Middlesbrough)*

Man kann in ein feines Restaurant gehen, aber nichts ist besser als Fish & Chips, oder? Meine Freundin Stacey denkt genauso. Natürlich mag sie teure Klamotten, aber sie ist niemand, der gerne in vornehme Restaurants geht. Sie geht dahin, wohin ich gehe – ich bin der Chef.

Tim Wiese

Ich gebe jede Woche eine Visitenkarte ab, aber ich habe keine Lobby in diesem Land. Trotzdem werde ich weiter kämpfen, bis mir das Blut aus den Ohren tropft.

Ich freue mich riesig, dass ich als dritter Torwart dabei sein darf. *(über seine Nicht-Nominierung durch Bundestrainer Joachim Löw)*

Alle hassen Wiese, aber für mich ist er der unglaublich Derbste! *(Jan Delay)*

Du bist in München auf der Linie gestanden wie eine Schwuchtel! Wegen euch Spielern werden die Trainer entlassen. *(Torwart-Trainer Gerry Ehrmann weist seinen Keeper zurecht)*

Tobias Willi

Willi kann man ja auch gut rufen. Das ist besser, als wenn er Egon heißen würde. *(Duisburgs Trainer Norbert Meier zu den Sprechchören für Willi)*

Marc Wilmots

Der Unterschied zwischen Deutschland und Belgien? In Deutschland laufen die Spieler wie Bekloppte durch die Gegend, auch wenn kein Trainer da ist.

Danny Wilson

Da war kein großer Unterschied zwischen uns und United – außer den sieben Toren. *(nachdem Barnsley 7:0 in Old Trafford verloren hatte)*

Dennis Wise

Er könnte in einem leeren Haus einen Streit anfangen. *(Sir Alex Ferguson)*

Lothar Woelk

An ein Ding mit dem Bochumer Lothar Woelk erinnere ich mich ganz gut. Wir haben uns beharkt, ich kriegte schön auf die Socken und nahm mir vor, ihm den Ellbogen richtig in den Magen zu rammen, dass er sich krümmte und ich erst mal Ruhe hatte. Lothar kommt, ich haue zu, volle Lotte. Und der Kerl bleibt stehen, atmet nicht einmal durch! Da habe ich Muffe bekommen. *(Dieter Schatzschneider)*

Claus-Dieter Wollitz

Peeeele, Peeeele, ab sofort heißt du wieder Claus-Dieter. *(Trainer Schafstall nach einem Spiel, bei dem Wollitz leichtfertig einen Sieg vertändelte)*

Christian Wück

Vielleicht ist durch die Hitze das Tor geschrumpft? *(nach einem 0:0 im Hochsommer)*

Wolfram Wuttke

Weißkrautsalat. *(auf die beliebte Frage nach dem »Was macht eigentlich …?« am Telefon)*

Das Positivste an dem Spiel war, dass ich hier viele alte Bekannte getroffen habe. Leider aber nicht den Ball.

Ich bin keiner, der Fremdwörter gebraucht und dann eine Dreiviertelstunde lang vor dem Lexikon hockt und nachschaut, was sie bedeuten.

Ich rauche gelegentlich 'ne Zigarette. So nach dem Spiel kann das nicht schaden, das mindert die Leistung überhaupt nicht. Man muss ja nicht gleich hundert Stück paffen.

Ich bin ganz zufrieden mit meiner Figur, auch wenn manchmal ein Pfund zu viel drauf ist. Das macht mir nichts aus. Im Gegenteil, das stabilisiert ...

Das liegt meistens an den Fotografen, die machen immer so grimmige Fotos von mir. *(auf die Frage, warum er immer so ernst gucke)*

Zwischen Genie und Weinfass. *(Überschrift in der »Süddeutschen Zeitung«)*

Eric Wynalda

Eric Wynalda galt lange als David Hasselhoff der Bundesliga und das nicht deshalb, weil er ein lausiger Schauspieler war. *(Lou Richter)*

Y

Chen Yang

Sagen wir es mal so: Wenn ich einen Sohn hätte, würde ich ihn nicht von Felix Magath erziehen lassen. *(der chinesische Stürmer während seiner Zeit in Frankfurt)*

Anthony Yeboah

Yeboah ist nicht auszurechnen, nicht zu halten. Die Fallen, die man ihm stellt, erkennt er alle schon sehr früh. Da ist kein Kraut gewachsen. *(Friedel Rausch)*

Macchambes Younga-Mouhani

Das ist ein Verbrecher! Man sollte Strafanzeige gegen ihn erstatten. Wenn Younga-Mouhani zu alt und zu langsam ist und deshalb in Zweikämpfen zu spät kommt, soll er ins Altenheim gehen, statt Leuten die Beine zu brechen! *(Mahir Saglik, nachdem Younga-Mouhani dem Bochumer Matías Concha im Zweikampf das Bein gebrochen hatte)*

Z

Mauro Zárate *(arg. Stürmer)*

Ich denke nicht, dass sich meine Spielweise geändert hat. Es stimmt, früher habe ich den Ball niemals abgegeben, aber heute mache ich das auch nicht.

Sergio Zárate *(argentinischer Stürmer)*
Was nützt ein Geigenspieler in einem Blasorchester. Der Zárate trifft deswegen nicht den richtigen Ton. *(Werner Hansch)*

Zé Roberto
Nach außen ist er introvertiert. *(Mladen Petrić über seinen Mitspieler)*

Alexander Zickler
Wir haben drei erstklassige Stürmer plus Alexander Zickler! *(Ottmar Hitzfeld)*

Mohamed Zidan
Er sieht aus, als hätte er drei Tage lang Pferde eingeritten. *(Mainz-05-Trainer Jürgen Klopp über die Hodenprellung seines Spielers)*

Der hat gepustet wie eine alte Lokomotive. *(Jürgen Klopp nach einem Comeback des Stürmers)*

Zinédine Zidane
Zinédine ist am Ball ein Tänzer. Und er konnte alles, was er sah, nachmachen. Wie ein Stimmenimitator. Er sah einen Trick, eine Finte, eine Körperbewegung, eine Schusstechnik bei anderen Spielern, und sofort machte er es nach. Natürlich noch besser. Und weil ihm das Repertoire nicht genügte, erschuf er immer neue Abläufe und Körperbewegungen. *(Rolland Courbis, Zidanes Trainer in Bordeaux)*

Zinédine Zidane ist wie ein Hütchenspieler aus Neapel. Du weißt nie, wo der Ball gerade ist, da hilft nur beten. *(Gennaro Gattuso)*

Steve McManaman hat Zinédine Zidane einmal als lächerlich beschrieben. Man kann kein größeres Kompliment bekommen. *(Jason McAteer, irischer Nationalspieler)*

Wenn Zidane angespielt wird, beginnt sich der Ball wohlzufühlen. Dann ist das Objekt des Fußballsports fürs Erste aus der Gefahrenzone, wird nicht mehr nur geschubst und getreten. Denn Zidane, die sensible Nummer 10 der Franzosen, behandelt den Ball liebevoll. Er streichelt ihn mehr, als er ihn tritt. *(»SPORTS«, 1998)*

Christian Ziege
Meine Freundin Bettina und ich sind am vierten August 1976 Zigaretten holen gegangen. Wenn wir noch nicht zurück sind, sprechen Sie auf unseren Anrufbeantworter!

Trainer

A

Carlo Ancelotti

Ich bin voll bis oben hin mit Wein. Ich muss erstmal versuchen, nach Hause zu kommen. *(nach einer Meisterfeier mit Chelsea, wo Journalisten ihn nach seiner Zukunftsplanung befragten)*

Bruce Arena

Vor vier Jahren habe ich die WM als ausgebrannter Zombie verlassen, diesmal nur als Idiot. *(der Trainer des US-amerikanischen Nationalteams nach dem Ausscheiden bei der WM 2006)*

Ron Atkinson

Reporter: »Was ist mit John Gidman, Ron? Ist er in Gips?« Ron Atkinson: »Nein, er ist in Marbella.«

Der einzige entspannte Trainer ist der große Ron Atkinson. Er hat mich Sekt trinken lassen – vor dem Spiel. *(Harry Redknapp)*

Klaus Augenthaler

Guten Tag! Es gibt vier Fragen und vier Antworten. Die Fragen stelle ich, die Antworten gebe ich auch. Erstens: Wie ist die Stimmung in der Mannschaft? Die Mannschaft hat hervorragend gearbeitet. Zur Taktik: ein oder zwei Stürmer? Das liegt daran, wie die personelle Situation ist und welche Spieler verletzt sind. Zum Gegner: Aachen wird sicherlich Druck machen, darauf müssen wir vorbereitet sein. Ist die Mannschaft dem Druck gewachsen? Was ich beobachtet habe – wir haben hervorragend gearbeitet, die Mannschaft wird die Antwort auf dem Platz geben. Danke schön. *(die Pressekonferenz des VfL Wolfsburg war nach genau 42 Sekunden beendet)*

Der erste Teil meines Hauswirtschaftskursus mit Kartoffelschälen ist beendet. *(der neue Trainer des VfL Wolfsburg zu seiner Anstellung nach mehr als dreimonatiger Fußballpause)*

Bei allen Trainerangeboten kam immer gleich der Zusatz, dass ganz in der Nähe ein schönes Fischwasser liege. *(im Jahre 1995 als Co-Trainer bei den Bayern)*

Ich werde heute Nachmittag ein Gläschen Schampus trinken, weil ich nicht dabei war. *(der Wolfsburger Coach nach drei Trainer-Entlassungen kurz hintereinander in der Bundesliga)*

Hans Jörg Butt ist noch besser als Jens Lehmann – und Jens Lehmann ist besser als Oliver Kahn! *(Leverkusen-Trainer Klaus Augenthaler zur deutschen Torwart-Rangfolge)*

Das war nicht Fußball vom Traumschiff, sondern mehr von der Galeere.

Wir werden nicht in den Klettergarten gehen und auch nicht durch den Mittellandkanal paddeln. *(der Trainer zur Vorbereitung auf ein Abstiegsfinale)*

Die beiden Freistöße waren unhaltbar – sonst hätte er sie ja gehalten.

Als ich das schöne Wetter gesehen habe, habe ich es gelassen. *(Wolfsburgs Trainer zu seinem Verzicht auf eine Kabinenpredigt)*

Er sagt, er hat sich im Training verletzt. Der Arzt hat ihn gründlich untersucht, aber nichts gefunden. Mal sehen, ob ich beim nächsten Training etwas finde. *(Wolfsburgs Trainer über seinen ausgemusterten Star Andrés D'Alessandro)*

B

Markus Babbel

Man wird mit Blumen empfangen, aber leider sind noch die Töpfe dran.

Überhaupt gibt es einen großen Unterschied zwischen den Baden-Württembergern und den Berlinern. Im Ländle ist alles seriöser. Es wird erst einmal gearbeitet, bevor man viel redet.

Unser Ziel, kein Tor des Gegners zuzulassen, haben wir erreicht. Dafür haben wir dann schon selbst gesorgt. *(als Hertha-Trainer bei einem Spiel in Kaiserslautern)*

Wir waren wie kleine Kinder, die mit ihren Eltern in einen Spielzeugladen gehen. Ich habe den Fehler gemacht, ihnen nicht zu sagen, dass sie sich auch Spielsachen aussuchen dürfen. *(als Trainer von Hertha BSC)*

Alan Ball

Ich glaube nicht an das Glück, aber ich glaube, man braucht es. *(als Trainer bei Manchester City)*

Mario Basler

Mario Basler führt Aschenbecher auf der Trainerbank in Regensburg ein

115

Wenn ich zu meinen Jungs hingehe und sage: Ihr müsst Optionen bilden, dann suchen die in ihrem Handy die Optionstaste.

Sergio Batista

Wenn jemand sagt, es gebe einen besseren Stürmer als Tévez, muss derjenige betrunken oder bescheuert sein. *(Diego Maradona ist kein Freund seines Nachfolgers als Argentiniens Nationaltrainer)*

Franz Beckenbauer

Hoffentlich treffen wir so oft ins Netz wie Boris Becker.

Ein Hühnerhaufen ist besser organisiert als unsere Mannschaft.

Ich war als Trainer am Anfang ein Heißsporn. Bei der WM 1986 bin ich noch zur Hotelrezeption gegangen, wenn ein Spieler kein Toilettenpapier hatte.

Mit mei'm Ohrwaschl hätt' i den reingetan. *(nach einer vergebenen Torchance seines Stürmers)*

Edmund Becker

Wir sollten gleich heimgehen und uns ins Bett legen, damit nicht noch was passiert. *(nach einem schlimmen Spiel seiner Mannschaft)*

János Bédl *(ungarischer Trainer, u. a. RW Essen)*

Alle werden kräftig durchmassiert. Wer übrig bleibt, spielt.

Manfred Bender

Zieht mir die Schuhe an, das spiele ich selbst auch noch. *(über die Leistung seines Teams)*

Jörg Berger

Die Erfolgsleiter ist angesägt. Und zwar jede Sprosse zweimal. *(als Trainer des 1. FC Köln)*

Ja, von Traktor Peking und Motor Jerusalem. *(auf die Frage, ob es Angebote für den ausgemusterten Stürmer Sean Dundee gebe)*

Hoffentlich muss ich bis zum nächsten Heimsieg nicht warten, bis ich wieder Zwillinge bekomme.

Das zählt in meiner Statistik nicht. Da zählen nur die Punktspiele. *(nach einem 0:1 im Pokal und damit der ersten Heimniederlage seiner Eintracht gegen die Bayern seit 1970)*

Ich habe die Zeit zum Abschalten und Nachdenken genutzt und mich meiner Familie gewidmet. Meine Zwillinge verwechsele ich jetzt nicht mehr so oft.

☺

Jörg Berger zieht wieder eine Schnute. Der Schmollmund ist sein Verfassungsorgan. *(»Kölner Stadtanzeiger«)*

Andreas Bergmann
Ich bin nicht am Autobahnkreuz Bochum vorbeigefahren und habe eine Gänsehaut gekriegt. *(bei seiner Vorstellung als neuer Trainer beim VfL Bochum auf die Frage, ob Bochum was ganz Besonderes für ihn sei)*

Ein Bergmann in Bochum, also mitten im Ruhrgebiet, das sollte passen. *(Jörg Schmadtke, Sportdirektor bei Hannover 96, kommentiert den Wechsel seines Amateurtrainers Andreas Bergmann zum VfL Bochum)*

Slaven Bilić
Wisst ihr, wann wir das letzte Mal bei einer Europameisterschaft gewonnen haben? Da hat die Hälfte von euch noch einen Schnuller im Mund gehabt. *(nach dem ersten EM-Sieg seit langer, langer Zeit)*

Miroslav Blažević
Ich habe die Information bekommen, dass unser Gegner die Absicht hat zu siegen. *(Kroatiens Nationaltrainer vor einem WM-Spiel gegen Deutschland)*

Hannes Bongartz
Ich habe gewusst, dass wir noch einmal ein Heimspiel gewinnen. Nach dem Motto: Wenn's lange regnet, wird jeder mal nass. *(Wattenscheid hatte sieben Monate nicht zu Hause gewonnen)*

Andreas Brehme
Kaiserslautern hat schon wieder fünf Tore kassiert. Die Zahl fünf verfolgt Andi Brehme seit der Schulzeit. *(Uwe Bahn, NDR)*

Wer einen Elfmeter schießen kann, kann auch ein guter Trainer werden. *(Jürgen Friedrich)*

Trevor Brooking
Glücklicherweise war die Verletzung von Paul Scholes nicht so schlimm, wie wir erst gehofft hatten.

Craig Brown *(schottischer Trainer)*
Wir hatten ein Dutzend Eckbälle – ich schätze so um die zwölf.

Guido Buchwald
Wir schaffen es halt immer noch nicht, den Gegner auf spielerische Art und Weise auszuspielen.

Horst Buhtz

Als Kapitän hat er gespielt wie der letzte Matrose. *(über seinen Libero Paul Hahn)*

Georg Buschner

Reden wir nicht vom Vogel, sondern von Vögeln. Eine Schwalbe macht noch keinen Sommer. *(der DDR-Trainer 1974, auf die Leistung seines Spielers Eberhard Vogel angesprochen)*

Mike Büskens

Wir wurden zu einer großen Party nach Berlin eingeladen und sind dieser Einladung sehr gerne nachgekommen. Nur sind wir eben nicht der Typ Gast, der Geschenke mitbringt, sondern derjenige, der sich die Tupperdose vollmacht, weil er etwas nach Hause mitnehmen will.

C

Tschik Čajkovski

Bestes Mannschaft von Welt. Holen nun Titel auf Mond. *(nach dem Gewinn des Europapokals der Pokalsieger 1967)*

Niemand besser Fußball spielen, genau wie Tschik früher! *(höchstes Lob, das der Trainer seiner Mannschaft geben konnte)*

Das wollen Aufsteiger sein, spielen wie Kinder in Sandgrube! *(in der Halbzeitpause des Aufstiegsspiels 1965 mit den Bayern gegen Tennis Borussia Berlin)*

Bobby Charlton

Ich verstehe die Jugend von heute nicht mehr. Als ich Youngster war, da rannte ich den Spielern nach, um ihr Autogramm zu bekommen. Heute, wo ich auch hinkomme, stürzen sich die Jungen auf mich und verlangen meine Unterschrift. Und ich bin doch nur der Trainer …! *(bei seiner ersten Trainerstation in Preston)*

Javier Clemente

Ich habe immer gedacht, er hasst mich. Dann habe ich gelesen, was er über Johan Cruyff gesagt hat. Da merkte ich erst, dass er mich gemocht haben muss. *(der englische Trainer Terry Venables über den spanischen Nationaltrainer)*

Brian Clough

Wenn es bedeuten würde, dass wir drei Punkte am Samstag holen, dann würde ich sogar auf meine Oma schießen. Nicht so richtig böse – ich würde sie nur ein bisschen verletzen.

Dietmar Constantini

Ein 3:0 wäre eine Überraschung. Ein 1:0 übrigens auch. *(Österreichs Nationaltrainer vor einem Länderspiel gegen Deutschland)*

Egon Coordes

Ich teile nur meine eigene Meinung.

Das ist ein Kindergartentermin. So etwas stört mich, weil es nicht in Ordnung ist. *(der Trainer von Austria Wien empfand ein Meisterschaftsspiel am Vormittag für erwachsene Fußballprofis als unangebracht. Den Verweis auf die österreichische Tradition rückte er auf seine Art zurecht)* Das interessiert mich nicht. Früher hat man auch über den Balken geschissen.

Mein Traum? Dass mir alle Tore offen stehen.

Dettmar Cramer

Haben wir überhaupt einen so kleinen Trainingsanzug? *(Hans Finne, Zeugwart von Bayer Leverkusen, nach der Verpflichtung Cramers)*

Viele sehen den Trainer zu sehr im Vordergrund. Er ist nur der Steigbügelhalter, reiten müssen die Spieler selbst.

Cramer trainiert zu viel die Hinterköpfe der Spieler. Am Ende haben zwar alle Abitur, aber der FC Bayern keine Punkte. *(Bayern-Präsident Wilhelm Neudecker)*

Johan Cruyff

Bevor ich einen Fehler mache, mache ich den Fehler lieber nicht.

Fußball ist einfach: Du bist rechtzeitig da oder du bist zu spät. Wenn du zu spät bist, musst du früher loslaufen.

Wenn du schneller spielen willst, kannst du schneller laufen. Aber eigentlich bestimmt der Ball immer die Geschwindigkeit des Spiels.

Zufall ist logisch.

Das Leben ist ein Strom, sagen die Menschen. Das stimmt. Als ich neulich gegen den Wind spucken wollte, habe ich mir selbst ins Gesicht gerotzt.

Pál Csernai

Selbst Pál Csernai kann nicht verhindern, dass der FC Bayern München Deutscher Meister wird. *(Sepp Maier)*

Der glatte Ungar hatte in seiner Karriere mehr Vereine als Hollywood-Wonneproppen Liz Taylor Ehemänner. *(Max Merkel)*

Zum Schluss haben wir im Training alle auf Herrn Csernai geschaut. Wenn er zu uns hersah, wurde eifrig gearbeitet. Wenn er wegschaute, wurde gefaulenzt. *(Reinhold Mathy)*

D

Christoph Daum

Ach, lesen Sie doch mal einige Dinge in der Boulevardpresse. Da muss ich sagen, da war Münchhausen Empiriker dagegen, was da zum Teil erscheint.

Das war heute eine Mannschaft, die hatte eine Blutgruppe. Und diese Blutgruppe lautete Sieg.

Zum Springen haben wir ja den Geißbock. *(auf die Frage, warum er nicht richtig gejubelt habe)*

Ich werde sie quälen. Sie müssen mich hassen. Das stärkt die Willenskraft und die Kameradschaft.

Wer beständig am Titel knabbert, sagen wir mal so, wie der Biber am Baum knabbert, irgendwann fällt das Ding mal um, 'ne?! Und so knabbern wir daran und hoffen, dass das Ding mal umfällt und die Schale in Leverkusen landet.

Meine Frau hat Schauspiel studiert, und ich setze an der Linie einige Dinge um, die ich bei ihr sehr, sehr gut finde. *(als Trainer in Brügge)*

Vorne nix, hinten nix, in der Mitte nix – raus gekommen ist gar nix.

Den Arie Haan machen wir rund wie einen Käse und rollen ihn dann nach Holland zurück.

Da muss erst einmal ein Schnupf … äh Schneepflug drüber. *(über die Platzverhältnisse in München)*

Ich bin froh, dass Halbzeitansprachen unter Ausschluss der Öffentlichkeit stattfinden. Sonst könnte das zahlreiche Beleidigungsklagen zur Folge haben, die ohne Probleme durchgehen würden. Ich kann nämlich nicht nur universitätsreif sprechen, sondern beherrsche auch eine Sprache, die sehr verletzend ist.

Wir haben uns eine ungünstige Position für das Rückspiel erarbeitet.

Es war ein wunderbarer Strahl, den Grafite da abzieht.

Das ist das Schöne an offenen Geheimnissen: Die kommen ganz selten ans Licht.

Er befindet sich in einem Denk-Gefängnis. *(über seinen erfolglosen Stürmer Gekas zu Frankfurter Zeiten)*

Ich versuche über den Fünf-Meter-Raum hinauszudenken. Ich kann Sprachen: Englisch, Kölsch und Schwäbisch. Guts Nächtle, oder so.

Ich bin in der Zeit etwas gescheiter geworden, aber nicht gescheitert. *(nachdem er mit Eintracht Frankfurt abgestiegen war)*

☺

Daum würde ich nie die Hand geben. Er soll es nie wagen zu versuchen, mir Grüß Gott zu sagen, nie! *(Susi Hoeneß, Frau von Uli)*

… müssen wir über den reden? Negatives möchte ich nicht sagen, und Positives fällt mir nicht ein. *(Jupp Heynckes)*

Christoph Daum ernährt sich fast ausschließlich von Makkaroni – weil er so beim Essen ungestört durch die Löcher weiterreden kann. *(Max Merkel)*

Ich kenne wenig besser inszenierte Theaterstücke. Kompliment! *(Manager Dieter Hoeneß zum Abschied von Daum beim VfB Stuttgart)*

Aad de Mos

Es war schwierig, am Erbe von Otto und Beate vorbeizukommen. Ich wollte Viererkette spielen, aber für viele Spieler war das damals taktisch zu schwierig. *(als Rehhagel-Nachfolger in Bremen)*

Dieses Tor war das letzte Gift im Becher.

Mustafa Denizli

Für Denizli würden wir Gras fressen, meinetwegen auch Knoblauch. *(ein Spieler von Alemannia Aachen über seinen türkischen Trainer)*

Tommy Docherty

Kein Wunder, dass dieses Mädel David Mellors Zehen abgeleckt hat. Sie hat wahrscheinlich versucht, so weit wie möglich von seinem Gesicht entfernt zu sein. *(der schottische Trainer über den Politiker David Mellor und seine Affäre mit Antonia de Sancha)*

Thomas Doll

Zurzeit schießen wir den gegnerischen Torwart berühmt. *(nach mehreren Spielen ohne Torerfolg)*

Wenn man sieht, was in der Kabine durch die Gegend fliegt, dann weiß man, wie sich die Jungs fühlen und was sie sich vorgenommen hatten.

Da lach ich mir doch 'nen Arsch ab! *(in seiner BVB-Wutrede)*

Raymond Domenech

Was soll ich sagen, ich mag diese Zahl. Nächste Frage! *(auf die Umfrage einer Sonntagszeitung, derzufolge 69 Prozent der Befragten Weltstar Zinédine Zidane im Nationalteam durch Franck Ribéry ersetzt sehen wollen)*

Er ist kein Trainer, sondern eher ein Spieler-Auswähler. *(Zinédine Zidane)*

Derek Dougan

Ich mag keine Teams, die gestreift tragen. Die gewinnen nie etwas. *(auf die Frage, warum er den Job als Trainer von West Brom nicht haben wollte)*

Wolfgang Dremmler

Wer so was macht, gehört auf der Stelle standesamtlich erschossen. *(als Trainer vom SV Lohhof über Fehlpässe)*

Robin Dutt

6, 4, 2 – in der Rückrunde seid ihr fällig. *(nachdem die Freiburger in den letzten Spielen gegen Werder Bremen 6, 4 und zuletzt nur noch 2 Gegentore bekommen hatten)*

Ich hatte nicht mal das erste Lebensjahr in Köln vollendet, bevor wir nach Ditzingen zogen. Das können mir die Leverkusener doch verzeihen. *(kurz vor seinem Engagement bei Bayer)*

Wenn ich mit einem Gastronom 2,40 Euro für ein Bier vereinbare und auf einmal soll ich zehn Euro zahlen, dann wird es natürlich happig. *(zum Gehaltspoker mit Mohamadou Idrissou)*

E

Stefan Emmerling
Gerade nach dem Fehlstart, wo wir hingelegt haben, ist es wichtig, dass man jetzt punktet, um in ruhiges Gefahrwasser zu kommen, und deswegen waren die drei Punkte lebensnotwendig.

Willi Entenmann
Einer, dem ich sogar meine Frau für ein paar Wochen auf einer kleinen Insel anvertrauen würde. Es gibt nämlich wiederum Freunde in der Trainer-Zunft, mit denen würde ich meine Marion nicht mal mittags um zwölf Uhr auf dem Markusplatz in Venedig allein lassen. *(Max Merkel)*

Sven-Göran Eriksson
Lebendig. *(auf die Frage, wie er gerne sein Amt nach der WM aufgeben würde)*

Mein Sohn hat eine Affäre mit einer Wetterfrau? Ich habe mit ihm geredet, er hat nur über das Wetter gesprochen und nicht von einer Wetterfrau. *(Ulla Eriksson über die Affäre ihres Sohns)*

F

Karl-Heinz Feldkamp
Das ist doch immer wieder dasselbe: Da treten manche Spieler nur einmal in der Saison in Erscheinung – auf dem Mannschaftsposter ganz zu Beginn der Saison.

Sir Alex Ferguson
Das Problem war, dass wir bei den Spielen in die Sonne gucken mussten, und dann war es auch immer so heiß.

Sie sollten nicht versuchen, in das Gehirn eines Verrückten zu schauen. *(er spricht über sich selbst)*

Das geht dich einen Scheißdreck an! Ich frag dich ja auch nicht, ob du immer noch in diesen Schwulenbars abhängst. *(zu einem Journalisten, der ihn fragte, ob er vorhabe, im Sommer 2006 zur WM nach Deutschland zu reisen)*

Ich bin so ein verdammt talentierter Kerl. Vielleicht fange ich an zu malen, oder so was. *(auf die Frage, was er nach seinem Abschied vom Fußball machen werde)*

Thorsten Fink

Ich habe mich schon verbessert, wir sind nun Vorletzter – das ist meine Aura. *(nach einem eher verhaltenen Start mit dem HSV)*

Er sieht sehr gut aus. Da ist ein Kuss nicht so schlecht. *(so begründet HSV-Sportchef Frank Arnesen wilde Umarmungen auf der Bank)*

Volker Finke

Aus dem Strohhalm, an dem wir alle ziehen, kommt plötzlich wieder was raus. *(über neue Hoffnung im Abstiegskampf)*

Michael Frontzeck

Machen Sie das Fenster auf. Los, machen Sie schon. Hört man schon was? Die Fans fordern sicher wieder meinen Kopf. Oder hab ich schon Halluzinationen? *(Arminia Bielefelds Coach auf der Pressekonferenz)*

Barry Fry *(englischer Trainer)*

Kirstine ist wie gewohnt beim Shoppen. Ich bin auf dem Arbeitsamt, um nach 'nem neuen Job zu gucken. Alles wie immer, nicht wahr? *(AB-Spruch)*

Friedhelm Funkel

Vielleicht fällt ja noch einer vom Baum. Dann halten wir das Netz darunter und fangen ihn auf. *(kommentierte so die Suche nach neuem Personal)*

Das kostet viel Geld. Da kann ich mir im Sommer wieder einen Spieler weniger leisten. *(nach Fanrandale)*

Ich kann die Leute ja nicht mal mehr schwimmen gehen lassen. *(zur Verletzungsmisere seiner Mannschaft)*

Beim Wort »Tor« kriege ich Albträume! *(als er mit Bayer Uerdingen 1992 mal wieder nicht so zum Abschluss kam)*

G

Jürgen Gelsdorf

Ich möchte wissen, wozu der Platzwart für uns noch Tore aufbaut?!

Unter Trainer Gelsdorf haben die von Valium 10 auf Vitamin 12 umgestellt. *(Bayern-Trainer Jupp Heynckes über Bayer Leverkusen)*

Eric Gerets

Vielleicht schlagen sich Kahn und Lehmann mal den Schädel ein, dann bekommt Jentzsch auch eine Chance. *(Wolfsburgs Trainer über die Torwart-Diskussion)*

Hermann Gerland

Meine Mutter ist 79 und sitzt im Rollstuhl. Selbst wenn man sie ins Ahlener Tor gestellt hätte – das Resultat wäre dasselbe gewesen. *(nach einer 0:1-Niederlage)*

Normalerweise gehört ein Spieler anschließend ausgewechselt und acht Monate nicht mehr eingewechselt. *(nach zwei hochkarätigen Chancen, die Stefan Maierhofer vergab)*

Hör mal zu, du Osterhase, als ich noch gespielt habe, da gab's dein Land noch gar nicht. *(zum Slowenen Borut Semler)*

Da kam unser Präsident Ottokar Wüst in die Kabine und hat gesagt: »Männer, ich habe viel Gutes gesehen.« Da habe ich gesagt: »Da müssen Sie blind sein!«

Ich bin ein altmodischer Trainer. 32 Jahre mit derselben Frau verheiratet, nicht tätowiert, ohne Ring im Ohr, nicht gepierct.

Ich bin froh, dass ich ein Arbeiterkind bin, nach wie vor. Und ich weiß, dass ich beim Kacken die Beine krumm machen muss wie jeder andere auch.

Sicher, Reina hat das Tor erstklassig erzielt. Aber er durfte die Kugel doch gleich dreimal wie ein Artist hochhalten und dann reinhauen. Das hätte es früher nicht gegeben. Da wäre einer dazwischengefegt, und Billy wäre erst wieder vor seiner alten Haustür in Unna gelandet.

Eduard Geyer

Meine Spieler standen heute neben ihren Füßen.

Die Vorbereitung ist zum Kotzen da und muss hart sein.

Hier gibt es keine Heuschrecken. Wenn die den Namen Ede Geyer hören, hauen die gleich ab. *(der Ex-Cottbus-Trainer im Urlaub auf Gran Canaria, wo gerade eine Heuschreckenplage wütete)*

Seit es diese bunten Schuhe gibt, silber, blau und so weiter, da glauben manche Spieler, die laufen von ganz alleine, wie der kleine Muck. Die hab'n doch 'n Ritzel an der Dattel.

Gegen mein Training ist die Bundeswehr wie Urlaub.

Falko Götz
Das ist sehr bedauerlich, was hier passiert ist. Man muss bedenken, dass so ein Geschoss auch einen Spieler hätte treffen können. *(nachdem der Schiedsrichter-Assistent von einem Wurfgeschoss niedergestreckt worden war)*

Ron Greenwood *(englischer Fußballtrainer)*
Dieser Vergleich ist unvergleichlich.

Christian Gross
Ich war mit einem Auge hier und mit dem anderen Ohr in Bremen. *(über ein Fernduell um einen Platz in der Europa League)*

Pep Guardiola
Wenn mir Pep sagen würde, ich solle mich vom dritten Rang des Camp-Nou-Stadions stürzen, würde ich denken, dass bestimmt etwas Gutes daran wäre. *(Dani Alves)*

Rudi Gutendorf
Das mir die Spieler nicht zum Geburtstag gratulieren, ist der beste Beweis dafür, dass ich ein guter Trainer bin – sie können nicht meine Freunde sein.

☺

Haben Sie dem mal ins linke Ohr geguckt? Da können Sie durchschauen. *(Max Merkel)*

H

Arie Haan
Wissen wir nicht. Wir leeren den Postkasten nicht mehr. *(auf die Frage, ob der DFB schon einen »Blauen Brief« wegen der Lizenz geschickt habe)*

Ernst Happel
Mit Spielern rede ich nicht, mit Spielern operiere ich.

Wir haben bekanntlich morgen kein Training. Deshalb habe ich ihn laufen lassen. *(als er seinen Spieler Caspar Memering dreißig Minuten warmlaufen ließ, ohne ihn einzuwechseln)*

Jetzt muss Italien den Österreichern zum Dank Südtirol freiwillig zurückgeben. *(nach dem WM-Sieg Österreichs über Deutschland 1978, durch den Italien eine Runde weiter kam)*

Der Ernst Happel sieht aus wie Beethoven im letzten Stadium. *(Max Merkel)*

Dieter Hecking

Er hat jetzt ein Bundesligator mehr als der Trainer, und das ist scheiße! *(nachdem Ilkay Gündoğan erstmals in der Bundesliga getroffen hatte)*

Siggi Held

Wenn man jetzt rechnet, muss man später noch mal rechnen. Und dafür bin ich zu faul. Wie sagt man: Am Abend werden die Hühner gezählt! *(nach einem Fehlstart mit Dresden in die Bundesligasaison über einen möglichen Abstieg)*

Michael Henke

Erstmal möchte ich mich hier an dieser Stelle dafür entschuldigen. Das ist natürlich unentschuldbar, dass mir das rausgerutscht ist. *(Lauterns Trainer auf der Pressekonferenz nach einem Pokalspiel in Erfurt, bei dem er die gegnerischen Spieler als »Scheiß-Ossis« beschimpfte)*

Sepp Herberger

Jupp, deinen Gegenspieler will ich heute Abend nicht beim Bankett sehen. *(zu seinem Spieler Jupp Posipal)*

Ich habe immer dafür gesorgt, dass ich mit allen gut zurechtkam. Aber ich habe auch darauf geachtet, dass nicht jeder mit mir gut zurechtkam.

Wer sich selbst keine Grube gräbt, fällt immerhin in eine Grube weniger.

Ich war gerade dabei, das Stück Eisbein zu schlucken, als er sagte: »Verloren.« Seitdem kann ich kein Eisbein mehr essen. *(Herberger über den Moment, als sein Kollege Georg Knöpfle ihm von der deutschen 0:2-Niederlage gegen Norwegen beim olympischen Fußballturnier 1936 in Berlin berichtete)*

Die meisten Zeitungsenten haben keine guten Flügel. Aber nur so können sie offenbar Staub aufwirbeln.

Valentin Herr

Wir dürfen nun nach einem Sieg in Folge nicht wieder den Schlendrian anbrennen lassen.

Heiko Herrlich

Der Gewinner vergleicht seine Leistung mit den eigenen Zielen, der Verlierer vergleicht seine Leistung mit der Leistung der anderen.

Andreas Herzog

Ich habe mit meinem Sohn Luca telefoniert. Er hat nach dem 3:1 den Fernseher ausgeschaltet, weil ihm das Spiel zu einseitig war. *(Österreichs Assistenztrainer Andy Herzog nach einem 3:2 gegen die Elfenbeinküste. Sohn Luca ist zwei Wochen alt)*

Jupp Heynckes

Alleine vom Abnehmen spielt man nicht automatisch besser Fußball. *(über Angreifer Kahê, der sechs Kilo abgenommen hatte)*

Ich traue mir auch zu, Vorwärts Honolulu erfolgreich zu trainieren.

Wenn wir Champions-League-Sieger werden, dürfen mich die Spieler für einen Tag duzen.

Ich habe einen Schäferhund. Bei mir wird nicht eingebrochen. *(auf die Frage, wann der typische »Einbruch« bei Bayer Leverkusen kommt)*

Ein Trainer kann nicht allein nur darauf hoffen, dass Spieler mit sich selbst ins Gericht gehen. Da kommt nur Freispruch raus, höchstens mal Bewährungsstrafe.

☺

Der hat uns in Mailand so lange erzählt, dass wir eine Chance haben, bis wir es ihm zuliebe geglaubt haben. *(Klaus Augenthaler)*

Jupp Heynckes braucht einen Flipchart und fünf Eddingstifte. Da kostet einer 2,50 Euro. Und da malt er auf die Tafel die Aufstellung des Gegners und sagt ein paar Takte dazu. Mit Heynckes gewinnen wir Spiele für 12,50 Euro. *(Uli Hoeneß)*

Josef Hickersberger

Ich habe ja nie wirklich von Liebesverbot gesprochen. Ich möchte im Teamcamp nur keine Prostituierten. Ich habe auch nie gesagt, dass die Frauen nicht ins Teamhotel dürfen. Sie können gerne im Aufenthaltsraum mit den Spielern einen Kaffee trinken … oder Tee.

Ich habe in Mathematik maturiert und weiß deshalb, dass wir wahrscheinlich noch vier Punkte brauchen.

Geht's mir doch gut: Andere in meinem Alter liegen schon am Zentralfriedhof, und man zündet für sie nicht einmal a Kerz'n an.

Wir sind ein freies Land. Wir brauchen keine Befreiung durch ein Tor.

Ottmar Hitzfeld

Wer geht schon freiwillig zur Nummer 2? *(nachdem Steffen Freund ein Angebot des FC Bayern abgelehnt hatte. Der BVB war zu diesem Zeitpunkt einen Platz vor den Bayern)*

Jesus hat für mich eine wichtige Vorbildfunktion: Er ist den gradlinigen Weg gegangen und hat nie versucht, auf krummen Wegen sein Ziel zu erreichen. Offenheit und Gerechtigkeit zeichneten ihn aus. So möchte ich auch handeln.

Ein Trainer entscheidet vor dem Spiel, und ein Journalist schreibt nach dem Spiel. *(Ottmar Hitzfeld zu kritischen Fragen nach seiner Aufstellung)*

Ich habe mit dem Rücken ein bisschen Probleme, wenn der Uli mir bei den Toren immer um den Hals fällt.

☺

Herr Hitzfeld, ich bin bereit, Ihnen zum Weiterkommen zu gratulieren, wenn Sie den Zuschauern Ihr Mitgefühl ausdrücken für die Art und Weise, wie es denn zustande gekommen ist. *(Marcel Reif)*

Ich habe gehört, dass Ottmar Hitzfeld gesagt hat, ich würde ihn im Biertrinken schlagen. Dessen bin ich mir sicher. *(Udo Lattek)*

Lieber Ottmar Hitzfeld! Keine Angst vor dem Trainerjob beim FC Bayern. Die drei Monate gehen auch vorbei! *(Kabarettist Ottfried Fischer)*

Wenn man sich in Oberammergau einen Trainer schnitzen lassen müsste, es käme Ottmar Hitzfeld heraus. *(Karl-Heinz Rummenigge)*

Glenn Hoddle

Ich habe viele Alternativen, und jede ist anders.

Roy Hodgson

Ich bin für die Partie in Parma zuversichtlich, ich habe dort noch nie verloren … auch weil ich dort noch nie gespielt habe. *(zu Zeiten als Inter-Coach)*

Ian Holloway

Sagt den Spielerfrauen, dass wir in Plymouth ein brandneues Einkaufszentrum haben.

Joachim Hopp

Du solltest Lotto spielen gehen, bei so einem Glückssieg hier mit deiner Truppe. *(zu seinem Trainerkollegen Horst Steffen)*

Ivica Horvath

Er ist mit 1,92 m nicht nur ein langer Trainer, er ist auch ein ganz großer! *(Rolf Rüssmann)*

Horst Hrubesch

Das ist alles so spannend! Über die Medien habe ich sogar schon mein Gehalt erfahren. Meine Zukunft ist gesichert. *(zu den Gerüchten über eine Beschäftigung beim Hamburger SV)*

John Hughes *(Trainer von Falkirk)*

Am Ende haben wir ein beschissenes drittes Tor aufgrund eines alleinigen Fehlers des Torwarts bekommen, aber ich gebe niemandem die Schuld dafür.

Peter Hyballa

Wir spielen auch gegen München Hardrock-Fußball.

I

Anghel Iordănescu

Wenn ich die Wahl zwischen den Niederlanden und England hätte, wäre mir Ägypten am liebsten. *(Rumäniens Trainer bei der WM 1994 über einen Wunschgegner)*

J

Kurt Jara

Wenn ich Spieler wäre und er würde mich so ansprechen – ich würde einschlafen. *(Udo Lattek)*

Paul Jewell

Ich habe den Spielern gesagt, dass sie vielleicht nie wieder die Chance haben werden, ein großes Finale zu erreichen. Deshalb sollen sie rausgehen und für ihre Frauen oder Freundinnen spielen – oder auch für beide.

Helmut Johannsen

Das wird seinen Heilungsprozess beschleunigen. *(der Trainer zur Gehaltskürzung für seinen seit Monaten verletzten Spieler Heinz-Werner Eggeling)*

Martin Jol

Wir haben eine breite Kabine. *(als den HSV Verletzungssorgen plagten)*

K

Markus Kauczinski

Frage an den Interimstrainer des Karlsruher SC: »War es unproblematisch, dass Sie den Lehrgang verließen, um das KSC-Team zu übernehmen?« Antwort: »Ja, denn im Moment absolviere ich ein zweiwöchiges Praktikum beim KSC!«

Kevin Keegan

Ich erzähle euch nur ungern alles, was ich weiß, denn ich weiß wirklich nichts.

Argentinien ist das zweitbeste Team der Welt, und es gibt kein größeres Lob als das.

Falls irgendjemand jemals hören sollte, dass Kevin Keegan zum englischen Fußball zurückkommt, dann kann er so viel lachen wie ich. Es wird niemals passieren. *(der spätere englische Nationaltrainer, 1985, bei seinem Umzug nach Spanien)*

Man vergleicht Steve McManaman mit Steve Heighway. Sie sind sich überhaupt nicht ähnlich, aber ich kann verstehen, warum. Sie sind anders.

Die Leute werden sagen, dass das typisch für City war. Das nervt mich total. Aber ich schätze, das ist typisch für City. *(als Trainer bei Manchester City)*

Der einzige Weg, wie wir nach Europa kommen können, ist mit der Fähre. *(ohne Hoffnungen auf die Europa League)*

Die Leute sagen, dass sein Weggang wie der Tod der Queen sei. Dabei ist es noch viel schlimmer. *(John Regan, Fanklub-Sekretär von Newcastle United, nach dem Rücktritt des Trainers)*

Brian Kerr *(Nationaltrainer der Färöer)*

Das Gras auf unserem Trainingsplatz ist so hoch, dass alle Schafe in unserer Heimat einen Monat bräuchten, um es aufzufressen. *(vor dem EM-Qualifikationsspiel gegen Italien über den Zustand des Trainingsplatzes in der Nähe von Florenz)*

Joe Kinnear

Ich bin gerade weg. Falls Sie jemand aus dem Vorstand von Barcelona, Real Madrid oder dem AC Mailand sind – ich bin gleich bei Ihnen. Der Rest kann warten. *(AB-Spruch)*

George Kirby

Ich kenne nur sein Gewicht: 58 Kilo. Wenn er in der Woche Bier trinkt, dann vielleicht 59. *(der Trainer des isländischen Fußballklubs IF Akranes auf die Frage nach der Größe seines Spielmachers)*

Uwe Klimaschefski

Der hat einige Bälle vor den Sack bekommen, aber einknicken ging ja nicht, dafür hatten ihn die Jungs zu gut festgebunden. *(über den wehrlosen Platzwart, den man auf sein Kommando hin an einen Torpfosten gebunden hatte)*

Ich habe erst kurz vor dem Spiel erfahren, dass man nur einen ins Tor stellen darf. Da habe ich den Quasten genommen.

Spieler: »Der Klima hat uns als Arschlöcher bezeichnet!« Homburgs Vorstandsvorsitzender: »Ja und? Ihr seid doch auch Arschlöcher!«

Jürgen Klinsmann

Ich werde jeden Spieler jeden Tag ein bisschen besser machen.

Die stehen mit dem Rücken zur Wand – und wir knallen sie durch die Wand hindurch! Das lassen wir uns nicht nehmen, von niemandem – und schon gar nicht von den Polen! *(vor dem 1:0 im zweiten Gruppenspiel gegen Polen bei der WM 2006)*

Die haben Muffe vor euch! Die kommen mit 'ner voll defensiven Taktik, die wollen uns auskontern, weil sie sich in die Hose machen. Wenn man ihnen Feuer gibt, wenn sie den Tiger in unseren Augen sehen, verlieren sie ihre Spielweise, und dann schlagen wir zu – aber brutal! Heute sind sie fällig! Das schwöre ich euch, Jungs! *(vor dem Viertelfinal-Spiel gegen die Argentinier bei der WM 2006)*

Jogi kann mich rund um die Uhr anrufen. Er soll nur an den Zeitunterschied denken.

Jürgen Klopp

Es ist ja hinlänglich bekannt, dass das Nationalgetränk in Ägypten Wasser ist. *(sieht kein Problem für Mohamed Zidan nach dem Gewinn des Afrika-Cups)*

Wir haben uns eben entschieden, den Verein nicht aufzulösen, obwohl wir Unentschieden gespielt haben.

Wenn ich essen gehe, schauen die Leute mir auf die Gabel, bis sie im Mund verschwunden ist.

Wenn es hier nach Schweiß stinkt, bin ich das. Das Spiel war so aufregend. *(der BVB-Trainer zu seinem Schalker Kollegen Fred Rutten)*

Hätte ich auf dem Platz immer so konzentriert Doppelpässe gespielt wie vor der Kamera, wäre ich als Spieler garantiert erfolgreicher gewesen.

Bei unserem letzten Sieg in München wurden die meisten meiner Spieler noch gestillt.

Es gibt in der Bundesliga viele Spieler, die gut genug wären für Real Madrid. Für Barcelona wär's vielleicht ein bisschen schwierig, aber Real ... *(zum Interesse von Real Madrid an Lucas Barrios)*

Was kann man da gewinnen? Eine DSL-Telefonleitung? Ich ziehe nämlich gerade um. *(Klopp über den T-Home-Cup)*

Ich habe schon öfters Wörter mit »M« in den Mund genommen. Aber die waren nicht immer salonfähig. *(auf die Frage, wann er denn endlich das »M(eisterschaft)-Wort« in den Mund nehme)*

Irgendein Schwachkopf hat vor dem Spiel im Wald einen Stein auf unseren Bus gewor-

fen, ist abgehauen und hat sich feiern lassen. Das war eine feige und lächerliche Aktion. Eine Katastrophe. Wer immer heute Abend in der Kneipe von einem erzählt bekommt, dass er den Stein geworfen hat: Schmiert ihm eine.

Mario ist gestern Morgen aufgewacht und hatte 'ne Verhärtung. *(über eine Verletzung von Mario Götze)*

Er ist für uns schon seit Langem eine sehr interessante Personalie. Wir haben mit ihm schon früh Kontakt aufgenommen und ihn sehr lange beobachtet – und nicht nur seine 37 Tore bei Youtube geguckt. *(über Neuzugang Barrios)*

Freunde der Südsee, geht mir damit nicht auf den Sack. *(nach dem fünften Spieltag auf die Frage von Journalisten, ob seine Mannschaft denn nun Meister werde)*

Wir haben schlecht angefangen, um dann ein bisschen nachzulassen.

So, Kinder! Ich stelle gleich das Flutlicht ab! *(zu seinen Trainingsweltmeistern in Dortmund)*

Wir werden auf jeden Fall jemanden im Tor stehen haben, der Handschuhe anhat.

Flanken anstatt Rückpass, Rückpass anstatt Flanken, Torschuss anstatt Pass, Pass anstatt Torschuss. Wir können uns im Moment blind entscheiden, und es ist immer das Falsche.

Ich habe mich total geärgert. Ich hätte nach dem Spiel jemand auf die Schnauze hauen können.

Herr Schneck, bitte zu Kasse 6. *(bittet den Kommunikationsdirektor Josef Schneck von Borussia Dortmund im Kaufhauston, endlich zur Pressekonferenz zu kommen)*

Wer den Ausgang des Spiels ernst nimmt, der sollte aufhören, Drogen zu nehmen. *(nach einem 2:1-Sieg des BVB gegen den FC Bayern im Super-Cup 2008)*

Wenn ich sagen würde, dass sein Tor Weltklasse gewesen ist, stünde es vier Tage in den Zeitungen. Also sage ich es nicht!

Wir treten nicht mit vollen Hosen an. Ich habe extra noch mal nachgeschaut.

Ich beglückwünsche jeden Fan, der bei unserem Spiel in Cottbus bis zum Schluss vorm Fernseher durchgehalten hat.

Ich war ein Kaiserschnitt. Ich habe nur die ersten zwei Wochen meines Lebens dort verbringen müssen und bin dann weggezogen. *(vor der Rückkehr in seinen Geburtsort Stuttgart)*

Meine Jungs liegen am Vorabend des Spiels in Doppelzimmern. Ich hoffe, da passiert nichts. *(auf die Frage, ob es vor einem Spiel Sex-Verbot gibt)*

Aufgeregt war ich nur vor dem Abitur. Da war ich aber auch scheiße vorbereitet. *(vor einem wichtigen Spiel)*

Der Trainer hat mich angerufen und gefragt, welche Farbe wir eigentlich hätten. *(der Mainzer Trainer, nachdem der Verein ein Videoband mit einem Mainzspiel an den UEFA-Pokal-Gegner FC Sevilla geschickt hatte)*

Der ist an der Linie so durch-geknallt, bei dem müssen in der Kindheit selbst die Über-raschungseier voll mit Dioxin gewesen sein. *(Mario Basler)*

Kuno Klötzer

Manchmal glaube ich, mein junger Vorgänger hat mit der Mannschaft nur Liederabende abgehalten. *(beim MSV Duis-burg)*

Es tut mir leid, zum Aus-gleich darf Klötzer nun drei-mal Armleuchter zu mir sagen. *(Dr. Peter Krohn entschuldigt sich für das »dick und fett« auf seine Art)*

Jürgen Kohler

Vor etwas über drei Jahren habe ich zu ihm gesagt: »Sie gefallen mir so gut, irgend-wann sitzen Sie bei uns auf der Bank.« Damals haben wir beide gelächelt, heute ist es wahr geworden. *(der MSV-Präsident Walter Hellmich zur Verpflichtung Jürgen Kohlers)*

Marcel Koller

Vor der Saison habe ich getippt, dass die Bayern Deutscher Meister werden. In der Win-terpause war Werder Bremen mein Favorit. Und jetzt gehe ich davon aus, dass die Schal-ker das packen. *(Meister wurde der VfB Stuttgart)*

Timo Konietzka

Ich bin ein Straßen-Trainer, meine Universität war das Le-ben.

Manfred Krafft

Sonst sah man ja nicht viel von Wynton Rufer. *(der Trainer der Stuttgarter Kickers, nachdem Rufer bei Werders 3:2 alle drei Tore geschossen hatte)*

Bernd Krauss

So große Schuhe gibt es doch gar nicht, um damit alle Brände auszutreten.

Fiffi Kronsbein

Der kann von mir aus jeden Tag nackt auf der Rathaus-kuppel tanzen. Hauptsache, er hat Erfolg. *(Ferdinand Beck, Präsident von Hannover 96, über seinen Trainer)*

Stefan Kuntz

Vom Durchmarsch träume ich nur beim Skat. *(über die Auf-stiegschancen als Trainer beim KSC)*

In Chemie war ich noch nie gut. *(auf die Frage, ob die »Chemie« zwischen ihm und Werner Altegoer nicht mehr ge-stimmt habe)*

L

Bruno Labbadia

Das Intelligenteste am Bruno ist sein Weisheitszahn. *(Max Merkel über den Ex-Torjäger und heutigen Trainer)*

Fritz Langner

Ich bin eine Kanone.

Hanspeter Latour

Wenn ich mir meinen Vertrag so ansehe, müsste der ein oder andere Spieler noch drin sein. *(auf die Frage eines Journalisten, ob noch neue Spieler verpflichtet werden)*

Udo Lattek

Ich lasse mir von keinem vorschreiben, was ich trinke. Ich habe immer meine Arbeit gewissenhaft getan. Fakt ist: Wenn wir Bayern schlagen, trinke ich ein paar Bier. *(als Trainer bei Schalke 04)*

Ohne mich wäre Fußball in Deutschland gar nichts. Was ich geleistet habe, ist sensationell. *(als er für sein Lebenswerk ausgezeichnet wurde, mit einer Prise Ironie)*

Wo ich bin, ist oben.

Entweder die anderen sind so schwach, oder ich bin ein Riesentrainer.

Die spielen taktisch gut, obwohl sie ohne Taktik spielen.

Wenn ich BVB-Trainer bin, kämpfe ich bis zum letzten Blutstropfen. Da ziehen alle mit – oder es gibt auf die Fresse. Da nagelt man die Spieler öffentlich an die Wand, so dass die nicht in Ruhe zum Bäcker gehen können.

Ihr müsst Gras fressen und in die Torpfosten beißen.

Lattek hat eine seltsame Begabung, ungleiche Mannschaften aufzustellen. Ich spielte meist bei den Dummen. *(Bernd Schuster)*

Manchmal erscheint mir Udo Lattek im Traum. Dann rutscht mir die Hand aus. *(Erich Rutemöller)*

Ich war schon Meister, da ist der noch im Kommunionsgewand dahergekommen. *(Max Merkel)*

Brian Laws

Meine Frau Jane hat zu mir gesagt: »Wenn ihr nicht erfolgreich spielt, werden deine Taschen gepackt vor der Tür stehen.« Und sie hat keinen Spaß gemacht. *(Trainer von Sheffield Wednesday, nach einem Derby-Sieg gegen United)*

Leonardo
Samuel musste auf die Toilette und ging deshalb früher. *(zur Auswechslung von Samuel Eto'o)*

Torsten Lieberknecht
Ab heute darf ich zu Herrn Heynckes »Jupp« sagen. Das ist das Größte für mich. Ich habe mich so gefreut. *(Trainer von Eintracht Braunschweig nach einer 0:3-Pokalniederlage gegen Bayern München)*

Ewald Lienen
Soll ich den Spielern etwa auf die Fresse hauen, damit die Spannung erhalten bleibt?

Die Quote ist so beschissen, dass ich nicht einmal auf mich selbst setzen würde! *(der Trainer von Hannover 96 über die Liste der Kandidaten für die erste Trainerentlassung der Saison)*

So Gott oder der Vorstand es will, werden wir uns in zwei Tagen wiedersehen. *(zu Journalisten)*

Christoph, das wäre mir scheißegal gewesen! *(auf die Bemerkung seines Leverkusener Trainerkollegen Christoph Daum, ein Kölner Sieg gegen seine Mannschaft sei »zu viel des Guten« gewesen)*

Hannes Linßen
Das ist Hannes Linßen, der immer eine Sturmfrisur hat – egal wie das Wetter ist. *(Rolf Töpperwien)*

Thomas Liptow *(Co-Trainer PSV Bochum)*
Das war Sommerfußball mit Blick auf Mallorca!

Pierre Littbarski
Das ist kein Tempo! So geht meine Oma zum Pinkeln. *(über die Laufleistung seiner Spieler)*

Gyula Lorant *(ungarischer Bundesligatrainer)*
Ich bin so klug, dass ich meine Worte so wählen kann, dass ich immer Recht habe.

Wenn ihr nach oben kommen wollt, müsst ihr auch mal Gauner und Schlitzohren sein. *(Tipp an seine jungen Talente)*

Boxer kämpfen auch mit Platzwunde, soll Charly Zahnpasta auf Fuß schmieren. *(Ratschlag an Karl-Heinz Körbel, der einmal acht Wochen mit einem Bänderriss im rechten Knöchel spielte, weil er sich nicht traute, seinem Trainer etwas zu sagen)*

Ich sage nichts, ich darf doch nicht gegenüber meinem Präsidenten Recht haben. *(als er beim 1. FC Köln einen Torwart spielen ließ, der dem Präsidenten gar nicht gefiel)*

Wir rennen nicht aus Angst vor Lorant, sondern aus Überzeugung. *(Jürgen Grabowski, Kapitän von Eintracht Frankfurt)*

Werner Lorant

Wir werden schon verhindern, dass wir weiterkommen. *(vor einem Hallenturnier, auf das Lorant keine Lust hatte)*

Seine Frisur sieht aus, als sei sie mit der Trompete gefönt. *(Max Merkel)*

Es ist wie mit einer guten Frau: mal Krach, mal Liebe. *(Miroslav Stević über sein Verhältnis zum Trainer)*

Jogi Löw

Wir hatten viele Abspielfehler, weil wir unseriös gepasst haben.

Ich muss mich durchbeißen. *(der Bundestrainer auf die Frage nach seinen Zahnschmerzen)*

Man muss sagen, dass man in der Platzhälfte von Bosnien nicht so reingehen muss. Zudem hatte ich das Gefühl, dass auch die Kroaten noch Möglichkeiten hatten. *(wusste nach dem Spiel gegen Serbien genau, wer der Gegner gewesen ist)*

Ich mag Jogi Löw. Ich benutze sein Deo, sein Shampoo … *(Jürgen Klopp nach der Länderspiel-Nominierung einiger BVB-Spieler)*

War eigentlich Jogi Löw im Stadion? Oder hat heute auch Hoffenheim gespielt? *(Klaus Allofs übt subtile Kritik am Bundestrainer)*

M

Ally MacLeod

Ally MacLeod hält Taktik für eine Pfefferminzsorte. *(Billy Connolly, schottischer Schauspieler, über den Nationaltrainer)*

Felix Magath

Ich habe noch Geld gesucht, aber keins gefunden. *(der Schalke-Trainer, als er zu spät zu einer Pressekonferenz kam)*

Auch wenn Sie mir das nicht glauben, ich bin zufrieden. *(Pause)* Zufrieden darüber, dass die Auswärtsspiele in diesem Jahr endlich vorbei sind. *(nach einer erneuten Auswärtsklatsche mit Wolfsburg in Bremen)*

Ich sag nichts dazu, weder zu Mark van Bommel noch zu van der Vaart oder wie die ganzen Holländer heißen, mein Pullover sagt genug. *(Magath hatte einen orangefarbenen Pullover an)*

Dass die Medizinbälle blau sind. *(auf die Frage, ob Neuzugang Raúl auf Schalke 04 schon etwas kennengelernt habe)*

Ich weiß ja nicht, ob Sie das Spiel schauen oder währenddessen Karten spielen. *(zu einem TV-Kommentator)*

Wir dürfen alles in den Mund nehmen – außer Alkohol.

Haben die Gold gefunden? *(als Reaktion auf das Gerücht, Bastian Schweinsteiger solle von den Glasgow Rangers verpflichtet werden)*

Ich verliere nicht, weil ich keine Spieler verpflichtet hab, sondern weil ich zu viele verpflichtet hab. So einfach ist die Welt. *(auf Schalke)*

Ich bin kein Trainer zum Knuddeln und Liebhaben. Die Fans sollen Manuel Neuer knuddeln oder Raúl. Der ist einer zum Liebhaben.

Habt ihr nur Scheiße im Hirn, warum schießt Altintop Freistoß? *(in einem Testspiel seiner Schalker zu den Spielern auf der Bank)*

»Ich bleibe bis zur Meisterschaft!«, daraufhin Udo Lattek (75): »Dann bist du ja so alt wie ich.« *(während seiner Zeit auf Schalke)*

Ich kann Felix Magath gut leiden und wünsche ihm ein langes und gesundes Leben. Ob er allerdings noch so lange lebt, dass er mit Schalke Meister wird – da bin ich skeptisch. *(Hans-Joachim Watzke)*

Ich hätte wohl gekündigt und wäre nach Peru zurückgegangen. Da hätte ich lieber Steine geschleppt und Erde umgegraben, als unter Herrn Magath zu spielen. *(Jefferson Farfán)*

139

Wer unter Magath trainiert, der freut sich aufs Sterben. *(Reiner Calmund)*

Demnächst werden wir wohl auf Alcatraz unser Trainingslager abhalten. *(Jan Åge Fjørtoft über Magaths Trainingsmethoden)*

Wir haben ja das Vergnügen, ihn jeden Tag zu sehen. Da brauchen wir nicht das Internet, um mit ihm zu kommunizieren. *(Manuel Neuer, als sein Trainer einen Account bei Facebook erstellte)*

Er hat angedroht, die Reisepässe abzunehmen, wenn wir verlieren. *(Jan Åge Fjørtoft)*

Aleksander Mandziara
Ich weiß, man sollte sich vor dem Spiel bemühen, die beste Mannschaft aufzustellen. Momentan gelingt mir das aber immer erst nach der Begegnung. *(Trainer von Darmstadt 98)*

Diego Maradona
Für diese 23 Spieler töte ich. Ich töte für sie. Damit habe ich überhaupt kein Problem. Und das werde ich ihnen auch ins Gesicht sagen. *(vor der WM 2010)*

Bei seinem Pfostenschuss habe ich mich vor Wut auf den Boden geworfen, und wenn ein Schwimmbecken in der Nähe gewesen wäre, hätte ich meinen Kopf reingesteckt. *(leidet während des Spiels mit seinem Superstar Lionel Messi)*

Das war wie ein Punch von Muhammad Ali. Ich habe keine Kraft mehr für irgendetwas. *(nach dem 0:4 gegen Deutschland bei der WM 2010)*

Wenn es nötig ist, sterbe ich auf dem Spielfeld. *(bei der WM 2010)*

Er braucht täglich Sex, sonst kriegt er Kopfschmerzen. *(Maradona über Maradona)*

Denjenigen, die nicht an mich geglaubt haben, sage ich – die Damen mögen das entschuldigen –, ihr könnt mir einen blasen. Ich danke den Fans und den Spielern, aber niemandem sonst. Die, die nicht an die Nationalmannschaft geglaubt haben, sollen weiter Schwänze lutschen. Die haben mich wie Müll behandelt. *(auf einer Pressekonferenz 2009)*

Wenn Jesus Christus oder die Heilige Jungfrau Maria für ihn kommen, würde ich das akzeptieren, in allen anderen Fällen nicht. *(Carlos Bilardo zu einer möglichen Ablösung des Nationaltrainers Maradona)*

Sergio Markarian *(peruanischer Trainer)*
Ich hatte zehn sehr, sehr schwierige Jahre. Auf persönlicher Ebene habe ich natürlich an Status und Kaufkraft verloren: Ich musste meinen Mercedes Benz verkaufen und mit dem Bus fahren! *(über seine Entscheidung, einen gut bezahlten Job zu kündigen, um eine Karriere als Trainer anzustreben)*

Uli Maslo
Der Masseur ist schneller geworden. *(auf die Frage, was sich bei Eintracht Braunschweig seit seiner Entlassung verändert habe)*

Ich möchte nicht preisgeben, was ich verdiene. Aber ich kann eine Vorstellung vermitteln, indem ich sage, dass Carlos Alberto oder Mário Zagallo täglich tausend Dollar verdienen. Netto! *(als er für drei Jahre als Nationalcoach von Bahrain verpflichtet worden war)*

Lothar Matthäus
Nach Franz Beckenbauer bin ich ganz sicher die zweitbekannteste Fußballpersönlichkeit Deutschlands, weltweit. Und wie man mit so einem Idol umgeht in Deutschland, da muss sich Deutschland schämen.

Hospitieren möchte Matthäus übrigens bei Werder Bremen. Dort kann ihm Thomas Schaaf sicher noch einen ganz besonderen Kniff beibringen: die Kunst des Schweigens. *(der Journalist Matti Lieske)*

Wenn Matthäus Bundestrainer geworden wäre, das wäre, wie wenn der Chefspion des KGB Bundeskanzler geworden wäre. *(Uli Hoeneß)*

Ich bin überzeugt, dass er ein guter Trainer ist. Aber er müsste es irgendwann einmal intellektuell aus sich herausholen. *(Karl-Heinz Rummenigge)*

Hoffentlich hat die Frau Merkel demnächst nicht zu viel Arbeit, die diplomatischen Beziehungen zu verbessern. *(Uli Hoeneß zu Matthäus' Trainerjob bei Maccabi Netanya)*

Der stand eh nur rum. *(Werders Ivan Klasnić über Lothar Matthäus, der in Bremen sein zweitägiges Praktikum machte)*

Mick McCarthy *(Nationaltrainer Irland)*

Reporter: »Du siehst heute Abend angespannt aus, Mick.« Mick McCarthy: »Wollen Sie mal auf der Spielerbank sitzen, wenn Ihr Arsch auf Grundeis geht?« *(Gespräch, nachdem Irland gegen Saudi Arabien bei der WM 2002 gespielt hat)*

Steve McClaren

Erschießt mich, wenn ich je darüber nachdenken sollte. *(gegenüber Freunden zu den Spekulationen, er könne erneut die englische Nationalmannschaft übernehmen)*

Bertie Mee *(englischer Fußballtrainer)*

Neben unserer Qualität haben wir andere Qualitäten.

Norbert Meier

Wenn ich Durchmarsch habe, muss ich immer Kohletabletten nehmen. *(der Trainer von Fortuna Düsseldorf auf die Frage, ob ein Durchmarsch von der dritten in die erste Liga denkbar ist)*

Ich habe tolle Spieler, wunderbare Schwiegersöhne – aber ich brauche auch die dreimal geschiedenen, denen das Wasser bis zum Hals steht. Mir fehlt die Dreckigkeit.

César Louis Menotti

Nehmen Sie César Louis Menotti, ein Toptrainer, aber wenn er mit einem Spieler geredet hat, hat er gefragt, ob es Frau und Kindern gut geht. Ansonsten saß er auf der Bank und rauchte 50 Zigaretten. *(Bernd Schuster)*

Max Merkel

Mei, der Obermeier! Der ist bei der Post. Am Montag ist ihm eine Briefmarke aufs Knie gefallen, und er war verletzt.

Für 12.000 Mark bin ich bereit, München 1860 zu trainieren. Aber nur telefonisch!

Paul Merson

Dieser Freistoß war so weit, dass er fast mein Auto getroffen hat.

Ich könnte Viduka den ganzen Tag spielen lassen. Auch wenn es nur für 45 Minuten wäre.

Hans Meyer

Die Rückkehr in den Schoß des jungen Familienglücks. Da weiß man nicht, ob sein Töchterchen ihn letzte Nacht hat schlafen lassen, von seiner Frau ganz zu schweigen. *(über seinen Spieler und frischgebackenen Vater Igor Demo)*

Vor dem Spiel habe ich gehört, dass uns neun Stammspieler fehlen. Da muss auch der Hausmeister und seine Frau dabei gewesen sein.

Ich glaube, er hat ein Rudel gebildet. *(nach einer roten Karte)*

Der kam nach dem 2:2 in unsere Kabine und wollte sein Trikot tauschen. Da habe ich ihm gesagt: »Du bekommst keins. In der nächsten Saison hast du davon Tausende.« Er hat nicht gelacht, Prüfung nicht bestanden – der hat keinen Humor. *(auf die Frage, warum Daniel Felgenhauer nicht nach Gladbach wechselt)*

Vierzig Jahre keine Südfrüchte – und jetzt das! *(während eines Trainingslagers in Portugal vor einem Apfelsinenbaum)*

Ich habe versucht, sechs Spieler-Ehen zu retten. Eine gibt es noch. Die anderen fünf wollten mich töten, weil ich das Elend verlängert habe.

Ich habe die Sorge, dass, wenn wir Weltmeister werden, Achtjährige anfangen, über Gummiringe zu springen. *(über Klinsmanns Trainingsmethoden)*

Ich habe einen Albtraum: Ich sitze in der Kabine und komme nicht in die Schuhe. Draußen wird schon gespielt, wir liegen 0:3 zurück – ein Horror!

Komm vorbei und bring die drei Psychologen vom DSF noch mit – und dann machen wir das gemeinsam. *(der Trainer des 1. FC Nürnberg zu DSF-Moderator Frank Buschmann auf die Frage, wie man den Club retten könnte)*

Wir haben sie erst sehr spät in den Griff bekommen, aber da war die Krähe schon tot.

Die Presse sieht einen normalen Anpfiff unter Fußballern gleich als Angriff auf die Menschenrechte.

Es ist das neuntwichtigste Spiel meiner Karriere.

Ich fordere nicht, dass der Verein Millionen in die Infrastruktur investiert, wo wir das Geld doch für Verstärkungen in der Winterpause und meine Nichtabstiegsprämie brauchen.

Meine Mutter hat früher immer gesagt, sie wünsche sich artige Kinder, ein Albtraum für mich. Ich wünsche mir artige Spieler.

Im Inneren habe ich schon seit Wochen daran geglaubt, dass wir gegen Bayern 2:2 spielen.

Keiner liebt mich, da können Sie meine Frau fragen.

Ich bin geduldig. Ich kann auf Siege warten. Mit meinem Geduldsfaden kann man Tauziehen veranstalten.

Ich kehre nur dann noch einmal auf die Trainerbank zurück, wenn der FC Barcelona anruft und mich Otto Rehhagel vorlässt. *(im Jahr 2011)*

Es gibt eine Tendenz zu 1-Spieltag-Trainern. Ab April werde ich sicher nicht mehr in Urlaub fahren. *(nachdem Jörg Berger für den letzten Spieltag bei Arminia Bielefeld auf der Bank saß)*

Ich habe einen Zahnarzttermin, bekomme ein neues Gebiss. Ich werde nicht beim Training sein. Schreibt deshalb nicht, ich wäre gefeuert.

Wir werden herausfinden, wie das Ausgleichstor zustande kam, und wenn wir den finden, der es verschuldet hat, werden wir ihn erschießen.

Natürlich sind die Spieler nicht glücklich, die auf der Bank sitzen. Was glauben Sie denn? Denken Sie, die kommen früh morgens vorbei und bringen mir ein Körbchen Eier, oder was?

Wenn Sie mir einen Heiligenschein aufsetzen, würde ich ihn gleich wieder runterreißen.

Der Korb reicht für meine große Schnauze doch nicht aus. *(als dem Trainer des 1. FC Nürnberg vom Gladbacher Karnevals-Verband der närrische Maulkorb verliehen wurde)*

Roth hat das von mir, nicht von den Bayern. Ich wollte meine Verhandlungsposition verbessern. Ich kann mir nicht vorstellen, dass sich die Bayern für einen Sachsen, einen Ex-Kommunisten interessieren. *(der ehemalige Trainer des 1. FC Nürnberg spricht über den FCN-Präsidenten Roth, der in der letzten Saison eine Anfrage des FC Bayern München für Trainer Meyer der Presse gegenüber bestätigt hatte)*

Ernst Middendorp

Mein Name ist Middendorp! M-i-d-d-e-n-d-o-r-p! Ich sage dies ausdrücklich, weil es bereits dreimal Schwierigkeiten gab. *(zu Journalisten)*

Das ist wie VW Beetle gegen Porsche. Wir sind aber nicht auf der Autobahn, sondern im Stadtgebiet unterwegs und müssen gucken, ob der Beetle nicht hier und da einen Vorteil hat. *(Bielefelds Trainer vor einem Spiel gegen den FC Bayern München)*

Ralf Minge

Vielleicht hat niemand gewusst, dass wir gegen Bayern München das letzte Heimspiel absolvieren. Aber es war ja auch ein spannendes Pferderennen in Dresden. *(süffisant ob der Feststellung, dass beim letzten Bundesligaspiel des Absteigers das komplette Vereinspräsidium fehlte)*

José Mourinho

Für meinen Hund und meine Kinder tue ich alles. *(auch in der Reihenfolge)*

Dass wir jetzt Gruppenzweiter sind, ist Pech für den Gruppenersten, der uns im Achtelfinale bekommt.

Wenn ich einen einfachen Job gewollt hätte, dann wäre ich in Portugal geblieben – wunderschöne blaue Stühle, den UEFA-Champions-League-Pokal, Gott und, direkt hinter Gott, ich.

Delneri soll mein Angstgegner sein? Na klar, ich zittere vor ihm, weil ich mit Porto die Champions League gewann und er als mein Nachfolger schon nach 15 Tagen entlassen wurde. Ich kenne nur eine schwarze Bestie: meinen Assistenten José Morais. Der ist mal schwarz wie die Nacht und ein unglaublicher Schrank.

Eines Tages wird irgendein armes Team für unsere heute vergebenen Chancen bezahlen. Die Tore werden fallen.

Bezeichnen Sie mich nicht als arrogant, aber ich bin ein europäischer Champion, und ich denke, ich bin ein ganz Besonderer.

Früher war ich mit Mourinho befreundet. Doch seit ich anfing, gegen ihn zu gewinnen, redet er nicht mehr mit mir. *(Liverpools Trainer Rafael Benitez)*

Er hat mich »Boss« und »Großer Mann« genannt, als wir nach dem Hinspiel unseren Drink nahmen. Es würde aber helfen, wenn seine Huldigungen von einem guten Glas Wein begleitet werden würden. Was er mir gab, war Lack-Entferner. *(Sir Alex Ferguson)*

N

Peter Neururer

Bin ich jetzt die Claudia Schiffer für Arme, oder was?! *(bei einem Fototermin)*

Neururer mit Blaulicht und Schreckschuss-Revolver erwischt

Heute bist du Denkmal, morgen bist du Grabmal.

Abteilung Tiefschlaf. *(über seine Abwehr)*

Freunde, Sport ist Arbeit im Gewand jugendlicher Freude! *(zu Fans, mit denen er Gymnastikübungen machen sollte)*

Endlich habe ich mal wieder drei Punkte geholt. *(als er mit 143 km/h – erlaubt waren 100 – geblitzt wurde)*

Bei Maradona würde ich auch kommen. *(zum Konzert von Pop-Diva Madonna in der Hannoveraner Arena)*

Wir hatten heute ein Zweikampfverhalten wie Autogrammjäger.

Der Kostner zum Beispiel hatte fast so viele Spritzen drin wie ein Igel Stacheln. *(über seine angeschlagenen Spieler)*

Ich tippe mal auf ein langweiliges 5:5.

Eine geheime Telefonnummer würde ich mir nie zulegen, auch wenn ich beim Essen 30-mal die Gabel hinlegen muss.

Der Herr Neururer ist wie ein Ferrari. Er ist äußerst rasant und manchmal ein bisschen schwer zu lenken. *(Gerhard Schwartzkopf, Vizepräsident des 1. FC Saarbrücken)*

Wenn Herr Neururer erst mal Chelsea trainiert, womit ja nach seiner eigenen Einschätzung täglich zu rechnen ist, wird er feststellen, dass er sogar um 12.45 Uhr spielen muss. *(der DFL-Geschäftsführer Christian Seifert über die Kritik von Peter Neururer an den frühen Anstoßzeiten)*

O

Michael Oenning
Wir werden gut aussehen. Wenn wir dann noch gut spielen, wäre es umso besser. *(auf die Frage, wann er zufrieden ist)*

P

Peter Pacult
Wenn Pacult kommt, wünsch ich euch viel Glück. Der Mann hat ein Brett vor dem Kopf und kennt Kommunikation nur vom Hörensagen. *(Ansgar Brinkmann zu den Fans von RB Leipzig)*

Frank Pagelsdorf
Trainer Pagelsdorf hat mir in einem Gespräch versichert, dass wir nicht absteigen. *(Udo Bandow, Vorsitzender des Aufsichtsrats beim Hamburger SV, vertraut blind)*

Die einzigen Techniker beim HSV vor der Ära von Trainer Pagelsdorf waren die Stadion-Elektriker. *(Uwe Bahn, NDR)*

Carlos Alberto Parreira
Wir haben ein schwergewichtiges Sturmduo. *(Brasiliens Trainer über Ronaldo und Adriano)*

Stuart Pearce
Immerhin haben wir die Entscheidung bis zum 32. Elfmeter hinausgezögert, das ist ja ein Schritt in die richtige Richtung. *(nach einem 12:13 im Elfmeterschießen seiner U21 gegen die Niederlande)*

Sven Åge Petersen
Ruhig bleiben. Die haben alle Bikinis drunter. *(Dänemarks Frauen-Trainer, als männliche Fans bei der WM 1970 die Trikots der Spielerinnen ergattern wollten)*

Dan Petrescu
Eine seiner Töchter heißt sogar Chelsea, da kann sie froh sein, dass er nicht bei Fulham gespielt hat. *(Michael Leopold über den Trainer von Champions-League-Teilnehmer Unirea Urziceni)*

Adi Pinter *(österreichischer Fußballtrainer und Politiker)*
Es gibt zwei Prozent Genies und 98 Prozent Naturdeppen.

Sepp Piontek

Komm raus, du Feigling! Von dir lass ich mir den Platz nicht kaputt machen! *(rief der Trainer mit einer angespitzten Eckfahne vor einem Maulwurfshügel)*

Ja, immer wenn wir ein Länderspiel hatten, musste ich vorher in den streng bewachten Palast kommen und ihm Aufstellung und Taktik mitteilen. Und dann gab´s auch Taschengeld von ihm, das sie gerade frisch im Palast unten gedruckt hatten. Die Scheine waren immer noch feucht, klebten zusammen und rochen nach Farbe. Aber ich konnte ohne Probleme damit bezahlen. *(über sein Verhältnis zum Diktator von Haiti, als er dort Nationaltrainer war)*

Toni Polster

Weltweit gibt es vielleicht zwei bis drei Trainer, die besser sind als ich, aber die kann sich Österreich nicht leisten. *(zum Thema Nationaltrainer in Österreich)*

Herbert Prohaska

Der Roland Linz hat sich schon viel bewegt. Aber in einem Tempo, wo man ihn nicht anspielen kann.

R

Sir Alf Ramsey

Die meisten Briefe, die ich erhalte, fangen mit »Sehr geehrter Vollidiot« oder »Sehr geehrter aufgeblasener Ego« an. Einer fing mit »Sehr geehrter Alfie Boy« an. *(Englands Nationaltrainer, 1968)*

Ralf Rangnick

Sein Tor war der Dosenöffner dieses Spiels. *(über einen wichtigen Treffer von Eichner)*

Ich habe Sachen gesehen von meinen Spielern, da muss ich mich fragen, ob sie ihr Double geschickt haben. Was anderes fällt mir dazu nicht ein.

Um da Sicherungen einzubauen, müsste man Tretminen in den Strafraum legen. *(der Trainer des FC Schalke 04 nach einem katastrophalen Fehlpass von Altintop)*

Wenn schon vier Leute so viele Fehler machen, ist es vielleicht richtig, dass man auf eine Dreierkette umstellen sollte.

Rangnick ist ja ein Professor, der wird sich schon etwas einfallen lassen. *(Felix Magath auf die Kritik seines Nachfolgers am Zustand der Mannschaft)*

Gut. Man muss unterscheiden zwischen sehr gut und gut. *(Rudi Assauer auf die Frage nach seinem Verhältnis zum Trainer)*

Uwe Rapolder
Wir müssen ein bisschen sehr zufrieden sein.

Friedel Rausch
Die Bayern laufen Gefahr, sich zu überfressen. *(als die Münchner auf einen Schlag Sforza, Strunz und Herzog verpflichteten)*

Heute war hinten nichts, in der Mitte nichts und vorne nichts.

Danach bin ich nass geschwitzt und möchte am liebsten gleich mitspielen, so intensiv redet er auf die Spieler ein. *(Rolf Rüssmann über des Trainers Kabinenansprachen)*

Harry Redknapp
Morddrohungen? Die einzige Drohung, die ich diese Woche erhalten habe, war von meiner Frau, weil ich nicht abgewaschen habe.

Otto Rehhagel
Wenn du die Schule schleifen lässt, musst du Fußballtrainer werden.

Ich habe etwas bei Rilke gelesen, da denke ich an meine Spieler: »Die so dich finden, binden dich an Bild und Gebärde. Ich aber will dich begreifen, wie dich Erde begreift; mit meinem Reifen reift dein Reich.« Das gibt mir Motivation.

Ich flieg am Wochenende schon wieder hin, vielleicht mach ich dort bald ein Café auf. *(in Moskau)*

Mister-1.000-Volt ist ein Schwachstrom-Elektriker gegen mich.

Nach Fußball finde ich auch Schach einen faszinierenden Sport. Und wegen der verschiedenen Figuren ist es auch ein Teamsport.

Wissen Sie, von wem Boris Jelzin operiert wurde? Der Mann ist 82 Jahre alt! *(auf die Bemerkung eines Journalisten, er gebe jungen Spielern keine Chance)*

Meine Herren, Sie können nach Ihrer Karriere nicht den ganzen Tag um Ihre Immobilien laufen, sie anschauen und sagen: »Ach, Gott, sind die schön!« *(zu seinen Spielern in der Kabine)*

Gehen Sie erst mal auf die Knie, bevor Sie mir eine Frage stellen. *(zu einem Journalisten)*

Ich trainiere immer so, dass ich selbst nicht weiß, wer samstags spielt.

Ich rede viel und sage wenig.

Rehhagel – der erste, der sich eine Zerrung in der Zunge zuzieht. *(»Welt am Sonntag«)*

Jeder denkt, ich gehe wegen Otto Rehhagel nach Kaiserslautern – aber eigentlich ist es wegen seiner Frau. *(Wynton Rufer)*

Otto Wehklagel ist mal wieder auf dem Leberwurst-Level – keiner kann so toll beleidigt sein wie er. *(»Welt am Sonntag«)*

Ich wäre auch nicht überrascht gewesen, wenn Frau Rehhagel diese Position übernommen hätte. *(Hans-Peter Briegel, zurückgetretener Manager des 1. FC Kaiserslautern, in Anspielung auf die Machtbefugnisse von Trainer Otto Rehhagel)*

Früher hatte er Mühe, Omelett von Hamlet zu unterscheiden. *(Max Merkel über Griechenlands Nationaltrainer)*

Er ein Anstreicher aus Essen, ich ein Bäcker aus Gelsenkirchen – da kann es doch eigentlich keine Probleme geben. *(Ulli Potofski)*

Otto sagt immer, Goethe hätte bei ihm einen Stammplatz. Schade, dass der Mann keine Tore schießt. *(Udo Lattek)*

Uwe Reinders
Ihr habt euch zuletzt in den Zweikämpfen wie Mädchen verhalten. Diesmal will ich Hass in euren Augen sehen.

Wenn früher einer den Ball abgewehrt hatte, war für den der Fall erledigt. Der hat dann nur noch in der Nase gebohrt. *(als Trainer in Rostock)*

Erich Ribbeck
Wenn ich mal das Ergebnis weglasse, dann ist die Bilanz sehr positiv.

Nach eineinviertel Jahr Pause denkt man darüber nach, ob man noch mal angreift. Mein Handicap im Golf habe ich genug verbessert. *(als er 1995 bei Bayer Leverkusen anfing)*

Ich stelle die Mannschaft auf, nicht die Presse. Wenigstens das darf ich. *(kurz vor seiner Entlassung 1993 bei den Bayern)*

Die Breite in der Spitze verdrängt die Skepsis keineswegs.

Wenn man mit über 50 Jahren morgens aufwacht und nichts wehtut, dann ist man tot.

Setz dich hin und halt die Schnauze! *(zu einem Kind beim Bayer-Training)*

Es gibt Trainer, die machen alles richtig und haben nie Erfolg. Und dann gibt es Trainer, die machen alles falsch und werden zweimal Deutscher Meister.

Wo ich bin, klappt nichts – aber ich kann nicht überall sein.

Die Herbstmeisterschaft nehme ich als wichtiges Zwischenergebnis. Wie sagt der Dichter: »Nichts halb zu tun, ist edler Geister Art!«

Ich arbeite doch nicht für Pfefferminzkes.

Als der liebe Gott die Talente verteilte, hat der Erich bei »Schönheit« hier gerufen, ich bei »Erfolg«. *(Udo Lattek über sich und Freund Ribbeck)*

Trainer, Sie sind der Einzige hier im Verein, der von Fußball nichts versteht. *(Jan Wouters zu seinem Trainer)*

Joaquim Rifé

Herr Joaquim Rifé ist ein Trottel. Er schaut aus wie ein Affe und ist auch einer! *(Hans Krankl über seinen Ex-Trainer bei Barcelona)*

Aleksandar Ristić

Ich habe unserem Präsidium gesagt, es soll einen guten Trainer holen. So wie Branko Zebec oder mich.

Willst du spielen Samstag? Gut. Dann müssen wir anrufen DFB und fragen, ob wir dürfen spielen mit zwölf Mann! *(zu einem etwas zu ambitionierten Nachwuchsspieler)*

Ich brauche Action! Und es muss kurzweilig hergehen. Langatmigkeit verursacht Atemnot.

Lieber spreche ich mit den Bildern im Vereinsheim als mit dem. *(über einen Vizepräsidenten in Düsseldorf)*

Bryan Robson *(englischer Nationaltrainer)*
Würden wir jede Woche so spielen, wären unsere Leistungen nicht so schwankend.

Ich würde sagen, dass er der Beste in Europa war, wenn Sie mich auf einen Zaun schleudern würden.

Es wird ein Spiel geben, bei dem jemand mehr Tore schießt als Brasilien, und das wird dann das Spiel sein, das sie verlieren werden.

Ravanelli, Juninho … Bryan Robson hat sicherlich große Namen nach Middlesbrough gebracht. Aber es ist so, als ob man in einen Club geht und mit einer Blondine nach Hause kommt. Die Jungs werden sagen: »Wow!« Aber wird man sie behalten können? *(Bernie Slaven, irischer Nationalspieler)*

Erich Rutemöller
Wir haben ein Tor kassiert, bevor wir wussten, wie viel Luft im Ball ist.

Die Kicker sind ihm derart ans Herz gewachsen, dass der Trainer von den Herren Pierre Littbarski, Frank Ordenewitz und Maurice Banach spricht wie ein Hobbyzüchter über seine besten Stallhasen: »Der Litti, der Otze und der Mucki.« *(der »Spiegel« über den Trainer)*

S

Klaus Sammer
Der Knoten ist geplatzt – so laut, dass ich glatt erschrecke!

Nur über diese Art Kassenerhalt lösen wir nicht das Problem des Klassenerhalts. *(als seine Mannschaft aufgrund einer Sonderprämie gewann)*

Mein Gott, bei der Orientierungsschwäche: Hoffentlich hält er das untere Drittel der Tabelle nicht für einen Spitzenplatz! *(Dresdens Uwe Pilz, als sich sein Trainer in den Katakomben des Münchner Olympiastadions verirrte)*

Matthias Sammer

Am Ende gewinnt der, der das dreckigere Hemd hat. Und die Rostocker waren am Ende schmutziger als wir.

Van Buyten steht sieben Meter in der Luft, da kannst du nichts machen. Normalerweise geht da das Flutlicht aus.

Milan Šašić

Die Schule, die Šašić pflegt, die gibt es gar nicht. Er ist ein ganz mieser Kollege, der auf eine ganz schlimme Art und Weise versucht, sich zu profilieren. *(Peter Neururer auf die Frage, ob Šašić ein Trainer der alten Schule sei)*

Thomas Schaaf

Reporter: »Geben Sie mir bitte eine Antwort auf die nächste Frage, in der nicht ›egal‹ vorkommt. Wer soll Ihr Finalgegner werden? Bayern oder Schalke?« Bremens Trainer Thomas Schaf: »Is' mir wurscht!«

Gut, dass ich nicht so viele Hemden habe, sonst würde mir der Kragen platzen.

Er sieht ja richtig alt aus. Der braucht fast schon einen Co-Trainer, der ihm die Tränensäcke trägt. *(Mario Basler)*

Winfried Schäfer

Aber nur reinsetzen. Um fahren zu dürfen, hast du zwei Tore zu wenig geschossen. *(zu Sergej Kirjakow, dem er nach einem Sieg den Schlüssel zu seinem Porsche gab)*

Ich würde gerne mal unter mir als Trainer arbeiten.

Ich kannte den Thom schon, als der Calmund noch das Bayer-Kreuz in die Aspirin-Tabletten drehte.

Ihre Jahresbilanz wird nicht nur Ihren Steuerberater zum Jubeln verführen! *(vor einer Saison als Prophezeiung zu seinen Spielern)*

Der Karajan der Tartanbahn. *(Jörg Dahlmann)*

Rolf Schafstall

Hier bist du jeden Tag verzweifelt. Weil so viele Antifußballer dabei sind. Wenn ich das manchmal sehe, was wir hier für schwache Fußballer haben. Mann, Mann, Mann! *(während seiner Zeit beim VfL Bochum in die Kameras eines TV-Teams)*

Klaus Schlappner

Der Schwarze ist undiszipliniert, verträgt den Winter nicht und hat Malaria.

Juri Schlünz

Eher friert die Ostsee zu, als dass wir Juri Schlünz entlassen. *(Horst Klinkmann, Aufsichtsratsvorsitzender von Hansa Rostock)*

Rico Schmitt *(Trainer von Aue)*

Im Spiel nach vorne war Aue ein Personenzug, 1860 dagegen ein ICE-Express.

Heiko Scholz

Ich kann doch nur zwei Sprachen, Deutsch und Sächsisch. Wie soll ich da mit unserem Koreaner reden?

Frieder Schömezler *(Trainer der Stuttgarter Kickers)*

Ich hätte auch acht Wochen lang Sackhüpfen machen können, weniger wäre dabei auch nicht herausgekommen.

Helmut Schön

Das ist eine ganz nüchterne Angelegenheit. *(der Fußball-Bundestrainer über Rainer Geye, der aus der Nationalmannschaft flog, weil er betrunken Auto gefahren war)*

Michael Schönberg

Die haben sich im Training aufgehängt. *(Hannovers Interimstrainer wollte wohl eher »reingehängt« sagen)*

Bernd Schröder *(Trainer von Turbine Potsdam)*

Einige der Männerprofis sind doch schon am Quengeln, wenn zweimal am Tag Training angesagt ist. Die sollten besser in den Kindergarten gehen. Da gibt es Mittagsschlaf und heiße Milch.

Helmut Schulte

Ernst Happel ist ein großer Trainer. Der kann den Charakter eines Spielers am Arsch erkennen. Das kann ich noch nicht.

Auf diesem Acker leben mehr als eine Milliarde Regenwürmer. Wenn nicht bald etwas passiert, werde ich sie alle höchstpersönlich erschießen.

0:0 ist auswärts ein schönes Ergebnis. Aber am 1.000. Spieltag der Bundesliga hat ein 0:0 zu viele Nullen.

Wir haben wieder zu Null gespielt, allerdings auf der falschen Seite.

Bernd Schuster

Der Trainer Schuster zählt bis zehn, der Spieler hat immer nur bis zwei gezählt.

Ich glaube, dass Bernd Schuster der ruhigste Trainer der Vereinsgeschichte war. *(Hannes Linßen)*

Luiz Felipe Scolari

Es ist mehr als ein Radio nötig, damit ich umfalle. *(nachdem er von gegnerischen Fans mit einem Radio beworfen und am Hinterkopf getroffen worden war)*

Niko Semlitsch

An der Sporthochschule haben wir so manches Bier, so manche Zigarette und manchmal auch eine Freundin geteilt. *(Peter Neururer)*

Bill Shankly

Es gibt nur zwei gute Mannschaften in England: unsere erste Mannschaft und unsere Reserve! *(als Trainer von Liverpool)*

Als Letztes geht Bill abends immer noch mit dem Hund über die Trainingsplätze von Everton Gassi. Das arme Tier darf nicht zurückkommen, bis es sein Geschäft gemacht hat. *(Nessie Shankly)*

Michael Skibbe

Ich bin nicht ratlos. Ich bitte zu entschuldigen, wenn ich so wirken sollte.

Ein Leverkusener Fan ist mit dem Trainer Skibbe unzufrieden. (Foto: imago)

Mirko Slomka

Ich möchte mich entschuldigen, dass die Pressekonferenz so spät anfängt. Aber da seine Spieler kein Wort mehr sprechen, quatscht jetzt der Slomka ohne Ende. *(Hans Meyer)*

Walter Smith

Ich habe Walter nicht gekannt. Aber ich wusste, dass er Schotte sein muss, als ich gesehen habe, wie er große Kästen mit Lager-Bier aus dem Discount-Supermarkt geschleppt hat. *(Paul Gascoigne über seinen ersten Eindruck von seinem zukünftigen Trainer bei den Rangers)*

Ståle Solbakken

Dieses Spiel war nicht gut für einen Trainer mit Herzschrittmacher. *(nach einem turbulenten 4:3 beim HSV)*

Ja, um 10, 12, 15 und 17 Uhr. *(nach einer 1:5-Niederlage des 1. FC Köln auf die Frage, ob er am Sonntag trainieren lassen wolle)*

Er hat mich an Frank Rost erinnert – ohne Haare. *(Christian Eichner über seinen Trainer)*

Graeme Souness

Jeder, der bei mir spielt, sollte ein schlechter Verlierer sein.

Ich war so aufgeregt, dass ich mir überhaupt nicht mehr sicher war, ob meine Pillen überhaupt noch richtig funktionieren. *(bei einem spannenden Spiel nach seiner Herz-OP)*

Bernd Stange

Wir haben heute den Journalistenwunsch nach offensivem Fußball erfüllt und prompt vier Kontertore gefressen.

Holger Stanislawski

Wenn du jetzt noch die Farbe meiner Unterhose weißt, dann mache ich mir Gedanken. *(zu einem Journalisten mit Insiderwissen)*

Normalerweise hätte man dafür jeden aus dem Stadion prügeln müssen. *(der Trainer des FC St. Pauli nach einem 1:8 gegen den FC Bayern München)*

Mit unserer Leistung ist es wie mit den Lottozahlen – sie ist immer wieder neu.

Wir machen Fehler nicht nur einmal, wir machen sie ein zweites Mal, ein drittes Mal, ein viertes Mal und teilweise fünfmal im Spiel. Und versuchen es das sechste und siebte Mal trotzdem genauso wieder zu machen. Das ist schon große Kunst, dass wir das so hinkriegen.

Wir brauchen keinen Schweinsteiger. Der ist zu gut. Der würde sich bei uns nur verschlechtern.

Wenn wir das nicht glauben würden, könnten wir das Geld für die teuren Auswärtsfahrten sparen, sondern zu Hause bleiben und bei mir im Garten grillen. *(auf die Frage, ob er an die Bundesligatauglichkeit seiner Mannschaft glaube)*

Wir haben Gevatter Angst im Rucksack mitgetragen. *(nach einem knappen Sieg mit vielen Chancen für den Gegner)*

Da sind Stücke rausgeflogen, die waren so groß wie Australien. *(der Trainer war überhaupt nicht zufrieden mit dem Rasen in Hoffenheim)*

Ich kann mich nur für diesen Vollhonk entschuldigen. *(St. Paulis Trainer nach dem Spielabbruch gegen Schalke 04 wegen eines Becherwerfers)*

Wir sind hier nicht bei der rhythmischen Sportgymnastik, wo wir uns nicht berühren. *(zu einer umstrittenen Elfmeter-Entscheidung)*

Jetzt sind wir eine kleine Gang. Die Jungs werden 90 Minuten marschieren, bis sie die Augen nach hinten klappen.

Wir haben eine vernünftige Hinrunde gespielt, sind nicht enttäuscht, laufen aber auch keine Polonaise über die Haupttribüne.

Dragoslav Stepanović
Ich spiele nicht mit Worten. Die Worte spielen mit mir.

Die Mannschaft habe ich im Griff. Die Golfspieler im Präsidium nicht. *(kurz vor seiner Entlassung bei Eintracht Frankfurt)*

☺

Wenn Stepi statt 2:12 Punkte 12:2 geholt hätte, dürfte er den Spielern ruhig weiter mit dem Bambusknüppel auf den Kopf hauen. *(Reiner Calmund kurz nach Stepis Entlassung bei Bayer Leverkusen)*

Uli Stielike
Schade, dass die Afrikaner fehlen. *(beim Blick auf die EM-Auslosung)*

Gordon Strachan
Reporter: »Gordon, Sie müssen von diesem Ergebnis entzückt sein.« Gordon Strachan: »Scheinwerfer an. Ich bin anscheinend ein offenes Buch.« *(Gespräch nach einem Sieg von Southampton)*

T

Olaf Thon

So, Leute, der Asa ist heute
beim Rudern leider nicht dabei. Ich habe dem extra ein Paar
Schwimmflügel gekauft, der
kann nämlich nicht schwimmen.
*(der Trainer des TSV Marl-Hüls,
als Asamoah mittrainierte)*

Olaf Thon: »Eine Taube macht
noch keinen Sommer.« Pressesprecher VfB Hüls: »Das heißt
Schwalbe.« Olaf Thon: »Hier
im Ruhrgebiet hat man Tau-
ben, da gibt es keine Schwal-
ben.« *(nach einem Spiel in der
Pressekonferenz)*

Klaus Toppmöller

Wenn ich so Fußball gespielt
hätte wie Berti Vogts, so als
reiner Wadenbeißer, dann
hätte ich mit 18 Jahren meine
Fußballschuhe verbrannt.

Wir werden uns später Gedan-
ken über das Finale machen.
Jetzt ist die Zeit für Wein und
Zigaretten! *(Trainer von Bayer
Leverkusen, als er nach einem
Sieg über Manchester Uni-
ted das Finale der Champions
League erreichte)*

Meine Traumvorstellung waren 68:0 Punkte. Aber 11:1
sind auch riesig. *(in der Saison
1993/94)*

Ich sehe alles, ich weiß alles, ich
erkenne alles, ich kann jedem
sagen, was er falsch macht.

Trainer – das ist kein Job für
Clowns. Toppmöller glaubte,
er sei der Nabel der Welt. Der
Mann steckt voller Minderwertigkeitskomplexe. Anders
kann ich mir dessen Überheb-
lichkeit und Profilierungssucht
nicht erklären. *(Winfried Schäfer im Jahr 1994)*

John Toshack

Man wird eher erleben, dass
ein Schwein über das Berna-
béu-Stadion fliegt, als dass ich
mich ändere.

Reporter: »Haben Sie gemerkt,
dass dies die schlechteste
Heimniederlage von Wales in
den letzten 98 Jahren war?«
John Toshack: »Habe ich nicht.
Aber ich habe mein Leben lang
Rekorde geschlagen. Das ist
ein weiterer.« *(Interview mit
dem Trainer von Wales nach
einer 5:1-Niederlage gegen die
Slowakei)*

Giovanni Trapattoni

Ein Trainer ist nicht ein Idiot!
Ein Trainer sehen, was passieren in Platz. In diese Spiel waren zwei, drei oder vier Spieler,
die waren schwach wie eine
Flasche leer.

Wenn ich jemanden von Image reden höre, denke ich unmittelbar an schöne Zitronen, die beim Öffnen komplett ohne Saft sind.

Es wäre falsch, wenn man einige Dinge auf der einen und nicht auf der anderen Seite betont. Denn so entstehen uniforme Ideen anstatt einer äquivalenten generellen Form. Also sage ich: Wir haben heute sehr gut gespielt.

Ich würde sagen, vielleicht, ohne Zweifel, dass uns zum Sieg vielleicht heute ein Mann gefehlt hat – eher als ein Mann würde ich sagen, ein Mann. *(als Inter-Coach nach einer Verletzung von Matthäus)*

Wer hier ist, ist hier. Wer nicht hier ist, ist eine andere Sache woanders.

Ganz ehrlich, Giovanni, du bist so gut, dafür verpasse ich gerne meinen Flug. Ich bleibe bis zur letzten Minute. *(der unter Zeitdruck stehende Hertha-Trainer Falko Götz zu seinem unterhaltsamen Kollegen vom VfB Stuttgart)*

Besser fliegen mit Flugzeug voll, als spielen wie Flasche leer. *(im März 1998 schaltete eine Fluggesellschaft Anzeigen mit diesem Spruch)*

Thomas Tuchel

Wir werden niemanden überholen, wenn wir nur in die Fußstapfen anderer treten.

Scheiß-Ball, Lewis, das ist ein Schalke-04-Pass. *(zu Lewis Holtby, den die Mainzer von Schalke 04 ausgeliehen haben)*

V

Marco van Basten

Es kommen ja nicht nur die Freundinnen, sondern auch die Ehefrauen. *(über den bevorstehenden Frauenbesuch im Mannschaftsquartier)*

Louis van Gaal

Ich würde bei Bayern München bleiben, weil sie einen guten Trainer haben. *(auf die Frage, ob er an Ribérys Stelle zu Real gehen würde)*

Ich bin der Beste. *(nach dem Gewinn der holländischen Meisterschaft in den Niederlanden mit AZ Alkmaar)*

Ich finde es schön, wenn ich mit Rudi Carrell verglichen werde! Es ist das erste Mal, dass ich von den Medien so positiv bewertet werde. Das war in Holland und Spanien nicht so. *(als er mit Bayern Meister geworden war)*

Zwei Tage ohne van Gaal ist besser für die Spieler und besser für mich. *(der weise Trainer gab seinen Spielern zwei Tage frei)*

Ich bin kein Disziplinfanatiker. Ich bin ein Freund von Normen und Werten. Meine Frau nennt mich einen Softie.

Ich bin ein intelligenter Trainer. Ich trainiere mehr fürs Köpfchen als für die Beine. Das ist schwierig für manche Spieler.

Ich bin ein Feierbiest!

In der ersten Halbzeit war Nürnberg nicht Nürnberg. In der zweiten Halbzeit war Nürnberg Nürnberg.

Ich bin wie Gott, ich werde nie krank, und ich habe immer Recht.

Ich hoffe, dass das Verlangen größer ist als die Müdigkeit, aber wir haben auch Weicheier. *(über die Belastung im Titelkampf)*

Wir haben in dieser Saison nicht oft geduselt, aber heute schon.

Ich habe einen Körper wie ein Gott, aber nicht wie Mario Gomez.

Louis van Gaal hat ausgelernt. *(die Antwort des Trainers, als man ihn 2001 fragte, was er von den Engländern lernen könne)*

Sie wissen, dass sie einem Papagei erst vorsprechen müssen. Sie sagen »Lore«, dann sagt er »Lore«. Wenn sie dann sagen: »Van Gaal ist ein Schwanz.« Dann ruft er auch: »Van Gaal ist ein Schwanz.« *(zur Kritik von Scholl und Kahn an ihm)*

Ruht euch jetzt aus. Geht nicht shoppen. Keine Party. Einfach Ruhe. Und wenn euch langweilig ist, spielt ein bisschen mit eurer Frau.

Ich spiele besser als er, trotzdem schreit er immer Ratschläge über den Platz, so dass alle uns anstarren. Am Ende ist es mir dann egal, ich lasse ihn einfach gewinnen. Sonst ist er sauer. *(Truus van Gaal über ihren Mann Louis beim Tennis)*

Louis, du bist unser Feierbiest. Und als Feierbiest hat man die Verantwortung, dass auch im nächsten Jahr die Feiern gefeiert werden. Dementsprechend: Leg los! *(Karl-Heinz Rummenigge auf der Jahreshauptversammlung 2010)*

Van Gaal erinnert mich an mich! *(Uli Hoeneß)*

Er fragt: »Haben wir Salz?« Dann sage ich: »Ja, natürlich haben wir Salz.« Er fragt mich dann: »Wo haben wir das Salz?« Dann sage ich: »In der Tiefgarage ...« Natürlich haben wir es dort nicht. Das ist in der Küche. Aber er weiß es halt nicht. *(seine Ehefrau Truus über den Meistertrainer)*

Es hat bei uns keinen Sinn, dem Trainer reinzureden – dann macht er genau das Gegenteil. *(Bayern-Präsident Uli Hoeneß über seinen Trainer)*

Im Sommer machte er den Alleinunterhalter bei Bayern, ist ein bisschen geschwebt, wie der liebe Gott. Aber das Feierbiest kann auch ein Ekelpaket sein. *(Reiner Calmund)*

Der Trainer wollte uns klarmachen, dass er jeden Spieler auswechseln kann – egal, wie er heißt, weil er Eier hat. Um das zu demonstrieren, ließ er die Hosen runter. So etwas habe ich noch nie erlebt, das war total verrückt. Ich habe aber nicht viel gesehen, da ich nicht in der ersten Reihe saß! *(Luca Toni)*

Man bekommt immer mehr den Eindruck, Louis van Gaal hat seine Trainerausbildung an der Uni Bayreuth absolviert. *(Stefan Raab)*

Armin Veh

Außerdem wäre mir es lieber, wenn ich jetzt nicht so viele Fragen beantworten müsste, weil ich so nach Bier stinke. Ich kann mich selbst nicht mehr riechen. *(bei der Pressekonferenz nach der Übergabe der Meisterschale)*

Boah, das ist aber eine fiese Frage. Die kann ich doch nicht beantworten. Nimm die sofort wieder zurück, Mensch. *(auf die Frage, ob er den Trainer Veh entlassen würde)*

Erst die späte Anreise, dann die weißen Trikots, in denen wir noch nicht gewonnen haben. Eigentlich konnte das nur schiefgehen.

Zé fehlt mir im Mittelfeld. Wir müssen sehen, dass wir zwei aus ihm machen.

Giampiero Ventura

Das hat er richtig gut gemacht. In den letzten Wochen beklagten wir im Schnitt drei Verletzte pro Partie – zu jenem Zeitpunkt hatten wir erst zwei. *(Trainer des AS Bari über seinen Stürmer Francesco Caputo, der beim Jubel über seinen ersten Treffer in der Serie A den Teamkollegen Nicola Belmonte zu Boden geschickt hatte)*

André Villas-Boas

Ich bin kein Klon von Mourinho, ich bin ganz anders. Ich bin Bobby Robson viel ähnlicher, habe eine große Nase und mag Wein.

Berti Vogts

Ich fresse seit Monaten so vieles in mich hinein, aber ich werde immer dünner.

Der schlaue Berti verschlüsselt seine vielen Notizen in Ziffern, Zeichen und Privatkürzeln. Der Mann ist raffinierter als sein Image. *(»Focus«)*

Einer wie Berti kann dem einzelnen Spieler noch etwas Neues beibringen, weil er's ja einst selbst hat lernen müssen – im Gegensatz zum Franz. *(Toni Schumacher über den Bundestrainer)*

Rudi Völler

Bis zum 1:0 haben wir gut gespielt. Leider fiel das Tor schon in der sechsten Minute.

Er ist ein Typ wie Beckenbauer. Der kann irgendeiner Frau ein Kind machen – und es wird ihm in der Öffentlichkeit verziehen! *(1860-Torwart Michael Hofmann über den Teamchef)*

Thomas von Heesen

Wir wollen ja auch Meister werden, wir wissen nur noch nicht, in welchem Jahrhundert. *(als Trainer von Arminia Bielefeld)*

W

Hennes Weisweiler
Letzten Endes sind wir doch beide Suchende. *(Widmung für seinen Trainerkollegen Dettmar Cramer in ein Buch)*

Kölns Trainer Hennes Weisweiler zeigt in den Katakomben des Olympiastadions das zufriedene Gesicht eines satten Katers. *(»kicker«)*

Arsène Wenger
Vertraue niemals deiner Frau! *(als Kolo Touré eine zweijährige Dopingsperre drohte, weil er Diätpillen seiner Frau eingenommen hatte)*

Reporter: »Warum haben Sie Jack Wilshere vom Platz genommen?« Arsène Wenger: »Es war 21.25 Uhr. Nach seiner Schlafenszeit.« *(Gespräch, nachdem Wilshere, 16, für Arsenal gespielt hat)*

Als ich in der Premier League ankam, war ich erstaunt, dass die Spieler am Vorabend der Partien ausgingen. Manche gingen fröhlich tanzen. In Frankreich und Deutschland hätte man gesagt: So können die unmöglich spielen. Sie konnten es doch.

Wir haben (Cesc) Fàbregas sogar beim Training in Barcelona zugeschaut. Wie ich das gemacht habe? Mit einem Hut und einem Schnäuzer.

Ich denke, dass er einer dieser Gaffer ist. Er mag es, anderen Menschen zuzuschauen. Da gib es einige Menschen, die, wenn sie zu Hause sind, durch große Teleskope schauen, um zu sehen, was andere Familien so machen. Er redet und redet und redet über Chelsea. *(José Mourinho)*

Wolf Werner
Ich weiß nicht, ob schon irgendjemand eine Kreissäge gekauft hat. *(auf die Frage, ob er noch fest auf dem Trainerstuhl sitze)*

Howard Wilkinson
Er hat den Job in Saudi-Arabien abgelehnt, weil sie ihm nicht garantieren konnten, dass es dort Hügel gibt, über die er die Spieler rauf und runter jagen konnte. *(Mike Lyons)*

Uwe Wolf
Ich habe Thorsten Fink nicht beleidigt. Ich habe ihm nur gesagt, dass er die Fresse halten und auf seinen Platz zurückgehen soll. *(nachdem er vom Schiedsrichter auf die Tribüne verwiesen worden war)*

Claus-Dieter Wollitz

Heute hat naiv gegen einfallslos gespielt – und einfallslos
schießt drei Tore. *(nach einem
3:3 zwischen Cottbus und
Frankfurt)*

Ich kann mir doch nicht in jeder Halbzeit das Leben nehmen. *(bei einem Spiel seiner
Cottbusser, die gegen Dynamo
Dresden die Partie noch dreh-
ten)*

Waldemar Wrobel

Wir sollten lieber ganz ent-
spannt durch die Unterhose
atmen. *(bremst nach einem
Pokaltriumph seines Klubs Rot-
Weiss Essen die Euphorie)*

Z

Zdeněk Zeman

Ich zähle die Zigaretten nicht,
die ich jeden Tag rauche. Sonst
würde ich aus Nervosität noch
mehr rauchen. *(Trainer und
größter Kettenraucher aller Zeiten, auch auf der Bank)*

Rainer Zobel

Das ist Schnee von gestern, ich
hab die Nase voll davon. *(über
die Kokainaffäre von Christoph
Daum)*

Erstmal habe ich hier einen
Zweijahresvertrag zu erfüllen.
Möglicherweise droht der Verein mir mit Bargeld, damit ich
länger bleibe.

Vor einem Spiel seiner Bayern
trifft Trainer Erich Ribbeck
auf den Lauterer Coach Rainer
Zobel: »Warum bist du denn
ganz in Schwarz gekleidet?«
Antwort von Zobel: »Ich bin
Bayern-Fan.«

Schiedsrichter

A

Luigi Agnoli
Ich bin zwar Nichtraucher, aber ein goldenes Feuerzeug ist doch einfach ein schönes Andenken. *(der italienische Schiedsrichter, nachdem er bei einem Fußballspiel von einem Feuerzeug getroffen worden war)*

Wolf-Dieter Ahlenfelder
Den Türken sage ich immer: »Vorne passt Allah auf und hinten Ahlenfelder.«

Einmal habe ich die Tür zu meinem Hotelzimmer einen Spalt offen gelassen. Aber bis zum nächsten Morgen war nur mein Hals steif. *(über leichte Mädchen beim Fußball)*

Ich sag, einsammeln. Einsammeln. In der Halbzeit werden wir uns lecker einen kredenzen. *(als in Kaiserslautern volle Bierflaschen auf den Platz flogen)*

Ein Showmann kommt doch besser an als eine graue Maus.

Ich habe dem Otto Rehhagel früher gesagt, wenn du nicht sitzen bleibst, kriegste Pattex unter den Hintern.

Wenn einer motzt, dann motze ich zurück.

Schau mal in den Spiegel, Breitner, dann weißt du Bescheid. *(zu Paul Breitner, der ihn mehrfach mit »du Affe« angesprochen hatte)*

Wie es sich für einen Ruhrgebietler gehört, habe ich mir mal einen genommen. Wenn ich sage, dass ich vor Bundesligaspielen Wasser und Fanta getrunken habe, wäre das eine Lüge. Ich habe mir ein Pilsken reingetan, und der Fall war erledigt.

Wenn man immer Möhrchen isst, hat man den klaren Blick.

Ich kenne andere Schiedsrichter, die sind auch keine Waisenkinder. Die sollen mal ehrlich sein: Wer geht schon gerne in eine Kneipe und trinkt nur ein Bier?

Steh auf, ich bin auch kaputt wie ein Hund. *(zu einem verletzten Spieler in der 89. Minute)*

Hömma, Jupp. Ein bisschen ruhiger jetzt. Wir wollen doch gleich noch schön ein Pott Bierchen zusammen schlürfen, oder nicht? *(zu Jupp Tenhagen, der kurz vor einem Platzverweis stand)*

Von Bier kriegst du nun mal eine Fahne. Egal, ob du eins trinkst oder zehn.

Der Ahlenfelder nimmt die Gründe für seine Pfeiferei wohl mit ins Grab. *(Udo Lattek)*

Früher der Ahlenfelder – das war eine Granate, unheimlich locker. Aber das gefiel dem DFB nicht. Die wollen solche Figuren wie den Pauly haben. Immer adrett, akkurat, Brust raus, Stock ins Kreuz und dann wie eine Primadonna über den Platz. Und schön winken wie ein Polizeimeister. Vielleicht sollten sie denen noch einen Hochsitz wie beim Tennis besorgen. *(Frank Mill)*

Kürzlich hat Ahlenfelder verbreitet, er habe sich mit einem Weihnachtsbrief des Westdeutschen Fußball-Verbandes, den wir an alle Schiedsrichter geschickt haben, den Hintern abgewischt. *(Johannes Malka, Schiedsrichter-Obmann)*

Mit einem wie Ahlenfelder kannst du zu Hause eigentlich nicht verlieren. *(Klaus Augenthaler)*

Für die Einmannshow des Schiedsrichters hätten wir heute das Eintrittsgeld erhöhen müssen. *(meinte der sichtlich amüsierte Werder-Präsident Franz Böhmert, als Ahli bereits nach 32 Minuten zur Halbzeit pfiff)*

Ahli, es kann noch nicht Halbzeit sein, mein Trikot ist noch nicht nass! *(Horst-Dieter Höttges, als Ahlenfelder 1975 schon nach 32 Minuten zur Halbzeit pfiff)*

Wenn er »Noch 'n Korn und 'nen Ahlenfelder« noch immer zum Besten gibt, dann wissen Sie, auf welchem Gebiet er besonders stark war! *(Johannes Malka, DFB-Schiedsrichter-Obmann, wollte nicht länger dabei zuschauen)*

Heinz Aldinger
Wolfgang Overath: »He, Aldinger, jetzt hast du wohl gerade deine schwachen zehn Minuten.« Heinz Aldinger: »Und du, Overath, spielst schon 70 Minuten Scheißdreck.«

Manfred Amerell
Den haben wir es jetzt mal gezeigt, den saublöden Herren Sportlehrern. *(splitterfasernackt in der Kabine nach einem Spiel zu Bochums Sportlehrer Reinhard Saftig)*

2001 hat er mir bei einem Lehrgang seine eklige Zunge in meinen Mund gesteckt! *(Michael Kempter)*

Karl-Josef Assenmacher
Wer lasch pfeift, bleibt im Stall.

Klaus Augenthaler
Die meisten treten auf wie Karajan persönlich, manche rennen auch auf dich zu wie ein Torero, bevor sie dir eine Karte zeigen.

Deniz Aytekin
Pfeif doch Frauenfußball! So ein Mist, jeden Mückenstich pfeift der, das ist unfassbar. *(Rudi Völler war wohl nicht mit jeder Entscheidung einverstanden)*

B

Stefan Beckenbauer
Ich glaube, der Schiedsrichter hat es darauf angelegt, mich vom Platz zu stellen. Ich muss meinem Vater Recht geben, der gesagt hat, dass dieser Mann in der Jugendliga pfeifen soll. *(haut nach seiner roten Karte auch gleich noch seinen berühmten Vater Franz in die Pfanne)*

Michael Bella
Der Schiri geht offensichtlich nur nach seinem Gehör. Er pfeift nur, wenn es kracht. *(der ehemalige MSV-Spieler über ein Spiel 1980 in der Wedau)*

Jörg Berger
Ich glaube weder meinen Spielern noch den Gegenspielern, aber auch nicht dem Schiedsrichter.

Silvio Berlusconi
Das Problem ist oft, dass Milan an Schiedsrichter der Linken gerät.

Hannes Bongartz
Ich äußere mich grundsätzlich nicht zur Leistung der Schiedsrichter, denn wir verdienen in Wattenscheid nicht so viel.

Rainer Boos
Das ist so, als wenn dir einer ein Messer in den Bauch haut, und du musst dabei noch lächeln. *(Christoph Daum über die Leistung des Schiedsrichters)*

Andreas Brehme
Schiedsrichter müssen parteiisch sein.

Winfried Buchhart
Fast alle Schiedsrichter hängen an der Nadel. *(auf die Frage, warum so viele Unparteiische Vereinsnadeln sammeln)*

C

Felix Corval

Ich habe zu Hause eine Frau, vier temperamentvolle Kinder und zwei Hunde. Außerdem wohnt die Schwiegermutter bei uns. Gegen sie alle muss ich mich durchsetzen. Da ist so ein Fußballspiel die reinste Erholung. *(der bekannte brasilianische Schiedsrichter der 1980er erklärt seine Ruhe auf dem Platz)*

D

Christoph Daum

Was der Linienrichter heute geboten hat, da gibt es nur eine Steigerung: Dass der Linienrichter den Ball bei uns ins Tor reinschießt und sagt, ich war es aber nicht gewesen.

DFB

Schon viele Spiele sind schlecht geleitet worden, weil das Gummi in der Schiedsrichterhose gerissen ist. *(Vermerk aus dem offiziellen Handbuch des DFB, 1978)*

Erwin Dittberner *(Radiokommentator)*

Ich nehme an, dass der Schiedsrichter jetzt die Pfeife, die ja für ihn ein entscheidendes Mittel ist, in den Mund nimmt.

Tommy Docherty *(schottischer Spieler und Trainer)*

Gott sei Dank ist der Schiedsrichter mit seinen beiden Assistenten zusammen da draußen. Andernfalls hätten sie drei Spiele anstatt nur eins ruiniert.

Raymond Domenech

Es gibt einige Sachen, die wir besser hätten machen können. Die Torchancen nutzen und dem Schiedsrichter eine Brille kaufen.

E

David Elleray
Ich mag das Gelände von Crystal Palace. Es gibt einen Sainsbury's Supermarkt neben dem Selhurst Park, so dass man die Chance hat, einen Teil seiner Wochenendeinkäufe zu erledigen.

Im Tunnel habe ich zu David Elleray gesagt: »Am besten, Sie verwarnen mich jetzt schon, und wir haben es hinter uns.« Er hat es locker gesehen und mich trotzdem verwarnt. *(Roy Keane)*

Hermann Eppenhoff
Das muss gesagt werden: Diese Herren sind keine Großmacht! *(im Jahr 1974 nach einer schwachen Partie eines Schiedsrichters)*

Thomas Ernst
Was sollen wir über den Schiedsrichter reden, wir waren auch nicht besser.

Walter Eschweiler
Bruno, stehen Sie bitte auf. Der Heilige Vater schaut zu. Ihr Seelenheil ist in Gefahr. *(als sich Bruno Conti einmal ganz spektakulär im französischen Strafraum fallen ließ)*

Lieber Herr Minister, außer dem angeborenen Dachschaden liegt keine nennenswerte Beschädigung vor. *(der Diplomat Eschweiler in der Pause eines Spiels der WM 1982, als ihn der peruanische Spieler Velasquez über den Haufen gelaufen hatte, zu Außenminister Genscher)*

Wenn sich ein Spieler ein wenig danebenbenahm, dann habe ich ihm sofort angeboten, ihn in meine »Kundenkartei« aufzunehmen. Aber es gab wirklich nur wenige, die Interesse an meiner Offerte hatten.

Beim letzten Belastungs-EKG bat mich der Arzt: »Lieber Freund, hören Sie bitte auf, Sie treten mir das Rad kaputt.«

Schiedsrichter dosieren Wein, Weib und Gesang. Das beflügelt sie zu sehr guten Leistungen.

Na, Wilhelm, wie geht es zu Hause? *(Frage an Willi Lippens während des Spiels an der Eckfahne)*

Ich war ein schlechter Fußballer, hatte den Fuß gebrochen und durfte nicht mehr Fußball spielen. Und so nahm das Glück der Pfeife mit der Pfeife seinen Verlauf, und ich bin dreißig Jahre durch die ganze Welt gekommen.

Ich glaub, Wilhelm, deine Frau betrügt uns! *(zu Willi Lippens während des laufenden Spiels)*

Der kriegt es fertig, den Franz Beckenbauer nach seinem Namen zu fragen und den auch noch buchstabieren zu lassen. *(Hannes Löhr)*

Schiedsrichter Eschweiler ist immer gut – gut für einen oder zwei Elfmeter. *(Paul Breitner)*

F

Herbert Fandel
Spar dir die Munition, bis der Krieg ausbricht. *(Appell des Vorsitzenden der Schiedsrichter-Kommission des DFB, nicht zu früh die Karten zu ziehen)*

Heribert Faßbender
Noch werden die Schiedsrichter nicht nach gelben Karten bezahlt.

Rudi Faßnacht
Das kommt davon, wenn unsere Schiedsrichter so praxisfremd sind. Sie können ein Sliding Tackling nicht von einem Foul unterscheiden. *(der MSV-Trainer verstand 1973 offensichtlich eine Menge vom Fußball)*

Andreas Fischer
Pfeif endlich, du Arschloch! *(der Hamburger zum Linienrichter Peter Augar)*

Fränkischer Tag
Die faire Spielweise beider Mannschaften konnte der schwache Schiedsrichter nicht verhindern.

Rüdiger Frickel
Der lange Herr Frickel ist der einzige Schiedsrichter, der während des Flugs im Sitzen mühelos mit einer Hand das Verpflegungspaket aus dem Gepäckfach holen kann. *(»kicker«)*

Jürgen Friedrich
Ehe ich Ihnen die Hand gebe, lasse ich sie mir abhacken. *(zum Schiedsrichter nach dem Spiel auf den Weg in die Kabinen)*

Lutz Michael Fröhlich
Gebt den Zuschauern ein Pfeiferl. Vielleicht pfeifen die gescheiter. *(Andreas Herzog)*

Florian Fromlowitz
Zum Schluss hätte ich gerne in fast alles gebissen – am liebsten in den Schiedsrichter.

Manfred Führer

Ich habe die ganze Stuttgarter Abwehr schnarchen gehört. *(nachdem er einen Freistoß vom Bremer Andreas Herzog 15 Meter vom »Tatort« entfernt hat ausführen lassen)*

George Fulston

Ich habe in der Schlange für Hackbällchen in der Halbzeit schlimmere Grätschen gesehen als die, die in den Spielen bestraft worden sind. *(Aufsichtsratsvorsitzender von Falkirk)*

G

Hermann Gerland

Mit Regeln kenne ich mich nicht aus. Ich habe dem Schiedsrichter versprochen, ich mach nichts kaputt. *(als er während einer Spielunterbrechung einfach auf den Platz lief, um Lahm etwas zu trinken zu bringen)*

Ich gratuliere Schiedsrichter Gabor ganz herzlich zum Geburtstag – damit er die Altersgrenze bald erreicht und endlich abtritt.

Eduard Geyer

Wer bei uns nicht meckert, steht im Verdacht, ein Schiedsrichterfreund zu sein.

Rudi Glöckner

Ohne Kettenraucher zu sein, ist das Rauchen nach Meinung meiner Frau meine zweite Untugend. Die erste: das Skatspiel.

Auch im nationalen Maßstab muss man bei Verwarnungen eine gelbe Karte zeigen. Das erzieht die Spieler und informiert das Publikum.

John Gregory

Die Elfmeter-Entscheidung war absolut falsch von ihm. Aber die Schweigeminute vor dem Spiel war richtig. *(Trainer von Aston Villa über den Schiri)*

Frank Greiner

Was soll ich mit gelben Karten rumwerfen. Die scheiß ich zusammen, dann parieren sie auch.

H

Günther Habermann

Schiri Habermann haben sie einen schon gebrauchten Tag angedreht. *(Jörg Wontorra)*

Keith Hackett

Er war richtig wütend wegen eines Zweikampfs zwischen Dennis Wise und Nigel Clough. Ich musste ihm sagen: »Beruhig dich bitte, du hast gerade erst eine dreifache

Bypass-Operation am offenen Herzen hinter dir.« *(der Schiedsrichter zum aufbrausenden Trainer Graeme Souness)*

Mathias Hain

Kritisiert man die Schiedsrichter, fangen sie das Heulen an und treten um sich.

Sam Hammam *(Besitzer des Wimbledon FC)*

Wir sollten es einfach wie Manchester machen. Die haben die besten Spieler – und die besten Schiedsrichter.

Werner Hansch

Mancher sieht Gelb vom Mann in Schwarz und ärgert sich dann grün und blau, bis er Rot sieht.

Martin Hansson

Nach dem Spiel habe ich in der Kabine gesessen und geheult. Mir ist bewusst geworden, was für ein Fehler das war. Es tut mir leid für Irland. Ich mag die Leute dort, die Insel, das Bier. *(der Schwede übersah ein Handspiel von Thierry Henry; Frankreich fuhr statt Irland zur WM 2010)*

Dieter Hecking

Jeder macht Fehler. Ich mache Fehler, meine Frau macht Fehler und auch der Schiedsrichter. Deshalb sage ich nichts zu seinen Entscheidungen.

Es wäre besser gewesen, wenn meine drei Kinder gepfiffen hätten.

Christian Heidel

50 Prozent geben den Elfmeter, 50 Prozent nicht – und 100 Prozent haben Recht.

Ottmar Hitzfeld

Ich finde, dass bei einer WM nur die besten Schiedsrichter pfeifen sollten, die auch sonst in den großen Ligen pfeifen – und nicht irgendwo am Strand.

Sonya Home

Im Pub habe ich gemerkt, dass mich jemand beobachtet. Ich habe ihn gefragt, ob ich ihn kenne. Er sagte: »Ja, das sollten Sie. Sie haben mich heute vom Platz geschickt.«

Matthias Hönerbach

Du kleine Wurst! Bei uns im Hotel ist noch ein Posten als Kellner frei, du Vollidiot. *(Werders Co-Trainer beschimpft nach einem Testspiel den Schiedsrichter)*

K

Kevin Keegan

Die Trikotage des Schiedsrichters ist wie ein Toaster. Jedes Mal, wenn es rattert, springt eine gelbe Karte hoch.

Knut Kircher

Herr Kahn, ich zeige Ihnen jetzt die gelbe Karte. Bitte nicht beißen.

Lasst die Kirche im Dorf und den Kircher zu Hause. *(Boris Rupert, Journalist)*

Nein, der Schiedsrichter trägt die Hauptschuld. *(Schalkes Trainer Felix Magath auf die Frage, ob den Schiedsrichter eine Mitschuld an der Niederlage trifft)*

Jürgen Klopp

Ich würde lieber unter der Berichterstattung leiden als unter Schiedsrichter-Entscheidungen. *(nachdem sich Felix Magath über die Berichterstattung aufregt hatte)*

Hey Schiri, hast du das Abseits geschätzt?

Barry Knight

In Stoke hat mal eine ältere Dame nach dem Spiel an den Umkleidekabinen auf mich gewartet. Sie sagte zu mir: »Herr Knight, ich möchte Ihnen nur gerne sagen, dass ich 74 Jahre alt und Großmutter bin. Und Sie sind der absolut beschissenste Schiedsrichter, den ich jemals gesehen habe.« Versetzen Sie sich da mal in meine Lage.

Jürgen Kohler

Ich werde dem Schiedsrichter meinen Optiker empfehlen.

Wolfgang Kralicek *(österreichischer Journalist)*

Fehlentscheidungen sind das Kostbarste, das der Schiedsrichter dem Fußball geben kann.

Rolf Kramer *(Kommentator)*

Der Schiedsrichter nimmt es sehr genau. Er ist von Beruf Kassierer.

Hellmut Krug

Wenn nach dem Spiel keiner über mich redet, bin ich zufrieden.

Tschüss, du Treter! *(nach dem Spiel zum Nürnberger Matthias Maucksch, bei*

dem er Gnade vor Recht walten ließ und ihm keine gelb-rote Karte zeigte)

Wenn er Glück hat, vergisst man nur das zweite »l« in seinem Vornamen. Doch zumeist steht auf dem Spielberichtsbogen bei seinem Vornamen Manfred. *(in einem Artikel über den Schiri)*

Hansi Küpper
Die Schiedsrichter kommen aus der Sowjetunion. *(Sat.1-Kommentator im Jahr 2010 beim Spiel Sevilla gegen den BVB)*

Kevin Kyle *(Stürmer von Coventry)*
Als ich ein Kind war, war mein Vater öfter mein Schiedsrichter. Ich erinnere mich daran, wie er mich verwarnt hat und meinen Namen wissen wollte.

L

Erich Laaser
Benno Möhlmann ist zu Recht unzufrieden mit diesem Pfiff, den es nicht gab.

Stéphane Lannoy
Der Mann ist blind. Das Schiri-Gespann eine Witznummer, vom anderen Stern! *(Marcel Reif)*

Udo Lattek
Schiris? Da denke ich nur noch an Friedhof. *(1992 bei seinem Kurztrip auf Schalke)*

Schlag mich nicht. Ich bin kein Schiedsrichter. *(zu Werner Lorant)*

Jens Lehmann
Schiedsrichter Peter Gagelmann nimmt vor dem Spiel Lehmann einen Ball aus den Händen, um zu prüfen, ob er genug Luft hat. Lehmann: »Sie wissen, dass um den ganzen Platz noch zahlreiche Bälle sind?« Gagelmann nickt. Lehmann: »Haben Sie die denn auch alle geprüft?«

Jean Löring *(langjähriger Präsident von Fortuna Köln)*
Nachdem die größte Witzfigur, die ich seit 35 Jahren kennengelernt habe, das Fußballspiel Fortuna Köln gegen Hertha BSC abgepfiffen hat, eröffne ich die Pressekonferenz.

Markus Löwer
Strehmels Attacke gegen Sawitschew roch nach Elfmeter. Doch Schiedsrichter Löwer hatte hier eine verschnupfte Nase. *(Markus Jestaedt, Sky-Kommentator)*

M

Felix Magath
Solange Amateure über Profis bestimmen, müssen wir uns wohl jede Woche ärgern.

Gregorio Manzano
Der Linienrichter ist so gefährlich wie ein Affe mit zwei Pistolen. *(Trainer von Real Mallorca)*

Mick McCarthy *(irischer Trainer)*
Wir haben heute den Drogentester bei uns. Ich schätze, dass sie die Spieler ignorieren und direkt den Schiedsrichter und seine Assistenten testen werden. *(nach einer umstrittenen Niederlage der Wolves)*

Urs Meier
Es sind 60.000 Experten im Stadion, und der Dümmste pfeift.

Urs hat mich mal betrogen. Und es sieht so aus, als ob er auch England betrogen hat. *(Franziska Meier, Exfrau von Urs Meier, nachdem der Schweizer Schiedsrichter ein Tor von England nicht gewertet hatte)*

Markus Merk
Als Zahnarzt bin ich es ja gewohnt, täglich zu ziehen.

Als Schiedsrichter mag mich keiner, als Zahnarzt auch nicht. Das ist wahrscheinlich eine Perversion, wenn man nicht nur Zahnarzt, sondern auch noch Schiedsrichter ist.

Herr Merk verteilte gelbe Karten wie Erdnüsse. *(Rudi Völler über die Leistung von Schiri Markus Merk bei einem Spiel Bielefeld gegen Leverkusen)*

Der Schiedsrichter hat sehr gut für uns gepfiffen. *(Roland Wohlfarth)*

Der Herr Merk saß schon als Fünfjähriger auf meinem Schoß. *(Otto Rehhagel)*

Max Merkel
Bei den deutschen Schiedsrichtern redet daheim die Alte, im Geschäft der Chef, und auf dem Spielfeld hören plötzlich alle auf sie. Da stimmt doch irgendwas nicht. Oder können Sie sich vorstellen, dass einer Schiedsrichter wird?

Jürgen Meßmer
Er pfeift immer noch wie auf dem Rangierbahnhof: zu lang, zu viel und zu oft. *(»kicker«)*

Neil Midgley
Dann begann mein Augenlicht zu verschwinden, und ich wurde Schiedsrichter.

Frank Mill
Ich wasche meine Hände in Unschuld! *(Standardantwort zu den Schiedsrichtern nach einem Foul)*

Peter Mölm
Sonst schießt der mir noch ein Tor! *(Begründung, warum er den Trainer Winfried Schäfer lieber auf die Tribüne verbannte)*

Eric Morecambe *(englischer Komiker)*
Als junger Mann habe ich Fußball gespielt, bis sich plötzlich meine Augen verschlechterten. Deshalb bin ich dann Schiedsrichter geworden.

Byron Moreno
Sechs Kilo Drogen? Meines Erachtens hatte er diese schon 2002, aber nicht in der Unterwäsche, sondern im Körper. *(Gianluigi Buffon über Moreno, der die WM-Partie Südkorea gegen Italien 2002 pfiff)*

José Mourinho
Denk dran, dass deine Frau und Kinder zuschauen. *(in der Halbzeitpause zum Schiedsrichter)*

Charly Mrosko
Nur der Halbzeitpfiff war keine Fehlentscheidung.

N

NDR
Herr Schröder hat das Spiel unterbrochen. Er kann das, er darf das, er muss das, denn Herr Schröder ist der Schiedsrichter.

Ryan Nelsen *(neuseeländischer Nationalspieler)*
Wenn das die besten Schiedsrichter sind, die die FIFA zu bieten hat, will ich die schlechtesten nicht sehen. *(bei der WM 2010)*

Peter Niemeyer
Sie stand ein wenig weiter weg als gedacht, ich wollte ihr einen Schulterklaps geben. Aber man muss die Zuschauer auch ein wenig unterhalten! *(der Hertha-Spieler verpasste Schiedsrichterin Bibiana Steinhaus einen Busenwischer)*

O

Klaus Ohmsen
Otto, das kostet aber drei Bier und drei Korn. *(zu Otto Rehhagel, als er ihn einmal glimpflich davonkommen ließ)*

P

Dieter Pauly

Da laufen 22 Banditen auf dem Platz rum. Da musst du Chef auf dem Platz sein.

José Donato Pes Perez

Kalle, der stellt dich vom Platz, sobald du nur schielst. *(Paul Breitner zu Karl-Heinz Rummenigge bei einem Spiel in Südamerika)*

Toni Polster

Handkuss an die Frau Gemahlin! *(zum Schiedsrichter und seinem von ihm gefoulten Gegenspieler nach einer roten Karte)*

Adolf Prokop

Warum kann es nicht auch mal für den Unparteiischen Beifall geben, wenn er in einer Situation auf Vorteil entscheidet und daraus ein Tor fällt.

R

Babak Rafati

Man musste farbenblind sein, um sie nicht unterscheiden zu können. *(der Mainzer Manager Christian Heidel war nicht begeistert, dass Rafati orangefarbene und rot-weiße Trikots nicht voneinander unterscheiden konnte)*

Willi Reimann

Als Aufsteiger hast du immer die Arschkarte beim Schiedsrichter!

Sir Stanley Rous

Wenn man hinterher fragt, wer eigentlich gepfiffen hat, dann war er gut. *(Schiedsrichter und Ex-FIFA-Präsident)*

Richard Rufus

Es sah so aus, als ob der Schiedsrichter eine neue gelbe Karte hatte und sehen wollte, ob sie funktioniert.

Karl-Heinz Rummenigge

Bei der Weltmeisterschaft 1990: »Ich hoffe, wir sehen diesen Schiedsrichter nicht mehr bei dieser WM.« Heribert Faßbender: »Höchstens als Kartenabreißer.«

Rolf Rüssmann

Das können Sie Drecksau doch nicht machen! *(soll er zu Schiedsrichter Walter Eschweiler gesagt haben und kassierte eine rote Karte)*

S

Aaron Schmidhuber
Schlimmer ist es, wenn du bei einem Kreisligaspiel genau hörst, was dir ein Zuschauer zuruft, und wenn du den vielleicht gar noch kennst. *(über Schmähungen von 60.000 Zuschauern)*

Olaf Schreiber
Ich habe gehofft, der Schiedsrichter würde es sich noch einmal überlegen. *(auf die Frage, warum er vor seiner gelb-roten Karte vor dem Schiedsrichter weggelaufen sei)*

Michael Schulz
So, und jetzt haue ich dir einen in die Schnauze! *(zu Gerhard Paulus. Dabei stellte sich Schulz mit beiden Stollenschuhen und vollem Gewicht auf einen von Paulus' Füßen)*

Bastian Schweinsteiger
Der Linienrichter hat mit der Fahne gewedelt, als wenn er einen Stromschlag gekriegt hätte.

Bill Shankly
Das Problem mit Schiedsrichtern ist, dass sie zwar die Regeln kennen, aber nicht das Spiel.

Peter Sippel
Kommt raus! Oder habt ihr schon die Hosen voll? *(zu den Spielern von Kaiserslautern, als diese etwas verspätet aus den Kabinen auf Schalke kamen)*

Ebi Smolarek
Wetten tun in Deutschland nur die Schiedsrichter. *(Polens Nationalstürmer auf die Frage, ob er mit seinen Dortmunder Teamkollegen auf einen Sieg gegen Deutschland gewettet habe)*

Gary Speed *(Mittelfeldspieler von Bolton)*
Schiedsrichter sind wie Ehefrauen. Sobald du akzeptierst, dass sie immer Recht haben, ist dein Leben viel besser.

Holger Stanislawski
Ich will ja nicht kritisieren. Aber der vierte Mann hatte offensichtlich eine Menge Gesprächsbedarf. Dauernd wollte er mit mir diskutieren. Dazu bin ich aber nicht da, dann kann ich mir das Spiel auch im TV angucken.

Gustl Starek
Wenn ich wieder spiele, dann nur mit Hosenträgern. *(nachdem er zweimal vom Platz gestellt worden war, weil er sich vor den Linienrichtern die Hose heruntergezogen hatte)*

Wolfgang Stark

Du Arschloch! Wolfgang Stark, fahr nach Hause, Mensch! Nicht zu glauben, was sich dieser Mann zusammenpfeifen darf. Dieser Korinthenkacker vor dem Herrn! Jetzt hat er aber alles gegeben, dass wir hier nicht gewinnen. Geh nach Hause nach Bayern und verschone uns mit deinen blöden Pfiffen. *(Boris Rupert im BVB-Netradio bei einem Unentschieden in Leverkusen)*

Edward Sturing

Ich schrie Blankenstein an: »Du kannst echt nicht pfeifen, man!« Da erwiderte er: »Dann bin ich ja hier beim richtigen Spiel, denn du kannst nicht Fußball spielen!« *(zum Schiedsrichter John Blankenstein)*

T

Farat Toku

Das Schiedsrichtergespann war zusammen vielleicht 25 Jahre alt. *(Trainer des Landesligisten WSV Bochum 06 über die seiner Meinung nach deutlich zu jungen und unerfahrenen Unparteiischen)*

V

Mario van den Ende *(niederländischer Schiedsrichter)*

Der beste Schiedsrichter hat gute Augen und schlechte Ohren.

Arie van Gemert

Ich weiß nicht, ob der holländische Schiedsrichter Arie van Gemert das immer richtig sieht. Ich sah ihn gestern im Hotel, da trug er eine Brille – heute hat er keine auf. *(Fritz Klein, Journalist)*

Terry Venables

An diesem Ergebnis war nichts zu machen. Der Schiedsrichter hatte dieses Spiel auf seinem Totoschein als Unentschieden getippt.

Berti Vogts

Geht doch zum Schiedsrichter und lasst euch von dem ein Autogramm geben. Der hat mehr Grund zum Jubel! *(1971 zu Autogrammsammlern nach einer Partie, bei der er mit der Leistung von Schiedsrichter Karl Riegg nicht zufrieden war)*

Rudi Völler

Dann gibt es halt ein Foul, wenn die Zuschauer schreien. Dann können wir auch ohne Schiri spielen, dann pfeift der Platzwart.

W

Franz-Xaver Wack

Ich hätte ihm auch Rot zeigen können, aber er hatte am nächsten Tag Geburtstag, da wollte ich nicht so hart sein. *(über ein Gelb-Rot für Bochums Martin Meichelbeck)*

Lutz Wagner

Zum Saisonende ist für uns beide ja in der Bundesliga Schluss. Dann möchte ich Herrn Klimowicz gerne zu mir nach Hause einladen. Bei einem Glas Wein kann man bestimmt alte Spannungen lösen. *(nachdem er Diego Klimowicz viermal vom Platz gestellt hatte)*

☺

Man könnte meinen, dass Diego ihm mal die Frau ausgespannt hat. *(Marcel Maltritz, nachdem Diego Klimowicz alle vier rote Karten seiner Karriere von Wagner bekommen hatte)*

Wolfgang Walz

Der hat nur dreimal gut gepfiffen: Anstoß, Halbzeit, Schluss. *(Kurt Jara)*

Hans-Jürgen Weber

Einmal habe ich den Yeboah gleich in den ersten Spielminuten vom Platz gestellt. Da wusste ich, du musst 70 Minuten gegen das ganze Stadion pfeifen. Wenn du drei solche Spiele hast, dann bist du reif für die Schwarzwaldklinik.

Michael Weiner

Es war ein sehr intensives Spiel. Aber ein Mann konnte in diesem intensiven Spiel nicht mitlaufen: Das war der Schiedsrichter. *(Kölns Trainer Ståle Solbakken)*

Wolf-Günter Wiesel

Da haben wir einen Besenstiel zersägt, ein gelbes Trikot zerschnitten, und in drei Minuten war alles behoben. Schließlich sind wir noch handwerklich geschickt. *(er und seine Assistenten bauten 1995 Fähnchen zum Winken nach, weil diese vergessen worden waren)*

Markus Wingenbach

Es ist sein erstes Spiel, okay. Aber man muss überlegen, ob er hier überhaupt sein erstes Spiel pfeifen soll. *(Guy Demel)*

Jeff Winter

Sir Alex Ferguson hat mir mal ein Kompliment zu meiner Spielleitung gemacht. Drei Wochen später hat er mich, nachdem ich wieder bei einem United-Spiel Schiedsrichter gewesen bin, zur Seite genommen und gesagt: »Gut, Jeff, zurück zur Normalität. Fucking business as usual.«

Uwe Wolf

Bei der dritten Einwechslung hab ich dem Linienrichter meine Hand auf die Schulter gelegt und gesagt: »Herr Linienrichter, Sie haben heut' 'nen Scheißdreck gewunken.« Dann hat er gesagt: »Herr Wolf, jetzt muss ich Sie auf die Tribüne schicken.« Sag ich: »Ich geh schon.«

Jörg Wontorra

Entweder er hatte einen totalen Blackout, oder er brauchte mal wieder eine goldene Uhr. Die italienischen sollen ja besonders schön sein. *(bei einem Spiel des AC Mailand gegen Werder Bremen)*

Ian Wright

Der Schiedsrichter hat jeden verwarnt – ich habe schon gedacht, dass er die Lottozahlen ausfüllt.

Wolfram Wuttke

Jetzt scheiß dir mal nicht vor dir selber in die Hose, Mann! *(zu einem Linienrichter)*

Fans

A

Ajax Amsterdam
Ajax ist zum Putzen da.
*(Fans des 1. FC Kaiserslautern
über Ajax Amsterdam)*

Erzgebirge Aue
Wir kommen aus der Tiefe,
wir kommen aus dem Schacht,
Wismut Aue, die neue Fußball-
macht.

B

SpVgg Bayreuth
Euer Stammbaum ist ein Kreis!
*(Transparent von Fans der
SpVgg Bayreuth als Gruß an
den Gegner)*

David Beckham
Hey, Becks, vor dir hier, nach
dir hier, trotz dir hier! *(Plakat von den Los-Angeles-Gala-
xy-Fans beim ersten Spiel von
David Beckham gegen den AC
Mailand)*

Tennis Borussia Berlin
Wenn nicht Meister wird die
Tennis, hack ich ab mir meinen Penis. *(Gesang der Fans
von Tennis Borussia Berlin)*

Heute sind erstmals mehr
Tore für Tennis Borussia Ber-
lin gefallen, als Zuschauer im
Stadion waren. *(ein Berliner
Zuschauer nach dem 9:0 im
Zweitligaspiel Tennis Borussia
Berlin gegen Holstein Kiel)*

Union Berlin
Pfeife nie die eigene Mannschaft aus! Mache nie einen
unserer Spieler zum Sünden-
bock! Gehe nie vor dem Abpfiff aus dem Stadion! Heiser-
keit ist der Muskelkater des
Unioners! *(Die »Eisernen Ge-
setze« von Union Berlin)*

Schild in einem Betriebsbüro
Alle Krankheits- und Todes-
fälle müssen spätestens eine
Woche vor Beginn der Fuß-
ball-WM gemeldet werden!

Werner Biskup
Unsere Religion: Hannover 96.
Unser Gott: Werner Biskup.
*(die Fans von Hannover 96
ehren ihren alten Trainer mit
einem Plakat im Niedersach-
senstadion)*

VfL Bochum

Wer ständig oben steht, ist nur zu feige für den Abstiegskampf! *(Spieltagsplakat 2010)*

Hätte ich nicht meinen Hund, ich hätte mich schon lange erschossen! *(VfL-Fan direkt am Stadion, als der Verein auf den 18. Tabellenplatz der zweiten Liga abgerutscht war)*

Und wenn da einer vor der Ostkurve »Mambo« tanzt, wir dafür allerdings den Aufstieg schaffen, dann stehe ich als Trommler zur Verfügung. *(uwe1848, in einem VfL-Fan-Forum)*

Bayer-Leverkusen-Fans, als Nokia sein Werk in Bochum schloss.

Wir steigen auf, wir steigen ab, und zwischendurch UEFA-Cup! *(Fangesang)*

Ich zum Beispiel kann nicht zum Public Viewing gehen, weil ich panische Angst hätte, bei einem Torjubel einen Dortmunder zu berühren. *(Fan des VfL Bochum aus Münster)*

Ich wollte einfach nur graue Maus sein. *(User »10hagen« in einem Forum des VfL Bochum)*

Wenn ich jetzt zu Hause wäre, würde ich erst einmal schön onanieren! *(Fan bei einem Heimsieg des VfL)*

Bonner SC

Wir brauchen keinen Rudi Völler, wir haben Erich Rutemöller. *(Fangesang in den neunziger Jahren)*

Werder Bremen

Wir persönlich finden den HSV eher uncool! *(Fan-Plakat beim Derby)*

Wer glaubt an Spuk und Geister – Werder Meister! *(Fan-Banner im Meisterjahr 1965)*

C

Energie Cottbus

Danke für den Dauerständer, Jungs! *(Spruchband der Cottbus-Fans im Stuttgarter Daimlerstadion)*

Lieber rauchen, huren, saufen – als der Stasi sich verkaufen. *(St.-Pauli-Fans bei Energie Cottbus)*

Dettmar Cramer

Das ist doch eine Badewanne für Dettmar Cramer! *(Bayern-Fan, als er den Supercup sah)*

Peter Crouch

He's big, he's red, his feet stick out of his bed, Peter Crouch! *(Er ist groß, er ist rot, seine Füße hängen aus dem Bett, Peter Crouch. Hommage der Liverpool-Fans an den überragenden Stürmer)*

D

Christoph Daum

Daum hat die Nase voll! *(Fan-Gesang der Mainzer Anhänger beim Spiel gegen Frankfurt mit Daum als neuem Trainer)*

DDR

Wir grüßen den Weltmeister von 1974! *(Plakat eines Fans aus der DDR vor der WM im Leipziger Zentralstadion beim Spiel der DDR gegen England; auf Zwischenrufe meinte der Anhänger: »Was wollt ihr denn? Der Helmut Schön ist doch im Stadion!«)*

In der Schule bekomme ich für das Autogramm von Helmut Schön zwölf Mark. *(kleiner Junge aus Ostberlin, der 1974 den Bundestrainer getroffen hatte)*

Deutschland

Tausche Schwester gegen Endspielkarte! *(Plakat eines kleinen Jungen bei der EM 2008 in Wien)*

97,4 Prozent aller Besucher haben ihren Sonntagsanzug an. Nehmt Rücksicht darauf! *(der Stadionsprecher zu den Besuchern des Länderspiels Deutschland gegen Luxemburg am 23. Dezember 1951 in Essen)*

Auspeitschen, auspeitschen! *(Rufe eines Flughafen-Angestellten an die Adresse von Bundestrainer Jupp Derwall, als die Nationalelf nach dem EM-Aus 1984 in Frankfurt landete)*

DFL

Die DFL liebt die Show, wir lieben den Fußball. *(Banner auf der Dortmunder Südtribüne bei der Eröffnungsshow der DFL 2011/12)*

Borussia Dortmund

Wir gratulieren dem BVB zu Platz 1 der Ruhrgebietsmeisterschaft. *(Anzeige eines Sponsors)*

Maler und Lackierer für farbige Spiele. *(Fan-Plakat im Westfalenstadion in den neunziger Jahren)*

Man sagt es sich in Stadt und Wald, Borussia macht Karlsruhe kalt. *(Fans beim Meisterschaftsendspiel 1956)*

Wir stehen hinter dem BVB – genau wie Schalke. *(Anzeige eines Sponsors)*

Schwarz, Gelb, oval. Wir haben kein Problem mit öffentlichen Toiletten. Außer sie können das Dach nicht zufahren. *(das schrieb ein Fan unter ein Foto des ehemaligen Westfalenstadions)*

Dynamo Dresden
Reißt die Mauer nieder – Dresden in die Bundesliga! *(Fanruf im Herbst 1989)*

Geld weg, Frau weg, Pokal weg, 20 Jahre seit der Wende nur verarscht. *(riesiges Banner 2011, nachdem der DFB Dresden vom DFB-Pokal ausgeschlossen hatte)*

Theo, hau ab nach Lodz. *(Gesang auf DFB-Präsident Theo Zwanziger nach dem Ausschluss vom Pokal)*

Linford, zeig's: Den Sachsen / wer'n noch Flügel wachsen! *(1992, ein Spruchband zu Ehren des schnellen Uwe Jähnig, Spitzname »Linford« in Anlehnung an den Olympiasieger über 100 m von 1992, Linford Christie)*

Bieten Otto, suchen Erfolg! *(der Frust ob des Präsidenten Otto saß tief, wie das Transparent im Stadion bewies)*

MSV Duisburg
Ein Kellner und zehn Flaschen. *(Zuschauer beim MSV, wo Wolfgang Kellner im Tor stand)*

Ist ja der Hammer, was wir mit dem armen Ball anstellen. Gott sei Dank ist der in keiner Gewerkschaft. *(Duisburg-Fan nach einem Spiel beim Karlsruher SC)*

E

Stefan Effenberg
Effe, zeig den Führerschein!

Effe, du riechst nach Alkohol!
(nach einer positiven Alkohol-Kontrolle 1998 empfingen die Fans des Gegners den Bayern-Spieler in den Stadien mit diesen höhnischen Gesängen)

EM 2008
Schwer bepackt kommt keiner ins Stadion, auch nicht, wenn er vorgibt, auf einer Reinhold-Messner-Yeti-Suchmission zu sein. *(das Organisationskomitee der EM 2008 in seiner Hausordnung für Stadionbesuche)*

England
This World Cup is exactly like the second world war: The French surrender early, the US turn up late, and we're left to deal with the bloody Germans. *(bei der WM 2010)*

Fan bei der WM 2006. (Foto: Gerrit Starczewski)

Joël Epalle
Ker, wat nützen dem Epalle seine dicken Oberschenkel, wenn da nichts bei rum kommt. Dat is, wie wennse nen langen Dödel hast und kriegst das Ding nicht steif! *(Zuschauer in Bochum)*

Rot-Weiss Essen
Verkaufe Seele für 1 Punkt! *(Banner bei Spiel)*

Lizenzentzug für RWE ungültig. DFB war gedopt! *(Fanplakat, nachdem am 7. Februar 1994 RWE die Lizenz entzogen worden war)*

Papa, nicht! Du bist doch auf Bewährung! *(kleiner Junge an der Essener Hafenstraße zu seinem Vater, der gerade wutentbrannt auf den Zaun stieg)*

F

Klaus Fichtel
Der Wald stirbt – die Tanne steht! *(Fanplakat auf Schalke für den Spieler, der noch mit 43 Jahren auf dem Platz stand)*

Eintracht Frankfurt
Bundesliga ohne Eintracht ist wie Kaffee ohne Bohnen. *(enttäuschter Frankfurter Fan nach dem zweiten Abstieg)*

Rolf, wenn du deine Mannschaft nicht sehen willst, kannst du mit uns fahren. Du darfst auch vorne sitzen. *(ein Fan von Eintracht Frankfurt zu Trainer Rolf Dohmen nach einer Auswärts-Klatsche)*

FSV Frankfurt

Auswärtssieg! Auswärtssieg! *(Fans des FSV Frankfurt bei einem 2:1-Heimsieg gegen den 1. FC Nürnberg. Sie waren auf den Rängen klar in Unterzahl)*

Torsten Frings

Shirt nach dem WM-Duell 2006 gegen Italien, als Frings gesperrt wurde, weil er gegen Argentinien in eine Rangelei verwickelt war und Italien eine Sperre gefordert hatte.

Friedhelm Funkel

Fußball statt Funkel! *(Spruchband der Fans von Hansa Rostock, die mit dem Anti-Fußball von Trainer Friedhelm Funkel nicht einverstanden waren)*

G

Gesang

Eure Mütter ziehen LKWs auf DSF die ganze Nacht, von zwölf bis acht!

Ghana

Die Python kann niemals das Stachelschwein verschlingen. *(Spruchband von Fans aus Ghana bei der WM 2006)*

Sturm Graz

Wir sind da mit Reisebus, da kein Flug nach Belarus. *(Fans von Sturm Graz in Weißrussland beim Spiel gegen Bate Borisow)*

Brief an den »Guardian«

Warum ist man so überrascht über das Ausscheiden von Argentinien? Wann hat sich ein Team mit einer großen schottischen Fangemeinde jemals für die zweite Runde einer WM qualifiziert? *(während der WM 2002)*

H

Hamburger SV

Die Fans stehen hinter ihm, wir halten ihm weiter die Stange. *(HSV-Fan auf die Frage, wieso Thomas Doll weiter Trainer bleiben solle)*

Hannover 96

Quält Euch – nicht uns! *(Banner von Hannover-96-Fans bei einem Spiel gegen den VfL Wolfsburg im Jahr 2010)*

Jupp Heynckes

Alles Gute zum Geburtstag, Hr. Heynckes. Die Punkte bleiben hier. *(Cottbus-Fans an die Adresse des Bayern-Trainers)*

Dieter Hoeneß

Tja, Herr Hoeneß. Artur ist halt nur bei Arminia gut! *(Bielefelder Fans feiern ihren Spieler Wichniarek, der bei Hertha nicht zurechtkam, mit einem Plakat)*

Uli Hoeneß

Uli, wo ist unser Balkon? Und wo ist die Schale? *(der Bayern-Manager hatte den Wolfsburgern im Falle der Meisterschaft einen neuen Balkon für die Feier versprochen)*

Blaue Schweine schlachtet man und rettet sie nicht. Und du willst Metzger sein, Uli? *(Bayern-Fans an Uli Hoeneß)*

Wer den Blauen Millionen zuschiebt, hat unser Vertrauen nicht verdient. Hoeneß, du Lügner. *(Bayern-Fans an Uli Hoeneß)*

TSG Hoffenheim

1887 – Uns trennen mehr als 12 Jahre. *(Spruchband der HSV-Anhänger mit Verweis auf das Gründungsdatum von 1899 Hoffenheim)*

Wir sind toll, wir haben Geld, wir sind der geilste Klub der Welt. *(Gesang der Fußball-Fans von Hoffenheim. Der Zweitligist kaufte für 20 Mio. Euro neue Spieler)*

Gegen mangelnde Fußballkompetenz hilft auch keine Hochfrequenz. *(Spruchband der Augsburger Fans nach der »Akustik-Affäre« in Hoffenheim)*

Zu spät gepisst ist auch gedopt! *(Plakat von Borussia-Dortmund-Fans bei einem Spiel gegen Hoffenheim)*

Hochgezüchtet wie ein Schwein und immer noch ein Dorfverein! *(Kölner Fanplakat)*

Voll doof hier. *(Plakat von Bielefelder Fans beim Spiel der TSG 1899 Hoffenheim gegen Arminia Bielefeld)*

Dietmar Hopp

Dietmar Hopp, du Sohn einer herzensguten Frau! *(Antwort auf Hoffenheims Hopp, der die unsachliche Darstellung seiner Mutter als »Hure« kritisiert hatte)*

BVB-Fans nach dem »Sirenenangriff« durch einen Hoffenheim-Mitarbeiter. (Foto: imago)

Irland

Unsere Männer denken, wir sind in Dublin beim Shoppen. *(Banner bei einem Spiel der Iren in Portugal)*

Fenerbahçe Istanbul

Auch wenn wir am Galgen hängen: Unser letztes Wort wird Fenerbahçe sein! *(Fanplakat 2011, als der Präsident wegen eines Bestechungsskandals im Gefängnis saß)*

I

Mohamadou Idrissou

Idrissou spielt Champions League auf PS3, die ganze Nacht, von zwölf bis acht! *(Gesang der Freiburger Fans. Idrissou soll in der Vorsaison zu seinen Mitspielern in Freiburg gesagt haben, dass er lieber Champions League spielen möchte: »Ich habe eh keine Lust mehr, mit euch Absteigern zu spielen. Ich spiele nächstes Jahr Champions League.«)*

Internet-Forum

Wenn der Daum seine Linie durchzieht, hat Frankfurt im Abstiegskampf die Nase vorn.

K

1. FC Kaiserslautern

Ich begrüße die weiteste Dame. *(Willi Müller, Präsident vom 1. FC Kaiserslautern, zu einer Teilnehmerin an einer Fanveranstaltung)*

Die scheinen in Kaiserslautern kein Wasser zu haben. *(ein Ordner des FC Bayern München nach dem Heimspiel gegen Kaiserslautern, als die Spieler der Gäste noch duschten, während die Bayernspieler bereits ihre Kabinen verlassen hatten)*

Anton Kapischke
Dat janze Fluidum ist einmalig! *(DDR-Bürger, der 1990 erstmals das DFB-Pokalfinale in Berlin besuchen durfte)*

Karlsruher SC
Weisch, was des Schlimmschde isch? Wir steige ab und bekomme es auch noch mit! *(als es am letzten Spieltag der Saison 2010/11 nach Abstieg aussah und es im Stadion nur alkoholfreies Bier gab)*

Zieht den Spaniern die Badehosen aus! *(Fangesang beim legendären 7:0 im UEFA-Cup-Spiel 1993 gegen Valencia)*

1. FC Köln
Bock4Life *(Fan-Plakat zu Ehren ihres Geißbock-Maskottchens)*

Ihr habt 5 Minuten! Saufen könnt ihr, Fußball spielen nicht. *(Fanplakat, als der 1. FC Köln gegen Hertha BSC in der 6. Minute den Rekord ohne Tor von Saarbrücken überbot)*

Wir dürfen uns nicht über das Publikum aufregen. Wenn wir so weiterspielen, haben wir bald keines mehr. *(Albert Caspers, Präsident des 1. FC Köln, als Reaktion auf die Kritik von Trainer Ewald Lienen an den Kölner Zuschauern)*

Suche Trainer. Biete Olsen. *(Fan-Plakat 1994)*

Das Fußballspiel 1. FC Köln – FC Liverpool war eine Delikatesse. Dreimal so spannend wie ein Durbridge-Krimi. *(Leserbrief in der »Hörzu« im Jahr 1964 von Klaus K. aus Berlin)*

Mäh, mäh … *(traditionelle Antwort der Kölner Fans auf den Fanruf des Gegners »Alle Böcke beißen, alle Böcke beißen, nur der Kölner Geißbock nicht …«)*

Erst steigen wir ab, dann steigen wir wieder auf, dann steigen wir wieder ab, und dann steigen wir wieder auf, das finden wir lustig, weil wir bescheuert sind. *(Fangesang)*

Der 1. FC Köln spielt zurzeit so gut, wie Tschik Čajkovski Deutsch spricht. *(ein Mitglied des Kölner »FC-Freundeskreises«)*

Du sollst nicht einkaufen, du sollst trainieren. *(Kind im Supermarkt zu einem Spieler des 1. FC Köln)*

Alle Böcke beißen, nur der Kölner Scheißbock nicht. *(Fangesang gegnerischer Fans)*

Fortuna Köln
Ihr seid leiser als Fortuna
Köln. *(Fangesang, insbesondere
von Auswärtsfans)*

Kontaktanzeige
Suche Ehemann, der nichts
von Fußball versteht, nie etwas
von Fußball gehört hat und der
verspricht, kein Wort von Fußball zu reden. Bin die geschie-
dene Frau eines Kickers, die
vom Fußball endlich genug hat.

Kevin Kuranyi
Wenn unsere Maurer und
Schreiner so arbeiten wür-
den wie Kuranyi, dann wür-
den wir alle in Zelten wohnen.
*(Fan-Kommentator des Spiels
Schalke gegen Bayern)*

L

Bayer Leverkusen
Bayer ohne Schuster ist wie
Calmund ohne Bauch! *(Fan-
plakat 1995)*

Wir schlafen nicht auf Betten,
wir schlafen nicht im Stroh,
wir schlafen auf Tabletten, das
ist bei Bayer so. *(Fangesang)*

Ewald Lienen
Stehen wir auf deinem Zettel,
Ewald??? *(die Fans von Fortuna Düsseldorf finden den eif-
rigen Zettel-Ewald so toll, dass
sie ihn mit einem Plakat bedenken)*

Liverpool FC
Für alle, die in Schwarz-Weiß
schauen: Liverpool ist das
Team mit dem Ball. *(ein Scherz
zu Zeiten der Liverpooler Do-
minanz unter Bob Paisley)*

Lurgan Celtic FC
Diejenigen Mitglieder, die
selbst keine Kinder haben,
werden gebeten, ihre Enkel
mitzubringen. *(Einladung zum
Vereinstreffen)*

M

Real Madrid
Wir werden eure Ferraris verbrennen! *(Fans nach einer bit-
teren Niederlage zu den Spielern)*

1. FC Magdeburg
Magdeburg hat Kraft, Bayern
wird geschafft! *(Fanplakat vor
dem Hotel der Bayern 1974)*

Mainz 05

Ich gehe mit meiner Laterne. *(Song der Mainzer Fans, nachdem der Abstieg feststand)*

Manchester City

Immer wenn ein United-Fan in Zukunft tankt, finanziert er unsere Transfers. *(Noel Gallagher, und der ist bekennender City-Fan)*

Diego Maradona

Das Chaos in Maradonas Kopf haben wir jetzt auch auf dem Platz. *(argentinischer Fan nach dem 0:1 in Paraguay)*

Millwall FC

An John Hutley von seiner Frau! Alles Gute zum 30. Hochzeitstag! Genieß das Spiel, denn du wirst später dafür bezahlen! In Liebe, Jane. *(Nachricht an einen Millwall-Fan auf der elektronischen Anzeigetafel im Stadion)*

Borussia Mönchengladbach

Gegen Schweden habt ihr keine Chance! *(riefen die Zuschauer 1995, als Schalke durch Tore von Dahlin und Petterson mit 4:1 geschlagen wurde)*

1860 München

Wir wollen 60 sterben seh'n, oh, wie wär' das wunderschön! *(Bayern-Fans)*

FC Bayern München

Was scheiß ich mir um Frau und Kind, die Hauptsache ist, dass Bayern gewinnt!

Die Bayern sind scheiße, die Fans, die sind schwul, der Torwart ein Arschloch, wir siegen fünf null …

Die Statuten des DFB verbieten es nicht, die eigene Mannschaft anzufeuern. *(Lautsprecherdurchsage von Günther Weiß, Sprecher im Münchner Olympiastadion, während eines Bundesligaspiels)*

Warum kommt denn da kein Verkäufer? In München würde man dieses Problem mit Hubschraubern lösen! *(Bayern-Fan, als der Bierverkauf beim Pokalfinale 1971 in Stuttgart stockte)*

Lieber vier Minuten Meister als eine Minute Bayern-Fan! *(Schalke-T-Shirt)*

In der Tiefgarage ist mehr los. *(Mitglieder auf einer Jahreshauptversammlung des FC Bayern)*

Mit dem Sektglas in der Hand gibt es halt keine La Ola. *(Mitglieder auf einer JHV des FC Bayern)*

Eure Scheißstimmung! Da seid ihr doch dafür verantwortlich und nicht wir. *(Uli Hoeneß zu Fans des FC Bayern)*

Neuer im Tor ist für uns wie Trainer Daum + Manager Lemke für dich! *(Transparent von Bayern-Fans in der Fankurve des FC Bayern am 2.4.2011)*

Mia brauchan koan Neuer Torwart, mir ham scho Kraft. *(Fanplakate und Facebook-Seite von Bayern-Fans)*

Wenn Arschlöcher fliegen könnten, wäre ganz Bayern ein Flughafen. *(Plakat auf Schalke)*

N

Manuel Neuer

Tausche Ehre gegen Geld! *(Fanplakat bei seiner Rückkehr auf Schalke nach seinem Wechsel zum FC Bayern München)*

Wir trauern um M. Neuer – gestorben zwischen 2005 und 2011 – wiederauferstanden als charakterlose Marionette. *(Fanplakat bei seinem ersten Spiel mit dem FCB auf Schalke)*

Selbst Judas hatte mehr Ehre! *(weiteres Plakat im September 2011 auf Schalke)*

Du kannst auch noch so viele Bälle parieren, wir werden dich nie in unserem Trikot akzeptieren. *(Plakat der Bayern-Fans zu Manuel Neuer)*

Peter Neururer

Das qualifiziert ihn vielleicht für ein Oben-ohne-Poster in deinem Schlafzimmer, aber für mehr auch nicht. *(ein VfL-Bochum-Fan als Antwort auf den Kommentar eines anderen Anhängers, der den Trainer mit den Worten »Mit Peter war es echt am Schönsten beim VfL« zurückhaben wollte)*

Wir haben den Schnäuzer voll! *(Bochumer Fans auf einem Transparent, gegen Trainer Neururer gerichtet)*

Mit Neururer kommst Du vielleicht noch bis zum nächsten Rotweinhändler, aber sicher nicht mehr in die Bundesliga. *(aus einem VfL-Bochum-Fanforum)*

Newcastle United

Fußball ist heute wie Schach.
Es geht nur noch ums Geld.
(Fan-Banner)

1. FC Nürnberg

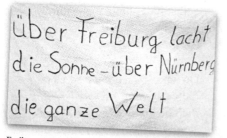

über Freiburg lacht die Sonne – über Nürnberg die ganze Welt

Freiburger Fanplakat, als der SC 1994 in der 1. Bundesliga blieb und Nürnberg abstieg.

O

Rot-Weiß Oberhausen

Mittwochs 17:30h? Is der Bergmann fleißig! *(Banner-Protest gegen die frühen Anstoßzeiten)*

Kickers Offenbach

Sprung in der Schüssel, Loch im Dach – das ist Kickers Offenbach. *(Fan-Gesang der Frankfurter in den siebziger Jahren)*

Patrick Owomoyela

Lass die Finger von O-womoyela! *(Bielefelder Fans auf die Melodie von »Lass die Finger von E-ma-nuela« von »Fettes Brot«)*

P

FC St. Pauli

Eure Mütter gehen zum HSV!
(Spottgesang gegnerischer Fans)

Wir kommen aus dem Norden, wir rauben und wir morden, wir waschen uns nie: Sankt Pauli! *(Fangesang)*

Thomforde für Helgoland! *(riefen 1995 die Zuschauer begeistert ihrem Torwart zu)*

Ihr wascht euch nie, scheiß St. Pauli! *(Fangesang gegnerischer Fans)*

Montags is schlecht! *(Fan-Plakat als Kritik an den Anstoßzeiten der DFL)*

FC St. Pauli on top of world. *(Plakat 1995, als man Tabellenführer in der Bundesliga war)*

Emmanuel Petit

Er ist groß, er ist schnell, sein Name ist ein Pornofilm, Emmanuel, Emmanuel. *(Fans von Arsenal)*

Polizei

Lieber einen Stehplatz im Stadion als einen Sitzplatz in Stadelheim. *(Infoblatt der Polizei vor dem EM-Finale 1988 in München)*

Ian Preedy
Ich habe meiner Freundin gesagt, dass unser nächstes Kind Dimitar heißt – auch wenn es ein Mädchen wird. *(Fan von Tottenham Hotspur, der beim Managerspiel der britischen Zeitung »The Sun« dank Dimitar Berbatovs Toren 185.000 Euro gewonnen hat)*

R

Romario
Ich würde alles dafür geben, dich bei mir zu haben. Weil das aber nicht möglich ist, bitte ich dich um einen Farbfernseher, damit du immer in meiner Nähe bist. *(Fanbrief an den brasilianischen Weltmeister)*

Hansa Rostock
Mutti, wir sind in München und dein Auto auch. *(Fans von Hansa Rostock auf einem Plakat im Olympiastadion)*

Workless Class – Hansa Rostock und Hartz-IV – Ostdeutschland, wir stehen zu dir. *(Stadionplakat)*

Sparta Rotterdam
Der Eigentümer des blauen Opel Corsa, der in der Nähe des Haupteingangs geparkt wurde, möchte bitte zu seinem Auto kommen. Sie haben das Schiebedach aufgelassen, und die Vögel könnten sich auf die Sitze erleichtern. *(Stadiondurchsage)*

Russland
Wir mahnen unsere Fans an, viel walisischen Whiskey als eine Art Desinfektion zu trinken. Das sollte der Infektionsgefahr vorbeugen. *(der Chef der russischen Fan-Vereinigung, Alexander Schprygin, vor dem Länderspiel gegen Wales, als die Schweinegrippe kursierte)*

S

Schalke 04
Keine Schale in der Hand und der Torwart weggerannt, scheißegal, wir haben Raúúúúl. *(Fangesang)*

Du sitzt auf dem Klo und hast kein Papier, dann nimm die Fahne von Schalke 04! *(Fangesang gegnerischer Fans)*

Wir hören rein in die Choreografie der Schalke-Fans. *(Gerhard Delling schaute in die Schalke-Kurve)*

SCHIEBT DEN BVB IN DIE 2. LIGA UND WIR VERZEIHEN EUCH

Totalschaden für Schalke-Fan

Mit einem Totalschaden an seinem Auto endete für einen 25 Jahre alten Gelsenkirchener am Mittwochabend der Jubel über den Siegtreffer von Schalke 04 im Duell gegen Alemannia Aachen.

Nach Polizeiangaben jubelte der Fan am Steuer seines Wagens so ausgelassen, dass er einen am Straßenrand geparkten Sattelzug übersah und nahezu ungebremst auf das Hindernis auffuhr. Er musste mit Rippenprellungen und einem Schleudertrauma ins Krankenhaus gebracht werden.

Das ist für mich wie das Tor zur Hölle. Und ich muss da täglich durch, wenn ich meinen Passat aus der Garage hole! *(Schalke-Fan Manni Buß, der nach einer verlorenen Wette sein Garagentor schwarz-gelb streichen musste)*

Hier baut Arminia Bielefeld. *(Schild eines Fans nach dem Bundesligaskandal in einer Wohngegend in Gelsenkirchen, in der die halbe Schalker Mannschaft gebaut hatte)*

Ohne Vorstand war's am besten. *(Fan-Plakat 1994)*

Im August 2004 wurden erstmals Kinder eingeschult, die noch niemals eine Niederlage gegen den BVB erleben mussten! *(T-Shirts, die zur Saisoneröffnung in Gelsenkirchen kursierten)*

Nur gucken. Nicht anfassen. *(BVB-Fans zeigen gegen Schalke die Meisterschale mit einem passenden Spruch drauf)*

Ein Leben lang, dieselbe Unterhose an. *(Fangesang gegnerischer Fans)*

Schottland
Kommunismus gegen Alkoholismus. *(schottisches Fanplakat bei der WM 1982 während des Spiels gegen die Sowjetunion)*

Helmut Schulte
Mach's gut, Helmut. Den Unschuldigsten trifft die Schuld. *(Spruchband von Schalke-Fans nach dem Rauswurf 1993)*

Scunthorpe United
Wer braucht schon Mourinho, wir haben unseren Physiotherapeuten. *(Lied der Scunthorpe-Anhänger, nachdem der Physiotherapeut Nigel Adkins Trainer wurde und auf Anhieb erfolgreich war)*

Sheffield United
Bitte verlassen Sie das Fußballfeld. (Lauter) Bitte entfernen Sie sich von dem Fußballfeld. (Lauter) Springen Sie nicht auf den Torwart, Sie Idiot! *(Durchsage im Stadion, als Fans den Play-off-Sieg über Preston auf dem Spielfeld feierten)*

Rigobert Song

Ein Song, wir haben nur einen Song. *(Lied von den Liverpool-Fans, als Rigobert Song in Liverpool gespielt hat)*

Blyth Spartans

Das sollen zehn Meter gewesen sein, Schiri? Von Ihnen würde ich mir niemals meinen Teppich vermessen lassen. *(Fan von Blyth Spartans während des FA-Cup-Spiels gegen Blackburn 2009)*

Holger Stanislawski

Der Rasen brannte, als hätte Stani Flammen geweint zum Abschied. *(Gerhard von der Gegengerade beim Abschied von Holger Stanislawski auf St. Pauli)*

VfB Stuttgart

Wundermann, geh du voran! *(Fan-Plakat 1995, als Jürgen Sundermann kurzfristig als Trainer verpflichtet wurde)*

Gottes dümmste Gabe ist der Schwabe. *(Fans des SC Freiburg bei einem Spiel gegen den VfB Stuttgart)*

Wir singen für unsere Farben, unsere Ehre, nicht mehr für euch Fußballmillionäre! *(Fanbanner)*

Sunderland AFC

Zuerst hat Margaret Thatcher ihr Bestes gegeben, um die Stadt zu zerstören. Nun versucht Ben Thatcher bösartig, unseren besten Mann zu verdrängen, um das Team zu zerstören. Was haben sie nur gegen Sunderland? *(Brief an das »Sunderland Echo«)*

Schweden

Zieht den Schweden die Schrauben aus dem Schrank! *(Fangesang beim WM-Spiel 2006 zwischen Deutschland und Schweden)*

Bastian Schweinsteiger

(Foto: imago)

T

Tattoo-Theo

Dass der Otto Paulick vorbestraft ist, macht überhaupt nichts. Das bin ich doch auch. *(Fanklub-Vorsitzender über den Präsidenten vom FC St. Pauli)*

FC Wacker Tirol

Mönchengladbach ist uns schnuppe, Wacker heißt das Salz der Suppe. Denn der Deutschen Monopol bricht Brankos Truppe aus Tirol. *(Fanplakat am Bökelberg im Jahre 1975; Trainer der Österreicher war damals Branko Elsner)*

U

Bayer Uerdingen

Ihr werdet uns nicht los. Immer wieder aufsteigbar! *(Uerdinger Fan-Plakat 1994)*

Unterhaching

Hurra, wir haben's gefunden! *(Fans von Schalke 04 mit einem Plakat im Sportpark Unterhaching)*

V

Rafael van der Vaart

Das möchte ich am liebsten auch. *(im »Sportstudio« zum Fan-Plakat: »Geh! Aber lass Sylvie hier«)*

Gustavo Varela

Mir kommen die Tränen, wenn ich lese, dass Gustavo Varela seine Knochen im Stadion gelassen hat. *(Leserbrief von Herrn Neumann, »Sport-Bild«)*

Aston Villa

Banner an einer Brücke in der Nähe vom Villa Park.

Brief an das »VIZ Magazin«

Es wird immer behauptet, dass Fußball ein Spiel mit zwei Hälften ist. Nicht für mich. Normalerweise trinke ich acht oder neun Pints, während ich ein Spiel auf Sky TV in meiner Kneipe schaue.

W

Tim Wiese

SVW – Schön Verdaddelt Wiese *(Plakat von HSV-Fans)*

Wigan Athletic

Jesus ist ein Wiganer! *(ein Fan-Banner, nachdem Jesus Seba aus Saragossa bei Wigan unterschrieben hatte)*

Klassiker

A

Volker Abramczik
Ich will keine Karotten, ich will Möhren.

Wolf-Dieter Ahlenfelder *(Schiedsrichterlegende)*
Wir sind Männer und trinken keine Brause.

Und du spielst wie ein Arsch! *(Antwort auf Paul Breitners Beleidigung: »Du pfeifst wie ein Arsch!«)*

Manfred Amerell *(Fußballfunktionär und Schiedsrichter)*
Fingerspitzengefühl? Das gibt es nur zu Hause bei der Frau!

Ich werde beim DFB den Vorschlag machen, dass wir künftig gelbe oder rote Hemden anziehen dürfen. Das würde einiges erleichtern: »Gelbe Sau!« ruft keiner.

Ingo Anderbrügge
Das Tor gehört zu 70 Prozent mir und zu 40 Prozent dem Wilmots.

Ich habe zum ersten Mal gegen eine Mannschaft mit schwarzen Trikots gespielt. Das ist ja schlimm, man denkt, da laufen lauter Schiedsrichter herum.

Gerald Asamoah
Ich bin so ein Typ, der immer am Lachen ist. Okay, es gibt Tage, wo man einfach nicht lachen kann.

Rudi Assauer
Wenn du heute als Manager jungen Leuten gegenüberstehst und eine Wampe hast, dann bist du unglaubwürdig.

Die einvernehmliche Trennung ist erfolgt, nachdem ich gesagt habe, wir machen nicht weiter. *(zur Entlassung von Frank Neubarth)*

Das Wort »mental« gab es zu meiner Zeit als Fußballspieler noch gar nicht. Nur eine Zahnpasta, die so ähnlich hieß.

Ron Atkinson *(Spieler und Trainer von Manchester United)*
Nun, beide Teams können gewinnen, oder es geht unentschieden aus.

Ich mache nie Kommentare über Schiedsrichter, und diese lebenslange Gewohnheit werde ich für diesen Arsch nicht aufgeben.

Klaus Augenthaler
Wir leben alle auf dieser Erde, aber eben auf verschiedenen Spielhälften.

Wenn ich nach dem Spiel in die Kabine komme und es braucht keiner einen Verband, dann hab ich was verkehrt gemacht. *(über mangelnden Einsatz seiner Mannschaft)*

Mich kennt keiner wirklich. Selbst meine Frau fragt mich manchmal: Bist du wirklich so?

Fußball auf der Bank ist Leidensgeschäft. Ich bin leidender Angestellter hier in Nürnberg.

Raimond Aumann

Ich lag beim Schuss in der falschen Ecke. Da liegen Sie völlig richtig.

B

Anthony Baffoe

Mann, wir Schwatten müssen doch zusammenhalten! *(nach einer gelben Karte zum Schiedsrichter)*

Du kannst auf meiner Plantage arbeiten. *(der dunkelhäutige Spieler zu einem weißen Gegenspieler)*

Michael Ballack

Wir können so was nicht trainieren, sondern nur üben.

Keiner verliert ungern.

Dass die Trainer manchmal ihrer Anspannung freien Lauf lassen, ist doch ganz normal. Die können ja keinen umhauen wie wir.

Mario Basler

Wenn der Ball am Torwart vorbeigeht, ist es meist ein Tor.

Ich lerne nicht extra Französisch für die Spieler, wo diese Sprache nicht mächtig sind.

Ich habe immer gesagt, mich interessiert nicht, wer spielt. Hauptsache, ich spiele.

Im ersten Moment war ich nicht nur glücklich, ein Tor geschossen zu haben, sondern auch, dass der Ball reinging.

Ich grüße meine Mama, meinen Papa und ganz besonders meine Eltern.

Das habe ich ihm dann auch verbal gesagt.

Franz Beckenbauer

Geht's raus und spielt Fußball. *(Teamchef Beckenbauer vor dem WM-Finale 1990)*

Abseits ist, wenn der Schiedsrichter pfeift.

In einem Jahr hab ich mal 15 Monate durchgespielt.

Die Schweden sind keine Holländer, das hat man ganz genau gesehen.

Ja gut, es gibt nur eine Möglichkeit: Sieg, Unentschieden oder Niederlage!

Wenn du die Meisterschale überreicht bekommst, dann bist du Meister.

Ja, wir sollten es nach der altbewährten bayerischen Regel halten, die da besagt: Never change a winning team.

Stefan Beckenbauer
Ich habe meinen Vater im Fernsehen weggeschaltet, weil ich ihn nicht mehr hören konnte. *(über seinen Vater Franz)*

David Beckham
Ich wünsche definitiv, dass Brooklyn getauft wird, aber ich weiß nicht, in welcher Religion.

Meine Eltern sind für mich da gewesen, seitdem ich ungefähr sieben war.

Christian Beeck *(Spieler, u. a. bei Cottbus und Düsseldorf)*
Wir haben mit der notwendigen fairen Brutalität gespielt.

Wir arbeiten jede Woche wie die Schweine, da können wir im Karneval auch mal die Sau raus lassen.

Leo Beenhakker *(niederländischer Nationaltrainer)*
Ich bin jetzt seit 34 Jahren Trainer, da habe ich gelernt, dass 2 und 2 niemals 4 ist.

Jörg Berger
Dass wir heute verloren haben, ärgert mich noch viel mehr, als dass ich morgen Geburtstag habe!

George Best
Ich habe viel von meinem Geld für Alkohol, Weiber und schnelle Autos ausgegeben. Den Rest habe ich einfach verprasst.

Ich könnte den Anonymen Alkoholikern beitreten. Das Problem dabei ist nur, ich kann nicht anonym bleiben.

»Bild«-Zeitung
Erst Kacke – dann Hacke.
(über Giovane Elber, der nach überstandener Darminfektion ein Tor mit der Ferse erzielte)

Fredi Bobic
Man darf jetzt nicht alles so schlecht reden, wie es war.

Hannes Bongartz
Wir sind so eine liebe und brave Truppe. Uns kannst du am Sonntag geschlossen in die Kirche schicken – keiner wird protestieren.

Rainer Bonhof
Fußball spielt sich zwischen den Ohren ab. Da war teilweise Brachland, das neu bepflanzt werden musste.

Sylvester Stallone und Arnold Schwarzenegger in der Abwehr, Bruce Willis im Mittelfeld und Jean Claude van Damme im Sturm. *(auf die Frage, wie er die verletzten Spieler zu ersetzen gedenke)*

Uli Borowka
Auch wenn wir heute verlieren, einer von euch kommt heute noch ins Krankenhaus.

Ich habe jetzt 'ne Titanplatte im Fuß, damit es am Schienbein des Gegenspielers besser klingelt.

Thomas Brdaric
Ich habe nie die Verzweiflung verloren oder mich aufgegeben.

Ich bin keiner, der beim ersten Tsunami gleich wegrennt.

Andreas Brehme
Uns steht ein hartes Programm ins Gesicht.

Also bei mir geht das mit dem linken Fuß genauer und mit dem rechten fester! Auf die Torwand schieße ich mit dem rechten. *(im »aktuellen sportstudio«)*

Haste Scheiße am Fuß, haste Scheiße am Fuß!

Zum Glück ist die Mannschaft nach dem Spiel besser ins Spiel gekommen.

Wenn der Mann in Schwarz pfeift, kann der Schiedsrichter auch nichts mehr machen.

Ich habe gesehen, dass die Mannschaft 90 Minuten auf dem Platz war.

Paul Breitner
Da kam dann das Elfmeterschießen. Wir hatten alle die Hosen voll, aber bei mir lief es ganz flüssig.

Schreiben ist eigentlich einfach, die Schwierigkeit besteht lediglich im Formulieren.

Ich habe nur immer meinen Finger in Wunden gelegt, die sonst unter den Tisch gekehrt worden wären.

Manfred Breuckmann
Wenn die Eckfahne Nutella-Fahne heißt, höre ich auf.

Ansgar Brinkmann
Gerade habe ich 800 Mark für Schampus ausgegeben und immer noch 2,5 Mio. auf der Bank.

Das Lächeln eines Kindes, das auf eine Mine getreten ist, sollte uns allen Dank genug sein.

Trevor Brooking *(englischer Nationalspieler)*
Wenn du ein Tor oder weniger schießt, wirst du nicht jedes Spiel gewinnen.

Guido Buchwald
Ich habe 'ne Oberschenkelzerrung im linken Fuß.

C

Tschik Čajkovski
Die Torhüter spinnen alle ein bisschen. Ich kannte mal einen, der schrieb einen Brief deshalb so langsam, weil er wusste,

dass seine Mutter nur langsam lesen konnte.

Das ist kein Unvermögen. Bei uns ist das Kunst. *(nach mehreren vergebenen Torchancen seines Spielers Dieter Müller)*

Reiner Calmund
Im Fußball ist es wie im Eiskunstlauf – wer die meisten Tore schießt, der gewinnt.

Bei diesem Schiedsrichter hätte auch unser Busfahrer eine gelbe Karte bekommen.

Ich war selbst Jugendtrainer, bevor ich den Medizinball verschluckt habe.

Campino *(Sänger der Toten Hosen)*
Die einen gehen zu den Deutschen, ich gehe lieber zum Fußball.

Slobodan Cendic
Du kannst nichts dafür, du nicht. Ich bin der Idiot, der dich aufgestellt hat. *(der Schalker Trainer zu einem Spieler)*

Rudi Cerne *(Sportjournalist, Moderator)*
Das 2:0 in der 65. Minute war dann auch der Halbzeitstand.

Bobby Charlton
Ich mag Spieler, die sich mir gegenüber als Trainer leidenschaftlich allen Zustimmungen unterwerfen.

Brian Clough
Ich habe ein junges Team. Akne ist ein größeres Problem als Verletzungen. *(bei Nottingham Forest)*

Egon Coordes
Körperlich gibt es keine Probleme – physisch müssen wir was tun.

Francisco Copado
Wir haben keine Chance, aber die Chance, die wir haben, müssen wir nutzen, damit wir eine Chance haben.

Dettmar Cramer
Der springende Punkt ist der Ball.

Es hängt alles irgendwo zusammen. Sie können sich am Hintern ein Haar ausreißen, dann tränt das Auge.

Johan Cruyff
Ein Spiel zu gewinnen ist leichter, wenn man gut spielt, als wenn man schlecht spielt.

D

Jörg Dahlmann *(Kommentator)*
Möller und Chappi befruchten sich gegenseitig.

Da geht ein großer Spieler. Ein Mann wie Steffi Graf! *(über Lothar Matthäus)*

Christoph Daum
Ob Rotationsprinzip oder Detonationsprinzip: Hauptsache, wir gewinnen.

Andere erziehen ihre Kinder zweisprachig, ich beidfüßig.

Man muss nicht immer die absolute Mehrheit hinter sich haben, manchmal reichen auch 51 Prozent.

Sebastian Deisler
Ich hoffe, dass dieses Spiel nicht mein einziges Debüt bleibt. *(nach seinem ersten Länderspiel)*

Gerhard Delling
Seit einem Jahr hat der Sportclub Freiburg daheim kein einziges Heimspiel mehr verloren.

Da geht er durch die Beine, knapp an den Beinen vorbei, durch die Arme.

Die Luft, die nie drin war, ist raus aus dem Spiel.

Hup, Holland, hup – das hat den Vorteil, dass man es auch bei Schluckauf weitersingen kann.

Bernard Dietz
Wenn ich so sehe, welchen Zirkus ein Stefan Effenberg oder Mario Basler um die eigene Person veranstalten, wird mir schwindlig. Früher hätten wir die im Training ein paar Mal richtig weggegrätscht – dann wäre Ruhe gewesen!

Wir holen unsere Leute aus dem Sauerland. Das ist unspektakulär. Aber es geht.

Thomas Doll
Ich brauche keinen Butler. Ich habe eine junge Frau!

Aris Donzelli *(ZDF-Sportkommentator)*
Da schießt die Russin mit ihrem schwachen rechten Fuß. Sie ist eigentlich Linkshänderin.

Charlie Dörfel
Dicker, wenn du noch länger meckerst, tret ich die Flanken zehn Zentimeter höher, dann kommst du gar nicht mehr ran! *(zu Uwe Seeler)*

Mark Draper *(Spieler vom FC Southampton)*
Ich würde gerne für einen italienischen Verein spielen – Barcelona zum Beispiel.

Eugen Drewermann *(Theologe)*
Kein Pferd würde auf den Körper eines Menschen treten, der am Boden liegt. Kroatische Spieler schon.

Martin Driller
Fußball ist wie eine Frikadelle – man weiß nie, was drin ist.

Sean Dundee
Ich bleibe auf jeden Fall wahrscheinlich beim KSC.

Carlos Dunga
Ihr seid nie zufrieden. Ihr würdet noch klagen, wenn ich Jesus Christus berufen würde. *(zu Journalisten)*

E

Stefan Effenberg
Hitlers Tagebuch. Das hat mich dann doch interessiert. *(bei der Vorstellung seines Buches auf die Frage, welches Werk der Weltliteratur ihn besonders geprägt habe)*

Jeder ist schon mal mit 1,07 Promille gefahren. *(nachdem er bei einer Polizeikontrolle erwischt wurde)*

Die Situation ist aussichtslos, aber nicht kritisch.

Wenn der Effenberg irgendwann Italienisch lernt, sollte er sofort nach Alaska verkauft werden. Denn wenn man ihn in Florenz erst versteht, macht er mit seinem Mundwerk auch diesen Verein kaputt. *(Albert Sing)*

»Ugo« Ehiogu *(Spieler vom FC Middlesbrough)*
Ich bin so glücklich, wie ich nur sein kann. Ich war aber schon mal glücklicher.

Yves Eigenrauch
Fußball ist, wenn man in der Halbzeit für ein Würstchen in der Schlange stehen muss.

Lothar Emmerich
Gib mich die Kirsche!

Walter Eschweiler
So spät kann man keinen Elfmeter mehr geben. *(in der 86. Spielminute zu Herbert Büssers, Spieler vom MSV Duisburg, der einen Elfmeter reklamierte)*

Wolfram Esser *(Moderator)*
Das Spiel ist zu weit, zu eng.

Buffy Ettmayer
Albert Sing *(Trainer VfB Stuttgart)*: Buffy, du spielst nicht, du bist zu dick. Ettmayer: Ich war immer so, Trainer. Sing: Es gibt Bilder von dir, da warst du dünner. Ettmayer: Die

sind wahrscheinlich mit einer Schmalfilmkamera gemacht.

Evanilson
Man muss seinen Namen am Stück aussprechen, sonst ist man beim Frauenfußball. *(Gerd Niebaum)*

F

Heribert Faßbender
Es steht 1:1. Genauso gut könnte es umgekehrt stehen.

Tagsüber, wenn die Sonne scheint, ist es hier noch wärmer! *(auf Teneriffa)*

Ein Tor muss her, soll es nach 90 Minuten nicht noch so stehen wie jetzt!

Und jetzt skandieren die Fans wieder: Türkiye, Türkiye. Was so viel heißt wie Türkei, Türkei.

Fußball ist inzwischen Nr. 1 in Frankreich. Handball übrigens auch.

Koeman. Der heißt schon so.
Dem würde ich auch nicht
über den Weg trauen!

Sie sollten das Spiel nicht zu
früh abschalten. Es kann noch
schlimmer werden.

Toulouse or not to lose, das ist
hier die Frage. Bitte verzeihen
sie mir diesen kleinen Kalauer.
(bei einem Spiel in Frankreich)

Karl-Heinz Feldkamp
Man muss ja nicht nur gucken,
wie viel einer läuft, sondern
was hinten rauskommt.

Les Ferdinand *(englischer Natio-nalspieler)*
Ich war überrascht, aber ich
sage immer, dass mich im
Fußball nichts überrascht.

Eberhard Figgemeier *(ZDF-Re-dakteur)*
Was dieses phantastische Spiel
an Werbung für den Fußball
gebracht hat, ist gar nicht wie-dergutzumachen.

Edi Finger *(österreichische Repor-terlegende)*
Obbusseln möcht i eam, den
braven Abramczik! *(als bei der
WM 1978 in Córdoba Rüdiger
Abramczik in der Nachspiel-zeit die Riesenchance zum Aus-gleich vergab)*

Thorsten Fink
Wir wollen uns nacheinan-der einen nach dem anderen
runterholen. *(über die geplante
Aufholjagd des FC Bayern)*

Herbert Finken
Mein Name ist Finken, und du
wirst gleich hinken.

Klaus Fischer
Ich war schon fünfmal Tor des
Monats!

Peter Fischer *(Präsident von
Eintracht Frankfurt)*
Du kannst nicht Badeklamot-ten oder Sonnenmilch mit
Schutzfaktor zwölf kaufen,
wenn du kein Ticket für die
Karibik hast.

Jan Åge Fjørtoft
Weil, der Trainer braucht jetzt
Spieler mit harten Eiern. *(auf
die Frage, warum er beim
nächsten Spiel aufgestellt wer-den sollte)*

Ich halte nix von Sex vor dem
Spiel, besonders weil ich mir
das Zimmer mit Salou teile.

Der Trainer hatte nach den
ganzen Ausfällen im Angriff
nur noch die Wahl zwischen
mir und dem Busfahrer. Da
der Busfahrer seine Schuhe
nicht dabei hatte, habe ich ge-spielt.

Ob Felix Magath die Titanic gerettet hätte, weiß ich nicht. Aber die Überlebenden wären topfit gewesen.

Gerry Francis
Was ich ihnen in der Halbzeit gesagt habe, kann man unmöglich im Radio drucken. *(Trainer von Tottenham)*

Frankfurter Taxifahrer
Ist das mit Übernachtung und Frühstück? *(über den Preis der Eintrittskarte für ein Fußballländerspiel)*

Maik Franz
3 mal 3 ist 6. Eigentlich wollte ich die 6 haben, aber die war schon besetzt. *(auf die Frage, was ihm die Rückennummer 33 bedeute)*

Steffen Freund
Es war ein wunderschöner Augenblick, als der Bundestrainer sagte: Komm, Stefan, zieh deine Sachen aus, jetzt geht's los.

Oliver Frick *(Sportreporter)*
In Leverkusen schielen heute alle auch mit den Ohren nach Bochum.

Jürgen Friedrich
Wir waren früher härter – bei uns gab's keine Verletzungen, sondern nur glatte Brüche.

Torsten Frings
Am besten grätschen wir die Brasilianer schon bei der Hymne weg.

Torsten Frings ist katholisch, der würde nie nach Italien wechseln. Da müsste er ja sonntags arbeiten. *(Norbert Pflippen)*

Uwe Fuchs
Im Moment nicht. Yeboah und Chapuisat sind besser drauf. *(auf die Frage, ob die Nationalmannschaft ein Thema sei)*

Friedhelm Funkel
Die Lage ist bedrohlich, aber nicht bedenklich.

Jan Furtok
Wer sich die Butter vom Brot nehmen lässt, muss Wasser saufen.

Carsten Fuß *(Sportkommentator)*
Auswärts sind die Greuther stärker als in der Fremde.

G

Paul Gascoigne
Ich mache nie Voraussagen und werde das auch niemals tun.

Edgar Geenen *(Fußballfunktionär)*

Bei uns in der Kabine gibt es nur zwei Themen: Das eine ist Geld, das andere hat lange Haare.

Ich habe es so klar gemacht, dass es auch ein Fußballer versteht. Sehen will ich sie auch nur noch, wenn wir ihre Verträge verbrennen. Sie können alle gehen, für die will ich noch nicht mal Flaschenpfand. Die sind das Pulver nicht wert, um sie abzuschießen. *(über seine Nürnberger Spieler)*

Heiner Geißler *(Politiker)*

Die Berühmtheit mancher Fußballer hängt mit der Dummheit ihrer Bewunderer zusammen.

Hermann Gerland

Auf Gefühle gebe ich gar nichts. Dreimal hatte ich das Gefühl, einen Sohn gezeugt zu haben, und wir haben drei Töchter zu Hause.

Die haben doch heute Verletzungen, die gab es bei uns damals gar nicht.

Eduard Geyer

Wenn sich jemand dehnen will, soll er nach Dänemark fahren. Bei mir wird gelaufen, da kann keiner quatschen.

Es gibt im Nachwuchsbereich Spieler mit einer Einstellung zum Leistungssport wie die Nutten von St. Pauli – die rauchen, saufen und huren.

David Ginola

Ich würde nicht sagen, dass er der beste Flügelspieler auf der linken Seite in der Premier League ist, aber es gibt keinen besseren. *(Ron Atkinson als TV-Kommentator)*

Edi Glieder *(österreichischer Fußballspieler)*

Ich bin der Beste – der Beste auf der Welt.

Brian Greenhoff *(Spieler von Manchester United)*

Das ganze Team steht hinter dem Trainer, aber ich kann nicht für den Rest des Teams sprechen.

John Gregory *(Trainer von Aston Villa)*

Schiedsrichter sollten an Elektroden angeschlossen sein. Sie sollten drei Fehler machen dürfen, und dann schickt man 50.000 Volt durch ihre Genitalien.

Ruud Gullit

Wir haben 99 Prozent des Spiels beherrscht. Die übrigen 3 Prozent waren schuld daran, dass wir verloren haben.

Rudi Gutendorf
Der Ball ist ein Sauhund.

Im Bett kann eine Frau so herrlich sein. Auf dem Fußballplatz wird sie mir aber immer schrecklich vorkommen.

Torsten Gütschow *(Spieler von Dynamo Dresden)*
Wer an den Fußball sein Herz verliert, darf sich nicht wundern, dass darauf herumgetrampelt wird.

H

Reinhard Häfner *(Trainer vom Chemnitzer FC)*
Ich muss mal eines ganz deutlich sagen: Meister wird derjenige Verein, der am Ende vorn steht. Und bei der Meinung bleibe ich!

Werner Hansch
Ein Schuss, so kraftvoll wie ein flauer Darmwind.

Dresdner Stollen als Gastgeschenk. *(zum Foul eines Dresdner Spielers)*

Deutlich ging für mich der Ellenbogen zur Hand.

Nein, liebe Zuschauer, das ist keine Zeitlupe, der läuft wirklich so langsam.

Und wieder nur 500 Zuschauer im Kölner Südstadion, rufen Sie an und ich gebe Ihnen die Namen durch.

Wer hinten so offen ist, kann nicht ganz dicht sein. *(über die Abwehr vom BVB)*

Ernst Happel
Ein Tag ohne Fußball ist ein verlorener Tag.

Ich sehe es am Hintern, ob einer das Letzte bringt.

Waldemar Hartmann
Was Sie hier auf dem Rasen sehen, kostet viele, viele, viele Millionen Geld, wenn man diese Spieler kauft.

Thomas Häßler
Herzlichen Glückwunsch an Marco Kurz. Seine Frau ist zum zweiten Mal Vater geworden.

Wir wollten in Bremen kein Gegentor kassieren. Das hat auch bis zum Gegentor ganz gut geklappt.

Fabrizio Hayer *(Spieler von Mainz 05)*
Ich weiß auch nicht, wo bei uns der Wurm hängt.

Walter Hellmich
Wir haben kein Problem, nur zu wenig Punkte und zu wenig Tore.

Sepp Herberger
Das Spiel dauert 90 Minuten.

Nach dem Spiel ist vor dem Spiel.

Der Ball ist rund.

Hans, trinken Sie nicht so viel! In acht Wochen haben wir ein schweres Spiel in Brüssel gegen Belgien. *(zu Hans Schäfer bei der Siegesfeier nach dem Gewinn der Fußball-WM 1954)*

Das nächste Spiel ist das schwerste Spiel.

Thomas Hermann *(Kommentator)*
Jetzt kommt Luis Enrique, in Spanien weltbekannt.

Josef Hickersberger *(Trainer aus Österreich)*
Ich wollte das Training wegen der vielen Pfützen auf dem Platz schon abbrechen. Aber meine Uhr ist bis auf 300 Meter wasserdicht, das war also kein Problem.

Ich lese gerade »Das Schweigen der Lämmer«, und ich wünschte mir, das sei ein Anleitungsbuch für Bundesligaspieler.

Wir haben nur unsere Stärken trainiert, deswegen war das Training heute nach 15 Minuten abgeschlossen.

Guus Hiddink
Wir kommunizieren über Transpiration. Die Spieler sehen mich schwitzen und sind bereit, das Gleiche zu tun.

Jimmy Hill *(englische Kommentator-Legende)*
England bringt jetzt drei frische Männer mit drei frischen Beinen.

Es war keine schlechte Vorstellung, aber man kann nicht sagen, ob sie gut oder schlecht war.

Klaus Hilpert
Das wundert mich nicht. Wir haben die Mannschaft ganz karibisch zusammengestellt. *(Bochums Manager auf die Frage, warum es beim VfL so gut laufe)*

Uli Hoeneß
Ich glaube nicht, dass wir das Spiel verloren hätten, wenn es 1:1 ausgegangen wäre.

Der Weihnachtsmann war noch nie der Osterhase. *(zum Wert der Herbstmeisterschaft)*

Heinz Höher
Es hat nur zweimal geregnet: einmal fünf Tage, einmal acht Tage. *(über ein Trainingslager auf Sylt)*

Bernd Hölzenbein
Früher war man als Kind bei Schlägereien auch zu Hause stärker als in Nachbars Garten. *(über Frankfurts Auswärtsschwäche)*

Ivica Horvath
Wenn's kalt wird, legt euch einfach auf den Boden. Die haben hier 'ne Rasenheizung. *(Schalkes Trainer bei einer Partie im Münchner Olympiastadion)*

Horst Hrubesch
Wir müssen das Turnier noch mal Paroli laufen lassen.

Manni Bananenflanke, ich Kopf, Tor!

Ich sage nur ein Wort: Vielen Dank!

Ernst Huberty *(Moderator)*
Smith, ein Name, den man sich merken muss.

I

Eike Immel
Im Großen und Ganzen war es ein Spiel, das, wenn es anders läuft, auch anders hätte ausgehen können.

Paul Ince *(englischer Nationalspieler)*
Tackling ist viel schöner als Sex!

J

Carsten Jancker
Rosenborg und Trondheim sind sehr starke Mannschaften. *(auf die Frage, wer die schwersten Gegner in der Champions-League-Gruppe seien)*

Kurt Jara
Früher habe ich die Kugel am Elfmeterpunkt gestoppt, den Torwart gefragt, wie alt er ist und wo er wohnt – und habe sie dann reingeschossen. Das geht nicht mehr.

Günther Jauch
Wenn der Nebel dick wie Calmund, sieht man nix im weiten Halbrund. *(zum Ausfall des Champions-League-Spiels Turin gegen Leverkusen wegen Nebels)*

Jens Jeremies
Das ist Schnee von morgen.

K

Oliver Kahn

Es ist schon verrückt, was der Fußball aus mir macht.

Das einzige Tier bei uns zu Hause bin ich.

Ich rotiere höchstens, wenn ich Opfer des Rotationsprinzips werde.

Jonas Kamper *(Fußballer, u. a. Arminia Bielefeld)*

We have to fight weiter. *(als Nicht-Abstiegs-Motto kurz darauf in ganz Bielefeld plakatiert)*

Jupp Kapellmann

Was, der Kapellmann wird Arzt? Der wird doch Doktor! *(Manfred Kaltz)*

Roy Keane

Rot wegen Stoßens – lächerlich. Wenn schon Platzverweis, dann richtig. Ich hätte ihm was verpassen sollen. Die Strafe ist doch dieselbe. *(nach einem Platzverweis)*

Kevin Keegan

Ich glaube nicht, dass irgendwer größer oder kleiner ist als Maradona.

Die Deutschen haben nur einen Spieler unter 22, und der ist 23.

Sebastian Kehl

Es ist immer ein schönes Gefühl, den Olli hinten drin zu haben.

Johannes B. Kerner

Halten Sie die Luft an, und vergessen Sie das Atmen nicht.

Ich schlage vor, Sie halten sich die Augen zu. Ich sage Ihnen jetzt nämlich die Bundesliga-Ergebnisse.

Wenn man Gelb hat und so reingeht, kann man nur wichtige Termine haben.

Fritz Klein *(ARD-Sportkommentator)*

Der Beifall gilt Hansi Müller, der sich jetzt auszieht.

Uwe Klimaschefski

Weitere Fragen kann ich nicht beantworten. Ich muss jetzt zu meinen Spielern. Die sind so blind, dass sie den Weg von der Kabine zum Bus nicht finden.

Unsere Spieler können 50-Meter-Pässe spielen: 5 Meter weit und 45 Meter hoch.

Meine Spieler sind Intellektuelle. Die haben Maos Tod letzte Woche noch nicht verkraftet.

Diego Klimowicz
Diego Klimowicz – ein Name
wie Winnetou Koslowski.
(Manfred Breuckmann)

Jürgen Klinsmann
Da sind meine Gefühle mit
mir Gassi gegangen.

Der Rizzitelli und ich sind
schon ein tolles Trio.

Jürgen Klopp
Fußball habe ich schon recht
früh verstanden, ich konnte
es nur nicht umsetzen. Über
dem Hals war ich stärker als
drunter.

Ich habe es in meiner aktiven
Karriere leider nicht geschafft,
auf dem Platz das zu bringen, was sich in meinem Gehirn abgespielt hat. Ich hatte
das Talent für die Landesliga
und den Kopf für die Bundesliga – herausgekommen ist die
zweite Liga.

Mir war es leider nie vergönnt,
vor so einer Kulisse wie im
Westfalenstadion zu spielen.
Bei mir waren es vielleicht in
der gesamten Karriere 80.000
Zuschauer.

Miroslav Klose
Es war sehr schmerzvoll, aber
ich habe kaum was gespürt.

Udo Klug *(Trainer vom FC
Homburg)*
Wir brauchen keinen Trainer,
wir brauchen einen Blinden-
hund.

Günther Koch *(Kommentator)*
Die Flanke geht ins Niemandsland, eigentlich heißt's Strafraum, aber da ist keiner. Und
der Ball, der denkt sich, wenn
keiner da ist, dann lauf ich
halt ins Aus.

Ludwig Kögl
Entweder ich gehe links vorbei,
oder ich gehe rechts vorbei.

Horst Köppel
Ich sehe in der Bundesliga
Spieler, denen springt beim
Stoppen der Ball weiter vom
Fuß, als ich ihn jemals schie-
ßen könnte.

Karl-Heinz Körbel
Den größten Fehler, den wir
jetzt machen könnten, wäre,
die Schuld beim Trainer zu suchen. *(als Trainer von Eintracht
Frankfurt)*

Erwin Kostedde
Ich möchte nie mehr arbeiten,
sondern nur noch am Tresen
stehen und saufen.

Manfred Krafft
Meine Mannschaft ist 15- oder
16-mal ins Abseits gerannt.

Das haben wir auch die ganze Woche geübt.

Hans Krankl
Wir müssen gewinnen, alles andere ist primär.

Bernd Krauss
Wir wollten unbedingt einen frühen Rückstand vermeiden. Das ist uns auch gelungen. Der VfB Stuttgart hat in den ersten zweieinhalb Minuten kein Tor geschossen.

Markus Kreuz
Zu Hause bei meiner Frau. *(nach einer Niederlage auf die Frage, wo er denn nun seinen Frust rauslasse)*

Axel Kruse
Für mich war es wichtig zu sehen, dass ich konditionell mithalten konnte. *(nach einem 13-Sekunden-Einsatz auf die Frage, ob es sich eigentlich gelohnt habe)*

Dr. Peter Kunter *(Torwart und Funktionär)*
Ich habe im Fußballgeschäft so zu lügen gelernt, dass mich sogar meine Frau für einen Drecksack hält.

Dieter Kürten
Die Stadt ist schwarz voller Menschen in Orange.

L

Bruno Labbadia
Das wird alles von den Medien hochsterilisiert.

Willi Landgraf
Jung, ich komm aus Bottrop – da wirsse getötet, wenne datt inne Muckibude machs! *(beim Step-Aerobic-Training auf die Frage, ob er so etwas vorher schon einmal gemacht habe)*

Fritz Langner
Ihr fünf spielt jetzt vier gegen drei.

Marcus Lantz *(schwedischer Fußballer, u. a. Hansa Rostock)*
Mein Nachtreten war höchstens Gelb, aber nicht Rot.

Udo Lattek
Ich bin der Hans Albers der Bundesliga. Der konnte saufen wie ich und auch arbeiten.

Thorsten Legat
Unsere Chancen stehen 70:50.

Zum Glück habe ich nur eine Struktur. *(nach einem Verdacht auf Beinbruch)*

Immer die Castroper Straße rauf. *(im »aktuellen sportstudio« auf die Frage, wie er in jungen Jahren zum Bodybuilding gekommen sei)*

Die hab ich noch nicht probiert, aber im Allgemeinen mag ich Geflügel. *(nach seinem Wechsel zum VfB Stuttgart auf die Frage, wie er denn Spätzle fände)*

Ich glaube nicht, dass der Verein mir Steine in den Vertrag legt. *(zu eventuellen Wechselproblemen)*

Jens Lehmann

Ich will jetzt nicht sagen, ich bin der tollste Torhüter. Aber ich habe bisher noch keinen kennengelernt, der von seinem Können her kompletter ist als ich.

Hans-Peter Lehnhoff

Emerson intrigiert sich immer mehr.

Robert Lembke

Eines der Probleme beim Fußball ist, dass die einzigen Leute, die wissen, wie man spielen müsste, auf der Pressetribüne sitzen.

Wolfgang Ley *(Eurosport-Kommentator)*

Foul von … na wer wohl? Von Fowler!

Letchkow, der die Deutschen bei der WM über den Jordan brachte.

Das Spiel von di Livio läuft wie geschmiert.

Reinhard »Stan« Libuda

Wenn den Mockba nicht bald einer deckt, dann haut er uns noch mehr rein! *(Borussia Dortmund lag in einem Freundschaftsspiel in Moskau zur Halbzeit mit 0:3 zurück, was in kyrillischen Buchstaben auf der Anzeigetafel zu lesen war: 1:0 Mockba, 2:0 Mockba, 3:0 Mockba. Stan Libuda machte gegenüber Horst Trimhold seinem Ärger Luft)*

Ewald Lienen

Manchmal denk ich, was da auf meinem Hals sitzt, ist nur ein riesiger Fußball.

Gary Lineker

Fußball ist ein Spiel von 22 Leuten, die rumlaufen, den Ball spielen, und einem Schiedsrichter, der eine Reihe dummer Fehler macht, und am Ende gewinnt immer Deutschland.

Willi Lippens

Ich danke Sie. *(nachdem der Schiri zu ihm gesagt hatte: »Ich verwarne Ihnen.«)*

Ich habe nie eine Torchance überhastet vergeben. Lieber habe ich sie vertändelt.

Pierre Littbarski

Wenn wir so weitermachen, können wir vielleicht auch da wieder anknüpfen, wo wir eigentlich hinwollen.

Hansa hat den Platz wie angekündigt umgegraben, obwohl der das ja eigentlich vorher schon war. *(über den Zustand des Rasens und die Spielweise von Hansa im Ostseestadion)*

Freddie Ljungberg

Wenn ich in der Nacht vor einem Spiel Sex habe, verliere ich jegliches Gefühl in meinen Füßen.

Gyula Lorant

Wenn ich ihm sein linkes Bein wegnehme, fällt er einfach um, weil kein rechtes Bein da ist.

Werner Lorant

Vieles, was darin geschrieben wurde, ist auch wahr. *(über sein Buch »Eine beinharte Story«)*

Schlimm ist dieses Gejammer. Tut hier weh, tut da weh. Aber solange sie das Handy halten können, muss ja noch genug Kraft da sein.

Jean Löring *(langjähriger Präsident von Fortuna Köln)*

Ich als Verein musste reagieren! *(zur Entlassung des Trainers Harald Schumacher in der Halbzeitpause)*

Markus Lotter

Natürlich weiß ich, was Abseits ist. Ich habe ja ein ganzes Jahr dringestanden.

Heinz Lucas *(Trainer bei Fortuna Düsseldorf)*

Ich persönlich teile ein Fußballspiel in zwei Hälften ein: Die eine ist die erste Halbzeit, die andere die zweite.

Jule Ludorf *(Oberliga-West-Legende, Spvgg Erkenschwick)*

Ich war ein konsequenter Hasser von Alkohol und Nikotin, aber ich war nicht gegen Rotwein.

Claus Lufen *(Moderator)*

Auch größenmäßig ist es der größte Nachteil, dass die Torhüter in Japan nicht die allergrößten sind.

Michael Lüken

Ich übergebe mich direkt an unseren Trainer Ramon Berndroth. *(der Pressesprecher bei der Eröffnung der Pressekonferenz von Kickers Offenbach)*

M

Felix Magath

Ich habe geraucht, gesoffen, Karten gespielt. Alles, was man als Fußballer so macht! *(über seinen früheren Lebenswandel)*

Grundsätzlich ist es mir egal, was meine Spieler essen und trinken. Hauptsache, sie nehmen mir bei McDonald's keinen Platz weg.

Wenn die Spieler im Urlaub etwas getan haben, dann können wir uns in Dubai Waldläufe ersparen.

Diego Maradona

Alle sind verrückt. Es gibt einen, der sagt, er sei Napoleon, und niemand glaubt ihm. Ein anderer sagt, er ist Gardel, und niemand glaubt ihm. Ich sage, ich bin Maradona, und sie glauben mir nicht. *(über seinen Aufenthalt in einer psychiatrischen Klinik)*

Es war die Hand Gottes. *(über sein Handtor gegen England bei der WM 1986)*

Brian Marwood *(Spieler bei Arsenal London)*

Es sind noch 45 Minuten zu spielen. Ich denke, das gilt für beide Teams.

Uli Maslo *(Trainer von St. Pauli)*

Ich habe eine gute und eine schlechte Nachricht. Die schlechte: Der Trainingsplatz stand unter Wasser. Die gute: Es ist keiner ertrunken.

Lothar Matthäus

Ein Lothar Matthäus hat es nicht nötig, von sich in der dritten Person zu sprechen. *(auf die Frage bei einer Pressekonferenz, warum er öfter von sich in der dritten Person spreche)*

Ich hab gleich gemerkt, das ist ein Druckschmerz, wenn man drauf drückt.

I look not back, I look in front.

Das Chancenplus war ausgeglichen.

Es ist wichtig, dass man neunzig Minuten mit voller Konzentration an das nächste Spiel denkt.

Schiedsrichter kommt für mich nicht in Frage, schon eher etwas, was mit Fußball zu tun hat. *(auf die Frage, was er nach seiner Karriere plane)*

Ronald Maul *(Spieler, u. a. bei Hansa Rostock und Arminia Bielefeld)*
Wir standen schon vor der Toilette und haben uns doch noch in die Hose gemacht.

Frank McLintock *(schottischer Nationalspieler)*
Wir waren in der Szene in der Unterzahl – zwei gegen zwei.

Michael Meier
Sie können mir nicht absprechen, dass ich ohne Konzept eingekauft hätte.

Erik Meijer
Wir haben drei Eier im Sack, das ist alles.

Es ist nichts scheißer als Platz zwei.

Max Merkel
Im Training habe ich mal die Alkoholiker meiner Mannschaft gegen die Anti-Alkoholiker spielen lassen. Die Alkoholiker gewannen 7:1. Da wars mir wurscht. Da hab i g'sagt: Saufts weiter.

Spanien wäre ein schönes Land, wenn nicht so viele Spanier dort leben würden.

Deutsche Funktionäre wissen nicht einmal, dass im Ball Luft ist. Die glauben doch, der springt, weil ein Frosch drin ist.

Per Mertesacker
Die Bayern waren nicht eine Klasse besser als wir. In den entscheidenden Situationen waren wir eine Klasse schlechter als die Bayern.

Hans Meyer
Wir mussten das Training abbrechen, weil einige Spieler vor Freude in Tränen ausgebrochen sind. *(nach einer Vertragsverlängerung)*

Wenn ich eine ganze Flasche Rotkäppchen getrunken habe, wurde meine Frau danach regelmäßig schwanger.

In schöner Regelmäßigkeit ist Fußball doch immer das Gleiche.

Bemerkenswert finde ich die Tatsache, dass 3.000 unserer Fans in St. Pauli waren, und davon waren höchstens 2.000 wegen der Reeperbahn da.

Ernst Middendorp
Knien Sie nieder, Sie Bratwurst. *(zu einem Lokalreporter)*

Frank Mill
Der ist mit allen Abwassern gewaschen. *(Norbert Dickel)*

Wilfried Mohren *(Sportreporter)*
Wie auch immer es ausgehen mag, es war ein schwer erkämpfter Sieg für die Bayern.

Andreas Möller
Mailand oder Madrid – Hauptsache, Italien!

Mein Problem ist, dass ich immer sehr selbstkritisch bin, auch mir selbst gegenüber.

Ich hatte vom Feeling her ein gutes Gefühl.

Ich habe mit Erich Ribbeck telefoniert, und er hat zu mir gesagt, ich stehe für die Maltareise nicht zur Verfügung.

Richard Möller-Nielsen *(Nationaltrainer Finnlands)*
Vielleicht spielen wir 4711. *(zu seiner Taktik)*

Brian Moore *(englischer Fußballkommentator)*
Rosenborg hat 66 Spiele gewonnen, und sie haben in jedem getroffen!

Newcastle, na klar, ungeschlagen bei seinen letzten fünf Siegen.

John Motson *(BBC-Kommentator)*
Für die Zuschauer, die das Spiel auf einem Schwarz-Weiß-Fernseher verfolgen: Die Spurs spielen in den gelben Trikots.

N

Silvia Neid
Ich bin kein Matthäus. Dazu fehlen mir an meinem Körper die entscheidenden fünf Gramm.

Günter Netzer
Der Schütze sollte nie selber schießen.

Peter Neururer
Wenn wir ein Quiz machen würden unter den Trainern in Deutschland, wer am meisten Ahnung hat von Trainingslehre, Psychologie, und der Trainer mit den besten Ergebnissen kriegt den besten Klub – dann wäre ich bald bei Real Madrid.

Ich werfe elf Trikots hoch. Wer eins fängt, darf spielen.

Ich kriege keine Probleme mit den Spielern. Ich bin ja selber ein Problemfall.

Auswärtsspiele sind keine Butterfahrt.

Wenn das Telefon klingelte, hechtete ich zum Hörer wie Toni Schumacher, nur ohne Handschuhe. Meistens waren aber nur Bekannte dran oder meine Mutter. *(zu seiner Verfassung, als er bei Schalke gefeuert wurde)*

Besonders sexy bin ich ja bestimmt nicht, aber seit ich als Trainer arbeite, beherrsche ich zumindest die Verbalerotik.

Warm gemacht hab ich mich wie Maradona, aber gespielt hab ich wie Katsche Schwarzenbeck. *(auf die Frage, was er für ein Fußballertyp gewesen sei)*

Dieter Nuhr
Bei der Fußball-WM habe ich mir Österreich gegen Kamerun angeschaut. Auf der einen Exoten, fremde Kultur, wilde Riten – und auf der anderen Seite: Kamerun.

O

Holger Obermann *(Kommentator)*
Zwei Minuten gespielt, noch immer hohes Tempo.

Und wieder ein Konter – wieder Cha Bum – was macht er? – wieder drüber! *(kommentiert eine Wiederholung, ohne es zu merken)*

Morten Olsen
Wir hätten den Afrikanern niemals das Fußballspielen beibringen dürfen. Sie haben eine genetische Veranlagung zu hartem Spiel.

Wolfgang Overath
Ich kann mir nichts Schlimmeres vorstellen als schreiende Fußballerbräute auf der Tribüne.

Arkoc Özcan *(Spieler vom HSV)*
Volkert hatte eine Leistungszerrung.

P

Peter Pacult
Ja, der FC Tirol hat eine Obduktion auf mich.

Frank Pagelsdorf
Es ist uns gelungen, unsere Torgefährlichkeit im Vergleich zum letzten Jahr auszumerzen.

Es hat sich gezeigt, dass Unterhaching gerade zu Hause so heimstark ist.

Bert Papon *(Trainer von Dumfernline/Schottland)*
Irgendwelche Fragen, bevor ich gehe und mich aufhänge? *(auf einer Pressekonferenz nach einer 0:7-Niederlage)*

Martin Pieckenhagen
Wir müssen jetzt endlich den Arsch hochkriegen und Eier zeigen.

Michel Platini
Wenn die Deutschen gut spielen, dann werden sie Weltmeister, wenn sie schlecht spielen, dann kommen sie ins Finale.

Lukas Podolski
Wir müssen die Köpfe hochkrempeln und die Ärmel natürlich auch.

Toni Polster
Ich bin Optimist. Sogar meine Blutgruppe ist positiv.

Man hetzt die Leute auf mit Tatsachen, die nicht der Wahrheit entsprechen.

Wolf-Dieter Poschmann
Von Jürgen Kohler, den sie alle nur Kokser nennen, zurück zum heutigen Gegner Kolumbien – eine gelungene Überleitung, wie ich finde.

Roy Präger
Nach der Pause haben wir den Rhythmus verloren, den wir vorher nicht gefunden hatten.

Birgit Prinz
Niemand wird sagen, dass Zinédine Zidane der männliche Birgit Prinz sei.

Michael Preetz
Da war dann jeder Treffer ein Tor.

R

Uwe Rahn
Seitdem Uwe Rahn aus Gladbach weg ist, spielt er wie ein arbeitsloser Lehrer. Er hat keine Klasse mehr. *(Norbert Pflippen)*

Ralf Rangnick

Uns haben teilweise Zentimeter gefehlt, teilweise aber auch die Präzision.

Ich habe einmal drei Spieler auf einen Schlag ausgewechselt. Das wurde mir anschließend als Völkerwanderung ausgelegt. *(auf die Frage, warum er zur Halbzeit nur zwei Spieler ausgewechselt habe)*

Johannes Rau

Wie soll das denn dann heißen? Ernst-Kuzorra-seine-Frau-ihr-Stadion? *(über den Vorschlag, Stadien häufiger nach Frauen zu benennen)*

Friedel Rausch

Wenn ich den Martin Schneider weiter aufstelle, glauben die Leute am Ende wirklich noch, ich sei schwul.

Hans-Joachim Rauschenbach *(Sportreporter)*

Jetzt also Warschauer Würstchen gegen Couscous. *(Ankündigung des WM-Spiels Polen – Marokko)*

Oliver Reck

Druck verspüre ich nur, wenn ich morgens auf die Toilette gehe.

Zu meiner Frau habe ich ein Vater-Sohn-Verhältnis.

Otto Rehhagel

Mal verliert man, und mal gewinnen die anderen.

Die Wahrheit liegt auf dem Platz.

Frauen sind das beste Trainingslager.

Wer Erster ist, hat immer Recht. Ich habe also Recht. Und wenn ich Fünfter bin, können Sie wieder mit mir reden.

Alles, was Sie im Kopf haben, weiß ich, bevor Sie es ausgesprochen haben. *(auf einer EM-Pressekonferenz zu Journalisten)*

Jeder kann sagen, was ich will.

Die sollen sich nicht so anstellen, bei mir zählen nur glatte Brüche als Verletzungen.

Marko Rehmer *(Spieler, u. a. Hertha und Eintracht Frankfurt)*

Wir sind hierher gefahren und haben gesagt: »Okay, wenn wir verlieren, fahren wir wieder nach Hause.«

Marcel Reif

Sollten Sie dieses Spiel bislang atemberaubend finden, dann haben Sie es an den Bronchien.

Je länger das Spiel dauert, desto weniger Zeit bleibt.

Ich darf als Reporter ja nicht parteiisch sein ... ich will auch nicht parteiisch sein – aber ... lauft, meine kleinen schwarzen Freunde, lauft! *(beim WM-Spiel 1990 Kamerun – Argentinien beim Stand von 1:0)*

Claus Reitmaier

Wir waren in der ersten Halbzeit über 90 Minuten die überlegene Mannschaft.

Béla Réthy

Der eingewechselte Spieler Folha heißt auf Deutsch Blatt, das es ja jetzt auch zu wenden gilt.

Ziege ist da umgeknickt ... scheint sich um eine Schulterverletzung zu handeln.

Stefan Reuter

Zur Schiedsrichterleistung will ich gar nichts sagen, aber das war eine Frechheit, was da gepfiffen wurde!

Zwei Blinde sehen auch nicht blinder als einer. *(zum Vorschlag, zwei Schiedsrichter einzusetzen)*

Erich Ribbeck

Die Hitze kann für die deutschen Spieler sogar ein Vorteil sein. An einem Urlaubsort sieht man in der Mittagshitze auch immer nur Deutsche draußen, also kommen wir mit der Temperatur sogar besser zurecht.

Bei uns wird auf dem Platz zu wenig gesprochen. Das könnte an der Kommunikation liegen.

Grundsätzlich werde ich versuchen zu erkennen, ob die subjektiv geäußerten Meinungen subjektiv oder objektiv sind. Wenn sie subjektiv sind, werde ich an meinen objektiven festhalten. Wenn sie objektiv sind, werde ich überlegen und vielleicht die objektiven subjektiv geäußerten Meinungen der Spieler mit in meine objektiven einfließen lassen.

Konzepte sind Kokolores.

Lars Ricken

Schwankungen? Wir haben in dieser Saison konstant gespielt – mit drei, vier Ausbrechern.

Aleksandar Ristić

Wenn man ein 0:2 kassiert, dann ist ein 1:1 nicht mehr möglich.

Ich habe zu meiner Mannschaft gesagt: Stürmen. Sie haben wohl türmen verstanden.

Bobby Robson *(Kapitän von Manchester United)*
Die ersten 90 Minuten sind die schwersten.

Wenn wir jede Woche so spielen würden, würden wir nicht so unbeständig sein.

Ronaldo
Ein WM-Sieg ist besser als Sex. Eine Weltmeisterschaft ist nur alle vier Jahre, Sex nicht.

Wayne Rooney
Wenn ich mir den Rooney so ansehe, würde ich mir an Paul Gascoignes Stelle mal ganz genau meine Frauenbekanntschaften vor 19 Jahren anschauen. *(Hans Meyer)*

Michael A. Roth *(Präsident des 1. FC Nürnberg)*
Ich muss wohl nachts mit 100 Stundenkilometern durch Nürnbergs Altstadt fahren, um überhaupt mal zu Punkten zu kommen. *(nach einer Niederlagenserie)*

Nach dieser Vorstellung muss ich sagen, ich habe eine Pistole samt Waffenschein und würde einigen am liebsten das Hirn durchpusten!

Volker Roth
Die begnadeten Schauspieler überwiegen längst die begnadeten Fußballer.

Joe Royle *(englischer Trainer)*
Ich beschuldige keinen Einzelnen. Ich gebe mir die Schuld.

Gerd Rubenbauer
Diese »Rudi! Rudi!«-Rufe hat es früher nur für Uwe Seeler gegeben.

Jetzt wechselt Jamaika den Torhüter aus! *(der FIFA-Beauftragte zeigt eine Minute Nachspielzeit an)*

Die Achillesferse von Bobic ist die rechte Schulter.

Die Mannschaft hat ihren Libero aufgelöst – jetzt hat sie einen Mann mehr auf dem Platz.

Karl-Heinz Rummenigge
Wenn die deutsche Mannschaft schnell kontert, dann hat sie sicherlich Konterchancen.

Eine gefährliche Parabole aufs Tor.

Zwölf meiner zehn Tore habe ich im Vorjahr aus der Linksaußenposition geschossen.

Rolf Rüssmann
Wenn wir hier nicht gewinnen, dann treten wir ihnen wenigstens den Rasen kaputt.

Früher gab es kein Ozon, eher mal einen Tritt in den Arsch. *(zum Thema Hitzefrei beim VfB Stuttgart)*

S

Toni Sailer
Ganz rein? *(zu Wolfgang Wolf, der ihn einwechseln wollte)*

Matthias Sammer
Ich brauche Spieler, die auf dem Platz die Rute rausholen.

Petrik Sander
Ich bin doch kein Schlagersänger. *(er wollte bei einer Pressekonferenz das Mikrofon nicht in die Hand nehmen)*

Jean-Paul Sartre
Bei einem Fußballspiel verkompliziert sich allerdings alles durch die Anwesenheit der gegnerischen Mannschaft.

Winfried Schäfer
Ein guter Eckball ist wie eine Traumfrau: starke Kurve und unheimlich scharf.

Rolf Schafstall
Dreck, wo du hinguckst. Denen hab ich erstmal den Marsch geblasen: Besen in die Hand nehmen, auskehren, Hygiene herbeibringen. Dem Zeugwart muss man in den Arsch treten, dass er seinen Job macht und nicht in den Tag reinquasselt und von alten Zeiten erzählt. Das sind lauter Spinner hier. Da stehen die Galoschen im Regal, voller Mist. Da hab ich gesagt: »Jetzt kauft euch zwei Behälter mit Wasser drin und zehn Wurzelbürsten und macht die Schuhe draußen sauber, ja?« Die sehen keinen Dreck hier. Das haben die früher nicht sehen müssen. Die sind nicht zur Arbeit, nicht zur Ordnung, zu nichts erzogen worden hier. Das stinkt zum Himmel … Vor Wochen komm ich vor dem Training in die Umkleide, da sitzen die da und knobeln. Ich sag: »Morgen«, die sagen: »Morgen.« Da steht keiner auf, da hört keiner zu – kein Anstand. Lauter Ossis. Soll ich dafür Sorge tragen, dass die im richtigen Moment nicht den Tritt in den Arsch bekommen haben? Ich weiß: Das ist befristet. Und dann mache ich den Abflug hier. *(bei Dynamo Dresden; kurze Zeit später wurde er entlassen)*

Toto Schillaci *(italienischer Nationalspieler)*
Früher war ich nach schlechten Spielen eine Woche lang schlecht drauf. Das ist heute nicht mehr so, weil ich nur noch schlechte Spiele habe.

Harald Schmidt
Golden Goal ist scheiße. Man weiß nie, ob man sich noch ein Bier holen soll.

Mehmet Scholl
Die schönsten Tore sind diejenigen, bei denen der Ball schön flach oben reingeht.

Ich hatte noch nie Streit mit meiner Frau. Bis auf das eine Mal, als sie mit aufs Hochzeitsfoto wollte.

Spielerfrau. *(auf die Frage nach seinem Lieblingsberuf)*

Vor Krieg und Oliver Kahn. *(auf die Frage, vor was er Angst habe)*

Lieber ewiges Talent als gar kein Talent.

Ich fliege irgendwo in den Süden – vielleicht nach Kanada oder so.

Es ist mir völlig egal, was es wird. Hauptsache, er ist gesund. *(als werdender Vater)*

Meine Unbekümmertheit wandelte sich in kontrollierte Spontaneität.

Helmut Schön
Da gehe ich mit Ihnen ganz chloroform.

Toni Schumacher
Dann zahl ich ihm seine Jacketkronen. *(in Bezug auf das Foul an Battiston)*

Das hätte in der Türkei passieren dürfen, aber nicht in der zivilisierten Welt. *(zum Flutlichtausfall während seines Abschiedsspiels in Köln)*

Bernd Schuster
Keiner muss so super spielen wie ich früher.

Zoltan Sebescen
Uns kann eigentlich keiner mehr schlagen. Außer wir uns selbst. Daran arbeiten wir.

Robert Seeger *(ORF-Kommentator)*
Die Bulgaren wärmen bereits einen Spieler auf.

Uwe Seeler
Also, ein normales Foul ist für mich nicht unfair.

Die Werte hab ich von meinen Eltern mitbekommen. Besonders von meinem Vater und meiner Mutter.

Bill Shankly *(legendärer Trainer vom FC Liverpool)*
Manche Leute halten Fußball für eine Sache von Leben und Tod. Ich bin von dieser Einstellung sehr enttäuscht. Ich kann Ihnen versichern, es ist sehr viel wichtiger als das!

Steffen Simon
Für die Schalker hat sich die Fahrt gelohnt. Auswärtssieg und sie haben mal eine richtig schöne Stadt zu sehen gekriegt. *(nach einem UEFA-Cup-Spiel bei Heart of Midlothian)*

Lothar Sippel
Ich wurde geboren, um Tore zu schießen.

Michael Skibbe
Ich bin immer offen für Kritik, nur sie muss konstruktivistisch sein.

Bernd Sobeck
Buchstabier mal Acapulco! *(der Berliner zu Gegenspielern, die er verwirren wollte)*

Martin Spanring *(Spieler vom SC Freiburg)*
Ohne meinen Kopf würde ich in der Verbandsliga spielen.

Jürgen Sparwasser
Wenn man auf meinen Grabstein eines Tages nur »Hamburg '74« schreibt, weiß jeder, wer da drunter liegt.

Harald Spörl *(Spieler vom Hamburger SV)*
Das war ein typisches 0:0-Spiel. *(nach einer 1:2-Niederlage)*

Uli Stein
Ich gebe nicht gern Exklusiv-Interviews. Ich habe da immer das Gefühl, ich störe.

Dragoslav Stepanović
Lebbe geht weida.

Huub Stevens
Ich werde bei den Trainings-spielen nicht selber mitma-chen. Schließlich will ich nicht noch mehr Verletzte haben.

Rod Stewart
Meine Mutter jammert immer, dass Fußball mehr Unglück und Tränen über die Stewarts gebracht habe als alle Welt-kriege und Naturkatastrophen.

Jeff Strasser (Spieler bei Borussia Mönchengladbach)
Wer die Tore schießt, gewinnt. Das ist brutal und kriminell.

Alexander Strehmel (Spieler vom VfB Stuttgart)
Gerade in einem Spiel, in dem die Nerven blank liegen, muss man sein wahres Gesicht zei-gen und die Hosen runterlas-sen.

Thomas Strunz
Es ist ein Sehnenabriss am Schambeinknochen. Hört sich lustig an – ist aber trotzdem beim Fußball passiert.

Jürgen Sundermann
Vorne fallen die Tore.

Horst Szymaniak
Ein Drittel mehr Geld? Nee, ich will mindestens ein Viertel.

T

Michael Tarnat
Ich will an meinem rechten Fuß feilen.

Klaus Täuber
Heute knall ich mir die Birne voll, bis mir das Bier zu den Ohren rausläuft!

Jupp Tenhagen
Tenhagen ist der erste Mensch, der die Ecken schießen und auch noch selbst reinköpfen muss. (Trainer Heinz Höher über den Bochumer)

Fatih Terim
Wir haben vermutet, dass der Rasen rutschig wird, wenn es regnet.

Olaf Thon
Wir spielen hinten Mann gegen Mann, und ich spiel gegen den Mann.

Ich habe ihn nur ganz leicht retuschiert.

Wir lassen uns nicht nervös machen, und das geben wir auch nicht zu.

Michael Tönnies *(Spieler vom MSV Duisburg)*
Pommes und Pils, so konnte ich prima leben. Aber man wird reifer, lassen wir also die Pommes.

Rolf Töpperwien
Wir sollten alle den Calli mal umarmen ... oder es zumindest versuchen.

Sabine Töpperwien *(Sportjournalistin)*
Die Stuttgarter massieren sich in der eigenen Hälfte.

Klaus Toppmöller
Erfolg tut nur der haben, der hart arbeiten tut.

Ich kann nicht viel falsch machen. Ich hole den Würfelbecher raus und ermittele so die Spieler, die ich in der Abwehr aufbiete. *(Klaus Toppmöller angesichts von Verletzungsproblemen in Leverkusen)*

John Toshack
Am Montag nehme ich mir vor, zur nächsten Partie zehn Spieler auszuwechseln. Am Dienstag sind es sieben oder acht, am Donnerstag noch vier Spieler. Wenn es dann Samstag wird, stelle ich fest, dass ich doch wieder dieselben elf Scheißkerle einsetzen muss wie in der Vorwoche. *(als Trainer von Real Madrid)*

Francesco Totti
Was soll der Scheiß, ich kann kein Englisch. *(über das Motto »Carpe diem«)*

Giovanni Trapattoni
Schwach wie eine Flasche leer!

Ich habe fertig!

V

Carlos Valderrama
Das da vorn, was aussieht wie eine Klobürste, ist Valderrama. *(Béla Réthy)*

Arie van Lent
Ich habe keine Spielerfrau, ich habe eine richtige Frau. *(auf die Frage nach der perfekten Spielerfrau)*

»Terry« Venables *(englischer Nationaltrainer)*
Entweder du gewinnst oder du verlierst. Dazwischen gibt es nichts.

Barry Venison *(englischer Nationalspieler von Liverpool)*
Ich pflegte immer zuerst meinen rechten Stiefel anzuziehen und dann erst meine rechte Socke.

Berti Vogts
Wenn ich übers Wasser laufe, dann sagen meine Kritiker: »Und schwimmen kann er auch nicht.«

Ich glaube, dass der Tabellenerste jederzeit den Spitzenreiter schlagen kann.

Wenn jeder Spieler zehn Prozent von seinem Ego an das Team abgibt, haben wir einen Spieler mehr auf dem Feld.

Hass gehört nicht ins Stadion. Die Leute sollen ihre Emotionen zu Hause in den Wohnzimmern mit ihren Frauen ausleben.

Die Kroaten sollen ja auf alles treten, was sich bewegt – da hat unser Mittelfeld ja nichts zu befürchten.

Rudi Völler
Zu 50 Prozent stehen wir im Viertelfinale, aber die halbe Miete ist das noch nicht!

Als Stürmer darf man keine Nerven zeigen. Aber keine Nerven zu haben, das kostet ganz schön Nerven.

Was meine Frisur betrifft, da bin ich Realist.

In der Nacht vor dem Spiel träume ich bestimmt nicht von Claudia Schiffer oder Linda Evangelista. Da sehe ich eher Jens Nowotny oder Marko Rehmer vor mir.

Fritz von Thurn und Taxis
Frankreich, der erste Anwärter auf die Titelverteidigung. *(beim Eröffnungsspiel der WM 2002)*

W

Dr. Franz-Xaver Wack *(Schiedsrichter)*
Es wäre viel schlimmer gewesen, wenn ich meinen Patienten den falschen Zahn gezogen hätte. *(nach einer Fehlentscheidung)*

Martin Wagner *(Spieler vom 1. FC Kaiserslautern)*
Wir werden die Spitze mit Messer und Gabel verteidigen.

Fritz Walter jun.
Die Sanitäter haben mir sofort eine Invasion gelegt.

Der Jürgen Klinsmann und ich, wir sind ein gutes Trio. Ich meine: ein Quartett.

Thomas Wark
Auch vor der Verlängerung kein Wechsel, vor allem bei Schalke nicht.

Jürgen Wegmann
Zuerst hatten wir kein Glück, und dann kam auch noch Pech dazu.

Ich habe immer gesagt, dass ich niemals nach Österreich wechseln würde. *(auf die Frage, ob er zum FC Basel wechselt)*

Hennes Weisweiler
Abseits ist, wenn dat lange Arschloch zu spät abspielt. *(über Günter Netzer)*

Elton Welsby *(englischer TV-Kommentator)*
Es folgen die Tore vom Spiel an der Carrow Road, das 0:0 endete.

Robert Wieschemann *(Aufsichtsratsvorsitzender des 1. FC Kaiserslautern)*
Wir haben ein Defizit an Durchblick – alle! *(im DSF-Doppelpass)*

Karl-Heinz Wildmoser
In der Kabine ist es eng. Da kann passieren, dass ich einen Spieler anstecke. Das wäre schlecht. Bei Journalisten ist es nicht so schlimm. Wenn ich da einen anstecke, kommt der nächste.

Karl-Heinz Wildmoser sen.
Aber es schadet ihm ja nichts, wenn er noch ein paar Tage drin bleibt! *(über seinen inhaftierten Sohn Karl-Heinz)*

Howard Wilkinson
Ich bin überzeugt davon, dass, wenn die andere Mannschaft zuerst ein Tor macht, musst du zwei machen, um zu gewinnen.

Roland Wohlfarth

Zwei Chancen, ein Tor – das nenne ich hundertprozentige Chancenauswertung.

Wolfgang Wolf

Gegen Schiedsrichter, Journalisten und deine Frau hast du eh keine Chance. Da verlierst du immer.

Jörg Wontorra

Telefonieren Sie mit uns oder rufen Sie uns an!

Dariusz Wosz

Alles hat gestimmt: Das Wetter war gut, die Stimmung war gut, der Platz war gut – nur wir waren schlecht.

Ian Wright

Mir fehlen noch genau fünf Treffer bis zum Rekord – aber das zähle ich nicht. *(über den Torrekord von Arsenal)*

Roland Wulff *(Präsident des Hamburger SV)*

Greifen Sie zu. Seitdem die Bilanz gut ist, ist weniger Brot in den Frikadellen.

Eric Wynalda

Du bist also der Indianerhäuptling hier? Wo ist deine Feder? *(zum saarländischen SPD-Ministerpräsidenten Reinhard Klimmt)*

Y

Anthony Yeboah

Soll ich etwa ein Lagerfeuer im Wohnzimmer machen? *(auf die Feststellung, er wohne »wie ein deutscher Musterbürger«)*

Z

Ned Zelic *(australischer Nationalspieler)*

Ich stehe lieber auf dem Platz. Es ist anstrengend genug, den ganzen Tag mit der Familie zu verbringen. *(nach vier trainingsfreien Tagen)*

Walter Zenga

Vor allem bin ich glücklich darüber, dass ich so einen kurzen Namen habe. Wegen der vielen Autogrammwünsche!

Christian Ziege

Ja hallo, hier spricht Carl Lewis. *(damals Hertha Zehlendorf, als Uli Hoeneß anrief)*

Ich bin der linke, mittlere, defensive Offensivspieler.

Werner Zimmer

Ich habe dieses Spiel mit einem Auge gesehen. Mit dem anderen war ich in Berlin.

Funktionäre

A

Roman Abramowitsch

Wenn er mir beim Training helfen würde, wären wir Tabellenletzter. Wenn ich in seinem Unternehmen arbeiten würde, wären wir bankrott! *(Chelsea-Trainer José Mourinho beschreibt sein Arbeitsverhältnis zum Vereinsbesitzer)*

Klaus Allofs

Nach so einem Tag bin ich froh, wenn ich ohne Verletzung in den Bus einsteige. *(nach einer deutlichen Niederlage)*

Für Eto'o ist im September schon Weihnachten. Der musste in keinen Zweikampf gehen, weil wir einfach nicht nah genug am Mann standen.

Vielleicht sollten wir es mal mit Stromstößen versuchen, aber das ist ja nicht erlaubt. *(nach einem schlechten Spiel über neue Maßnahmen fürs Team)*

Hoffentlich sagt es keiner der Gewerkschaft. *(wegen zweier Spiele in 39 Stunden)*

Frank Arnesen

Wir haben verdient gewonnen. Nein, das war ein Witz. Wir hatten Glück. *(nach seinem ersten und einzigen Spiel als HSV-Coach)*

Rudi Assauer

Nee, nicht zu den Bekloppten. Die haben doch die Nase so hoch. Die turnen da bloß, aber spielen kein Fußball. *(wollte partout nicht aufs Gymnasium)*

Man kann die ganzen DFB-Trainer durchgehen und wird sehen, dass sich alle in den letzten Jahren im Golfen verbessert haben.

Denen ist scheißegal, was das kostet. Die sagen sich: Und wenn meine Alte nix zu fressen kriegt – ich fahr mit! *(über die Schalker Fans)*

Sollen sie doch ein Bayern-Studio aufmachen und fetten Gänsen den Arsch schmieren. *(über eine ARD-Entscheidung, Bayern statt Schalke zu zeigen)*

Als ich noch in Bremen war, hörte ich, dass unser Masseur schwul ist. Ich bin zu ihm gegangen und habe ihm gesagt: »Junge, tu dir einen Gefallen – such dir einen neuen Job.«

Wir stellen hier auf dem Vereinsgelände noch ein paar Dixi-Klos auf, die können wir ja dann nach Politikern benennen. *(Assauer ärgert sich über die Kommunalpolitik in Gelsenkirchen)*

Damen einzuwechseln und den Gegner zu erschrecken. *(der Schalke-Manager auf die Frage einer Journalistin nach dem möglichen Erfolgsrezept in der Champions League gegen Istanbul)*

Der Eigenrauch kam am Montag zufällig vorbei, da haben wir für drei Jahre verlängert.

Gelb geht nicht. Gelb ist Dortmund. Gelb geht echt nicht.

Hasse kein Pulver, brauchste nich auf Schalke. *(zu Kindern, die Freikarten wollten)*

Die habe ich in der Küche in der Tupperdose untergebracht. *(über seine BVB-Aktien)*

Wir haben so viele Konfessionen im Klub, wir bräuchten mehrere Kapellen. *(über die Andacht in der Arena Auf Schalke)*

Die Null muss stehen. *(sein Motto, zusammen mit Trainer Stevens entwickelt)*

Die hat wirklich Klasse, ihre Eltern kenne ich auch, bester Stall. *(über seine Begleitung Lisa Loch)*

Ich habe beschlossen, dass ich immer im Ruhrgebiet bleibe,

also werde ich auch immer auf Schalke gehen. Vorausgesetzt, dass ich noch laufen kann. Und wenn nicht, kann mich ja auch eine Dame in die Arena schieben.

Meine Teilzeit-Gefährtin, Frau Schneider, hat ja absolutes Sprechverbot in Sachen Fußball.

Wenn Ottmar Hitzfeld behauptet, dass ich kein Rückgrat hätte, dann können wir doch mal gemeinsam zum Orthopäden gehen.

Beim Mannschaftsabend darf Bier getrunken werden, aber 80 Prozent der Jungs bestellen Wasser. Was hätten wir uns früher einen gezogen.

Wenn du da ein Bierchen halb ausgetrunken hast, ist der Pappbecher bei Regen im Nu wieder voll. *(über das alte Parkstadion)*

Ich würde nur für Pils und Zigarren werben. Alles andere wäre unglaubwürdig.

Seit Franz Josef Strauß nicht mehr regiert, ist es hier nicht mehr so nett. *(über das Rauchverbot in Bayern.)*

Ein Gastwirt aus Bremen hatte in seinem Lokal eine Tafel angebracht, auf der geschrieben stand: »Hier speiste Rudi Assauer.« So lange, bis ein Gast darunter schrieb: »Deshalb ist er auch nach Schalke gegangen.« *(aus der »Werder-Revue«, Stadionzeitschrift von Werder Bremen)*

Sir Assauer sprach oft durch die Nase, um seine perlweißen Jacket-Kronen zu schonen. *(Max Merkel)*

Wenn man da so ein bisschen auf den Zungenschlag hört, die »Bild« würde da sehr doppeldeutig titeln: »Assauer voll dabei«. Das ist vielleicht auch noch ein ganz kleines Problem, das man besprechen sollte. Inwieweit sollte ein Manager aufpassen, dass sein Grundnahrungsmittel nicht den ganzen Tag über flüssig ist? *(Jörg Wontorra im DSF-»Doppelpass«)*

Jean-Michel Aulas *(Präsident von Olympique Lyon)*
Wenn im Tausch für Ben Arfa Cristiano Ronaldo zu uns kommt, können wir drüber reden. Aber dann müssen sie auch noch Geld draufpacken. *(über das Interesse von Manchester United an seinen Spielern Hatem Ben Arfa und Karim Benzema)*

Siegfried Axtmann *(Präsident vom VfB Leipzig)*
Die werden vor Schreck gut spielen, wenn sie ihr Gehalt für die zweite Liga hören.

B

Franz Beckenbauer
Franz hatte schwere Entscheidungen zu treffen: Erst die Biermarke, dann den Trainer wechseln! *(als Beckenbauer in der Saison 1995/96 kurzfristig vom Präsidenten zum Trainer des FC Bayern wurde)*

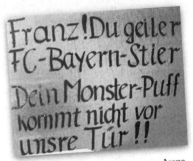

Keine Freunde der neuen Arena.

Dietmar Beiersdorfer
Ich habe keine Lust, immer der einzige Idiot zu sein, der einen Fehler zugibt. Deswegen mache ich es heute auch nicht.

In der 90. Minute im letzten Bundesligaspiel gibt es kein Abseits. *(zum 3:2-Sieg des HSV in Frankfurt am 34. Spieltag der Saison 2008/09)*

Wir haben weder mit Lothar Matthäus noch mit Heidi Kabel gesprochen. *(der HSV-Sportdirektor zu Trainergerüchten)*

Silvio Berlusconi

Meine Mutter war Sekretärin bei Massimo Morattis Vater Angelo. Nach all meinen Trophäen sagte ich deshalb aus sentimentalen Gründen: Wir lehnen uns zurück und lassen Inter mal ein bisschen machen. Aber jetzt reicht es, nun sind wir wieder dran.

Santiago Bernabéu

Wir haben ihn gekauft und haben bezahlt. Den Preis haben wir gleich wieder vergessen. Das ist bei uns so üblich. *(Real Madrids Präsident auf die Frage, wie teuer Günter Netzer denn gewesen sei)*

Er war der einzige weise Mensch, den ich kennenlernen durfte. Ein sanftmütiger Mensch. *(Paul Breitner)*

Dieter Bierbaum

Nun bitte ich Rudi um seinen letzten Kommentar. *(der Stadionsprecher bei Fortuna Düsseldorf auf einer Pressekonferenz zu Trainer Rudi Wojtowicz)*

Oliver Bierhoff

Ich stelle immer wieder fest, dass die Spieler früher ins Bett gehen, wenn ihre Frauen im Hotel sind.

Ich möchte Bierhoff zu etwas mehr Demut raten, zu größerer Zurückhaltung. Er sollte sich in den nächsten Tagen bei Dr. Müller-Wohlfahrt untersuchen lassen. Das permanente Sich-selbst-auf-die-Schulter-Klopfen muss doch schmerzhafte Schädigungen nach sich ziehen. *(Uli Hoeneß)*

Carlos Bilardo *(Sportdirektor von Argentinien)*

Wer das Tor im Finale macht, kann mich von hinten nehmen. Ich weiß schon, dass das weh tut und die Leute sagen, der ist verrückt. Mir doch egal, Hauptsache wir werden Weltmeister.

Gegen Masturbation habe ich auch nichts. 80 Prozent der Spieler tun das eh, während sie duschen.

Joseph S. Blatter

Bislang ist das ein Macho-Gebilde mit 24 Mitgliedern. Wir könnten auf 25 erhöhen und eine Frau zwingend dazunehmen. Wir sollten eine Frauenquote fördern. *(auf die Frage, ob man mehr Frauen im FIFA-Exekutivkomitee brauche)*

Ich tröste ihn immer mit den Worten:»Das passiert mir laufend.« *(Gerhard Mayer-Vorfelder auf die Frage, was er Blatter zu den Pfiffen sage)*

Ich glaube, Sepp ist wie ein Aal. Den kriegt man auch nie so richtig zu fassen. *(Karl-Heinz Rummenigge)*

Franz Böhmert *(Präsident von Werder Bremen)*

Lieber mit Basler Meister, als mit elf grauen Mäusen Zwölfter.

Jürgen L. Born *(Präsident von Werder Bremen)*

Der FC Bayern hat 80 Mio. Euro ausgegeben, um einen Punkt vor uns zu stehen. Was wollen die ausgeben, wenn sie drei Punkte vor uns stehen wollen?

Wenn jemand Diego kaufen will, muss er mich vorher ermorden. Diego wird Werder nur über meine Leiche verlassen. *(über die ständigen Wechselgerüchte)*

Heribert Bruchhagen *(Vorstandsvorsitzender von Eintracht Frankfurt)*

Was da im Internet zwischen 22 Uhr und halb eins von Halbakademikern betrieben wird, ist unsäglich und desaströs, denen sollte man ein Kicker-Managerspiel schenken, aber aus dem Profifußball sollten sie sich raushalten.

Wir sind Siebter, und es wäre dumm, wenn wir nicht versuchen würden, Fünfter zu werden. Absteigen können wir nicht mehr. Wir müssen die Gunst der Stunde nutzen. *(in der Winterpause der Saison 2010/11, am Ende stieg man doch noch ab)*

Meine Frau fände Bruno Labbadia sehr attraktiv. Aber bei der Trainerwahl höre ich nicht auf sie. Sonst schon.

Vielleicht sorgt die neue Maßnahme für einen faireren Wettbewerb. Sanktionen sind wichtig, denn: Wir Manager sind mehrheitlich einfach nur schlecht. *(zur geplanten Einführung des Nachlizenzierungsverfahrens im Profi-Fußball)*

Da muss irgendwie ein Pulver im Kaffee der Bundesliga gewesen sein, allgemein. Und er hat vielleicht auch etwas da drin gehabt. *(Uli Hoeneß über das Trainerkarussell in der Bundesligasaison 2010/11 und speziell die Verpflichtung von Christoph Daum durch Heribert Bruchhagen)*

C

Reiner Calmund

Ich fand den Anzug sehr gut. In einer Diskothek hätte Christoph Daum als Popstar sicher einen noch besseren Eindruck gemacht. Ich war überrascht, dass er wie ein moderner Elvis Presley aussah. Es hat nur ein bisschen Glitzer gefehlt. *(über Daums blauen Anzug)*

Wir haben uns nach der Decke gestreckt und gleichzeitig die Hosen heruntergelassen. *(zu einem Angebot an Kapitän Jorginho)*

Nach 27 Jahren Zirkus Sarasani muss ich mich erholen und will bis Januar eine Fußball-Pause machen. *(Leverkusens Ex-Manager, als neue Job-Angebote reinflatterten)*

Ich bin sehr konservativ katholisch erzogen worden, habe deshalb häufiger im Beichtstuhl gesessen. Ich hatte bei allen Zehn Geboten was zu sagen.

Ich hatte ein Kribbeln im Bauch wie bei einem Champions-League-Spiel. *(nach seiner siebenstündigen Vernehmung durch die Kölner Staatsanwaltschaft)*

Der sagt zu allem irgendwas. Stoßen in Tschechien zwei Spieler mit den Köpfen zusammen, weiß er, dass das 1934 in Leverkusen auch schon passiert ist. *(Uli Hoeneß)*

Reiner Calmund saß drei Tage lang auf meinem Schoß. Wer sein Gewicht kennt, weiß, dass man danach nicht mehr »nein« sagen kann. *(Christoph Daum)*

Wenn ich die Wahl hätte zwischen einem Manager Dieter Hoeneß und einem Manager Uli Hoeneß, würde ich den Reiner Calmund nehmen. *(Max Merkel)*

Im Eisschrank hatte er nur noch das Nötigste: 20 Schnitzel, 33 Frikadellen. *(Max Merkel)*

Reiner Calmund ist nicht der dickste Mann der Welt geworden, nur weil er so viel gefressen hat. Nein, er hat sich auch nicht bewegt und ist nicht aufs Klo gegangen. Und heute kann er mit einem Furz ein Schlauchboot aufblasen. *(Oliver Kalkofe)*

D

Hans Deckert

Sie haben großartig gespielt.
(der DFB-Spielausschussvor-
sitzende nach einem Spiel zum
nicht eingesetzten Duisburger
Spieler Herbert Büssers)

Rolf Dittrich

Der war ja auf der Geschäftsstelle so beliebt wie 'n Kaktus
am Nacktbadestrand! *(Fan des*
FC Schalke 04 über den ehema-
ligen Mediendirektor unter Fe-
lix Magath)

Rolf Dohmen

Ein Punkt ist wie leere Hände.
(als Sportchef vom Karlsruher
SC)

E

Max Eberl

Er weiß ja gar nicht, wie er in
diese Position gekommen ist.
Er ist wahrscheinlich zufällig mit dem Fahrrad vorbeigefahren, und Rolf Königs hat
ihn gesehen und dann gesagt:
»Max, willst du nicht Sportdirektor werden?« *(Berti Vogts)*

Günter Eichberg

Ehe ich überhaupt eine Summe
sagen konnte, hatte Eichberg
schon das Doppelte geboten.
(Peter Neururer über die »Ge-
haltsverhandlungen« mit sei-
nem Präsidenten auf Schalke)

Herr Eichberg hatte Vorstel-
lungen vom reich sein, wie
man sie aus schlechten Filmen
kennt. *(Bernd Tönnies, sein*
Nachfolger als Präsident auf
Schalke)

F

Hans Faas

KSC-Fans, wo bleibt eure Euphorie? *(der KSC-Stadion-*
sprecher 1995 beim Stand von
1:4 nach 65 Minuten gegen die
Bayern).

Winnie, zähl deine Ausländer!
(dezenter Hinweis des Stadion-
sprechers an den Trainer Win-
fried Schäfer, der jedoch nichts
mehr brachte, da dieser bereits
den vierten Ausländer in die
Partie eingewechselt hatte, was
damals noch verboten war)

Volker Finke

Wir brauchen hier keinen Messias, weil zu jedem Messias
immer auch ein Judas gehört.
(zur schwierigen Lage beim
1. FC Köln)

Jürgen Friedrich *(Präsident des 1. FC Kaiserslautern)*
Wir werden der Robin Hood der Liga bleiben. Wenn's uns ein bisschen schlechter geht, müssen wir wieder in den Wald zurück, und wenn's uns wieder besser geht, kommen wir wieder raus und hauen den vermeintlich Großen aufs Haupt.

Wenn man so dicht vor der Tür steht und macht dann in die Hose, das ist schon schmerzlich. *(über einen verpassten UEFA-Cup-Platz des 1. FCK)*

G

Adriano Galliani *(Vize-Präsident vom AC Mailand)*
Unser Angriff ist jetzt stark prickelnd, ich würde ihn mit Champagner vergleichen. *(nach den Transfers von Robinho und Zlatan Ibrahimović zum AC Mailand)*

Eines Nachts wurde ich wach, sprang im Bett auf und sagte mir: Wir müssen van Bommel holen!

Rainer Geye
Er hat getrunken, wenig gearbeitet, zwischenmenschlich war nichts da. *(der Torwart Gerry Ehrmann über den scheidenden Manager des 1. FCK)*

Jesús Gil y Gil
Einige unserer Spieler haben es nicht verdient zu leben. *(Atlético Madrids ehemaliger Präsident und Besitzer)*

Wenn wir Real schlagen, wird das ein nationaler Orgasmus.

Roman Grill
Ist Ihnen aufgefallen, dass Piotr Trochowski beim Hamburger SV neuerdings auch Kommentare abgibt? Der kann normalerweise keine zwei Sätze geradeaus sprechen, und jetzt spricht er über Fußballpolitik! Wissen Sie, wer sein Berater ist? Roman Grill! *(Uli Hoeneß)*

Günter Grobbel *(Wuppertaler SV)*
Der hat ja bis vor Kurzem noch beim Einwurf »Hand!« geschrien. *(über den Schatzmeister seines Vereins)*

H

Klaus Hartmann *(Präsident des 1. FC Köln)*
Wir müssen uns von Atemzug zu Atemzug siegen – das fordert ungewöhnliche Beatmungsmaßnahmen. *(im Abstiegskampf 1993)*

João Havelange *(FIFA-Präsident)*
Ich will nicht als alter Mann abtreten. *(er war achtzig Jahre bei der Ankündigung seines Rücktritts)*

Christian Heidel *(Manager von Mainz 05)*
Mein Vater hat mir nach dem 0:3 eine SMS geschickt und »Oje« geschrieben. Ich habe geantwortet: »Also, hoch gewinnen wir heute nicht mehr.« *(nach einem 4:3-Sieg in Wolfsburg)*

Die Bayern gehen auf den Balkon – wir auf den Zaun.

Beim Namen unseres Gegners haben wohl einige gefragt, ob man das essen kann. *(über Gaz Metan Medias)*

Uli Hoeneß
Ich traue mir jedes Amt zu, auch das des Papstes. Und technisch würde ich es wohl auch gut machen.

Eine Biografie? Von mir? Nein. Never ever! Wenn ich die Wahrheit über das, was ich alles erlebt habe, schreiben würde, müsste man etwa zehn Bände machen – und ich müsste nach der Veröffentlichung nach Australien auswandern.

Olaf Thon hat eine grande partida gespielt, wie wir in Spanien sagen.

Die Meisterschale ist nur ausgeliehen. Wir werden Geld ausgeben wie noch nie.

Ich will das jetzt nicht loben, aber wir wollen ja auch keine stromlinienförmigen Spieler, die ins Kloster nach St. Ottilien gehen, sondern die für uns die Kohlen aus dem Feuer holen. *(über seinen zukünftigen Spieler Jan Schlaudraff, der nach einer Feier das Training von Alemannia Aachen verpasst hatte und in einen Autounfall verwickelt war)*

Wenn uns der TSV 1860, aus welchen Gründen auch immer, bitten sollte, aus dem jetzigen Vertrag auszusteigen, dann werde ich die Kapelle, die die Sechziger aus dem Stadion begleitet, persönlich mit dem Defiliermarsch anführen.

Nächstes Jahr geht eher der Gerichtsvollzieher nach Madrid als Franck Ribéry. *(nimmt eindeutig Stellung zu Transfergerüchten)*

Das war nur eine Konjunkturdelle. *(über die verpatzte Saison 1991/92)*

Die Dortmunder treiben wir so lange vor uns her, bis sie Meister sind.

Was glaubt ihr, wer euch finanziert? Die Leute in den Logen, denen wir das Geld aus der Tasche ziehen. *(auf der legendären Jahreshauptversammlung)*

Die Mannschaft hat wahnsinnig gekämpft, wie die Löwen haben die gekämpft … äh, wie die Tiger.

Jeder hat mal seinen Karimi. *(zur Kritik an der Einkaufspolitik)*

☺

Er ist eine Ikone. Ich kann einer Ikone nicht widersprechen. Aber ob es die Wahrheit ist, ist etwas anderes. *(Louis van Gaal, nachdem er von Hoeneß kritisiert worden war)*

Der glaubt immer noch, dass er der Größte ist. Der kann mich mal am Hobel blasen. *(Günter Eichberg, Präsident des FC Schalke 04)*

Wenn ein Mensch etwas nicht verdient hat, dann ist das Uli Hoeneß. *(Lothar Matthäus, sprachlich sehr fein daneben)*

Bernd Hoffmann *(Vorstandsvorsitzender HSV)*
Das ist gefühlt mehr als vor einem Jahr der dritte Platz. Ich werde mir richtig einen hinter die Birne kippen, um das letzte Jahr zu vergessen. *(nach dem Erreichen eines UI-Cup-Platzes)*

Wir haben die größtanzunehmende Seuche in Tateinheit mit Dummheit.

Vielleicht kann ich besser Zwillinge zeugen als Trainer entlassen. *(zu den Begleitumständen der Trennung von Coach Kurt Jara. Die Ehefrau des HSV-Vorstandsvorsitzenden erwartet zum zweiten Mal Zwillinge)*

Roland Holly *(Sponsor des TSV 1860 München)*
Wenn der loszieht, weiß ich nicht, ob er einen Handballspieler statt eines Fußballspielers mitbringt. *(über einen Spielereinkäufer seines Klubs)*

Wolfgang Holzhäuser *(Geschäftsführer von Bayer Leverkusen)*
Was hatte ich im letzten Jahr gesagt? Labbadia war genau die richtige Entscheidung? Ach, hätte ich meine Worte wieder … *(verzweifelt an der Schnelllebigkeit des Fußballs)*

Dietmar Hopp

BVB - Fans pro Dietmar Hopp und „Hoffe". Danke, dass wir in diesem schönen Stadion zu Gast sein dürfen !

Toni Hübler *(Betreuer der Frankfurter Eintracht)*
Mecker nicht! Früher in Offenbach musstest du mit Bowlingkugeln kicken! *(im Training zu Ralf Weber, als der neue Bälle forderte)*

Jürgen Hunke *(Sportfunktionär, Buchautor)*
Der Mann ist rhetorisch so geschickt und geschult, der redet dir eine Wendeltreppe ins Knie, wenn du nicht aufpasst. *(Thomas Doll)*

J

Rene C. Jäggi *(FCK-Vorstandschef)*
Ich bin es leid, immer Geld zu besorgen, um die Spieler bezahlen zu können und dann so eine Leistung als Dank zu bekommen. Da mache ich lieber einen Kindergarten in Afghanistan auf.

Klaus Janzen *(Fußballchef bei Bayer Uerdingen)*
Wir verweigern schlichtweg unsere eigene Beerdigung. *(im Abstiegskampf 1993)*

K

Manfred Kaltz
Der war wohl gerade zufällig auf der Geschäftsstelle. *(auf die Frage, was er denn zu Bastian Reinhardt als neuem HSV-Sportdirektor sage)*

Hannes Kartnig *(Präsident von Sturm Graz)*
Unsere Mannschaft hat ein Zweikampfverhalten wie Weinbergschnecken.

Bernd Keller *(Präsident von Erzgebirge Aue)*
Die Bundesliga ist die Reise nach Hawaii. Im nächsten Jahr müssen wir gesund zurückkommen.

Martin Kind *(Präsident von Hannover 96)*
Die sollen arbeiten, bis sie kotzen! Bis ihnen die Lunge aus dem Leib hängt.

Wer mit ihm verhandelt, muss verdammt aufpassen, dass er am Ende noch alle fünf Finger an der Hand hat. *(Uli Hoeneß)*

Helmut Kremers

Wenn wir früher gegen Dortmund gespielt haben, haben wir uns vorher gar nicht umgezogen. *(auf der Schalker JHV)*

Stefan Kuntz

In Chemie war ich noch nie gut. *(auf die Frage an den Manager des VfL Bochum, ob die Chemie zwischen ihm und dem Präsidenten noch stimme)*

Wenn es geht, dann von links. Rechts habe ich mich nämlich beim Rasieren geschnitten. *(bei einem Fototermin zum Fotografen)*

Vielleicht gehe ich nach Istanbul zurück und fahre ein Jahr nach Australien oder gehe ins Dschungelcamp. *(über die Zeit nach seinem Engagement in Bochum)*

L

Rüdiger Lamm *(Manager von Arminia Bielefeld)*

Lecken Sie mich doch da, wo Sie es am liebsten haben! *(zu einer Reporterin von Radio Bielefeld)*

Ernst Langhoff

Wie legen wir jetzt bloß das ganze Geld am günstigsten an. *(Schatzmeister bei Wacker 04 Berlin nach dem Zweitligaspiel gegen Alemannia Aachen vor 760 Zuschauern bei einer Bruttoeinnahme von ca. 5.000 Mark)*

Willi Lemke

Action ist mein Leben, und Einfälle habe ich Tausende!

Wo ein Willi ist, ist auch ein Weg. *(»kicker«)*

Urs Linsi *(FIFA-Generalsekretär)*

Die Bauarbeiter in Frankfurt sind erfolgreicher als das Fußballteam. *(nach einer Besichtigung des neuen WM-Stadions in Frankfurt)*

Corny Littmann

Ich bin ja bekannt dafür, gegen die Satzung zu verstoßen. Alkohol auf einer Pressekonferenz geht gar nicht. Heute schon. *(bei der Pressekonferenz zu seinem Rücktritt vom Präsidentenamt bei St. Pauli)*

Jean Löring *(langjähriger Präsident von Fortuna Köln)*

Morgens denke ich nicht, da nüchtere ich höchstens meinen Kater aus! *(auf die Frage, ob er über einige seiner Taten am nächsten Morgen vielleicht etwas anders gedacht habe)*

Akkordeon gegen Fußballschuhe zu tauschen gesucht. Größe egal. *(Text einer Annonce von Löring im Kölner Stadtanzeiger kurz nach Kriegsende)*

Claudio Lotito *(Präsident von Lazio Rom)*
Ich fühle mich wie Jesus. Als ich Lazio gekauft habe, habe ich zuerst die Händler aus dem Tempel geworfen.

M

Peter Maaßen *(RWO-Präsident)*
Ich bin bei allen Spielen mit dem Herzen dabei. Und dieses Herz braucht jetzt endlich einmal Ruhe! *(nach der turbulenten Saison 1970/71)*

Angelo Massimino *(Präsident von Catania)*
Unsere Fans reisen uns mit jedem Transport-Mittel nach – mit Bussen, Autos, Zügen und Charleston-Flügen … *(einige vielleicht sogar mit Charter-Flügen)*

Gerhard Mayer-Vorfelder
Wenn ihr mich loswerden wollt, müsst ihr mich schon erschießen. *(der DFB-Präsident zu seinen Vorstandskollegen)*

In der Mitte konnten wir uns nicht treffen, das wäre mitten im Meer gewesen. *(der DFB-Präsident über die Verhandlungen mit Jürgen Klinsmann)*

Er würde politisch auch gut mit Berti Vogts harmonieren. Beide sind so schwarz, dass sie in einem abgedunkelten Raum noch Schatten werfen. *(Christoph Daum)*

Für MV, das ist ja bekannt, war wichtiger, dass das Bier kalt und der Rotwein trocken war. *(Berti Vogts über den früheren DFB-Präsidenten)*

Michael Meier *(Manager vom 1. FC Köln)*
Diese Siegermentalität, die den 1. FC Köln in den vergangenen Jahrzehnten ausgezeichnet hat, die müssen wir wieder in die Mannschaft reinprügeln.

Massimo Moratti *(Präsident von Inter Mailand)*
Natürlich, wir haben jahrelang alles dermaßen raffiniert gedreht, um ständig als Verlierer dazustehen. *(zum Bestechungsskandal 2006)*

Andreas Müller

Vielleicht müssen wir in die Backstube gehen und uns einen backen. *(als Manager zur Trainerfrage auf Schalke)*

Erst macht er Fehler und dann ledert er gegen Assauer – da kannste dich auch gleich in Gelsenkirchen nackt auf die Straße stellen und »Hier regiert der BVB« rufen. *(Mario Basler)*

Andy, lass dich nicht unter-kriegen. Schon gar nicht von einer Zeitung, von der die Hälfte der Redakteure mit Rudi Assauer im Bett liegt. *(Uli Hoeneß)*

N

Christian Nerlinger

Der Trainer soll uns nicht reich, sondern erfolgreich ma-chen! *(Antwort auf Louis van Gaals Worte: »Meine Vereine haben immer viel Geld ver-dient.«)*

Charly Neumann

Knack hat das gemacht und ich hab mir sofort ans Bein ge-fasst, weil ich dachte, es wäre mein Knochen gewesen. *(über einen Beinbruch von Klaus Fi-scher direkt vor der Trainer-bank)*

O

Rolf-Jürgen Otto

Wenn ich als Katholik mal beichte, dann nur mir selber. *(Dynamo Dresdens Präsident musste später dann auch vor Gericht beichten)*

Wolfgang Overath

Wir wollen uns nicht mehr über Spielberichte ärgern, nicht mehr die Wochenenden versauen! *(mit diesen Worten begründete Wolfgang Overath seinen Rücktritt als Präsident des 1. FC Köln)*

P

Norbert Pflippen *(Spielerberater, Manager)*

Ich bin in den nächsten Laden und habe mir eine Perücke und einen Lippenstift gekauft. *(als Reiner Calmund nach Ver-handlungen mit Gabi Schuster meinte, jeder Profi sollte eine Frau als Managerin haben)*

Dann werde ich meine Hör-geräte abgeben und eine Taub-stummenschule eröffnen. *(als von mehreren Bundesliga-Ma-nagern gefordert wurde, alle Honorare für Spieler-Agenten sollten die Profis selbst tragen)*

Ich muss mich um das Geschäftliche kümmern, nicht um das Geschlechtliche! *(der Spielerberater über außereheliche Abenteuer seiner Spieler)*

Es gibt keinen Gips-Lothar, es gibt nur den Tor-Lothar. *(über das Verbot, den verletzten Lothar Matthäus zu fotografieren)*

Peppino Prisco *(legendärer Vize-Präsident von Inter)*
Was ist denn schlimm daran, wenn die Spieler ab und zu nächtliche Partys mit einigen Mädels feiern? In deren Alter hätte ich doch dasselbe gemacht, wenn ich nicht zufällig zum Russland-Feldzug eingezogen worden wäre. *Einige Monate später:* Was ich von den Sex-Partys einiger Spieler halte? Dazu kann ich nichts sagen. Wenn sie die organisieren, rufen mich die Lumpen ja nie an.

R

Karl-Heinz Rummenigge
Dazu kann ich nur sagen: Manche Gerüchte entwickeln sich langsam zu Gerüchen. *(in der Transferphase)*

Wir wollten in den Hafen der Meisterschaft einlaufen, aber freilich nicht in einem Rettungsboot.

Die WM 2006 wirkt wie ein großer Mantel, der alles bedeckt. Da passt selbst Reiner Calmund drunter.

Ich habe Wolfgang Holzhäuser gefragt, ob er bei der Gelegenheit nicht auch noch Ribéry für vier Millionen kaufen will. *(der Bayern-Präsident reagiert ungewohnt ironisch auf ein Angebot für Toni Kroos)*

Die Schalker haben ja gar keinen Balkon und müssten erstmal einen bauen. Bei der Finanzlage der Kommunen wollen wir ihnen das aber doch lieber ersparen. *(kurz vor dem Meisterschaftsfinale)*

S

Jan Schindelmeiser *(Manager der TSG Hoffenheim)*
Damit die Chancengleichheit wieder hergestellt ist, werden wir künftig mittwochs ein interkontinentales Freundschaftsspiel austragen.

Wir werden keinen weiteren Spieler verpflichten. Unser Boarding ist completed.

Von einem Schattendasein kann keine Rede sein. Wenn überhaupt, dann von Windschatten. *(auf die Frage, ob*

Hoffenheim im Vergleich zur Vorsaison ein Schattendasein führt)

Stephan Schippers *(Geschäftsführer Borussia Mönchengladbach)*
Wir müssen den Cent nicht nur umdrehen, wir müssen ihn auch noch röntgen, ehe wir ihn ausgeben.

Dieter Schneider
Das stimmt. Wir standen kurz vor der Unterschrift. Als wir aber dann erfuhren, dass Louis van Gaal zu haben sein würde, waren wir uns nicht mehr sicher. Wieso nicht van Gaal? *(der Präsident von 1860 München mit viel Ironie zum Gerücht, dass Lothar Matthäus der neue Löwen-Trainer werden würde)*

Josef Schnusenberg
Ich schätze Herrn Schnusenberg, den ich persönlich sehr gut kenne, die tragen bei Schalke das Herz auf der Zunge. Die kommen ja auch aus der Fleischbranche. *(Uli Hoeneß)*

Udo Scholz *(Stadionsprecher des 1. FC Kaiserslautern)*
Die Aufstellung des FC Bayern entnehmen Sie bitte der Tagespresse.

Wenn ich auf dem Betzenberg ein Tor durchsage, dann ist das so, als ob der Papst den Segen Urbi et Orbi spricht.

Gerhard Schröder
Jetzt hör mal zu: Du kannst nicht immer nur nach Dortmund gehen. Du wirst jetzt erstmal bei uns Mitglied. Ich schick dir die Unterlagen zu. *(Charly Neumann zum Bundeskanzler)*

Helmut Schulte *(Sportlicher Leiter beim FC St. Pauli)*
Dieser Sieg war H und V – herrlich und verdient.

Wir spielen hinten zu null. Und vorne wird uns Asa einen reintrampeln.

Peter Schulze
Meine Weihnachtseinkäufe haben die gleichen Auswirkungen auf die Wirtschaftskonjunktur der Bundesrepublik wie meine Meinung zur Verbesserung des Amateur-Fußballs auf den Bereich des Deutschen Fußball-Bundes. *(Offenbachs Präsident auf Reporterfragen zu Verbesserungsvorschlägen)*

Otto Schweisfurth
Ich seziere Dr. Fenne. *(er meinte auf einer JHV von Schalke wohl eher »zitiere«)*

Hans-Hermann Schwick

Immer wenn Schnee fällt, muss ein Favorit dran glauben. Ich habe mir schon überlegt, vor unserem nächsten Heimspiel Schneekanonen aus dem Sauerland aufzustellen. *(Bielefelds Präsident nach einem 2:1 über den Tabellenführer Bayer Leverkusen)*

Günter Siebert

Wir brauchen auf Schalke nur einen Flutlichtmasten einzuweihen – schon kommen 3.000 Leute.

Zwei Piccolo, und ich rede jeden in Grund und Boden.

Die Leute sagen: Wenn ich ins Gefängnis muss, ist der Gefängnisdirektor noch am gleichen Tag Schalke-Mitglied.

Erwin Staudt *(Präsident des VfB Stuttgart)*

Jetzt holen wir halt aus den letzten zwei Spielen noch sieben Punkte.

Frank Stronach *(Gönner bei Austra Wien)*

Wenn man wie ein Adler greifen will, darf man nicht wie ein Huhn am Boden picken.

Harald Strutz *(Präsident von Mainz 05)*

Das war so aufregend, dass ich nicht mehr wusste, ob ich Männlein oder Weiblein bin. *(nach einem spannenden Spiel)*

Herr Strutz soll sich um seine Spieler kümmern. Es kann sich ja nicht jeder so vorbildlich wie Bancé verhalten. *(Lukas Podolski über den Mainzer Präsidenten, der Podolski für sein Verhalten kritisiert hatte, obwohl sich der Mainzer Stürmer Bancé gerade nach einer Schlägerei vor Gericht verantworten musste)*

T

Ernst Tanner *(Manager der TSG Hoffenheim)*

Da war schon vom Pressesprecher und Teammanager, sogar von der Putzfrau die Rede. *(über die Gerüchte, wen der künftige Trainer Holger Stanislawski alles vom FC St. Pauli nach Hoffenheim mitbringen würde)*

Norbert Thines *(Präsident vom 1. FC Kaiserslautern)*

Das Problem der Freiheit ist bei uns optimal.

Clemens Tönnies

Clemens, du Wurst. *(Aufdruck auf einem T-Shirt, das angeblich ein Schalke-Mitarbeiter kurz vor dem Rauswurf von Felix Magath hat drucken lassen)*

V

Johan Vermeersch *(Präsident des FC Brüssel)*

Ich schmeiß nach der Saison beim FC Brüssel alle raus – bis auf die Waschmaschine. Sie war die Einzige, die das gemacht hat, wofür wir sie bezahlt haben.

Gerhard Voack

Wir können nur hoffen, dass sich Voack eines Tages aus Versehen selbst verkauft. *(Nürnberger Fans im Winter 1993 über ihren Präsidenten)*

Rudi Völler

Wir sitzen alle in einem Boot. Zusammen müssen wir die Karre aus dem Dreck ziehen.

Ich bin ein fauler Mensch, neige zu Wutausbrüchen, bin geschieden und habe Kinder aus erster Ehe. Vielleicht mögen sie mich deshalb. *(als DFB-Teamchef über die Ursachen seiner enormen Sympathiewerte)*

Wenn ein Brasilianer mit Namen Mozart in Moskau spielt, dann können unsere Jungs nicht sagen, dass es dort zu kalt ist. *(Leverkusens Sportdirektor vor dem UEFA-Cup-Spiel bei Spartak Moskau, wo der Brasilianer mit Namen Mozart spielt)*

Das haben mich die Hamburger Passanten auf dem Weg hierher auch schon gefragt. Denen habe ich gesagt, dass ich sozusagen das Bayer-Kreuz eintätowiert habe. *(auf die Frage, ob er nicht Sportchef beim Hamburger SV werden möchte)*

W

Hans-Joachim Watzke

Wenn man im Vorraum der Pathologie liegt, hat man wenig Alternativen. *(über den finanziell unausweichlichen Verkauf der Stadionrechte)*

Ich bin auch nicht bereit, ein Drittel potenzieller Sponsoren auszuschließen, nur weil sie die Farbe Blau im Emblem tragen.

Wir haben die Schale nach NRW geholt – das schafft hier ja sonst niemand. *(süffisant nach dem Gewinn der Meisterschaft 2011)*

Wolf Werner

Ich finde es gemein, Wolf Werner mit Thomas Berthold zu vergleichen! Das ist wie Äpfel mit Birnen oder besser: Pfirsiche mit Trockenpflaumen. Das eine macht Freude, das andere fördert die Verdauung. *(Dieter Nuhr über die zwei Manager der Düsseldorfer Fortuna)*

Robert Wieschemann *(Aufsichtsratsvorsitzender des 1. FC Kaiserslautern)*

Man muss hier die notwendige Delikatess wahren. *(im DSF-»Doppelpass«)*

Karl-Heinz Wildmoser sen.

Der Uli Hoeneß saß nicht weit von mir entfernt und hat einen richtig roten Kopf gekriegt. Für mich war das ein seelisches Fußbad. *(als jemand behauptete, ohne 1860 München würden die Bayern immer noch im Olympiastadion spielen)*

Hans Wolff *(Chefeinkäufer bei Werder Bremen)*

Ich kann jeden Spieler der Welt holen. Egal, ob Indianer, Eskimo oder Chinese. *(er verpflichtete nach dem Zweiten Weltkrieg bis 1975 die Werder-Spieler)*

Ottokar Wüst *(langjähriger Präsident des VfL Bochum)*

Das sind die beiden Punkte, die ich am liebsten habe. *(auf den legendären Winterbällen des VfL Bochum mit Blick auf den Busen der Frauen)*

Z

Michael Zorc

Ich habe in Dortmund schon »Dallas« erlebt, dagegen war die Sache »Lindenstraße«. *(zu einer Aussprache zwischen Trainer Köppel und der Mannschaft)*

Man kann unsere Fehler nicht einmal mehr amateurhaft nennen. Denn das wäre eine Beleidigung für jeden Amateur-Kicker.

Ich fühle mich wie in der »Lindenstraße« – eine Fortsetzungsgeschichte, aber ohne Inhalt. *(über eine fortgesetzte negative Berichterstattung)*

Aus der Mannschaft kann ich niemanden fragen. Die meisten sind so jung, dass sie keinen Bartwuchs haben. *(auf der Suche nach Rasierschaum vor einem Fototermin)*

Medien und Persönlichkeiten

A

Lily Allen *(englischer Popstar)*
Ich würde mich lieber selbst
erschießen, als eine Spielerfrau
zu werden. Die sind genau das,
was ich hasse: dumm, oberflächlich und hässlich.

Anzeige eines BVB-Sponsors
Katholisch, Evangelisch, Neua-
postolisch. Wir haben kein
Problem mit Kirchen. Außer,
es steht »Gelsen« davor.

ARD-Kommentator
Am Wochenende ist Siggi
Helds Vater gestorben. Deshalb kann er heute nicht spielen.

B

Klaus Bartels
Bernd Schuster darf in der Nationalelf nicht spielen, weil
er – so Rummenigge – den In-
telligenzquotienten eines aus-
gelutschten Teebeutels hat.

Arnim Basche *(Moderator)*
Kickenbacher Offers.

Ken Bates
So, wenn Sie uns jetzt ihre Na-
men geben würden und die
Zeitung, für die Sie arbeiten,
damit wir wissen, wem wir ein
Schreibverbot erteilen. *(bei sei-
ner ersten Pressekonferenz als
Präsident in Leeds)*

Bayern-Echo
Jetzt fahren wir selbstbewusst
an die Ostseeküste! *(vor einem
Auswärtsspiel in Bremen)*

Oskar Beck *(Journalist)*
Mit Klinsmanns Toren ist es
im Übrigen wie mit den Eiern:
Die freilaufenden Hühner legen die schönsten.

Franz Beckenbauer
Ich habe kein Wort verstanden.
Aber er hat zu 100 Prozent
Recht. *(nachdem er bei einer
gemeinsamen Pressekonferenz
eine Aussage des Brasilianers
Carlos Alberto Parreira über-
setzen sollte)*

Gegen die Gesundheit gibt es
kein Allheilmittel. Nur Sportler sind in der Lage, sie schon
in wenigen Jahren zu ruinie-
ren.

Mein Lieblingsschriftsteller
heißt Erich Maria Remarque.
Als er starb, dachte ich, ein
naher Verwandter lebt nicht
mehr. Vom »Im Westen nichts

Neues« über den »Arc de Triomphe« bis zur »Nacht in Lissabon« lese ich seine Werke immer wieder.

Ich bin ganz gut vorbereitet. Kürzlich war ich beim Friseur. Das war der erste Schritt. *(der Präsident des WM-Organisationskomitees zum Stand der WM-Vorbereitungen)*

Ein Europa- oder Weltmeistertitel ist für jeden Sportler das Paradies. Aber ich befürchte und bedaure, dass dieses Paradies mehr und mehr nur noch mit den Methoden der Hölle zu errichten ist.

Die haben unter den freiwilligen Helfern so viele hübsche Mädchen ausgesucht, dass ich in den Stadien ein paar Mal hintereinander rein- und rausgegangen bin. *(bei der WM 2006)*

Heute hast du den Eindruck, als würden die Spieler einen Antrag in zweifacher Kopie einreichen wollen, um etwas machen zu dürfen, und bis die Entscheidung da ist, ist das Spiel vorbei.

65 ist doch kein Alter, 66 ist ein Alter, da fängt das Leben ja erst an. *(kurz vor seinem 65. Geburtstag)*

Wir wollten es geheim halten, und das ging nur während der WM. Es war sogar so geheim, dass im Standesamt zunächst kein Licht anging und alles dunkel war. »So geheim braucht's ihr das auch nicht zu halten«, hab ich dann gesagt, und es wurde Licht. *(über seine Hochzeit während der WM)*

Ein anständiger Mensch würde ich gerne bleiben – oder werden, je nachdem, wie man's sieht.

Ich habe 90 Minuten fehlerfrei zugeschaut.

Wildfremde Menschen haben in der Fanmeile zusammen gefeiert. Was dabei herauskommt, werden wir in einigen Fällen in neun Monaten erfahren. *(über die WM-Stimmung 2006)*

Ich kann mit Sicherheit ausschließen, eines Tages nicht DFB-Präsident zu werden.

Das einzige, was sich hier bewegt hat, war der Wind. *(über ein Spiel der deutschen Nationalmannschaft gegen Kamerun)*

Hansi, komm auf die Bühne und sag ein paar Worte. Aber bitte sing nix! *(beim Kaiser-Cup zu Volksmusikant Hansi Hinterseer)*

Als ich gehört habe, dass der Hans Pflügler Libero gespielt hat, war ich froh, dass ich nicht hier war. Sonst wäre Giovanni Trapattoni vielleicht noch auf die Idee gekommen, mich einzusetzen.

Ich habe ein sehr ehrliches Buch geschrieben, aber nehmen Sie bitte nicht alles so wörtlich. *(über sein Buch »Ich«)*

Der Ball ist mein Leben – alles andere ist Dekoration.

Ich habe einen Enkel, der ist glühender Schalke-Fan. Der ist ein bisschen missraten. Aber sonst ist die Familie in Ordnung.

Beckenbauer ist der einzige der Bayern, der auswärts noch trifft. *(Harald Schmidt)*

Wenn Franz Beckenbauer was sagt, dann wird das eben gemacht. Wenn er demnächst vorschlägt, mit eckigen Bällen auf Rugbytore zu spielen, dann ist die Wahrscheinlichkeit groß, dass das umgesetzt wird. *(Rudi Assauer)*

Wenn der Franz in einen Raum kommt, ist es hell. Wenn ich komme, muss ich erst einmal den Lichtschalter suchen. *(Berti Vogts)*

Aber wenn man Kaiser ist, redet man ja in einer Sphäre, die wir hier unten manchmal gar nicht verstehen. *(Uli Hoeneß)*

Wenn der Horst Schlämmer schon 18 Prozent schafft, traue ich Franz Beckenbauer mindestens das Doppelte zu. Ihm würde Ähnliches wie Obama einfallen. *(Karl-Heinz Rummenigge)*

Beckenbauer ist eine Lichtgestalt, dagegen bin ich nur ein kleines Taschenlämpchen. *(Erwin Staudt, Präsident des VfB Stuttgart)*

Mit Beckenbauer ist es wie mit Marlene Dietrich. Die Mitspieler haben zu großen Respekt vor vergangenem Ruhm. *(Otto Rehhagel)*

Franz Beckenbauer hat immer Recht, aber es muss ja nicht stimmen. *(Marcel Reif)*

Er ist gekommen als Deus ex machina, Messias und Ei des Kolumbus zugleich. *(Hans Blickensdörfer, Sportjournalist)*

Der Franz ist ein Genie, und Genies arbeiten nicht. *(sein Manager Robert Schwan)*

Ihr habt Franz Beckenbauer, der wird nie vom Thron gestoßen. Der könnte schwul sein und bliebe doch der Kaiser. *(David Beckham)*

Es muss zwei Beckenbauer geben, einen, der in der Zeitung schreibt, und den Präsidenten des FC Bayern. Der Präsident ist zufrieden mit mir. *(Philipp Lahm)*

Er hat Fingerspitzengefühl nur in den Zehen. *(»Kölner Express«)*

Die Lichtgestalt stand auf, ging zur Arbeit – und es ward Licht. *(»Berliner Zeitung« im Frühjahr 1996, als Beckenbauer kurz vor Saisonende die Bayern von Otto Rehhagel übernahm)*

Der Herr, der neben mir sitzt, hat gesagt: »Das war kein Elfmeter.« Und wenn er das sagt, dann stimmt das. Denn dieser Herr hat immer Recht. *(Olaf Thon über seinen Sitzplatznachbarn Beckenbauer)*

Da schreiben Firmen – er soll sie aufkaufen und gesund machen. Eine Maschinenfabrik, völlig am Ende, hat sich gemeldet: Franz soll sie wieder hochbringen, so wie er es mit der Nationalelf gemacht hat. *(Robert Schwan, Beckenbauers langjähriger Manager)*

Du sagst nicht »Idiot« zu mir! Ich weiß, was du im Kopf hast, und ich weiß, was ich im Kopf hab – du sagst nicht »Idiot« zu mir. *(Dieter Hoeneß)*

Franz Beckenbauer redet sehr viel, man weiß das, und meistens ziehen seine Sätze einfach weiter, wie eine der acht Millionen Schäfchenwolken über der Biskaya. *(Andreas Burkert für die »Süddeutsche Zeitung«)*

Franz ist für mich Lichtgestalt, Freund und Gottvater. *(Lothar Matthäus)*

Wenn der Franz mal aus Versehen aus dem Fenster fällt, dann kommen fünf Engel und tragen ihn nach oben. *(Max Merkel)*

Franz Beckenbauer kann alles – der könnte sogar in Bayern ein PDS-Mandat gewinnen! *(Günther Jauch)*

Victoria Beckham

Er wandert durch die Küche und sagt dabei: »Ich bin eine Schwulen-Ikone, ich bin eine Schwulen-Ikone.« Wenn ich dann zu sagen versuche: Ich auch, dann sagt er bloß: »Aber mich lieben sie mehr.« *(über ihren Mann David)*

Ich habe zu Snoop gesagt: »Schau mal, Mr. Snoopy, du gehst nicht mit meinem Mann aus. Ich weiß alles über deinen Ruf.«

Ich habe sie gelesen, von der ersten bis zur letzten Seite. Es sind ein paar schöne Bilder drin. *(über die erste Autobiografie ihres Mannes)*

Die Leute sagen, dass du den Rest deines Lebens in der Küche verbringst, wenn du heiratest, aber mein Leben ist nicht so. Ich bin nicht sehr häuslich; ich weiß noch nicht einmal, wie man die Waschmaschine anmacht, und ich habe auch verdammt noch mal nicht vor, das je zu lernen. David erledigt all diese Dinge.

Irgendeine Frau hat mich in einem Interview gefragt: »Sind Sie so dünn, weil Sie es den ganzen Tag miteinander treiben?« Ich habe geantwortet: »Ehrlich gesagt, ja.«

Reinhold Beckmann
Aleksandar Ristić' taufrische Alteisenabteilung. *(über Fortuna Düsseldorf im Jahre 1995)*

Wer soll Präsident in Schalke werden? David Copperfield! Der hat Kohle und kann zaubern.

Ja, was ist denn nur mit Ronaldo los? Was macht er denn? Nach Mücken schlagen? Ach nein, da muss er sich ja bewegen.

Sorin! Das ist ein richtig giftiger Mann da außen! Oder wie Jupp Heynckes sagen würde: Der hat mucho cochones.

George Best
Die Leute sagen mir immer, dass ich die Kerze nicht an beiden Enden gleichzeitig anzünden soll. Vielleicht haben sie selbst einfach keine Kerze, die groß genug ist.

Ich hab immer gedacht, dass ich meine Frau gerne vor 30 Jahren kennengelernt hätte, bis ich gemerkt habe, dass sie dann minus 4 gewesen wäre.

Eine Blondine klingelte bei mir und sagte: »Mein Auto ist draußen vor Ihrem Haus liegen geblieben. Kann ich eventuell Ihr Telefon benutzen, um den AA *[Anm. d. Hrsg.: britischer Automobilclub, vergleichbar mit dem ADAC]* anzurufen?« Ich habe sie dann auf dem Teppich in der Eingangshalle genommen und eine kleine Reparatur gemacht, bevor der AA-Mann eintraf.

Michael Parkinson: Wann war der früheste Zeitpunkt, an dem Sie nach dem Anpfiff Sex hatten? George Best: Mhm, ich glaube, es war in der Halbzeitpause.

Bietigheimer Zeitung
Ein Erfolg und eine gute Leistung wären die besten Garanten für weiterhin volle Zuschauergäste.

»Bild«-Zeitung
Flüssig läuft's bei Schalke nur neben dem Platz. Torwart Neuer fehlt wegen Magen-Darm-Problemen.

Austria-Torwart hält alles. Auch Leuchtraketen und Eisenstangen.

Beim Spielchen A gegen B schoss Rudi zwei Tore, trickste, zauberte wie in alten Tagen. Privat auch: Im Januar erwartet Ehefrau Angela ihr zweites Kind.

Jogi, we Löw you!

Je öller, je döller. Das ist unser Völler-Böller.

Hollands Käsespiel stinkt ganz Europa.

VfB – Leverkusen 1:0

Stuttgart is Beck

Beck trifft für den Meister. Völler nagelt seine Leverkusener zusammen

Samstag die Rückkehr ins BVB-Tor

Macht Doll einen WeidenFEHLER?

VON JÖRG WEILER

Mit Marc Ziegler (31) kehrte beim BVB der Erfolg zurück.

Hertha – Bochum 2:0

Eigentor! Was für ein *Fehl*tritt

VON HENNING FEINDT, JÖRG ZSCHOCHE UND ROBERTO LAMPRECHT

Bild Was für ein schlechtes Spiel zweier Krisenklubs!

Deutschland – Rumänien 3:1

Poldi-Party mit Odonk*tor*!

Jens PROBLEHMANN

Weil er bei Arsenal nicht spielt, muss Löw seine Pläne ändern

In der Kabine meldet sich der Magen, dünner Stuhl, vermehrter Urin. Die Angst will heraus … Die Seele, die gerade dünnen Stuhlgang hatte, legt sich Schutzschilder an. *(über die deutschen Spieler vor dem ersten Spiel bei der WM 1986)*

Usain Bolt *(Sprint-Olympiasieger)*
Ich bin definitiv gut genug, um bei Manchester United zu spielen. Ich bin schnell und bringe genügend Qualitäten mit.

Michael Born
Gedacht wie Messi – gespielt wie Chihi.

Borussia aktuell
In Erwartung eines spannenden Westfalenderbys mit einem positiven Ausgang für die schwarz-gelben Farben verbleiche ich herzlichst Ihr Dr. Gerd Niebaum.

Braunschweiger Zeitung
Gegen WM-Teilnehmer Costa Rica gewann Fußball-Bundesligist Hamburger SV in San José mit 1:1.

Paul Breitner
Ich schreib »Kaufmann« rein. Da fragt dann keiner mehr, was ich mache. *(auf die Frage, wie er im Hotel eincheckt)*

Für mich war es nebensächlich, im Spiel anderthalb Stunden zu rennen. Die Hauptsache war, Schlagzeilen zu liefern, mich im Gespräch zu halten als einer von vier oder fünf Topleuten in Deutschland.

Sie sollen nicht glauben, dass sie Brasilianer sind, bloß weil sie aus Brasilien kommen.

Ich bin einer der größten Zuhörer unter der Sonne!

Leute, die mich als Maoisten, Marxisten und Sozialisten bezeichnen, sind primitiv und oberflächlich. *(1974 bei seinem Wechsel nach Spanien)*

Breitner war ein durchschnittlicher Verteidiger, ein durchschnittlicher Mittelfeldspieler, ein durchschnittlicher Stürmer, ein durchschnittlicher Athlet. Einzig und allein war er auf einem Gebiet überdurchschnittlich: auf dem Gebiet der Selbstdarstellung. *(»Die Zeit«)*

Den Jorginho habe ich schon gekannt, da hat Breitner noch gemeint, das ist ein Medizinmann aus dem Urwald. *(Jupp Heynckes zu den Vorwürfen von Breitner, der FC Bayern habe eine verfehlte Einkaufspolitik betrieben)*

Manfred Breuckmann

Das war's für mich. Ich hab geschrien, ich hab geflüstert, ich hab gegähnt, ich hab gezittert, ich hab gefroren, ich hab geschwitzt, aber ich hab Spaß gehabt. Jedenfalls meistens in diesen 36 Jahren. *(der Radiomann bei der Schluss-Reportage seiner Karriere)*

Holt die Antidepressiva raus, Fortuna Düsseldorf spielt!

Skripnik, jetzt an der eigenen Mittellinie.

☺

Manni, du hast zu lange aus der Wellblechbude kommentiert. Das färbt schwattgelb ab! *(Rudi Assauer)*

Manfred Burgsmüller

Mensch, bin ich stolz darauf, dass ich mich Direktor schimpfen darf. Rekordnationalspieler bin ich ja gerade nicht, aber dafür bin ich ab jetzt ein Direktor. *(nachdem er 1993 bei der Firma »Media Master« im Bereich Sport-Marketing eingestiegen war)*

C

Reiner Calmund

Leverkusen hat da versucht, kontrollierten Käse zu spielen.

Der flinke Dicke. *(Callis selbst gewählter Name als Pornodarsteller)*

☺

Seine Frau hat im Wohnzimmer gegessen, er in der Küche – so sah seine Trennkost aus. *(Leverkusens Physiotherapeut Dieter Trzolek über Reiner Calmunds Diätversuche)*

Jack Charlton

Von allen Auszeichnungen, die ich gewonnen habe, hat mir die vom House of Commons am besten gefallen, als man mich zum Biertrinker des Jahres gewählt hat.

Rudi Carrell

Der Fanklub von Bayer 04 Leverkusen hat zwei neue Internet-Adressen: www.christoph-daum.com und www.berti-vogts.geh.

D

Jörg Dahlmann

Wenn Sie jetzt eine Minute keinen Kommentar hören – ich streike aus Protest. *(bei einer grausigen Partie zwischen Nürnberg und Uerdingen)*

Dressel, die Bochumer Chef-Schwalbe.

Kompliment, eine Bombenstimmung bei euch im Studio! *(1996, Minuten später musste das »ran«-Studio tatsächlich wegen einer Bombenwarnung geräumt werden)*

Das ist Andy Möller, der im Januar eine Tochter erwartet.

Danske Dagbladet
Super-Dänen sind das: Andersen erzählte Märchen, Povlsen schießt märchenhafte Tore.

Dickie Davis *(englischer Moderator)*
Dickie Davis: Was wird der Trainer wohl in der Pause seiner Mannschaft sagen, Denis? Denis Law *(schottischer Fußballer)*: Er wird wohl sagen, dass noch 45 Minuten zu spielen sind!

Deggendorfer Zeitung
Uwe Rahn kann derzeit machen, was er will – ihm gelingt alles. Er könnte die Eckfahne anvisieren, der Ball würde im Torwinkel landen.

Gerhard Delling
Das Spiel findet a priori rund um die Mittellinie statt.

Das Einzige, was sich nicht verändert hat, ist die Temperatur – es ist noch kälter geworden!

Die Borussia hat ihre Transferausgaben um ein Drittel gesenkt, die Hertha sogar um ein Siebtel.

Wenn man ihn jetzt ins kalte Wasser schmeißt, könnte er sich die Finger verbrennen.

40.000 im Häuschen sind aus demselben.

Was Delling angeht, muss ich vieles sein: Seelsorger, Kindermädchen, Aufpasser. *(Günter Netzer)*

Franz, ich freu mich, dass du ihn auch nicht verstehst. Ich versteh ihn auch nicht, aber ich bin daran gewöhnt. *(Günter Netzer zu Franz Beckenbauer)*

Die Rheinpfalz
Der Münchener Libero entwischte mit schnellem Antritt. Hätte Muntubila sein Ziel (das Hinterteil Augenthalers) getroffen, eine Gehirnerschütterung wäre nicht ausgeschlossen gewesen.

DIE WELT
Der Zahn der Zeit, der schon so manche Träne trocknete, wird auch die Wunden der Kaiserslauterer heilen.

Die hanseatischen Schlachtenbummler waren in Holland eingefallen wie weiland Wilhelm der Eroberer in England: siegesgewiss, unaufhaltsam, von ihrer Mission durchdrungen.

Die Rumänen hatten ihre beste Zeit in Hamburg zweifellos beim Einkaufsbummel einen Tag vor dem Spiel.

DIE ZEIT

Es dürfte jetzt klar sein, woher der lange Pass seinen Namen hat: Man muss lange auf ihn warten.

Kai Dittmann

Die Bayern haben Chancen ohne Ende und jetzt noch einen Elfmeter verschossen, da gibt es nur noch eine Möglichkeit: Es muss anfangen zu schneien.

Mutig von der Wespe, sich mit Oliver Kahn anzulegen. *(über den Bayern-Keeper, der von einer Wespe gestochen wurde)*

Olli Dittrich

Andreas Möller von Schalke 04 sitzt nunmehr seit 72 Stunden im Entmüdungsbecken: Seine Eltern haben vergessen, ihn abzuholen.

Sammy Drechsel

Ich habe von Anfang an das gehabt, was ein guter Reporter haben muss: Erst einmal alles rausballern und dann überlegen, was man gesagt hat.

Rudi Sturz, gerade ausgewechselt, schießt in der 90. Minute das 2:0.

E

Ebersberger Zeitung

Gar manchem Zuschauer brach in den Schlussminuten der sprichwörtliche Fußschweiß auf der Stirn aus.

Heinz Eickelbeck

Wattenscheid verliert am Freitag, der VfL am Samstag. *(Bochums OB über den Unterschied der beiden Vereine)*

Yves Eigenrauch

Yves, wie hältst du das aus? *(fragt die Band »Tomte« in ihrer »Ode an Yves«)*

1Live-Verkehrsfunk

Frankreich hat das erste WM-Spiel gegen Senegal mit 1:0 verloren *(kleine Pause)*. Muss ich sagen, dass ich grinse?

Kurt Emmerich *(Sportreporter)*
Die Frankfurter ziehen sich
gut aus der Atmosphäre.

Erdinger Anzeiger
Mit acht Mann kann man keine
Elf auf den Rasen schicken.

Sven-Göran Eriksson
Ihr seid so nette Leute. Manchmal wundere ich mich, wer die
ganzen Artikel schreibt. *(zu
den Journalisten, die über England berichten)*

Wolfram Esser
Die Argentinier spielen zu eng,
zu breit – ganz wie man will.

Esslinger Zeitung
Der Torwart stand kühl wie
eine Hundeschnauze in seinem Kasten und pflückte die
Flanken und Eckbälle der For-
tunen mit stoischer Ruhe wie
reife Früchte aus der Luft.

Eurosport
Blazek wäre am liebsten im
Erdboden verschwunden, aber
dort hätten ihn wahrscheinlich
die Maulwürfe ausgelacht.

Evening Post
Mann macht jeder Frau einen
Heiratsantrag, die ein Ticket
für das Spiel Leeds gegen Sheffield United hat. Bitte ein Foto
beilegen (vom Ticket)! *(Kon-
takt-Anzeige)*

Express
Immer wieder geben Jupp
Derwall und Erich Ribbeck ihr
Aufgebot bekannt. Wann ist
denn nun endlich die Hoch-
zeit?

Beim Kopfball-Duell: Brehme
brach sich den Zeh!

Der Retter kommt mit neuer
Unterhose. *(über den abergläu-
bischen Peter Neururer)*

F

Heribert Faßbender
Das Stadion darf nicht reno-
viert werden, weil es unter Na-
turschutz steht.

Die Saudis sind übrigens
Asienmeister, obwohl das
ebenso wenig Asiaten sind
wie die Türken Europäer. Die
Saudis haben ja gar keine
Mandelaugen, wie man das
von Asiaten erwartet. Das sind
eher Araber statt Asiaten.

Auch auf der Straße zum Erfolg gerät man bei allzu küh-
nen Überholmanövern leicht
in den Gegenverkehr.

Bei diesem marokkanischen Spieler lachen immer alle, wenn man dessen Namen ausspricht: Lamouchi. Wahrscheinlich weil seine Bewegungen eher hölzern und gar nicht so katzenartig sind.

Was glauben Sie denn, was der Herr Faßbender ohne seine Sportschau ist? Der gibt sich die Kugel. *(Uli Hoeneß)*

Financial Times
Was ist der Unterschied zwischen der Bank von England und dem Fußballverein VfB Stuttgart? – Stuttgart hat mehr ausländische Reserven. *(die »Financial Times«, nachdem Trainer Daum im Spiel gegen Leeds einen Ausländer zu viel eingewechselt hatte)*

Edi Finger jun.
Österreich ist ein guter Gastgeber. Das Einzige, was wir den Gästen wegnehmen wollen, sind die Punkte und natürlich viel Geld.

Fliedener Wochenblatt
Um 16 Uhr präsentieren wir die Landesliga-Mannschaft mit Vorstellung des Spielerkaters.

Frankfurter Rundschau
Der Bayern-Manager Uli Hoeneß kann es nicht lassen: Er muss sein Würstchen in jeden Topf hängen, obwohl doch niemand nach Senf gerufen hat.

Im letzten Jahr drängten sich schon keine Zuschauer in die riesige Fußballhalle, diesmal noch weniger.

Freie Presse
Beim 1:1-Unentschieden zwischen Motor Diamant und Aufbau erzielten jeweils die Gegner die Tore.

Hanns Joachim Friedrichs
(Moderator)
Jetzt steht er endlich! *(etwas sehr zweideutig bei der WM 1974, als nach über zwanzig Minuten der Ton in der Livesendung endlich wieder funktionierte)*

So, die Mikros sind zu. Jetzt könnt ihr ja die Wahrheit sagen! *(nach einer Diskussion mit Funktionären über die Lage des Fußballs im Jahr 1975)*

Joachim »Blacky« Fuchsberger
(Schauspieler und Moderator)
Ihr habt letzten Mittwoch besser gepfiffen, als die Nationalelf gespielt hat. *(bei einer Siegerehrung für Franz Beckenbauer zum Bayern-Publikum im Olympiastadion)*

Wolff-Christoph Fuss

Der zweckorientierte Ergebnisfußball steht Werder Bremen einfach nicht. Das ist praktisch gegen die eigene DNA.

Carragher – wenn der von hinten kommt, teilt sich das Meer.

Helmes spielt sehr ökologisch – er verbraucht wenig Sauerstoff und schont den Rasen.

Und van der Saar steht da halbschwanger im Sechzehner.

Das ist Bunga-Bunga in Schalkes Hintermannschaft.

Metzelder deckt sich selbst, und auch Höwedes hat auswärts Termine.

Das ist die Ferguson-Schule: Zwei zu null und dann hinten raus noch mal gucken, ob nicht doch noch einer vom Laster fällt.

Mozart gegen Metallica! *(Fuss vergleicht Lionel Messi mit Wayne Rooney)*

Ich übergebe mich gerne in Richtung Franz Beckenbauer.

Nun wollen wir mal die Synagoge im Dorf lassen. *(beim Champions-League-Spiel zwischen Bayern München und dem israelischen Vertreter Maccabi Haifa)*

Da hat der Figaro nach Gehör geschnitten. *(über Franck Ribérys neue Frisur)*

G

Giampiero Galeazzi *(TV-Reporter der RAI)*

Dieser Schuss war so explosiv wie eine Nepal-Bombe.

Liam Gallagher

Unser neuer Gitarrist und Bassist müssen einen guten Geschmack bei Schuhen und eine gute Frisur haben. Und sie dürfen keine Fans von Man United sein. Wenn das alles zutrifft, dann werden sie genomen.

Markus Gaupp *(Sky)*

Die Folgen des Föhns sind vielleicht an den Haaren mancher Spieler zu erkennen, aber nicht am Spiel.

Geißbock-Echo
Borussia Dortmund. Vereins-
farben: Schwarz-Geld.

Thomas Gottschalk
Bei mir in der Sendung sind
wenigstens zwei hübsche
Frauen. Bei euch waren es 24
hässliche Männer, von denen
mindestens 18 hingefallen sind.
*(nach einem Spiel zu Franz Be-
ckenbauer)*

Könnten Sie an dieser Tabelle
irgendetwas erkennen? Also
gut, ich mein, mancher Fuß-
ballfan wird vielleicht sagen:
Das sind die Leberwerte von
Mayer-Vorfelder. *(bei »Wetten,
dass …?«)*

Avram Grant
Ich weiß, dass die Presse mich
liebt. Sie müssen mich mögen, da sie mich immer fragen, ob ich bleibe oder ob ich
gehe. *(vor seinem letzten Spiel
als Trainer von Chelsea, dem
Champions-League-Finale
gegen Manchester United)*

Andy Gray *(englischer Sky-
Kommentator)*
Könntest du mir bitte das Mikrofon in die Hose stecken,
Baby! *(Bitte an seine Arbeits-
kollegin Charlotte Jackson vor
laufenden Kameras)*

Ich habe letztens nur gesagt,
dass die am meisten verletz-
liche Stelle bei Torhütern oft
zwischen ihren Beinen liegt.

Stefan Grothoff *(Moderator)*
Achtung an alle Presseleute!
Ewald Lienens Mundwinkel
haben gezuckt und sich nach
oben bewegt.

H

Marco Hagemann
Ich dachte eigentlich immer,
»Musikantenstadl« schauen
wäre grausam, aber da kannte
ich die Partie Santander – Valencia noch nicht.

Die sind so eiskalt, bald fängt
es in Ghana an zu schneien.
*(zur Chancenverwertung beim
Afrika-Cup)*

Was sie jetzt noch stoppen
könnte, wäre Bruder Leicht-
fuß, wenn der eine Eintrittskarte hätte.

Werner Hansch
Je fester der Griff, je loser die
Absicht. *(kommentiert den
Griff von Stephane Chapuisat
in Rune Bratseths Intimzone)*

Die Ich-und-Du-AG, Kaká
und Schewtschenko, das doppelte Flottchen.

Ich denke, man kann seinen Zuschauern auch dienen, indem man einfach mal die Klappe hält.

Wir müssen langsam auf den Schlussstrich gehen!

Ingo Anderbrügge, der Mann mit dem härtesten Schuss der Liga. Alle denken, jetzt holt er den Hammer raus. Aber es war nur der Glasschneider.

Die Freude war zwar nicht umsonst, aber vergebens.

Lieber ein Riese im Tor als ein Zwerg im Vorgarten. *(über Schalkes Tormann Holger Gehrke)*

Lachen ist die beste Art, dem Gegner die Zähne zu zeigen.

Das Leben, lieber Willibert, ist zu kurz für ein langes Gesicht.

Lieber ein Bomber auf dem Rasen als dauernd Sprengstoff auf der Bank.

Ja, Statistiken. Aber welche Statistik stimmt schon? Nach der Statistik ist jeder 4. Mensch ein Chinese, aber hier spielt gar kein Chinese mit.

Aumanns Trikot ist voller Schlamm. Wenn der sich jetzt auf 'ne Heizung setzt, kann er sich mit 'nem Hammer ausziehen.

Waldemar Hartmann

Mit dem Innenrist sieht er, dass die lange Ecke frei ist.

Du sitzt hier locker bequem auf deinem Stuhl, hast drei Weizenbier getrunken und bist schön locker. *(Rudi Völler)*

Hartmann gab den wildgewordenen Kleinbürger, der, von Bierdunst umnebelt, sämtliche zynischen Stammtisch-Vorurteile dieser Welt bediente. *(Manfred Breuckmann in seiner Kolumne nach einer »Doppelpass«-Sendung mit dem Gast Hartmann)*

Heimspiel

In Zeiten wie diesen erscheint die Vorstellung von zwei Freiburger Siegen in Folge gegen die Bayern ähnlich verwegen, wie wenn Reinhold Messner einen Mondflug ohne Sauerstoff ankündigen würde. *(das Stadionmagazin des SC Freiburg vor zwei Partien gegen den FC Bayern im Pokal und in der Meisterschaft)*

Thomas Helmer
Wir geben jetzt zurück ins Playboy-Stadion. *(er meinte das Playmobil-Stadion in Fürth)*

Thierry Henry
Die Presse ist überall in Barcelona – sie wollen mit dir nach Hause kommen und mit dir schlafen.

Thomas Herrmann *(Sport1-Kommentator)*
Geflügeltes Duo. *(über das Trainergespann Arie Haan und Willi Entenmann)*

Immer die Platte mit dem Sprung: kein Tor, kein Tor, kein Tor. *(über eine Torflaute bei 1860 München)*

Stiefel, Pech, Kleben – diese drei Worte sind im Dauereinsatz beim VfB Stuttgart.

Hessische/Niedersächsische Allgemeine Zeitung
Diese fiesen, arroganten Bayern, reich und großmäulig, kommen aus dem Hinterhalt, meuchlings sozusagen, und bringen die rechtschaffenen Bremer um ihren verdienten Lohn.

Markus Höhner *(Kommentator)*
Betriebsversammlung. *(zum Spiel Bayer Uerdingen gegen Bayer Leverkusen)*

Ernst Huberty
Die Abwehrspieler von Twente laufen umher wie verirrte Ferienkinder.

Schön und kaffeebraun, sind alle Frauen aus Kingston Town. *(über die Gewinnerin des »Tor des Monats« im Juni 1975, Beverly Ranger)*

Abramczik hat den Ball nicht mit vollem Herzen angelaufen.

I

Ralf Itzel *(Eurosport)*
Die heimischen Spieler werden von ihren Fans mit einem gähnenden Pfeifkonzert in die Halbzeit verabschiedet.

J

Michael Jackson
Die Fans waren wie die Leute, die zu meinen Konzerten kommen. Sie schrien und feuerten ihre Spieler an. Fantastisch. Ich wollte hinunterspringen und anfangen zu tanzen, denn ich bin daran gewöhnt, aufzutreten, wenn ich solche Geräusche höre. *(nach einem Besuch des Spiels FC Fulham gegen Gillingham im April 1999)*

Günther Jauch

Kaká heißt übrigens auf Deutsch übersetzt so viel wie »Jauch«.

Für alle die, die nicht rechtzeitig eingeschaltet haben, Sie haben etwas verpasst, denn das erste Tor ist schon gefallen. *(beim berühmten Torbruch in Madrid 1998)*

Vielleicht hätte Jauch in der Veltins-Arena mal den Publikumsjoker ziehen sollen, dann hätte er die richtige Antwort gehabt. *(Manuel Neuer, als Jauch wettete, er wüsste, dass Neuer bald zu Bayern geht)*

Gemeinsam Urlaub machen wir auch. Nee, im Ernst: Bislang gibt es keine Pläne. Wir sind auch noch nicht händchenhaltend gesehen worden. *(Jürgen Klopp auf die Frage, ob es das Duo Jauch/Klopp auch über die WM hinaus geben wird)*

Walter Johannsen *(ARD-Teamchef)*

Noch dreißig Minuten – also eine halbe Stunde.

Steffi Jones

Theo, lass uns nach Eppheim fahren. *(im Tatort zu Theo Zwanziger)*

Jornal do Brasil

Ganz Brasilien strahlt. Offizielle, Trainer, Spieler, Journalisten und Fans sind sicher, dass wir die zweite Runde erreichen werden. Jetzt brauchen wir nur noch eine Mannschaft. *(nach der Auslosung zur Fußball-WM 1986)*

Max Jung *(Sky)*

Ibisevic mit seinem siebzehnten Tor, in Worten siebzehnten.

K

Manfred Kaltz

Ich hätte mir viel vorstellen können, was ich alles hätte sein mögen. Aber Phantasie muss immer auch so weit reichen, sich so zu sehen, wie man ist.

Kevin Keegan

Ihr Jungs schreibt wahrscheinlich die Wahrheit. Im Büro werden dann die wichtigen Sachen von den Redakteuren rausgeschnitten. Wie z. B. die Fakten. *(zu der Presse in Newcastle)*

Johannes B. Kerner

Es wird einen Sieger geben – und zwar einen endgültigen.

Die Viererkette ist nur noch ein Perlchen.

Das Spiel hatte Stärken und Schwächen: Schwach begonnen und dann stark nachgelassen.

Olisadebe, der ja die doppelte Staatsbürgerschaft hat – von Nigeria und Polen – zumindest in der zweiten Halbzeit.

Erst wollten die Engländer bei der WM unbedingt gesetzt werden, jetzt sind sie gesetzt und zwar vor den Fernseher, nach der Vorrunde. *(über die Auslosung der Gruppen der WM 2002)*

Da gibt's gar nichts zu diskutieren! Aber wir haben ja nachher noch genügend Zeit, darüber zu diskutieren.

Die deutsche Nationalmannschaft will ins Endspiel der WM 2006 kommen … na dann sag ich mal, es wird Zeit dafür, dass sie sich Eintrittskarten besorgt.

Die Flanken, die da die letzten Wochen geschlagen wurden, wenn man sagt ins Niemandsland, dann ist das noch eine zu genaue Ortsbeschreibung.

Herr Kerner, täuscht es mich oder gehen Ihnen die Haare aus? *(Zuschauerfrage bei der EM 2008 von einem kleinen Mädchen)*

kicker

Eher würde eine Hella von Sinnen mannstoll als aus dem Polen ein erfolgreicher Stürmer. *(über Richard Cyron)*

Die Innenverteidigung mit Libero Müller, Herzberger und Kasalo, die zusammen 5,54 m groß sind, steht sicher. *(über die Abwehr von Mainz 05)*

Neger Keita sieht schwarz. *(im Jahre 1971 über den Torjäger Salif Keita)*

Seit dem Wochenende steht es unverrückbar fest: Für Auftritte, wie ihn Borussia Dortmund am Samstag im Mindelstadion zu Thannhausen abgeliefert hat, ist der Begriff jämmerlich überhaupt erst erfunden worden.

Steigt Bergmann beim VfL ab? *(als der VfL Bochum den neuen Trainer Andreas Bergmann verpflichtete)*

Die Katalanen setzten sich förmlich in der Hälfte der Italiener, bei denen allerdings kein einziger Italiener auf dem Platz stand, fest.

Er spielt einfach bäronstark. *(über Karsten Bäron)*

Der Traum eines Trainers, taktische Anweisungen beim Umziehen vor dem Spiel und später die Kritik unter der Dusche vornehmen zu können, bleibt unerfüllt. Der DFB hat auch daran gedacht und Anweisung gegeben, die Damen beim Umziehen allein zu lassen. Da endet die Vollmacht des Trainers. *(über die zarten Anfänge des Frauenfußballs in Deutschland im Jahr 1975)*

Da steht Jürgen Kohler, der Münchener Manndecker, spannt seinen Oberkörper wie ein Fangnetz unter der Zirkuskuppel und fängt das Leder mit der Brust. Wie Obelix den Hinkelstein auf dem Rücken hat Kohler in diesen Sekunden den Ball auf der Brust. Wie festgeklebt, das Leder fällt nicht runter.

Fritz Klein *(ARD-Sportkommentator)*
Nelinho. Ein schneller Mann, der die 100 Meter in 11 Minuten läuft.

Ich wundere mich, dass er linker Verteidiger spielt, denn er hat nur einen rechten Fuß.

Jürgen Klinsmann
Das ist schon Weltklasse, wie Villa sich da im 1:1 gegen zwei Leute durchsetzt!

Jürgen Klopp
Ich mag das deutsche Fernsehen. Da ist immer ein Typ, der lustige Bilder auf dem Spielfeld malt. *(Ronaldinho während der WM 2006 in Deutschland)*

Reporterin: Hat Shinji Kagawa Dortmund verstärkt? Klopp: Ja. Reporterin: Etwas mehr? Klopp: Ja, absolut.

Gib mir mal eure Frequenz. Ich kriege seit Tagen nur WDR 4. *(zu einem Radio-Reporter)*

Oskar Klose *(Journalist)*
Gerd Müller dürfte Torwart Abramian wohl mehr durch seinen Bart erschreckt haben als durch seine Leistung.

Gaby Köster
Dass es den Vereinen finanziell schlecht geht, sieht man daran, dass sich Klaus Toppmöller und Rudi Völler eine gemeinsame Frisur teilen müssen.

Wenn alle um einen freien Stuhl kämpfen, ist das die Reise nach Jerusalem – wenn alle die Flucht ergreifen, sobald ihnen der freie Stuhl angeboten wird, dann ist das die Trainersuche beim 1. FC Köln.

Hans Krankl
Ham and Eggs mit Schinken und Ei. *(seine Leibspeise)*

David Krecidlo

22:01 Uhr: Was macht David Krecidlo denn da? Er scheißt fast zwei Meter übers Tor. *(Live-Ticker der »Sportschau« im Internet)*

Fritz Kuhn *(Politiker)*

Wer Klinsi vor den Bundesausschuss schleifen will, hat nicht alle Tassen im Schrank. Da könnten wir ja gleich im Bundestag über die Aufstellung abstimmen.

Dieter Kürten

Das 2:1 hört sich zwar gut an, ist aber nicht so gut wie 2:0. Das ist eine Binsenweisheit. Aber was sage ich da?

Jörg Neun – macht er alleun.

Ein verrücktes Volk. *(nach einem langen Applaus im »Sportstudio«)*

Mein lieber Josef! Wenn das Spiel jetzt nicht kommt, komme ich die Wendeltreppe hoch und werde dich ein wenig würgen … *(bei technischen Problemen im »Sportstudio«)*

Lineker – ein Mann mit Torriecher. Aber im Moment ist die Nase verschnupft.

Na, du kleiner Nimmersatt. Jetzt habt ihr wieder 120 Minuten für wenig Geld. *(Hoeneß zu einer Spielverlängerung)*

L

Erich Laaser

Braafheid wollten die Bayern noch dazu geben. Vielleicht war das der Grund, warum Benfica »Nein« gesagt hat! *(zu einem Angebot der Bayern für Coentrão)*

Ein bisschen mehr denken, heißt, länger spielen. *(bei einem Feldverweis für den Duisburger Weidemann)*

Den Bökelberg nennen sie bald Effenberg.

L'Équipe

»Fick dich in den Arsch, du Hurensohn«, Schlagzeile zu Nicolas Anelkas Satz an den Nationaltrainer Raymond Domenech bei der WM 2010.

La Repubblica *(italienische Tages-*
zeitung)
Immerhin haben wir Spanien
genötigt, 120 Minuten unter
ihrem Niveau zu spielen.

Udo Lattek
Felix Magath und Clemens
Tönnies sollten eine halbe
Stunde in einen Raum gehen,
das Licht ausmachen und sich
gegenseitig aufs Maul hauen.
Dann wäre das Thema durch.
(als Lösung unter Männern)

Ich bin kein Nazi, aber diesem
Mann, der den Ribéry entdeckt
hat, dem muss man ein Rit-
terkreuz mit Eichenlaub und
Brillanten geben.

Mark Lawrenson *(BBC-Kommen-*
tator)
Die meisten Spieler würden
ihren rechten Arm für den linken Fuß von Jason Wilcox geben.

Wolfgang Ley
Sand hat Sand im Getriebe.
(über den Schalker Spieler Ebbe
Sand)

Ede Lichterfeld *(Mannschaftsbe-*
treuer, Schalke 04)
Seit Tagen nichts in der »Bild«-
Zeitung – bei uns stimmt doch
was nicht!

Willi Lippens
Mit denen hab ich als Kind alle
Berge Hollands plattgetreten.
(der halbe Holländer erklärt,
wie seine Plattfüße zu seinem
Spitznamen »Ente« beigetragen
haben)

Lokalradio NRW
Hoffentlich hatten die Bayern
wenigstens ihre Payback-Kar-
ten dabei. Schließlich waren
sie ja bei Real! *(nach einer Nie-*
derlage von Bayern München
in Madrid)

Löwen-Echo
Trotz des anhaltenden Regens
kam noch ein flüssiges Spiel
zustande.

Wilfried Luchtenberg *(Reporter-*
Legende vom WDR)
Entfernung zum Tor: 25 Mi-
nuten.

Hüben wie drüber.

In der 62. Minute hatte Falko
Götz das Tor auf dem Kopf.

Ingolf Lück
Immer häufiger bleiben bei
Spielen von Bayern München
die Ränge leer. Der Grund: Die
Hooligans haben Angst vor
Oliver Kahn.

M

Heiko Maas *(Politiker)*

Politiker, die sich aktiv in den Fußball einmischen wollen und einen solchen Schwachsinn fordern, sollten sich eventuell mal vom Amtsarzt des Bundestags auf die volle Zurechnungsfähigkeit untersuchen lassen. Vielleicht haben sie ja in ihrer Jugend zu viele Kopfbälle geübt. *(über die Idee, Nationaltrainer Jürgen Klinsmann vor den Bundesausschuss zu laden)*

Ludwig Maibohm *(Reporter beim BR und HR)*

Die 8.000 Zuschauer im Augsburger Rosenaustadion sehen durch die tiefstehende Sonneneinstrahlung jetzt aus wie die Sarotti-Mohren.

Sepp Maier

Ich habe seit meinem 15. Lebensjahr im Tor gestanden, mich öfter als eine halbe Million Mal in den Dreck geworfen. Lässt das Rückschlüsse auf meinen Geisteszustand zu?

Mainzer Allgemeine Zeitung

Leverkusens Mittelfeld- und Angriffsspieler schlugen phasenweise ein derart hohes Tempo an, dass der Ball Mühe hatte zu folgen.

Mainzer Anzeiger

Paul Breitner konnte beim Länderspiel in Sofia die Erwartungen nicht erfüllen. Während des Spiels regnete es fast ununterbrochen.

Mannheimer Morgen

Der erstmals in dieser Saison eingesetzte Bernd Schuster erzielte beim 1:1 in einem Testspiel gegen Gimnastic de Tarragona drei Tore.

Diego Maradona

Dieses Negerlein, welches damals mit der Nr. 10 spielte, war doch der Meinung, man könne hier in Südafrika keine WM austragen. Unglaublich. Jeder sieht, dass es gut funktioniert. *(über die brasilianische Legende Pelé)*

Marca

Für Verstärkungen gibt der Klub weniger Geld aus als Tarzan für Krawatten. *(die spanische Zeitung über den Fußballklub Rayo Vallecano)*

Günter Mast

Ich erkenne schon, wenn der Ball im Tor ist, aber ein Abseits kann ich nicht erklären. *(der Mann, der mit »Jägermeister« als erster Trikotsponsor bei Eintracht Braunschweig für Furore sorgte)*

Lothar Matthäus

Ich kam damals vom Dorf in die große weite Welt. Herzogenaurach, Gladbach, München, Mailand. Es gab noch Grenzen in Europa, es gab kein Internet. Kein Handy. Italien war 1988 noch richtig weit weg.

Ich habe bei Liliana vieles erlebt, aber weiß Gott keine Jungfräulichkeit.

Dass Sie auf Wunsch von Präsident Beckenbauer jetzt schon an der Vorstandssitzung des FC Bayern München teilnehmen dürfen – das ist die erstaunlichste Meldung, seit Roms Kaiser Caligula sein Pferd zum Statthalter ernannt hat. *(Oskar Beck, Journalist)*

Am liebsten mag ich seinen kleinen festen Po. Sex ist der Spiegel der Beziehung. Bei uns macht Sex 30 Prozent aus. *(Lothars erste Ehefrau Sylvia)*

Ich finde es okay, wenn Lothar Matthäus Frauenfußball nicht mag. Es mag ja auch nicht jeder Lothar Matthäus. *(Katja Krauss, Fußball-Nationaltorhüterin)*

MDR-Inforadio

Erfurts Abwehr war aufgerissen wie ein altes Kopfkissen.

Marcel Meinert *(Sky)*

Nur drei Worte zu diesem FC Barcelona: unglaublich, Wahnsinn ...

Da hätte man Foul pfeifen müssen – war aber auch nicht zwingend.

Tibor Meingast *(ZDF)*

Dárdai und Simunic mit einem Zweikampfverhalten wie beim Eiskunstlauf.

Angela Merkel

Wenn die Münchner rufen, wir fahren nach Berlin, das ist was Tolles.

Max Merkel

Der hat geschrieben, dass er Meier heißen wolle, wenn Wynton Rufer ein Star wird. Nun heißt er eben Meier. *(Otto Rehhagel über Max Merkel)*

Miesbacher Anzeiger

Der ETV Miesbach will heute, Freitag, den Heimomnibus gegen den EV Pfronten verteidigen.

José Mourinho

José Mourinho: Vielleicht sollten Sie das Team zusammenstellen?
Reporter: Wenn Sie mir etwas von Ihrem 9-Mio.-Euro-Gehalt abgeben, würde ich es machen.
Mourinho: Es sind nicht 9, es

sind 11, und mit den Sponsoren sind es 14 Mio. *(Gespräch bei einer Pressekonferenz von Inter Mailand)*

Katrin Müller-Hohenstein
Und für Miroslav Klose: ein innerer Reichsparteitag, jetzt mal ganz im Ernst, dass der heute hier trifft.

Münchner Merkur
Edling – Breitbrunn 2:0. Das Ergebnis wurde ohne Gewähr übermittelt, denn so ganz genau wussten es die Platzherren nicht.

N

Wolfgang Nadvornik
Marcell Jansen, war ja kein echtes Debüt, aber über 90 Minuten, wie war das, als Sie die Hymne gehört haben, haben Sie ein bisschen die Hosen voll gehabt, ganz ehrlich? *(darauf Mertesacker)* Ich bin zwar nicht Marcell Jansen, aber … *(darauf Nadvornik)* Ich weiß. *(nach einem Länderspiel zu Per Mertesacker)*

NDR-Rundfunk
Heute spielt Werder Bremen gegen den HSV. Entweder Werder gewinnt oder Hamburg verliert. Eine andere Möglichkeit gibt es nicht.

Christian Nerlinger
Die Angst, dass er dann vielleicht die Meisterschale mal an Hamburg, Schalke oder wen auch immer hätte übergeben müssen, die kann ich ihm nehmen: Das wäre hundertprozentig nicht passiert. *(über Uli Hoeneß als DFL-Präsident)*

Günter Netzer
Ich würde mir nicht zutrauen, ein Frauenfußball-Spiel zu analysieren. Ich denke, dass ich denkbar ungeeignet dafür wäre.

Ich spüre, dass es genug ist. Ich habe genug geredet. Ich kann mich selbst kaum noch sehen und hören.

Bei mir wusste man immer, woran ich war.

Ich muss so langsam sprechen, wie die spielen. *(nach dem EM-Spiel Griechenland gegen Schweden)*

zu Delling: Ich sag ja, Sie hören mir nie zu! Delling: In Ihrem Alter merken Sie gar nicht mehr, ob jemand Ihnen zuhört.

Ich hoffe, dass die deutsche Mannschaft auch in der zweiten Halbzeit eine runde Leistung zeigt, das würde die Leistung abrunden!

Günter Netzer nach einem Spiel: Haben Sie sich wirklich die chinesischen Namen gemerkt? Delling: Ja, ich hatte sie auswendig gelernt, aber eigentlich hab ich mit Netzer schon genug!

Sie sind der Experte – Betonung liegt auf Ex. *(Gerhard Delling zu Günter Netzer kurz vor dessen TV-Abschied)*

Neue Osnabrücker Zeitung
»Ein Leben mit Fußball« könnte der 77-Jährige seine Memoiren betiteln, denn er spielt seit sage und schreibe 80 Jahren Fußball.

Claudia Neumann
Baumgart, der Ferrari unter den Hansa-Trabis.

Peter Neururer
Mancher Mikrofonhalter unter den Journalisten braucht einen Waffenschein.

Charlie Nicholas *(Sky-Kommentator)*
Ich habe keine Ahnung, was Arsène Wenger für ihn bezahlt hat. Es waren mindestens vier Millionen.

Dieter Nuhr
Unsere Fußballer sagen jetzt, wir werden 2006 Weltmeister, wir üben noch ein Jahr, und dann holen wir den Titel. Hoffentlich hören das nicht die anderen, sonst üben die auch.

O

Oberhessische Zeitung
In der 58. Minute hatte Krumnay die Gästeführung erneut auf dem Fuß, doch sein Kopfball strich am Kasten vorbei.

ORB-Videotext
Es blieb bei einem an das Osterfest erinnernden 0:0.

P

Richard Park *(Radioreporter)*
Einmal war Celtic neun Punkte im Vorsprung. Aber irgendwann sind sie auf der Strecke geblieben.

Holger Pfandt *(Kommentator)*
Die Pariser halten dicht! *(bei einem Spiel von Paris St. Germain)*

Frieder Pfeiffer *(Sportreporter)*
Monica Lierhaus würde uns fehlen, das weibliche Gesicht des Moderatoren-Triumvirats, deren sportjournalistische Kompetenz ihre modische deutlich übersteigt – was sie im Vergleich zu Kollege Beckmann ehrt, bei dem sich dieses Verhältnis umkehrt.

Playboy
Deutschlands vier kasernierte Kicker, die nachts über den Zaun des WM-Quartiers setzten, taten es für alle Kameraden, die mit ihrer Latte nur das Deckenlicht im Zimmer löschen durften.

Günter-Peter Ploog *(Sportjournalist)*
Bei Stollen tu ich mir schwer mit der Vorstellung einer möglichen Aids-Übertragung.

Wer heute noch einen vermeintlichen Zwerg auf die leichte Schulter nimmt, der verhebt sich.

Oliver Polzer *(ORF-Kommentator)*
Von den Brasilianern weiß man, dass sie den Ball immer haben wollen und ihn meist erst nach dem Finale wieder hergeben.

Die gute Nachricht: In neun Minuten ist Schluss. Die schlechte: Danach geht es wahrscheinlich weiter … *(bei der WM-Partie 2010 Paraguay – Japan)*

Es ist unvorstellbar, dass ein 1,69 m großer Spieler wie Messi einen derart großen Schatten wirft, der alle anderen 19 Spieler bedeckt. *(beim WM-Spiel 2010 Argentinien – Nigeria)*

Was haben sich die Beteiligten nur gedacht! Wenn ihr kein Tor schießt, schießen wir es auch nicht! *(beim WM-Spiel 2010 Griechenland – Nigeria)*

75 Minuten sind geschafft! Entschuldigung, gespielt. *(bei der WM-Partie 2010 Paraguay – Japan)*

Dieser Pass stand gestern auch schon in der Zeitung.

Die Nordkoreaner machen keine Anstalten, etwas im System zu ändern. *(nach einem Rückstand gegen Brasilien bei der WM 2010)*

Wolf-Dieter Poschmann
Schalten wir rüber zum SV Schalke.

Lieber vom Tätowierer gemalt als vom Spiel gezeichnet. *(über die auffällige Körperbemalung von Zlatan Ibrahimović)*

Sagnol auf Pizarro. Die Südamerikaner unter sich.

Wenn Bremen so weiter wechseln muss, ist der Busfahrer auch bald dran.

Julian Draxler macht sich bereit. 17 Jahre. Der jüngste Schalker aller Zeiten, der in der Bundesliga gespielt hat, der Rüdiger Abramowitsch abgewechselt hat. *(meinte wohl eher die Legende Abramczik)*

Ulli Potofski

Eine gelbe Karte mit Folgen. Nein, er ist nicht schwanger, aber er wird ein Spiel aussetzen müssen.

Prima, das Duisburger Publikum, es unterstützt die eigene Mannschaft.

Sein Goldkettchen hat gewackelt, aber das Tor hat er nicht getroffen. *(über Roland Grahammer)*

Sie sehen oben den, der wehgetan hat, unten den, der Aua hat – und links den, der den Freistoß treten wird. *(zu der Dreiteilung des Bildschirms bei einem Foul)*

Rex Gildo für Arme. *(Max Merkel)*

Zu Potofskis größten Leistungen zählt sicher, Günter Netzer vor laufenden Kameras zum Lächeln gebracht zu haben – ohne Gewaltanwendung. *(»Bild am Sonntag«)*

Adi Preißler *(Trainer von Borussia Neunkirchen)*

Der Präsident will jetzt seinen Rücken stärken, in dessen verlängerten Teil er ihn am Samstag getreten hat. *(Neunkirchens Spieler Hans-Günther Müller)*

Presseinformation des BFC Dynamo Berlin

Neuer Dauerkarten-Rekord beim BFC Dynamo: Der BFC konnte den Verkauf von Dauerkarten in der neuen Saison verdoppeln!!! *(über den Sprung von 17 auf 36 Tickets)*

R

Radio 90elf.de

Die Koblenzer Abwehr deckt sich selber.

Carsten Ramelow

Intimhygiene ist für mich kein Tabu-Thema. *(in einer Werbung für ein Dusch-WC)*

Hans-Joachim Rauschenbach

(legendärer Sportreporter)
Warum soll ich sagen: »Er war schlecht?« Viel besser klingt doch: »Er fiel dadurch auf, dass er neue Schnürsenkel in den Schuhen hatte.«

Je dicker der Kopf, desto kleiner der Heiligenschein, der darauf passt. *(über Diego Maradona)*

Er schaut so freundlich wie ein Grizzly-Bär, der Zahnschmerzen hat. *(über Franz Beckenbauer)*

Spielen Sie ein bisschen Doppelpass mit Ihrer Frau. Dabei kann man auch wichtige Pluspunkte gewinnen. *(zu Manni Burgsmüller)*

rbb Inforadio

Die Flanken, die Stein schlägt, sind kniestrumpfhoch.

Das Einzige, was ins Auge springt, ist der Ball.

Marcel Reif

Freistoßchance für Argentinien, und der Ball geht an die Latte. Das war genau so eingeübt.

Bajramović trabt da hinterher, das ist ja schon fast Nordic Walking.

Also wenn die was nehmen, von der Pille hätte ich auch gern eine. Oder liegt es am Ebbelwoi? *(wundert sich über die gute Stimmung der Frankfurter Fans beim Spielstand von 0:4 gegen Bayern München)*

Das sind Pässe wie mit der Nähmaschine.

Sag mal, wir arbeiten hier. Schleich dich, lass mich gucken. Arsch! *(als bei einem Spiel jemand durch sein Blickfeld lief)*

Sogar die Fehlpässe der Bayern kommen zum eigenen Mann.

Du säufst zu viel! *(zu einem Zuschauer)*

Jetzt Ochs, aber Wortspiele mit Namen verbieten sich.

Herr Schaaf, nehmen Sie doch bitte das Kind vom Platz. *(über Marko Marin)*

Viel passiert ist ebenso wenig.

Und was ist das für eine Kaderplanung, wenn die Indianer beim Husten des Häuptlings die Schweinegrippe bekommen? *(als beim FC Bayern München Franck Ribéry verletzt ausfiel)*

Auch ohne Matthias Sammer hat die deutsche Mannschaft bewiesen, dass sie in der Lage ist, ihn zu ersetzen.

Knut Reinhardt

Deshalb bitte ich Sie recht herzlich: Gebt Dortmund Ihre Stimme. *(bei der Abschlusspräsentation des Bewerbers Dortmund um das Deutsche Fußball-Museum)*

Béla Réthy

Nein, der spielt kein Halma, der macht Taktik! *(als bei einem Spiel kurz vor der Pause der Trainer eine Magnet-Tafel auspackte)*

Maradona sieht so gesettelt aus mit seinem Anzug, wie ein Rinderbaron.

Platini sitzt auf der Tribüne und sieht richtig guten Fußball – seitdem die Franzosen weg sind.

Auch in dieser Szene beweist der Schalker seine Schusskraft, nutzt die gesamte Höhe des Platzes.

Es fehlt ihnen manchmal an einer gewissen russischen Kälte. Da ist zu viel Seele dabei. *(bei der EM 2008)*

Pinto fordert den Ball, aber Soldo entschließt sich zu einem Fehlpass.

Libero, das ist ein ausgestorbener Beruf, wie Postkutscher oder Alchemist.

Auf dem Platz bisher nur Kleingehacktes.

Das können sie wirklich gut: diese Flügelwechsel auf Höhe der Mittellinie!

Demichelis klärt vor seinem Frisurenpartner. *(bei der WM-Partie 2010 Griechenland – Argentinien)*

Zum ersten Mal wird ein Europameister auch Weltmeister, das hat zuletzt Deutschland geschafft.

Das ist Sylvie van der Vaart. Auch bei ihr steht es 0:0. *(während der EM 2008 beim Schwenk über die Tribüne)*

Lou Richter

Viele Frauen haben gesagt, ist doch nicht so schlimm, wenn wir nicht Weltmeister werden, dann werden wir es eben nächstes Jahr.

Gerd Rubenbauer

Wenn der Rauch aufsteigt, weiß man, es ist ein Papst gewählt, oder ein Fußballspiel wird angepfiffen. *(aus einem italienischen Stadion)*

Was bisher bei den Deutschen läuft, ist der Schweiß – bei den Brasilianern ist es der Ball.

Der spielt mit so viel Hingabe – da würde ich das Wort Libero am liebsten mit »ie« schreiben.

Gott sei Dank hat er sich die Nägel nicht geschnitten. *(nach einer Glanzparade von Andreas Köpke)*

So einen harten Ellenbogen hat der in ganz Kolumbien noch nicht gesehen. Aber genau genommen war es das Knie.

Jedes Bein eines tschechoslowakischen Spielers haben die Österreicher schon getroffen, nur noch nicht ins Tor.

Beckenbauer ist hier Vater geworden – sein Sohn heißt Häßler. *(bei der WM 1990)*

Die Paraguayer foulen wie Leprakranke!

Der Schweiß von Milla ist das Einzige, was in diesem Spiel läuft.

Claude-Oliver Rudolph *(Schauspieler und Regisseur)*

Für den Sport fehlt ihnen der Killerinstinkt. Als Bundesligaprofi erwarte ich ein testosteronwandelndes Monster, aber bei Schwulen gibt es eine biochemische Verschiebung.

Sascha Ruefer *(Schweizer Sportreporter)*

Die italienische Abwehr bröckelt wie das Kolosseum in Rom!

Ruhr Nachrichten

Eigenes Knie pfeift Stürmer zurück.

Karl-Heinz Rummenigge

Ich mache alles und nichts. Am meisten mache ich gar nichts. *(im Jahre 1989)*

In der Mitte, da sind sie vierbeinig. *(über die Abwehr der Fußball-Nationalmannschaft von Luxemburg)*

S

Sat.1

Wer ist Portugals Meister? a) FC Porto b) SC Versandkostenfrei *(Gewinnspielfrage)*

In der letzten Saison hat der VfL Bochum von 5 Elfmetern 6 verschossen.

Frenk Schinkels *(niederländisch-österreichischer Spieler und Trainer)*

Jedes Kasperltheater wird ernsthafter betrieben als unsere Liga. Wir müssen aufpassen, dass wir nicht zur totalen Lachnummer werden. *(über einen Skandal in Österreich)*

Bernd Schmelzer *(ARD Sportschau)*

82 Minuten vorbei, dann ging Glieder, von Assauer fast krankenhausreif getätschelt.

Harald Schmidt

Beckenbauer sagt in »Bild«: »Wir haben keinen Führungsspieler, keinen richtigen Schreier.« Das letzte Mal, als sein Wunsch nach einem Schreier in Erfüllung ging, war neun Monate nach der Weihnachtsfeier.

Oliver Schmidt *(Kommentator)*

Die linke Außenbahn der Löw-Elf ist so etwas wie die DFB-Forschungsstation.

Werner Schneyder *(Kommentator, Schauspieler, Kabarettist ...)*

Zu spielen noch eine halbe Stunde, sogar noch etwas drüber, also noch 15 Minuten.

Mehmet Scholl

Er muss verletzungsfrei bleiben – und dann auch die richtige Frau finden. *(über Jungstar Mario Götze)*

Ich kenn das auch. Ich arbeite beim Fernsehen, da riechen alle so. *(als der Trainer Milan Šašić nach einer Bierdusche ins Studio kam)*

Ich kann alle beruhigen, der Vater ist wohlauf, hat die Geburt gut überstanden. *(kurz nach der Geburt seiner Tochter)*

Atze Schröder
Machen wir uns mit Lahm nicht unnötig klein? *(als Lahm neuer Kapitän der DFB-Elf wurde)*

Harald Schumacher
Co-Kommentator – das liegt mir. Der Kalle Rummenigge macht das auch gut, aber der ist mehr was für die vornehmen Leute.

Schwäbische Post
Da wurde geschossen, dass es den Torleuten nur so um die Ohren ballerte – 146 Tote in 30 Partien sprechen für sich und totalen Angriffsfußball.

Klaus Schwarze *(Sportreporter)*
Beide Mannschaften hatten in den vergangenen Wochen ein dentales Problem – ihnen fehlte der nötige Biss.

Uwe Seeler
Der beste Fußballer in der ganzen Familie war im Grunde meine Schwester Purzel.

Der Uwe ist ein Schatz. Ich weiß nicht, ob es einen perfekten Menschen gibt. Den Papst vielleicht. Aber dann kommt gleich Uwe Seeler. *(Franz Beckenbauer)*

Die höchste Position in unserem Leben ist immer Gott. Dicker, für die Stadt Hamburg bist du ein Gott. *(Franz Beckenbauer fände Seeler als HSV-Präsidenten klasse)*

Steffen Simon
Hier werden Spatzen zu Moorhühnern. *(bei der 1:9-Niederlage der Ulmer »Spatzen« gegen Bayer Leverkusen)*

Sport1
Litauen ist neben Estland und Lettland die größte der drei Baltenrepubliken.

Die Abwehr von Wolfsburg hat etwas von Swinger-Clubs. Man weiß nie, welches Pärchen ran darf!

Was für ein Brett! Offenbachs Yildirim zieht aus 30 Metern ab, Schober reißt die Fäuste hoch und wehrt das Geschiss ab. *(im Liveticker zum Spiel Offenbach gegen Rostock)*

Zuvor jedoch mussten die BVB-Fans zittern, als Köln den Angriffsdruck erhöhte und Anthony Lurling wenige Sekunden vor seiner Einwechslung (72.) nur den Innenpfosten traf.

Sport-Informations-Dienst
Irgendwo lauert immer ein Roggensack. *(1995 zu Trainerentlassungen in der Bundesliga)*

Sports
Eher tritt der Papst aus der Kirche aus, als dass ein Münchener vom überzeugten »Bayer« zum »Sechziger« wird.

Matthias Stach *(Kommentator)*
Das war ein furioses Finish hinten raus.

Und der passte ganz genau wie ein 6er Dübel in eine solide Wand.

Stadionsprecher FT Gern
Bitte passen Sie auf die Spieler des FC Bayern auf. Die waren teuer. *(als nach einem Testspiel gegen den Kreisligisten die Zuschauer den Platz stürmten)*

Stadionsprecher Rot-Weiss Essen
Bitte steigt nicht auf die Flutlichtmasten. Bei diesem feuchten Wetter könnt ihr einen Schlag bekommen, und dann seid ihr lange tot.

Eberhard Stanjek
Der wusste nicht einmal, wer wir sind. Der sprach immer nur von den Bayern und den Weißen. *(KSC-Trainer Winfried Schäfer über den Kommentator vom Bayerischen Rundfunk)*

Jeff Stelling *(englischer TV-Moderator)*
Ich habe die Begebenheit mit Eduardo nicht gesehen, also habe ich keine Ahnung, wie schlimm es war. Aber es war offensichtlich absolut abscheulich.

STERN

Einen Ausnahmefußballer wie Pierre Littbarski, den Beckenbauer für gottbegnadet hält und heimlich liebt, hat er inzwischen umgeschult zum lebendigen Rasenmäher im deutschen Mittelfeld.

Und in der Kabine wäre es Rudi Völler beinahe gelungen, Herrn Kohl, der in der Pause zweimal vom Platzlautsprecher gebeten worden war, sich zusammen mit Frau Weber wieder auf der Ehrentribüne einzufinden, mit einer gezielten Champagnerfontäne zur Strecke zu bringen.

Jörg Stiel

Du weißt nicht, was ich gesagt habe. *(nachdem ihn der Moderator als guten Übersetzer gelobt hatte)*

Edmund Stoiber

Unterhaching ist von der gesamttechnischen Perfektion sehr kompakt.

Gordon Strachan

Ihr Leute seid wie diese Serienmörder, die man in den Filmen sieht, die Buchstaben ausschneiden und sich Sachen wie »Deine Frau ist die Nächste« ausdenken. *(zu der Presse bei Celtic)*

Claudia Strunz

Erst schmeißt sie sich dem verheirateten Thomas Strunz an den Hals. Als dann das Geld ein bisschen weniger wird, geht sie zu Stefan. *(Uli Hoeneß über die Spielerfrau)*

Süddeutsche Zeitung

Er trainierte tagsüber ein wenig in München und verzichtete bis zum Redaktionsschluss auf erneute Kritik an van Gaal. Vorbildlich. *(über Luca Toni)*

In der ersten Halbzeit hat die Mannschaft den Faden verloren, als Buchwald genäht werden musste.

Süddeutscher Rundfunk

Der VfB Stuttgart hat drei Trainer-Kandidaten. Die Namen werden geheim gehalten; es besteht Fluchtgefahr. *(böser Radio-Kommentator)*

Sunday Times

Über dieses fürchterliche Leck werden die Yankees sich nicht beschweren. *(nach dem Torwartfehler von Robert Green im Spiel USA – England bei der WM 2010 angesichts der BP-Öl-Katastrophe im Golf von Mexiko)*

SWR

In der zweiten Halbzeit bewegte sich der Mainzer Spieler Bopp mehr. Wahrscheinlich fror er und wollte sich dadurch ein wenig aufwärmen.

Was so ein richtiger Fußballbomber ist, hat mehrere Gegner, aber auch mehrere Bälle. *(bei einem Frauenfußball-Spiel im Jahr 1962)*

Die Fachwelt sagt: Diese Frauen seien Prima-Ballerinnen. Prima Ballerinen sind mir lieber. *(ebenfalls im Jahr 1962)*

T

taz

Ein gelungenes Debüt hatte der bekannte Schriftsteller Toni Schumacher. Obwohl er beim 9:0-Sieg seiner Mannschaft gegen die Sportfreunde Schwalbach faktisch nichts zu halten hatte, gelang es ihm, einem gegnerischen Stürmer die Nase blutig zu hauen.

The Observer

Napoleon hat sich damals mit kaum weniger Würde aus Moskau zurückgezogen, als es Arsenal bei seiner Rückkehr von Manchester nach London getan hat.

The Sun

Die beste Gruppe seit den Beatles. *(nach einer WM-Auslosung)*

Beni Thurnheer *(Schweizer Sportreporter)*

Hätte er Tiefstrasser geheißen, wäre es wohl noch gefährlich geworden! *(nach einem Freistoß von Xavier Hochstrasser)*

Der Rasen sieht alt und gebraucht aus, irgendwie erinnert er mich an die Kleider der Kelly Family.

Der Ball geht drüber, die Höhe jedoch war optimal!

In einer Herde von schwarzen Schafen ist das weiße Schaf das schwarze Schaf. *(über den ersten weißen Spieler von Trinidad & Tobago seit 40 Jahren)*

t-online.de
Jetzt liegt das Geld auf dem Behandlungstisch. *(über den verletzten Franck Ribéry)*

Foul von Gündoğan an Frankfurts Maik Franz, und der fällt, als ob er vom Auto angefahren wurde. *(im Liveticker)*

Rolf Töpperwien
Udo Lattek mag Otto Rehhagel nicht, also mag ich Lattek nicht.

Wer ist Töpperwien, hat der schon mal eine Mannschaft trainiert? Als ich noch Trainer war, ist der bei mir doch früher überall reingekrochen, wo eine Öffnung war. *(Udo Lattek)*

Der schläft doch in Bremer Bettwäsche, den haben sie grün-weiß eingewickelt. *(Erich Ribbeck)*

Sabine Töpperwien
In der ersten Halbzeit hatten die Gladbacher Blei im Kopf.

Gute Frau, schicken Sie mir Ihren Bruder, mit dem rede ich. *(Otto Rehhagel zur Reporterin)*

TSV München 1860
Im Laufe des Tages nimmt die Mannschaft an einer Wildfütterung teil.

U

Axel Ubben *(Pressesprecher von Arminia Bielefeld)*
Pfosten, in die Fresse, rein. *(über ein Eigentor des Torwarts Rowen Fernandez)*

V

Harry Valérien *(Sportjournalist und Moderator)*
Und den Zuschauern, die schon eingeschlafen sind, wünsche ich eine recht gute Nacht. *(im »aktuellen sportstudio«)*

Henk van Dorp *(niederländischer Reporter)*
»Ihr sitzt da in der Kabine, habt gerade 2:2 gegen Polen gespielt, es ist still, und was sagt ihr dann so?« Antwort von Rob Witschge *(niederländischer Nationalspieler)*: »Wenn es still ist, sagen wir eigentlich gar nix!« *(Interview in einer TV-Sendung)*

Karlheinz Vest *(ARD)*
Das Köpfen ist des Müllers Lust. *(über Andreas Müller)*

Da crienst er sich eins. *(über den Torschützen Hans-Jörg Criens)*

Uli Voigt *(Reporter)*
Köln spielt wie ein Mitglied der Initiative »Rettet den MSV«. *(im Frühjahr 1995)*

Markus Völker *(»taz«-Journalist)*
Stünden nicht noch die Scharmützel um Podestplätze an, über die letzten zwei Spieltage der Bundesliga legte sich die Spannung eines nordkoreanischen Wahlabends.

Fritz von Thurn und Taxis
Der Jüngste auf dem Platz, der ist ja gerade erst 19 geworden. Das hat ja ewig gedauert, der war ja ewig 18. *(über den Bayern-Spieler Roque Santa Cruz)*

Jetzt brauch ich erst mal ein Zigarettchen, um das zu verstehen! *(nach einem 5:2-Sieg des FC Schalke 04 bei Inter Mailand)*

Vieri läuft den ganzen kleinen Blutsaugern davon. *(beim Spiel Italien – Südkorea)*

Spieler gibt's, die haben im Brustmuskel mehr Gefühl als manch einer im Fuß.

Naldo – ganz das Gegenteil eines Ailton: ruhig, sachlich, klug.

Man braucht erfahrene Kämpfer und aufstrebende, junge Spritzer.

Jetzt versucht die Bremer Abwehr den Quagliarella zu doppeln, aber das klappt nicht, sie sollten es lieber mit Dritteln versuchen.

W

Chris Waddle
Arsenals Art und Bewegung sind unglaublich. Ich hoffe, die Zuhörer sehen das. *(auf Radio 5 Live)*

Herbert Watterott *(Journalist)*
Ernst Höfner – wie früher Franz Beckenbauer fährt er über das Eis.

Oliver Welke
Olli, was glaubst du, macht der belgische Torwart eigentlich so beruflich? *(Frage an Oliver Bierhoff bei einem Champions-League-Spiel)*

welt.de
Beim ersten öffentlichen Auftritt nach dem Rücktritt teilt Karl-Theodor zu Guttenberg gegen seine Ex-Kollegen aus. Dabei wirkt er wie ein dicklicher Lothar Matthäus.

Eigentlich hatten wir auch Lothar Matthäus zum Interview gebeten. Der muss aber noch eine Autogrammstunde geben. Matthäus braucht das Geld, er muss schließlich seine Scheidung bezahlen.

weltfussball.de

Eto'o bezieht die Zuschauer auf der Tribüne mit ins Geschehen ein, indem er einen Ball aus 18 m auf die Tribüne befördert.

Wiener Kronen Zeitung

In einem Spiel der oberbayrischen Bezirksliga brach Torwart Peter Michalke (23) vom FC Marktschwaben ohne Feindeinwirkung tot zusammen.

Jörg Wontorra

So ist nun mal das Leben: Die einen setzen, die anderen lecken sich durch.

Das Resultat hat ja auch überzeugt, vom Ergebnis her jedenfalls.

Wenn Sie jemanden einen Streich spielen wollen, schenken Sie ihm eine Dauerkarte fürs Weser-Stadion. *(nach einem 0:0)*

Ich bin ganz sicher, dass Mario Basler in der zweiten Halbzeit vielleicht noch kommen wird.

Lars Ricken: erst 22 und hat schon eine eigene Meinung.

Da ist selbst Karneval manchmal lustiger. *(bei einem Spiel Frankfurt gegen Uerdingen im Frühjahr 1996)*

Heute schlägt das Schäfer-Stündchen. *(über Winfried Schäfer)*

Aber dennoch hat der VfB Leipzig 0:0 gewonnen.

Marc Wilmots, der Held vom Borsigplatz.

Demichelis spricht sich »Demitschelis«, meine Damen und Herren, also mit scharfem »tsch« wie in Schule.

Man sagt: Bevor Fritz Walter den Ball zu Ihnen spielt, lässt er lieber die Luft raus. Stimmt das? *(zu Jürgen Klinsmann)*

Dani Wyler *(Schweizer Kommentator)*
Eine Riesenchance. Das Tor war leer, bis auf den Torhüter.

Z

Theo Zwanziger
Ich verstehe nicht, warum die Kirche nicht sagt, wir brauchen jetzt, um diesen Fall endgültig aufzuklären, jemanden, der Jurist ist, der souverän ist, der mit aller Art von Emotionen umgehen kann, der medial ein Profi ist? Warum sagt man nicht einfach: Bitte klären Sie das, Herr Dr. Theo Zwanziger! *(Harald Schmidt zum Missbrauchsskandal in der katholischen Kirche)*

Y

Kaya Yanar
Kopfbälle machen blöde. Deshalb haben die Spieler ihren aktuellen IQ immer hinten auf dem Trikot.

Länder und Vereine

A

Ajax Amsterdam

Macht aus Ajax endlich wieder einen einfachen Fußballklub statt diesem börsennotierten Unternehmen. Wenn der Trainer pissen geht, wird der Handel stillgelegt. *(Youp van 't Hek, niederländischer Kabarettist)*

Argentinien

Argentinien ist ein Rolls Royce und Messi der Fahrer. *(Diego Maradona)*

FC Augsburg

Der FC Augsburg ist nicht irgendein Verein. Er ist für Augsburg genauso wichtig wie Feuerwehr und Straßenbahn. *(Augsburgs Vereinspräsident Dr. Lux)*

Australien

B

FC Barcelona

Über Dinge, die mich stören, spreche ich nur noch innerhalb meiner eigenen vier Wände und auch dort nur mit meiner Frau – sonst bist du tot hier! *(Allan Simonsen, 1981)*

Wir kopieren jetzt in Schwarz-Weiß. *(der Präsident Sandro Rosell zum Sparkurs des Klubs)*

Belgien

Die Belgier werden wie ihre skandinavischen Artgenossen Dänemark und Schweden spielen. *(Andy Townsend, ehemaliger irischer Fußballspieler)*

1. FC Union Berlin

Arminia Bielefeld

Wir Arminen sind auch deutscher Meister, allerdings nur in Ostwestfalen. *(Arminia Bielefelds Trainer Ernst Middendorp)*

Blackpool FC

Ich liebe Blackpool. Wir sind uns sehr ähnlich. Wir sehen beide im Dunkeln besser aus. *(Ian Holloway)*

Hertha BSC

Hertha gehört in keine Villa, sondern in einen Hühnerstall. *(Rudi Gutendorf in den siebziger Jahren)*

Die sollten ihren Fußballplatz frei und daraus einen Gebrauchtwagen-Markt machen. *(Kabarettist Wolfgang Gruner über Hertha BSC)*

CA Boca Juniors

Boca zu trainieren ist wie Sex bei offenem Fenster zu haben – man hat keine Privatsphäre. *(Claudio Borghi, nachdem er die Trainerbank der Xeneizes räumen musste)*

VfL Bochum

Was für eine Frage! Für unseren VfL würde ich sterben. Das ist mein Verein. *(Thorsten Legat auf die Frage, ob er immer noch mit seinem Ex-Verein leiden würde)*

Der VfL Bochum könnte in der Schweiz um den Titel mitspielen. *(Ottmar Hitzfeld im Jahr 1995, als der VfL gerade auf dem 17. Tabellenplatz stand)*

Wenn schon doof verlieren, dann wenigstens in Bochum. *(Torsten Kracht, damals bei Eintracht Frankfurt und Ex-VfLer)*

Sieger waren mir aber immer schon langweiliger als jene, die interessant zu scheitern wissen. Deshalb finde ich es auch besonders cool, Anhänger des VfL Bochum zu sein, weil es im Grunde haltlos uncool ist. *(Autor und Journalist Christoph Biermann)*

Brasilien

Ich habe kürzlich die Brasilianer im Training gesehen, A-Elf gegen B-Elf. Wenn die gut drauf sind, betreiben sie eine andere Sportart als unsere Nationalmannschaft. *(Reiner Calmund)*

Ich habe kein Geld übrig für eine Eintrittskarte, um Brasilien spielen zu sehen. *(Johan Cruyff)*

Einen Brasilianer in eine Hintermannschaft zu integrieren, ist ungefähr so, als würde man einen Roulettespieler bei einer Bank beschäftigen. *(Gerd Rubenbauer)*

Unser Fußball ist wie unsere Inflation: 100 Prozent. *(Überschrift in einer brasilianischen Zeitung nach dem Sieg über England im Jahr 1981)*

Die Brasilianer sind nicht so gut, wie sie gewesen sind oder wie sie nun sind. *(Kenny Dalglish)*

Wenn man einen Brasilianer auswechselt, ist das schlimmer, als wenn man ihm die Frau klaut. *(Klaus Toppmöller)*

In Brasilien kommt Fußball gleich nach Gott. *(Pelé)*

Werder Bremen

SV Werder? Der neue Meister heißt SV Wille! *(Christoph Daum, nachdem sich Werder am letzten Spieltag der Saison 1992/93 knapp gegenüber den Bayern durchgesetzt hatte)*

Werder galt früher als Eliteklub. In den zwanziger Jahren mussten die Mitglieder sogar die mittlere Reife nachweisen, sonst wurden sie nicht aufgenommen. *(Werder-Präsident Franz Böhmert)*

Ich bin seit 35 Jahren Werder-Fan, weil es sich einfach richtig anfühlt. Weil hier alles unaufgeregt und hanseatisch abläuft. *(Arnd Zeigler)*

Früher kannte man uns nur in Osnabrück – heute auf der ganzen Welt. *(Otto Rehhagel nach 14 Jahren Werder Bremen)*

Bristol City

Es ist schon schlimm genug, wenn man sich Bristol City anschauen muss, auch wenn man nicht bestohlen worden ist. *(Richter Desmond Vowden QC, als er einen Mann verurteilte, der das Auto eines City-Fans gestohlen hatte)*

China

Man sollte denken, wenn einer eine ordentliche Mauer aufstellen kann, dann müsste es China sein. *(Terry Venables)*

C

Chelsea FC

Sogar der Milchverkäufer glaubt, dass wir doppelt so viel bezahlen wie andere. *(Bruce Buck, Vorstandsvorsitzender von Chelsea, zu den überzogenen Forderungen anderer Klubs)*

Chelsea war ein »Würstchen, Eier und Pommes«-Klub, bevor die ausländischen Spieler hinzukamen. So etwas haben wir vor dem Training und sogar vor Spielen gegessen. *(Dennis Wise, englischer Spieler und Trainer)*

Beinahe-Titel zählen bei Chelsea gar nichts, aber vielleicht ist es mit der Philosophie eines Verlierers eine große Saison. *(José Mourinho, Ex-Trainer des FC Chelsea, nach der Entlassung seines Nachfolgers Avram Grant)*

Wie so viele bei Chelsea ist Zola einmalig. *(Barry Venison)*

D

Dänemark

Wir sind 23 Löwen, die in ihrem Käfig herumlaufen und darauf hoffen, dass der Wärter vergisst, die Türe zu schließen. *(Jon Dahl Tomasson, Dänemarks Stürmer, vor dem ersten Gruppenspiel gegen die Niederlande bei der WM 2010)*

Deutschland

Ich hatte mir die deutschen Spieler gefährlicher vorgestellt. Meine Hände weisen weder Schwellungen noch Blasen auf. *(Hayrettin, der türkische Nationaltorwart, nach einem Spiel gegen Deutschland)*

Jetzt geht es gegen die Powerkrauts mit ihrem Magic Man Matthäus. *(»Daily Star« bei der WM 1990)*

Wenn du die Spieler fragst, welche Musik sie am liebsten hören, bekennt fast jeder: Peter Maffay. So kannst du doch nicht Weltmeister werden! *(Die Toten Hosen)*

Gegen die Deutschen hast du erst gewonnen, wenn sie mit dem Bus aus der Stadt raus sind. *(Youp van 't Hek, niederländischer Kabarettist)*

Deutscher Fußball ist nur in der Zusammenfassung schön. *(René Eijkelkamp, niederländischer Spieler und Trainer)*

Sie dachten, in Deutschland sei es immer kalt. Sie haben Roque Santa Cruz und mir gesagt: »Ihr habt uns die ganze Zeit angelogen.« *(Paraguays Stürmer Nelson Valdez auf die Frage, wie es seinen Mitspielern in Deutschland bei der WM 2006 gefallen habe)*

Eine Kerze und zwei Aspirin, das ist es, was Laurent Blanc braucht, wenn er sich die DVD von Deutschland anschaut. Die Kerze, um das Schicksal anzuflehen, dass Frankreich bei der EM-Auslosung nicht in dieselbe Gruppe wie Deutschland kommt. Die Aspirin, um das Kopfzerbrechen zu minimieren! *(»L'Équipe«)*

Deutschland ist die einzige Mannschaft, die den 2:2-Ausgleich kriegt und 4:1 gewinnt. *(ein holländischer Kommentator bei der WM 2010)*

Deutschland war ein harmonisches Orchester, die Niederlande eine angetrunkene Blaskapelle ohne Dirigenten. *(»De Volkskrant«)*

Ich finde es gut, dass die Mannschaft mit Trainer und mit Plan gegen die Mannschaft ohne Trainer und ohne Plan gewinnt. *(Thomas Tuchel, Trainer des FSV Mainz 05, nach dem 4:0-Sieg Deutschlands im WM-Viertelfinale 2010 gegen Argentinien)*

Das Preis-Leistungsverhältnis stimmt meistens bei den Deutschen. *(Giampaolo Pozzo, Präsident von Udinese)*

Die unberechenbare Kampfmaschine ist zu einer weichen und phantasielosen Joghurt-Brigade degeneriert. *(»De Volkskrant« über die deutsche Nationalmannschaft)*

Borussia Dortmund

Das schwarz-gelbe Trikot ist meine zweite Haut geworden. *(Dede)*

Das miserable Management hat dafür gesorgt, dass die Spieler nur noch Matsch in der Birne und Blei in den Beinen haben. *(Großaktionär Florian Homm auf der Jahreshauptversammlung des BVB)*

Wolfsburg oder Hoffenheim müssen das große Geld auspacken, um sexy zu sein. Der BVB ist von Natur aus sexy! *(Hans-Joachim Watzke)*

Hier kommst du zum Warmlaufen auf den Platz und glaubst, du führst schon 2:0. *(Libero Thomas Kroth über die Begeisterung der Fans im Westfalenstadion)*

Das Spiel einer Mannschaft entspricht ihrem Charakter. Dortmund heißt Kampf! *(Michael Zorc noch als Kapitän im Jahr 1993)*

Ich glaube, es ist leichter, einen Rollmops durch Mund-zu-Mund-Beatmung wieder ins Leben zu holen. *(Max Merkel über die UEFA-Cup-Chancen des BVB)*

Wenn früher der Stadionverwalter Gustav Sträter das Licht angemacht hat, waren 10.000 Zuschauer da. *(Lothar Huber)*

Für diese Aktie wird es nie Rendite geben. Man kann das Geld auch spenden, da gibt es eine Quittung, da hat man mehr davon. *(Prof. Dr. Maennig über die BVB-Aktie)*

Arsenal-Trainer Arsène Wenger hat das Dortmunder Stadion als Tempel des deutschen Fußballs beschrieben. Es fällt schwer, ihm zu widersprechen. Die riesige Gelbe Wand erinnert an Villa Park's Holte End, nur ist sie größer. Nach dem Anstoß war sie nicht nur eine Gelbe Wand, sondern eine Wand aus Lärm. *(»The Independent« nach dem CL-Spiel des BVB gegen Arsenal im September 2011)*

Dynamo Dresden
Wir bei Dynamo sind alle eine Soße. *(Jochen Rudi, Präsident des SC Dynamo Dresden)*

MSV Duisburg
Die Duisburger müssen sehr glücklich sein. Denn in der Bibel heißt es: Glücklich sind die geistig Armen. *(Michael Schulz kommentierte Pfiffe gegen ihn auf seine Weise)*

Fortuna Düsseldorf
Die können weit werfen und weit schießen. Scheinbar reicht das für die Bundesliga. *(Bernd Krauss über die Mannschaft von Fortuna Düsseldorf)*

Fortuna-Fan zu sein, ist gelebte Lebenshilfe. Wer mit diesem Verein aufwächst, weiß, dass Schmerzen vielleicht nicht vergehen, aber dass sie erträglich werden. Irgendwann. Insofern kann ich nur Eltern empfehlen, nach Düsseldorf zu ziehen, um ihre Kinder mit der Fortuna aufwachsen zu lassen, weil solche Kinder einfach nachweislich resistenter durchs Leben gehen. *(Dieter Nuhr)*

Was ist der Unterschied zwischen der Rheinbahn und Fortuna Düsseldorf? Die Rheinbahn hat mehr Anhänger. *(Karnevals-Duo Pit und Joe)*

Wer Fortuna kennt, braucht das Leben nicht zu fürchten. *(Dieter Nuhr)*

E

England

Die Engländer brauchen Regen, wenn sie Weltmeister werden wollen. *(Roque Santa Cruz)*

Ich habe das Gefühl, England ist nicht mehr das Mutterland des Fußballs, eher das Großmutterland! *(Harald Schumacher bei der WM 2010)*

Der englische Durchschnittsfußballer konnte den Unterschied zwischen einer attraktiven Frau und einer Eckfahne nicht erkennen. *(Walter Zenga, Torwart von Italien)*

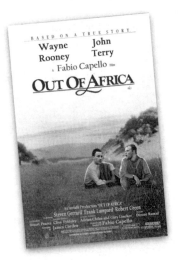

Zu viele von den englischen Spielern sahen aus wie Fische am Baum. *(Paul Merson, englischer Fußballspieler)*

Wenn wir im Krieg genauso schlecht verteidigt hätten, würden wir jetzt alle Deutsch sprechen. (*»Daily Mail« zum Achtelfinale zwischen Deutschland und England bei der WM 2010*)

Ich kann nicht sagen, dass England scheiße ist, da sie uns bei der EM 2000 geschlagen haben. Dann wären wir noch beschissener. (*»Ally« McCoist, schottischer Fußballspieler*)

Ich habe ihm gesagt, dass Spieler in England keine Spiele wegen einer Grippe verpassen. Er kommt ja aus Los Angeles, vielleicht weiß er gar nicht, was eine Grippe ist. Als wir vor dem Anpfiff das Mannschaftshotel verließen, sah er in seinem Anzug schon wieder besser aus, deswegen entschied ich mich, ihn spielen zu lassen. (*Everton-Trainer David Moyes über seinen Ami Landon Donovan*)

Ist doch egal, ob wir die früher oder später raushauen. (*Marko Marin über ein mögliches Spiel gegen die Engländer bei der WM 2010*)

In England gibt es keine Schauspielerei. Da darfst du dich auf dem Platz nur behandeln lassen, wenn das Bein drei Meter entfernt von dir liegt. (*Christian Ziege*)

Alle außer England! (*Andy Murray, Schotte, wurde während des Wimbledonturniers in England gefragt, welche Mannschaft bei der WM seine Lieblingself wäre*)

In der Hallenliga der Müllmänner wird besserer Fußball gespielt. (*die englische Zeitung »Sun« über ein Spiel England gegen Andorra*)

Elferschießen wird jetzt in Englands Schulen Pflichtfach, und ab der Oberstufe mit Torwart. (*Lou Richter*)

Rot-Weiß Erfurt

Rot-Weiß Erfurt ist nicht Inter Mailand. (*Uli Hoeneß bei einem DFB-Pokalspiel*)

F

Eintracht Frankfurt

Bei Eintracht Frankfurt ist alles geleast. Einschließlich Gehirn – sofern vorhanden. (*Jürgen Friedrich, der Lauterer, spielte früher auch für die Eintracht*)

Der Vereinsname »Eintracht« ist der beständigste Witz im deutschen Fußball. (*Johannes B. Kerner*)

Ich hatte gedacht, dass die Eintracht sich schon etwas aufgebaut hat, ich war richtig erschrocken: Die hatten nur das »Kicker«-Sonderheft. *(Karl-Heinz Körbel, als er in Frankfurt als Talentscout anfing, über das bisherige Scoutingsystem der Eintracht)*

Frankreich

Ich rufe die Franzosen hiermit auf, mehr Kinder zu zeugen. Dann werden wir in 20 Jahren auch wieder gute Spieler haben. *(Michel Platini)*

Es ist gut, dass Frankreich so früh nach Hause musste. Noch eine Woche, und die Spieler hätten sich gegenseitig aufgefressen. Das war der beste Weg, den Kannibalismus zu verhindern. *(Eric Cantona, der ehemalige französische Nationalspieler, über das Vorrunden-Aus bei der WM 2010 in Südafrika)*

SC Freiburg

Die Freiburger waren mir immer sehr sympathisch. Dieses Spiel war aber auch immer ein wenig wie Studenten gegen die Landeshauptstadt. *(Fredi Bobic)*

Dass Freiburg Meister wird, ist so wahrscheinlich wie ein Europacupgewinn von Darmstadt 98. *(Volker Finke 1994 als Trainer der Breisgauer)*

Greuther Fürth

G

Ghana

Die Ghanaer kochen, wenn überhaupt, auch nur mit Wasser. *(Olaf Thon bei der WM 2010)*

Glasgow Rangers

Celtic hat nur coole Fans. Die Rangers haben mich und Wet Wet Wet. *(Alan McGee, Gründer von Creation Records und Ex-Manager von Oasis)*

H

Hamburger *SV*

Und ihr habt mich vom Hof gejagt, ihr Lutscher! *(Benedikt Pliquett, der Torhüter des FC St. Pauli, nach dem 1:0 im Derby gegen seinen Ex-Klub)*

Auswärts brauchen wir nicht schön zu spielen. Unsere Trikots sind schön genug. *(Dr. Peter Krohn, Hamburger SV)*

Hannover 96

Hätte ich das Wort »Hannover« nicht neulich in den Stau-Meldungen gehört, hätte ich 96 in meiner Saisonvorschau vergessen. *(Mario Basler)*

Bevor ich in Hannover unterschrieben habe, war ich 16 Monate lang ohne Job. Arbeitslosigkeit ist neben Krankheit das Schlimmste, was es überhaupt gibt. Dann schon lieber Hannover 96. *(Peter Neururer im März 1995)*

TSG 1899 Hoffenheim

Die könnten sich bei Olympia für eine 4x100-Meter-Staffel bewerben. Da hätten sie vermutlich gute Chancen. *(Robin Dutt über die schnellen Offensivspieler der TSG 1899 Hoffenheim)*

1899 Hoffenheim – wo haben die sich eigentlich die letzten hundert Jahre versteckt? *(Bayern Münchens Vorstandschef Karl-Heinz Rummenigge)*

Wie heißt diese THG oder TSG doch gleich? Wo wären die ohne den weißen Ritter aus Hoffenheim? Wir können

eben nicht sagen, lieber Dietmar Hopp, lass es Geld regnen! *(Hans-Joachim Watzke in seiner Rede auf der Aktionärsversammlung in der Dortmunder Westfalenhalle)*

FC Homburg

Vielleicht liegt es daran, dass sie mit ihrer Werbung etwas verhindern wollen: Diesmal hat es Homburg geschafft, ein Fußballspiel zu verhindern. *(St.-Pauli-Trainer Helmut Schulte, als der Aufsteiger für Kondome Werbung auf seinen Trikots machte)*

Sicher findet niemand in Homburg die große Glitzerwelt, aber es gibt dort nicht nur Neandertaler. *(Manager Manfred Ommer über seinen Verein)*

I

Galatasaray Istanbul

Niemand kann mir sagen, dass das nur 20.000 sein sollen. *(Paolo Maldini nach dem Spiel seines AC Milan im Ali-Sami-Yen-Stadion gegen Galatasaray Istanbul)*

Italien

Meine Liebe zu Italien ist nicht beendet – es hat sie nie gegeben. *(José Mourinho)*

Wir waren ein Luxus-Restaurant, jetzt sind wir eine Pizzeria. *(Adriano Galliani, Milan-Vizeboss, über den Niedergang des italienischen Fußballs)*

Fußball ist für die Italiener nur der zweite Nationalsport. Der erste ist, die Steuer zu behumpsen. *(Marcel Reif)*

Wenn mir ein Italiener sagt, dass das auf dem Teller Pasta ist, schaue ich unter der Soße nach, um sicherzugehen. Die sind die Erfinder der Vernebelungstaktik. *(Sir Alex Ferguson)*

Die meisten italienischen Spieler rennen in der Halbzeit schnell auf eine Zigarette in die Toilette. *(Paul Gascoigne bei Lazio)*

In Italien würden sie uns Waschbecken an den Kopf werfen. *(Massimo Oddo wundert sich, dass man sich in deutschen Stadien auch direkt vor der Fankurve der Gastgeber warm machen kann)*

J

Japan
Dass Japan bei der WM 2006 mitmachen darf, gebietet der Anstand; immerhin waren die Japaner so freundlich, eine Ehefrau für Pierre Littbarski zu finden. *(Boris Herrmann in der »Berliner Zeitung«)*

Wenn der Ball drin ist, dann sieht das auch ein Japaner. *(Gerd Müller nach seiner Zeit bei einer Fußballschule in Japan)*

K

1. FC Kaiserslautern
Das Grauen hat einen Namen: Betzenberg. Dort ist der 1. FC Kaiserslautern zu Hause, jenes Team, das die Ästhetik der Kneipenschlägerei zur sogenannten Fußballkultur erhob. *(Wiglaf Droste)*

Wohin sollte ich denn wechseln? Ich bin doch schon beim FCK! *(Fritz Walter)*

Kaiserslautern wollte sich Winterspeck anfressen, doch heute spielen sie wie die Weight Watchers. *(Jens-Jörg Rieck, Reporter)*

Das ist wie ein Glaube. So wie andere in den Dom rennen, gehen die zum Betzenberg. Das ist da wie der Ölberg! *(Hannes Bongartz)*

Kaiserslautern hat proportional zur Einwohnerzahl die größte Kneipendichte. Da kann ich verstehen, dass einige FCK-Verantwortliche sagen: »Lieber nicht!« *(Fritz von Thurn und Taxis zu den Gerüchten, Mario Basler wolle zum 1. FC Kaiserslautern wechseln)*

Der Tränenkanal der Liga. *(TV-Kommentator Thomas Herrmann im Abstiegsjahr 1996)*

Karlsruher SC
Wer sich beim Karlsruher SC keinen Herzinfarkt geholt hat, bekommt nie einen. *(Max Merkel, ehemaliger Trainer beim Karlsruher SC)*

1. FC Köln
Der 1. FC Köln muss ein verrückter Verein sein, sonst hätten sie nicht noch einmal einen Schweizer genommen. *(Hanspeter Latour, mit seinem Landsmann Marcel Koller war der FC 2004 in die zweite Liga abgestiegen)*

Im Kölner Stadion ist immer so eine super Stimmung, da stört eigentlich nur die Mannschaft. *(Udo Lattek)*

In Köln stimmt nix. Sogar der Geißbock stinkt. *(Max Merkel)*

Wie merkt man, dass in Köln Donnerstag ist? Lukas Podolski kommt zum ersten Mal in der Woche zum Training. *(Udo Lattek)*

Ob sie dir nun auf den Hintern klopfen oder in den Hintern treten – in Köln gibt es wenigstens Menschlichkeit. *(Pierre Littbarski)*

Für den 1. FC Köln ist schon die Seitenwahl ein sportlicher Höhepunkt. *(Uwe Bahn, NDR-Moderator)*

In der freien Wirtschaft würde ein 1. FC Köln erbarmungslos absaufen. *(Harald Schumacher in der Saison 1995/96)*

Schlechte Fitness, Unfähigkeit, miese Moral, keine Kondition – wenn ich nicht genau wüsste, die Rede ist von der Bundeswehr, dann würde ich sagen: 1. FC Köln! *(Gaby Köster)*

L

Lettland

Unentschieden gegen Lettland – wir haben es geschafft, den Brasilianern des Baltikums ein 0:0 abzutrotzen. *(Ingolf Lück bei der EM 2004)*

Bayer Leverkusen

Wir haben grundsätzlich keine Schmerzen. Wir haben Aspirin. *(Gert-Achim Fischer, Vorsitzender von Bayer Leverkusen, auf die Frage nach einer Schmerzgrenze bei einem Angebot für Jorginho)*

Das ist ein Plastikverein, der mit Herrn Calmund nicht den Gentleman hat, den man sich bei einem Weltkonzern vorstellt. *(Horst Heese, Anfang der neunziger Jahre)*

Die Chemie-Heinis, die sollen doch turnen gehen! *(Campino über Bayer Leverkusen)*

Dass Leverkusen Tabellenführer der Bundesliga ist, interessiert hier nicht. Leverkusen ist ein viel zu kleiner Klub, der 1. FC Köln ist in Spanien bekannter. *(Ricardo Moar, Sportdirektor von Deportivo La Coruña)*

Litauen

Auch die Litauer haben mittlerweile Spieler über ganz Europa verstreut. Es ist ja nicht mehr wie früher, als sie mit Schuhen aus Rentieren gekickt haben. *(Giovanni Trapattoni)*

FC Liverpool

Anfield ist das einzige Stadion, das selbst Tore erzielen kann! *(José Mourinho als Chelsea-Coach)*

M

Real Madrid

Zu Real Madrid ginge ich nur, wenn ich als Penner auf der Straße leben würde. *(Arsène Wenger)*

Ein Sieg gegen Real ist wie ein Orgasmus oder im Casino zu gewinnen. *(Xavi)*

Sie glauben doch nicht etwa, dass wir mit dieser Bande einen Vertrag schließen? Denen würde ich nicht einmal einen Virus verkaufen. *(Sir Alex Ferguson über das Interesse von Real Madrid an Cristiano Ronaldo)*

In diesem Klub steckt etwas von altem Adel. *(Paul Breitner 1974 bei seinem Wechsel nach Spanien)*

Mainz 05

Für die Mainzer kommt das gleich nach der Mondlandung. *(der Mainzer Manager Heidel über den Einzug in die Europa League)*

Sollte ich jemals ein schlechtes Wort über Mainz 05 verlieren, dann möchte ich sofort eins mit der Eisenstange gegen das Schienbein bekommen. *(der Dortmunder Trainer Jürgen Klopp nach seiner Zeit in Mainz)*

Manchester City

Alle Taxifahrer in Manchester sind City-Fans. Wenn man zu United will, fahren die einen irgendwo in die Pampa und schmeißen einen da raus. *(Dino Toppmöller)*

Manchmal hat man eben einen lauten Nachbarn. Daran kann man nichts ändern, die werden halt immer laut sein. Was willst du machen? Du kannst nur deinen Fernseher anschalten und ihn etwas lauter machen. *(Sir Alex Ferguson)*

Manchester United

Sir Alex Ferguson *ist* Manchester United. Wenn man ihn schneiden würde, würde er rot bluten. *(Alan Brazil, schottischer Fußballspieler und Kommentator)*

Millwall FC

Um 6:45 Uhr wurden die Millwall-Anhänger in Begleitung zum Stadion gebracht. Als sie an einem öffentlichen Gebäude vorbeigingen, kam eine Gruppe von 30 bis 40 Männern heraus, Flaschen wurden geschmissen und die Fenster von einem Pub eingeschlagen. Nach einer Weile wurde ersichtlich, dass beide Gruppen Anhänger von Millwall waren und beide geglaubt haben, die andere Gruppe wären Anhänger von Bristol City. *(Bericht von der National Criminal Intelligence Unit)*

Wenn Eric Cantona in unseren Fanhaufen gesprungen wäre, wäre er niemals lebend herausgekommen. *(Alex Rae, Spieler von Millwall)*

Moldawien

Man muss es sagen: Die Moldawier – sie sind nicht das Grüne vom Ei. *(Edi Finger jun. während des Länderspiels Moldawien gegen Österreich)*

Borussia Mönchengladbach

Ich fühle mich fast wie in Österreich. Es gibt viele Berge: den Bökelberg, dann war der Effenberg hier. Unser Trainingsplatz heißt Alm, unser Trainer Rausch. Also Almrausch. *(Toni Polster)*

ZSKA Moskau

Die Geschichte von ZSKA in der Champions League ist sehr positiv. *(José Mourinho in Anspielung auf die zwei Dopingfälle im Team der Russen)*

TSV 1860 München

Der neue Präsident von 1860 München heißt Karl Auer. Der gesamte Verein ist augenblicklich ein Kar(l)auer. *(ein Fan zu den Zuständen bei den Münchner Löwen)*

Wo kein Rivale mehr ist, gibt es auch keine Rivalität. Und 1860 ist für uns kein Rivale. *(Karl-Heinz Rummenigge, Vorstandsvorsitzender der FC Bayern München AG)*

Wenn man gegen einen besseren Gegner verliert, ist das okay, aber gegen die … das tut schon weh. *(Pirmin Schwegler, Mittelfeldspieler von Eintracht Frankfurt, nach einer Niederlage im Auswärtsspiel beim TSV 1860 München)*

Man gibt einen Brief auf, aber nicht den TSV 1860 München. *(Werner Brugger, TSV-Geschäftsführer, beim Abstieg in die Bayernliga)*

Die Wildmosers sind keine Sechziger, sondern falsche Fuffziger. *(Kabarettist Ottfried Fischer)*

Wissen Sie, wann 1860 München hier erstmals urkundlich erwähnt wurde? Im Alten Testament. Da stand nämlich: Sie trugen seltsame Gewänder und irrten planlos umher. *(Karl-Heinz Rummenigge)*

FC Bayern München

Es gibt Mannschaften, die wollen das Beste – Bayern aber will einfach alles. *(Gustl Bayrhammer, Volksschauspieler)*

Normal ist es ein ganz einfacher Job beim FC Bayern. Du musst nur alle Spiele gewinnen. *(Franz Beckenbauer)*

Geldadel, eine Ansammlung von Neureichen! *(Paul Breitner 1974 nach seinem Wechsel vom FC Bayern zu Real Madrid nach Spanien)*

Beim FC Bayern kennen wir keinen Bio-Rhythmus. Wir kennen aber einen Weißbier-Rhythmus. *(Hansi Pflügler)*

Ich kann dat nich mehr hörn! Mann, die Bayern müssen beim Kacken doch auch die Arschbacken auseinandermachen. *(Hermann Gerland)*

Spieler des FC Bayern können keine Gehirnerschütterung kriegen. Wo nichts ist, kann nichts erschüttert werden. *(Hans-Dieter Schmidt, Manager bei Hannover 96)*

Da staunst du, Mark, das ist die Einwohnerzahl von Holland. *(FCB-Präsident Franz Beckenbauer auf der Jahreshauptversammlung zum Kapitän Mark van Bommel mit Blick auf die 176.976 Fanklub-Mitglieder des FC Bayern)*

Die Bayern sind wie deutsche Ehemänner: auswärts stark – zu Hause mäßig. *(Sepp Maier)*

Sind die immer so blasiert. Wie die Lackgrafen! *(enttäuschte Dresdener, die im Herbst 1973 vergebens auf Autogramme vor dem Spiel der Bayern bei Dynamo vor dem Hotel der Bayern warteten)*

Bei den Bayern ist es wie vor dem Gang auf die Toilette: Ist der Druck so richtig groß, dann läuft es am besten. *(Mario Basler)*

Das wäre eine teure Schmiere für Bayern München, wenn einer dem anderen immer nur Honig ums Maul schmiert. *(Klaus Augenthaler)*

Ohne Bayern ist die Bundesliga so uninteressant wie die portugiesische, holländische oder belgische Liga. *(Willy Sagnol)*

Man kann mit Bayern München nur ordentlich als Feind umgehen, wenn man unsachlich bleibt. Sobald man sich an Fakten hält, wird es schwierig. *(Campino)*

Der FC Bayern? Von denen halte ich das Gleiche wie von München: Die ganze Stadt ist Schrott! *(Campino)*

Obwohl wir die beste Mannschaft haben, die besten Zuschauerzahlen, das beste Bankkonto, werden wir permanent angegiftet. Sollen wir jetzt noch nackt durchs Stadion laufen, um die Leute zu begeistern? *(Uli Hoeneß leicht frustriert im Jahr 1989)*

Ein Eisberg wie der Björn Borg ist der beste Spieler für die Bayern. *(Reinhold Mathy)*

Der UEFA-Cup wäre für den FC Bayern so, als wenn Sie immer über Ferrari schreiben und plötzlich über den FIAT-Punto-Clio-Cup berichten müssen. *(Mark van Bommel)*

Frieden gibt es beim FC Bayern nur, wenn man Erfolg hat. *(Christian Nerlinger)*

Wenn ich an die Säbener Straße komme, fühle ich mich wie zu Hause. Ich kenne die Angestellten von A bis Z und weiß, wo die Toiletten sind. *(Bastian Schweinsteiger)*

Wenn bei uns der Platzwart mit dem Rasenmäher umfällt, ist das eine Riesenschlagzeile. Größer, als wenn bei manch anderem Verein ein Spieler sich das Kreuzband reißt. *(Thomas Strunz)*

Im Hemd des Rekordmeisters hat man gleich eine breitere Brust. In einem anderen Trikot fühlt man sich vielleicht etwas schmaler. *(Stefan Effenberg)*

Preußen Münster
Nachtlokale und Preußen Münster haben hier eins gemeinsam: Sie können von ihren Besucherzahlen nicht leben. *(Preußen-Präsident Günter Wellerdieck über das Publikum in Münster)*

N

Neuseeland
Wir können Weltmeister werden. Aber nur im Fischen. *(Wynton Rufer)*

Newcastle United
Sehr verehrte Damen und Herren, wir haben aufgehört, den Tyne zu beaufsichtigen, so dass nun Fans von Newscastle ungestört in den Fluss springen können. *(Zugführer, Fan von Sunderland, als Kevin Keegan 1997 Newcastle verlassen hat)*

Ich sah eine Dauerkarte von Newcastle an einen Baum genagelt. Da habe ich sofort gedacht: Muss ich haben. Ja, gut, man kann doch nicht genug Nägel haben, oder? *(Mathew Horne, englischer Comedian)*

Niederlande

In Holland würde ich vielleicht einen Wohnwagen kaufen, aber keinen Fußballspieler! *(Udo Lattek)*

Die haben die beste Taktik: Gras rauchen statt Gras fressen. *(Lotto King Karl über die holländische Mannschaft während der EM 2000 in einer Fernsehreportage)*

Die Holländer kriegen das 4-3-3 quasi schon mit der Muttermilch. *(Marcel Reif)*

Mr. Martinez, der Schiedsrichter, war zu langsam, um zu begreifen, dass die Holländer die Holzschuhe erfunden haben. *(David Lacey im »Guardian« über die raue Seite von Holland)*

Nigeria

Wenn ein Deutscher hört, »ich bringe dich um«, dann ist er nächste Woche tot. Bei uns in Nigeria bedeutet es, »ich bin nicht glücklich mit dir«. *(Nigerias Teamsprecher zu den Morddrohungen gegen den Spieler Sani Kaita)*

Ich habe im Vertrag stehen, dass sich alle Spieler in der Kabine hinsetzen müssen, wenn ich reinkomme. Die meisten sind trotzdem größer als ich. *(Berti Vogts, als er dort Nationaltrainer war)*

Nottingham Forest

Berlin hat alles. Es ist eine kosmopolitische Stadt mit Theatern, Kinos und aufgeschlossenen Leuten. Nottingham hat nahezu nichts außer Robin Hood – und der ist tot. *(Bryan Roy bei seinem Wechsel von Nottingham Forest zu Hertha BSC)*

1. FC Nürnberg

Die sollen aufpassen, dass sie nicht bald der FC Bayern der Regionalliga werden. *(Lübecks Trainer Michael Lorkowski auf die Worte von Hermann Gerland, dass der 1. FCN der »FC Bayern der zweiten Liga« sei)*

Nein, nein! Ihr Abwehrfla-schen! Vergrabt euch! Ganz tief! Ich will euch nie wieder sehen! *(Klaus Klump, Reporter für »Antenne Bayern«, über seinen 1. FC Nürnberg)*

O

Kickers Offenbach

Österreich

Wennst in Österreich als Fußballtrainer zwei Sätze unfallfrei beenden kannst, giltst ja schon als Intellektueller. *(Josef Hickersberger)*

Ich bin an der Grenze aufgewachsen. Gegen Österreicher verliert man ungern. *(Bastian Schweinsteiger vor einem Champions-League-Spiel in Wien)*

Beim Skifahren haben wir Vorteile, ansonsten fällt mir nicht mehr viel ein. *(Österreichs Mannschaftskapitän Marc Janko vor dem EM-Qualifikationsspiel gegen die deutsche Nationalmannschaft)*

Die Fußball-EM in Österreich ist wie Skispringen in Namibia. *(Alfred Dorfer in »Ottis Schlachthof«)*

Wir Österreicher werden ja noch immer als Nichtschwimmer angesehen. Du musst doppelte Leistung bringen, um anerkannt zu werden. *(Didi Kühbauer über den Ruf als österreichischer Legionär)*

Lieber arbeitslos – als Österreicher. *(Claus Reitmaier)*

Wir haben nichts gegen Österreich. Wir haben was gegen Rassisten. *(Anzeige der Eintracht-Fans in der »Kronen«-Zeitung wegen rassistischer Ausfälle gegen Yeboah in Salzburg)*

P

FC St. Pauli

Das Stadion vom FC St. Pauli ist ein großer Abenteuerspielplatz für die Stiftung Warentest! *(Reinhold Beckmann)*

Wer bei Pauli unterschreibt, dem ist klar, dass er dem Klassenkampf gewachsen ist. *(Helmut Schulte)*

Nee, im Nieselregen. *(»Tatort«-Kommisar Thiel auf die Frage einer Zeugin, ob sein Lieblingsklub St. Pauli international spielt)*

Ich hatte das Gefühl, die Hamburger hätten für den Sieg sogar einen umgebracht. *(Mehmet Scholl)*

Die schreien »St. Pauli« – und meinen sich selber.

Auf meiner Sympathie-Skala rangiert der Klub gleich hinter Bochum. *(Yves Eigenrauch über den FC St. Pauli)*

Nicht alle im Verein müssen einander mögen. Der FC St. Pauli ist schließlich kein Swingerklub. *(Präsident Corny Littmann)*

Polen

Ich komm aus Polen, die klauen alles. *(Lukas Podolski auf die fragenden Blicke, als er nach seinem letzten Spiel in München ein fast lebensgroßes Action-Foto von sich von der Wand im Kabinengang nahm und es einsteckte)*

R

Rumänien

Die Rumänen sind portugiesischer als die Deutschen. *(Barry Venison)*

Russland

Die Russen laufen schneller rückwärts als meine Spieler vorwärts. *(Berti Vogts, Trainer von Aserbaidschan)*

S

Saudi-Arabien

Auch in Saudi-Arabien wird Fußball gespielt. Die Königsdisziplin dort heißt Köpfen. *(Harald Schmidt)*

Für die Saudis ist das sicher ein schwarzer Tag. Da werden zu Hause Köpfe rollen. *(Günter Netzer)*

FC Schalke 04

(Foto: Olivier Kruschinski)

Gammelfleisch aus Gelsenkirchen? Ich kannte das bisher nur als Schalke 04! *(Manuel Andrack, Köln-Fan und Assistent von Harald Schmidt)*

Dat die auch noch dafür kriegen, wenn se für Schalke kloppen dürfen. *(Ernst Kuzorra)*

Schalke versteht mich nicht. *(Ailton)*

Wenn wir an Schalke denken, bekommen wir Blut in die Augen. *(Iván Zamorano, der mit Inter Mailand 1997 das Finale verlor)*

Ich hab dort noch nie einen Punkt geholt. Vielleicht wäre es besser, ich melde mich krank. *(Hans Meyer mit Blick auf ein Spiel beim FC Schalke 04)*

Selbst in Alaska, bei geschlossener Schneedecke, hätten wir ein Heimspiel gehabt. *(Peter Neururer zum Schalker Spiel gegen Fortuna Köln, das in Hannover ausgetragen werden musste)*

Schalke hat die größte Familie Deutschlands! (»kicker«, 1974)

Die sind mein Feindbild Nr. 1. Ich hasse Schalke wie die Pest! *(Kevin Großkreutz)*

Auf Schalke gehen schon die Feuerwerke los, wenn sie die Seitenwahl gewinnen. *(Alfred Draxler)*

Wenn mein Sohn Schalke-Fan wird, dann – kommt er ins Heim! *(Kevin Großkreutz)*

Dieser Verein wird nie grau und normal sein. *(Rudi Assauer)*

Ich habe keine Ahnung, aber egal, wo auf der ganzen Welt du auch »Scheiß Schalke« schreist – es steht immer irgendjemand auf und haut dir aufs Maul. *(Comedian Bernhard Hoëcker auf die Frage, wie viele Schalker es gibt)*

In schlechten Zeiten müsst ihr Schalker sein – in guten haben wir genug davon. *(Charly Neumann)*

Unser neues Stadion wird kein Champagner-Tempel, sondern ein Bier- und Würstchen-Palast. *(Huub Stevens über die neue Arena)*

Schalke ist wie eine schöne Krankheit. Wenn du sie einmal hast, wirst du sie Gott sei Dank nicht mehr los. *(Schalke-Fan Hubert Tecker)*

Kaiser und Könige sind gestorben, aber beim FC Schalke wird immer noch Fußball gespielt. *(Clemens Tönnies)*

Eine Nationalmannschaft ohne Schalker ist wie ein Gebiss ohne Zähne. *(Max Merkel)*

Seit meiner frühesten Jugend war ich Fan von Schalke 04. Um Szepan und Kuzorra spielen zu sehen, bin ich sogar auf Bäume geklettert. *(Fritz Walter)*

I am the Maskottchen of Schalke. *(Charly Neumann)*

Dat is 'ne Hundehütte mit 'nem bisken Auslauf. Von Glückskauf kannste hier nicht reden. *(Ernst Kuzzora über das Schalker Parkstadion)*

Charly würde auch im kältesten Winter für Schalke ins Wasser springen – vorausgesetzt, es wären genügend Fotografen da. *(Autor Helmut Holz über Charly Neumann)*

Ich würde auch in einem Trikot spielen, auf dem »Scheiße« statt »Schalke« steht – Hauptsache, meine Kohlen stimmen. *(Jürgen Wittkamp)*

Schon das war für mich Ausland … *(Toni Schumacher über den S04 nach seinem Wechsel von Köln über Schalke in die Türkei)*

Wer Schalke kennt, weiß, dass man nicht so schnell dorthin zieht. *(Jörg Berger als neuer Trainer 1994)*

Schottland
Wir haben die besten Fans der Welt, aber ich habe noch nie gesehen, dass ein Fan ein Tor geschossen hat. *(Jock Stein, schottischer Nationaltrainer)*

Sheffield United

Orte wie dieser sind die Seele des englischen Fußballs. Es ist einfach großartig, wenn die Massen »Fuck off, Mourinho« singen. *(José Mourinho)*

Slowenien

Da spielt man am Samstagnachmittag gegen einen, der vormittags noch beim Bärenjagen war. *(Sebastijan Cimirotic, slowenischer Nationalspieler, über seine Heimatliga)*

Spanien

Ein spanischer Journalist erzählte mir, dass die Bräuche in Spanien sehr hart sind. Ich müsste wahrscheinlich meine langen Haare stutzen lassen und ständig eine Krawatte tragen, sagte er. Aber das kommt überhaupt nicht infrage. Mit der Krawatte bin ich ja noch einverstanden, aber zum Friseur kriegt mich dort niemand. Da werde ich

ganz konsequent sein! *(Günter Netzer, als er 1973 zu Real Madrid wechselte)*

VfB Stuttgart

Auf unserer Baustelle ist immer noch mehr Stimmung als beim FC Bayern. *(Horst Heldt während des Umbaus des Stuttgarter Stadions)*

Der VfB ist jetzt auch ein echter VehFB, mit einer Mannschaft voller Held(t)en. *(Norbert Haug, Mercedes-Motorsportchef)*

Stuttgarter Kickers

Ich würde ja gerne jeden Zuschauer mit einem Gläschen Sekt begrüßen. Nur, was mache ich mit dem Rest der Flasche. *(Axel Dünnwald-Metzler als Präsident der Stuttgarter Kickers)*

Südafrika

Da ist es saukalt und um fünf Uhr dunkel. Man muss sich von der Vorstellung verabschieden, dass es da warm ist und an jeder Ecke ein Leopard sitzt. *(Franz Beckenbauer)*

Südkorea

Die Südkoreaner essen Knoblauchzehen wie andere Pralinen. Dagegen müssen die Belgier heute anstinken. *(Wolfgang Ley)*

Die Südkoreaner rennen von der ersten Minute an wie die Teufel. Und da sie alle gleich aussehen, können sie in der Halbzeitpause ihre komplette Elf austauschen, und niemand würde etwas davon merken. *(Spaniens Nationaltrainer Luis Aragonés über den möglichen Achtelfinalgegner)*

Die Mannschaft Südkoreas, die gleich auf den Platz geht, ist im Schnitt 1,82 m groß. Das sind sechs Zentimeter mehr, als ich es bin. Und ich bin schon ein Riesenkerl. *(Mehmet Scholl in der ARD-Vorberichterstattung vor dem Spiel Südkorea gegen Griechenland bei der WM 2010)*

Die Koreaner sausen wie chinesische Radfahrer. *(Giovanni Trapattoni)*

T

Juventus Turin

Ich habe den Spielern in Turin im Bus gesagt, sie sollen einmal rausschauen, sollen sich dieses hässliche Stadion einmal anschauen. Wer jetzt noch freiwillig nach Turin geht, dem ist auch nicht zu helfen. *(Bayerns Vorstandschef Karl-Heinz Rummenigge)*

Türkei

Gegen die Türkei darfst du erst aufhören zu spielen, wenn deren Spieler schon im Bus sitzen. *(Reiner Calmund bei der EM 2008)*

Wenn wir uns hier zur Wahl stellen würden, könnten wir auch die Regierung übernehmen. *(Toni Schumacher)*

Drei Jahre Türkei sind schon fast Friedensnobelpreis-verdächtig. *(Christoph Daum)*

Die Türken haben gezeigt, dass man, egal bei welchem Spielstand, immer mit ihnen rechnen kann. Das macht sie natürlich unberechenbar. *(Jogi Löw)*

Als ich das Rauchverbot im Mannschaftsbus durchsetzen wollte, haben sie mir erklärt, dass es in der ganzen Türkei keinen Busfahrer gäbe, der sich das Rauchen verbieten ließe. *(Jürgen Sundermann als Sportdirektor bei Trabzonspor)*

Du änderst die Türken eh nicht. Wenn also unser Mannschaftsbus um vier abfahren sollte, kam ich um halb fünf. Gefahren sind wir dann um fünf. *(Toni Schumacher über seine Zeit bei Fenerbahçe Istanbul)*

U

Ungarn

Der ungarische Nachwuchs ist zweifellos begabt. Spielerisch treten die Jungs wie Südamerikaner auf – aber leider nur 30 Minuten. Sie wollen sich nicht quälen. Sie sagen vieldeutig: »Der Ball soll schwitzen!« *(Trainer Gyula Lorant im Frühjahr 1973)*

Das Niveau des ungarischen Fußballs liegt tiefer als der Hintern eines Frosches. *(Lajos Garamvölgyi, ungarischer Fußballtrainer)*

SpVgg Unterhaching

Die Kirchenmaus im Petersdom. *(die Münchener »Abendzeitung« zum Aufstieg in die 2. Bundesliga)*

USA

Die Amerikaner hatten keine Ahnung von Fußball! Als ich damals bei Cosmos New York war, hatten wir teilweise Spiele, da haben die Zuschauer applaudiert, wenn einer über das Tor geschossen hat. Weil beim American Football musst du ja über die Stange schießen! *(Franz Beckenbauer)*

Letzte Worte

A

Rüdiger Abramczik
Was heißt brutto oder netto?
Bar auf die Hand will ich's!

Mohammad ad-Da'ayya' *(saudi-arabischer Fußballtorwart)*
Am dritten Tor war der Ball
schuld.

Ailton
In Deutschland läuft der Karneval anders, als ich ihn kenne.
Hier ziehen sich alle komisch
an – in Brasilien ziehen sich
immer alle aus.

Roy Aitken *(schottischer Nationalspieler)*
Letzte Nacht waren wir das
beste Team des Tages.

Klaus Allofs
Als Vorsichtsmaßnahme haben
wir unseren Spielern verboten,
im Hühnerstall zu übernachten. *(der Werder-Sportchef über
die Angst vor der Vogelgrippe
im türkischen Trainingslager)*

Alonso
Alonso schielt, und kein Torhüter hat auch nur die leiseste
Ahnung, wohin der Ball fliegen
wird. *(ein Mannschaftskamerad
bei Estudiantes Borra über die
Elfmeterkünste des Verteidigers)*

Manfred Althaus
Früher hätte ich vermutet, dass
es am Vollmond liegt. Aber wir
können ja nicht zehn Wochen
Vollmond haben. *(der Vorsitzende des Fußballkreises 9 in
NRW über die mehrwöchigen
Krawalle auf dem Kreisliga-
Spielfeld)*

Halil Altintop
Nee, die Mama ist doch da. *(auf
die Frage, ob er nicht bald einmal eine Freundin haben wolle)*

Steve Anglesey *(Kolumnist beim
»Daily Mirror«)*
Schockierende Graffitis außerhalb des Goodison Parks.
Schaut, sie haben das »t« weggelassen bei »Rooney must
diet«.

Luis Aragonés
Das Einzige, was helfen würde,
wäre ein Viagra-Omelett. *(Spaniens Nationaltrainer über die
fehlende mentale Einstimmung
auf ein Länderspiel)*

Arsenal-Spieler
Wir wollen unsere Schokolade zurück. *(Lied der Spieler
im Teambus, nachdem Arsène
Wenger Zucker verboten hatte)*

Rudi Assauer
Die ist unheimlich okay. *(Assauers Liebeserklärung an seine
zweite Ehefrau Britta)*

Ehrenpräsident? Das sind doch die, die in der Kuhle liegen. *(zu seiner möglichen späteren Funktion auf Schalke)*

Vor dem heißen Ofen tropfen alle Menschen gleich. *(über seine Sauna-Leidenschaft)*

Das soll die Nationalmannschaft sein? Das ist genauso, wie wir früher gekickt haben: eine Auswahl Bahnhofstraße gegen Buerer Straße.

Endlich mal eine vernünftige Alte, die was von Fußball versteht. *(über eine neue Lebenspartnerin)*

Ron Atkinson *(englischer Spieler, Trainer und Fußballexperte)*
Gary Lineker hat gerade die Hand von Jürgen Klinsmann geschüttelt. Es ist ein Wunder, dass Klinsmann nicht umgefallen ist.

Klaus Augenthaler
Einmal war ich mit meiner Frau im Keller und habe gesehen, wie sie die Wäsche aus der Waschmaschine holte und in den Trockner warf. Da hab ich sie gefragt: Warum wäschst du jetzt noch einmal?

Die sollen zur Lufthansa gehen, so wie die geflogen sind! *(über Lars Ricken und Andreas Görlitz)*

Frage: Was schießt Ihnen in den Kopf, wenn das Telefon klingelt und Sie erkennen die Nummer nicht? Augenthaler: Ohne Lesebrille sehe ich die Nummer sowieso nicht.

Raimond Aumann
Eins steht fest: Die Natur mag noch so bedroht sein – Pechvögel sind zu keiner Zeit vom Aussterben bedroht.

B

Eirik Bakke *(Mittelfeldspieler von Leeds)*
Reporter: Lieblingsgetränk? Bakke: Bier. Nein, ich meine Cola.
R: Teuerstes Besitztum?
B: Mein Auto. *(bei einem Interview vor einer Verurteilung wegen Alkohol am Steuer)*

Krassimir Balakow
Für mich spielen Punkte keine Rolle. Ich schaue immer nach oben, weil ich am Ende dort stehen möchte.

Michael Ballack
Eine EM ist noch ausgeglichener besetzt als eine WM, weil bei einer WM auch Mannschaften vom anderen Kontingent sind.

Tony Banks *(Minister für Sport in England und Chelsea-Fan)*
Als ich das erste Mal von Viagra gehört habe, dachte ich, es wäre ein neuer Spieler, der bei Chelsea unterschrieben hat.

Vinnie hat zugegeben, dass er Toasts auf Gary Lineker geschmissen hat. Was er allerdings nicht erzählt hat: Die Toasts waren noch im Toaster!

Lucas Barrios
Barrios: Die Hände sind nach jedem Training fast abgefroren, die Füße spüre ich manchmal gar nicht mehr. Nelson, wann kommt die Sonne wieder? Valdez: Wenn wir vor Schalke sind.

VVV Venlo verpflichtet Einjährigen: Hier seine Unterschrift!

Mario Basler
Ich bin jetzt 37. Seit genau 24 Jahren. *(auf die Frage, wie lange er schon raucht)*

Einstein, das war schon ein anderer Mensch als ich. Aber bezogen auf den Fußballplatz kann man uns doch vergleichen. Genie bleibt eben Genie. Wobei irgendwann bei mir auch wieder der Wahnsinn ausbrechen wird.

Ach, richtig Druck hast du im Moment nur, wenn du in Libyen wohnst, wo Gaddafi auf sein Volk schießt. *(als Trainer des SV Wacker Burghausen vor dem entscheidenden letzten Spieltag)*

Dave Bassett *(englischer Trainer)*
Und ich bin überzeugt davon, dass wir so ins Finale im Wembley kommen – außer, uns wirft jemand aus dem Cup.

Joël Bats
Es wäre schlimmer, wenn es die Eishockey-Weltmeisterschaft wäre. *(Frankreichs Torwart nach der Auslosung zur Fußball-WM 1986 in Mexiko, in der Frankreich in einer Gruppe mit Kanada und der UdSSR spielen musste)*

James Beattie *(Stürmer bei Southampton)*
Frauen haben mir aufreizende Fotos geschickt und geschrieben, was sie mit mir anstellen wollen. Ich war absolut geschockt von ihren Vorschlägen.

Dann habe ich aber meine Freundin Sarah dazu gekriegt, sie mit mir auszuprobieren.

Oskar Beck *(Journalist)*
Würde man denn eine Stewardess, nur weil sie zwanzig Jahre lang in Jumbojets auf allen Flughäfen dieser Welt gelandet ist und in jedem Luftraum den Kaffee serviert hat, ohne Pilotenlizenz eine Boeing 747 fliegen lassen? *(über den Trainer-Kurzlehrgang von Lothar Matthäus)*

Volker Beck *(Politiker)*
Eher wird eine Frau Bundestrainer, als dass sich ein schwuler Fußballer outet.

Franz Beckenbauer
Das sind alles gute Fußballer. Nur, sie können nicht Fußball spielen.

Am Spielstand wird sich nicht mehr viel ändern, es sei denn, es schießt einer ein Tor.

Manchmal ist es gewagter, an einen einzelnen Menschen zu glauben als an die gesamte Mannschaft.

Erfolg ist ein scheues Reh. Der Wind muss stimmen, die Witterung, die Sterne und der Mond.

Die Spiele gegen Werder Bremen werde ich nie vergessen. Wegen Horst-Dieter Höttges und Sepp Piontek. Wir nannten sie nur die »Mörder-Brüder«. Wer gegen die antreten musste, war noch nicht richtig auf dem Platz und hatte schon blaue Flecken. Sie grätschten von hinten, von der Seite, ganz nach dem Motto: »Wenn wir den Ball treffen, auch gut. Aber es muss nicht sein.«

Also, ich bitte Sie: Wo kein Unkraut wächst, da gedeiht schließlich auch kein Weizen. *(über untadelige Spieler)*

Arroganz ist die Perücke der Unwissenheit.

Unser Fußball hat einfach keine Spielerpersönlichkeiten mehr. Ich sehe niemanden, der einen Müller, Overath, Netzer, Grabowski und andere dieses Kalibers ersetzen könnte. Vielleicht vergehen hundert Jahre, bis wir wieder eine wirklich große Nationalmannschaft besitzen. *(im März 1975)*

Hier wird selbst der Blindeste den Ball stoppen können, auf diesem Teppich. *(über den Rasen im Wembley)*

Die besten Nationaltrainer? Journalisten!

Wenn man einen Zauberer sehen will, muss man in den Zirkus Krone gehen. *(in seiner Antrittsrede, als er 1995/96 den FC Bayern kurz vor Schluss von Otto Rehhagel übernahm)*

Na ja, ich bin in einer Richard-Wagner-Klinik geboren. *(auf die Frage, wie es dazu kam, dass er in den 1970er Jahren eine Schallplatte aufgenommen hat)*

Stefan Beckenbauer
Mein Alter könnte der beste Teamchef sein, aber mit der Flaschenmannschaft geht halt nichts. *(der Sohn in der »Tempo« über seinen Vater Franz)*

Edmund »Ede« Becker
Körperliche Schmerzen habe ich nicht gespürt. *(Reaktion auf die Rufe der Zuschauer nach seinem Rauswurf)*

Michael Becker
Wenn ich zu Beginn des Schuljahres weiß, wer Klassenbester wird, brauche ich keine Prüfungen mehr zu schreiben. *(der Berater von Roman Weidenfeller versteht nicht, warum der Nationaltrainer den Torwart Adler so früh zur Nummer 1 erklärt hat)*

Igor Belanow
Deutsches Essen ist gut – in einem argentinischen Restaurant.

Francis Benali *(Verteidiger bei Southampton)*
Frage: Was war die verrückteste Bitte von einem Fan? Antwort: Wie lautet die Telefonnummer von deiner Frau, und wann ist dein nächstes Auswärtsspiel?

Manfred Bender
Uns geht's im Moment wie Kaiserslautern. Nur, dass wir die Tore kassieren, die die schießen!

Rafael Benítez
Manche Menschen erkennen einen Priester nicht auf einem Zuckerberg.

Jörg Berger
Ich brauche keinen Sekt, ich brauche überhaupt keinen Alkohol. Was ich brauche, sind Punkte.

Resignation ist der Egoismus der Schwachen.

Abseits ohne Not – das war unser Tod!

George Best
Schmerz geht vorüber, Ruhm … hält ewig!

Wenn ich mich entscheiden müsste, ob ich vier Verteidiger ausschalten und ein Tor aus 30 Metern schießen möchte oder lieber mit einer Miss World ins Bett steige, dann wäre das schon eine schwere Entscheidung. Gott sei Dank habe ich beides gemacht. Das eine allerdings vor 50.000 Menschen.

Slaven Bilić
Ich suche nicht nach Alibis, aber die Luftfeuchtigkeit war hoch.

Garry Birtles (englischer Fußballer und Trainer)
Leute sagten, dass, wenn ich auf John Lennon geschossen hätte, er noch am Leben wäre.

Brigitte Blobel (Journalistin und Autorin)
Es ist ja auch beileibe nicht einzusehen, wieso ein Teamchef oder irgendein Funktionär des DFB darüber zu befinden hat, wie viel Sehnsucht nach der Liebsten zuträglich ist, wie oft er in den Armen seiner Frau liegen darf oder wann er einfach mal wegtauchen will aus dem Dauerstress.

Fredi Bobic
Es war ein dreckiger Sieg. Für das Tor musste man sich dreckig machen.

Kasper Bøgelund (Spieler, u. a. bei Borussia Mönchengladbach)
Wenn ich fünf Tore schieße, muss ich meine Freundin heiraten.

Heiko Bonan
Wenn man nach so langer Zeit wieder einmal trifft, dann begreift man, was so ein Tor bedeutet: Es schließt die Seele auf, ich denke wieder positiv.

Hannes Bongartz
Es fing schon damit an, dass der Schiedsrichter überhaupt angepfiffen hat ...

Auch graue Mäuse machen die Liga bunt.

Die Sonne sinkt. Der Käse stinkt. Bonanza. (Bongartz' Beitrag, als er bei einer Weihnachtsfeier des MSV Duisburg ein Gedicht aufsagen sollte)

Uli Borowka
Ich spiele so Golf, wie ich früher Fußball gespielt habe: Hau drauf, und dann musste gucken, wie du aus der Sülze raus kommst.

Marit Bratseth

Ich will nicht, dass er so oft fort ist. Ja, ich will auch nicht, dass er in Italien spielt. Ich habe keine Lust, in der Hitze zu brüten. *(Ehemann Rune blieb daraufhin in Bremen und verabschiedete sich von der Nationalelf)*

Egidius Braun

Wer letztlich nicht schießt, schießt auch nicht vorbei.

Andreas Brehme

Ich bin immer höflich. Auch zu anderen Leuten.

Paul Breitner

Erst nach dem Training bin ich Mensch.

Günter Breitzke

Sie hat immer gefragt: »Wann spielst du wieder?« Das ging mir schließlich auf die Nerven. *(auf die Frage, warum er sich von seiner Freundin getrennt habe)*

Linda Bresonik

Ich dachte, wenn schon 75.000 im Stadion sind, wie können dann noch 18 Mio. vor dem Fernseher hocken. *(die Nationalspielerin zur TV-Einschaltquote bei der WM 2011)*

Ansgar Brinkmann

Das Leben ist kein bunter Teller!

Heribert Bruchhagen

Im Vergleich zu nichts ist wenig viel.

Silvia Buchwald

Sechs Wochen ohne Sex sind eine lange Zeit, das würden wir nicht aushalten. *(die Aussage wird Ehemann Guido gefreut haben)*

Anthony Burgess *(englischer Schriftsteller)*

Fünf Tage sollst du arbeiten, wie die Bibel sagt. Der siebte Tag ist der Tag des Herrn. Der sechste Tag gehört dem Fußball.

Mike Büskens

Auch wenn der Fußballgott hier steht, ich muss vorbei. *(zu Jürgen Kohler, der ihm vor der Kabinentür im Weg stand)*

Terry Butcher *(englischer Spieler und Trainer)*

Ich habe schon alles in meiner Karriere gemacht, aber dies wird etwas ganz Neues und anderes sein.

C

Tschik Čajkovski
René Botteron – gekommen von mir als Champagner, jetzt spielen wie Mineralwasser!

Reiner Calmund
Intoniert wurde 1954 im Wankdorf-Stadion in Bern die erste Strophe des Deutschlandliedes, die ich auch heute noch bei Länderspielen voll mitsinge. *(5.000 Exemplare seines Buchs »Eine Kalorie kommt selten allein« mussten wegen dieser Zeilen eingestampft werden)*

Guido Cantz *(Komiker)*
Schweinsteiger. Heute ist das ein Nationalspieler. Früher war das ein Hobby im Hunsrück.

Graham Carr
Ich erinnere mich an den Tag, als ich meinem Vater sagte, dass ich kein Fußballer werden möchte. Ich sagte: »Papa, ich mache eine Ausbildung in Performancekunst.« Er antwortete: »Warum tust du mir das an?« Ich sagte: »Keine Ahnung. Vielleicht kann ich dir das aber mit einem Ausdruckstanz zeigen!« *(Alan Carr, schwuler Sohn des ehemaligen Trainers und Spielers von Northampton)*

Antonio Cassano
Der Hotelpage war mein Freund. Er hat mir die Mädchen auf mein Zimmer gebracht. Wenn ich mit ihnen fertig war, hat er sie im Treppenhaus abgeholt und mir Kuchen überreicht. Sex und Kuchen – die perfekte Nacht. *(italienischer Stürmer über das Leben bei Real Madrid)*

Richard Chaplow *(Mittelfeldspieler von Preston)*
Reporter: Wer wird die EURO 2008 gewinnen?
Chaplow: Ähm, natürlich England. Wenn du kein Vertrauen in dein eigenes Land hast, was willst du dann machen?
R: Tut mir leid, aber wir haben uns doch gar nicht qualifiziert!
C: Oh nein, klar. Dann Argentinien. Dann nehme ich die.

Bobby Charlton
Manche Menschen sagen, dass wir Sklaven des Fußballs sind. Okay, wenn das Sklaverei ist, gebt mir lebenslänglich.

Thomas Christiansen
Ich möchte gern einen Sohn, aber dazu muss ich erst noch ein Tor bei meiner Frau machen. Das ist nicht so einfach wie in der Bundesliga.

François Ciccolini

Wir brauchen schon noch einige Wochen, bis wir bereit sind. Bei Kriegsende zählt man die Toten. *(der Trainer von Neuchâtel Xamax nach einem Fehlstart seiner Mannschaft)*

Brian Clough

Wenn die Spieler beim Fußball die gleiche Begeisterung an den Tag legen wie zurzeit beim Erwerb von neuen Häusern, Autos oder Werbeverträgen, dann werden wir wieder eine erfolgreiche Mannschaft haben.

Die Leute werden sagen – und sie liegen absolut richtig damit –, dass ich, anstatt übers Wasser zu laufen, lieber ein bisschen mehr davon in meine Drinks hätte schütten sollen.

Es gibt mehr Hooligans in dem House of Commons als bei einem Fußballspiel.

Dettmar Cramer

Wenn der Bauer Pech hat, findet er Mist in der eigenen Tasche.

Peter Crouch

Reporter: Was wären Sie geworden, wenn Sie kein Fußballer geworden wären? Crouch: Eine Jungfrau.

Johan Cruyff

Manchmal muss etwas geschehen, bevor etwas passiert.

Wenn du auf hohem Niveau Fußball spielen kannst, dann wirst du ein Spieler in der ersten Liga. Wenn du nur unterdurchschnittlich spielst, wird aus dir ein Spieler der unteren Ligen. Und wenn du überhaupt nichts mit dem Ball anzufangen weißt, dann wird aus dir garantiert ein Journalist.

Tony Curtis

Rauchen verkürzt das Leben um acht Jahre. Ich liebe Fußballspiele im Fernsehen. Wenn ich rauchen würde, würde ich 350 Partien verpassen!

D

Célia Okoyino da Mbabi

Ich war kurz im Supermarkt, falls das noch keiner weiß. *(die Nationalspielerin zum Medieninteresse während der WM 2011)*

Dante

Der Regen kommt von Gott. Deshalb ist das kein Problem. *(auf die Frage, ob ihn der viele Regen in Deutschland störe)*

Peter Darbo *(belgischer Aphoristiker)*
Männer: Die einzigen Lebewesen, die Monate vorher ihre Fußballtickets kaufen und die Weihnachtsgeschenke erst am Abend davor.

Christoph Daum
Lösen kann man die Schockstarre wahrscheinlich in der Sauna. *(über Heilmittel im Abstiegskampf)*

Wer die Schnauze voll hat, darf nicht auch noch das Maul weit aufreißen!

Und wenn wir Werte wie Toleranz und Liebe wieder in den Mittelpunkt stellen, dann erfüllen wir einen wichtigen Beitrag und unsere Vorbildfunktion für die gesamte Gesellschaft.

Er hat mir signalisiert, dass er in einer Minute ausgewechselt werden möchte. *(über Ulf Kirsten, der ihm den Mittelfinger zeigte)*

Dede
Jahrelang haben wir hier nur Knochen genagt. Und jetzt, wo es wieder Steaks gibt, muss ich weg. Das tut weh. *(war sehr traurig über seinen Abschied 2011 beim BVB)*

Ja, auf jeden Fall. Ich habe mit ihm aber nicht zusammengespielt! *(auf die Frage, ob er Udo Jürgens kenne)*

Rubén de la Red
Eine Herzkrankheit zwingt mich, meine Karriere zu beenden, doch mein Herz schlägt nach wie vor für Real Madrid.

Roberto Di Matteo *(Spieler und Trainer)*
Es ist wie auf einem Bauernhof. Man möchte so viel Heu in den Stall bringen wie möglich, um einen langen Winter zu überstehen. Genau das versuchen wir gerade.

Bernard Dietz
Da stellt sich ein Psychologe hin und behauptet, auf lange Sicht könnten wir sogar so gut werden, wenn wir uns nur oft genug sagen würden: »Ich will den Pass gut spielen, ich will, ich will.« Das hört sich ja alles sehr schön an. Nur: Den Pass muss ich ja auch täglich üben.

Thomas Doll
Wir müssen vor dem Tor einfach cooler sein, einfach heißer.

Dieter Dollmann
Wann hätten Sie denn Zeit? *(der Manager der Stuttgarter Kickers auf die Frage eines Zuschauers nach dem nächsten Heimspieltermin)*

Raymond Domenech
Abergläubisch? Ich? Nein! Das bringt nur Unglück!

Martin Driller
Wir spielen noch schlechter als das Wetter. *(offensichtlich kein Sonnenschein am Spieltag)*

Carlos Dunga
Der Ball ist aus Leder. Das ist die Haut von der Kuh. Die Kuh grast. Deshalb will der Ball immer auf den Rasen fallen.

Robin Dutt
Einen wirtschaftlich attraktiven und sportlich machbaren Gegner – FC Bayern zum Beispiel. *(als Trainer der Stuttgarter Kickers auf die Frage, wen er sich für die nächste Pokalrunde wünscht)*

E

Dieter Eckstein
Ich fahr gar nicht erst aus der Haut – denn die Rückfahrt bringt meistens Probleme.

Stefan Effenberg
Wenn du mich nicht anspielst, haue ich dir eine runter! *(zu Brian Laudrup)*

Das war purer Fight und Kampf.

Und ich wäre, wenn ich nicht Fußballer geworden wäre, Batman geworden. *(auf die Äußerung von Ronaldo, dass er Superman geworden wäre, wenn er nicht Fußballer geworden wäre)*

Christian Eichner
Wie die Eichhörnchen. Am 34. Spieltag wissen wir, ob es verhungert ist oder nicht. *(auf die Frage, wie der KSC im Saison-Endspurt noch Punkte sammeln will)*

Willi Entenmann
Schmerzen gibt es am Spieltag nicht. Krankenscheine erst nächste Woche.

Buffy Ettmayer
Ich bin der einzige Österreicher, der seinen Rucksack vorne trägt. *(über sein Gewichtsproblem)*

Roy Evans *(Manager von Liverpool)*
Ich genieße jedes Mal den Sommer. Du kannst kein Spiel verlieren.

F

Rio Ferdinand

Richard Keys: Haben Sie irgendetwas über Robbie (Fowler) gelernt, als Sie mit ihm gearbeitet haben?
Rio Ferdinand: Nun ja, wenn man seine Ohren aus der Nähe betrachtet, sehen sie ziemlich klein aus. *(Unterhaltung auf Sky)*

Sir Alex Ferguson

Ich liebe Sie alle. Ich komme, um Frieden zu verbreiten. *(zu der Presse vor dem Sieg im Champions-League-Finale 2008)*

Ja, das können Sie – indem Sie sich ins Knie ficken und sterben. *(zum Sportchef des »Daily Mirror« auf die Frage, ob dieser etwas tun könne, um das Verhältnis des Blattes zu Ferguson zu normalisieren)*

Klaus Fichtel

Mein täglicher Mittagsschlaf. *(über das Geheimnis seiner 552 Bundesligaspiele)*

Luís Figo

Angst? Ich? Wissen Sie, es gibt ein portugiesisches Sprichwort: »Wenn du Angst hast, dann kauf dir einen Hund.«

Volker Finke

Drachen, die zu hoch steigen, stürzen auch mal ab. *(als sein SC Freiburg 1994 von Platz drei auf sieben fiel)*

Gotthilf Fischer

Sollten wider Erwarten alle Stricke reißen, steht unser 1.500er-Chor als Abwehrblock im deutschen Strafraum. Dann kann der Sepp Maier im Tor Vesperzeit einlegen. *(der Musiker vor dem Endspiel 1974)*

Ottfried Fischer

Hinter dem Schiedsrichterskandal steckt die organisierte Kriminalität – die Rede ist von der kroatischen Mafia, nicht vom DFB!

Peter Fischer

Mit all den Steinen, die mir heute vom Herzen gefallen sind, kannst du ein neues Stadion bauen. *(der Eintracht-Präsident nach einem Sieg)*

Hansi Flick

Wir können an die Spieler nur appellieren, sich warm anzuziehen und sich nach dem Duschen die Haare zu föhnen. Wir rufen die Tipps von der Mama immer wieder ins Gedächtnis. *(weil es in Südafrika 2010 so kalt war)*

Alexander Frei
Wir brauchen keinen Psychiater, sondern einen Heimsieg.

Arne Friedrich
Ich hab ihn jetzt noch nicht gesprochen, ich hatte gestern noch Doping. *(im Gespräch mit ZDF-Mann Michael Steinbrecher)*

Jürgen Friedrich *(Fußballspieler und -funktionär)*
Wir brauchen wieder Spieler, die Gras fressen. Und wenn es sein muss, rohes.

Rolf Fringer
Habe ich vor einigen Jahren auch gefahren. *(Stuttgarts Trainer auf die Frage, was er von Golf halte)*

Michael Frontzeck
Wir haben uns zurückgebissen.

Bis zur 80. Minute haben wir ein gutes Spiel gemacht, umso enttäuschender, dass wir am Ende mit leeren Punkten dastehen.

Manchmal hast du so eine Phase. Da schläfst du eine Nacht, wachst auf und hast drei Verletzte.

Walter Frosch
Ich würde lieber eine rauchen als vögeln.

Mein schwerster Gegner war immer die Kneipe!

Fritz Fuchs
Ich trainiere keine Profis mehr, sondern nur noch eine C-Jugendmannschaft. Da haben die Spieler jüngere Mütter.

Friedhelm Funkel
Wir dürfen nicht mehr Tore kassieren, als der Gegner schießt.

G

Paul Gascoigne
Ich habe mir den Nacken gebrochen und seitdem nicht zurückgeschaut.

Ich habe Sean Connerys Hand geschüttelt. Diese Hand war schon auf so vielen Hintern.

Ich liebe es, wenn Gazza unter den Achselhöhlen des Schiedsrichters riecht und er nichts dagegen tun kann. *(Franco Zeffirelli, italienischer Filmdirektor)*

Maurizio Gaudino
Wenn ich gewusst hätte, wie viele Sprachen ich in meiner Karriere benötige, wäre ich in der Schule fleißiger gewesen, hätte Abitur gemacht und wäre Dolmetscher geworden.

Hermann Gerland

Wissen Sie, ich bin ein besessener Fußballer, aber ich hatte noch nie einen Titel gewonnen. Und nun war ich dabei, wenn der renommierteste Verein Deutschlands einen Triumph feiert. Da habe ich an meine Bochumer Zeiten als Profi gedacht, wo Mutter meine Trainingsklamotten waschen musste, und wir Spieler, wir durften uns beim Mittagessen entweder für Suppe oder Nachtisch entscheiden. Da gab es nur entweder-oder, beides kriegte keiner. In mir war immer der Wunsch, einmal sagen zu können: Einer aus Bochum war ein bisschen am Gewinn der Deutschen Meisterschaft beteiligt. Und jetzt stand ich da auf dem Balkon und war überwältigt von dem Gefühl: Junge, du hier oben – es hat sich alles gelohnt!

Ich bin heute noch stolz darauf, wenn gesagt wird, der Gerland, das ist ein Klopper gewesen, ein Treter.

Es sollte sich herumgesprochen haben, dass ich Pferde züchte. Aber wenn meine Weide in diesem Zustand wäre, würde ich die Herde nicht rausschicken. *(über die Platzverhältnisse im Berliner Friedrich-Ludwig-Jahn-Stadion)*

Sie schwitzen ja schon, wenn Sie ein Mikrofon in der Hand halten müssen. *(als ihn ein TV-Reporter auf die Schwächen seiner Mannschaft ansprach)*

Eduard Geyer

Der Ball war so lasch geschossen, den konnte man unterwegs noch aufpumpen. *(als Trainer von Energie Cottbus)*

Ryan Giggs

Die Fans von Chelsea haben Sellerie und Maiskolben nach mir geworfen, wenn ich die Eckbälle geschossen habe. Die Vorstellung, dass sie auf dem Weg nach Wembley kurz beim Gemüsehändler vorbeigeschaut haben, hat mich zum Lachen gebracht.

David Ginola *(französischer Fußballer)*
Wenn ich meiner Frau sagen würde, dass ich über eine Karriere als Trainer nachdenke, dann würde sie nur sagen: »Könntest du das hier bitte kurz unterschreiben? Mach dir keine Sorgen, das sind nur die Scheidungspapiere. Und tschüss!«

Richard Golz
Am besten, wenn ich zu Hause bin. *(in den frühen handylosen Neunzigern auf die Frage, wann man ihn telefonisch erreichen könne)*

Frank Goosen *(Autor und Kabarettist)*
Leidgeprüft? 90 Prozent der Fußballfans sind Anhänger von Vereinen, die entweder nix gewinnen, wie meiner, oder die nur ab und an was gewinnen. Die sind alle leidgeprüft. Die anderen sind Bayernfans. *(Goosen ist Anhänger des VfL Bochum)*

Armin Görtz
Meine Lieblingsfarbe. Schließlich war ich mal Postbeamter. *(eigenwillige Begründung des Kölners für die Anhäufung von gelben Karten bei ihm)*

Helmut Grashoff *(langjähriger Präsident von Borussia Mönchengladbach)*
Es liegt nicht an der schlechten Arbeit des Trainers, dass wir hinter den Erwartungen zurückbleiben.

Andy Gray *(schottischer Fußballspieler)*
Es ist eins der schönsten Tore aller Zeiten, aber mich wundert, dass es viele für eins der schönsten dieser Saison halten.

Jimmy Greaves *(englischer Fußballspieler)*
Es war ein Foto-Finish zwischen unseren Fans und der Mannschaft, wer zuerst an der Theke saß. *(über die letzten Jahre seiner Karriere)*

Brian Greenhoff
Alle Spieler von Leeds stehen zu 100 % hinter dem Trainer, aber ich kann nicht für den Rest der Mannschaft sprechen.

Kevin Großkreutz
Frage in der »Rheinischen Post«: »Kennst du eine Sehenswürdigkeit in Düsseldorf?« Antwort: »Ich komme selten nach Düsseldorf. Zählt der Kölner Dom auch? Der ist doch da in der Nähe.«

Ruud Gullit
Als meine Oma einen Pimmel hatte, war sie mein Opa. *(kuriose Aussage während seiner Zeit beim AC Milan)*

Ralph Gunesch

Die ganzen Steine, die sich uns immer wieder in den Weg stellen, mit diesen Steinen werden wir den Weg zum Klassenerhalt pflastern.

Daniel Gunkel *(deutscher Fußballspieler, u. a. Cottbus und Mainz)*

Wir müssen uns an die Nase packen und versuchen die Schlinge aus dem Kopf zu ziehen!

Rudi Gutendorf

Man kann im Fußball vieles ersetzen, Tempo und Härte nicht!

Es war vor drei Jahren, als ich die chilenische Nationalelf betreute. Die sozialistische Regierung unter Allende hatte Kubas Parteichef Fidel Castro eingeladen, und ihm zu Ehren wurde im größten Fußballstadion von Santiago eine Massenkundgebung abgehalten. Doch zum Entsetzen der Veranstalter verloren sich vor Beginn nur 20.000 Teilnehmer in dem 70.000-Mann-Stadion. Was also tun, zumal die Kundgebung direkt im Fernsehen übertragen wurde? Die 20.000 wurden also alle auf eine Tribünenseite zusammengepfercht und die Kameras nur auf diese Seite gerichtet, um den Fernsehzuschauern ein prallvolles Stadion vorzugaukeln. Die Veranstaltung begann dann, ein Politiker trat ans Mikrofon und hieß Fidel Castro willkommen. Als er aber in seinem Enthusiasmus von einem »ausverkauften Stadion« sprach, griff Castro zum Mikrofon, sagte: »Ein wahrer Kommunist lügt nicht«, trat an eine Kamera und schwenkte mit ihr über die leeren Tribünenseiten! *(im »kicker«, 1976)*

H

Werner Hansch

Es sind schon über so viele Dinge Gras gewachsen, dass man bald keiner Wiese mehr trauen kann.

Owen Hargreaves

Es gab eine feste Hierarchie, jeder hatte seinen bestimmten Platz. Über mich, den Kanadier, haben sie nur gelacht: »Geh doch zurück in dein Iglu!«, ging der Witz. *(über die Anfänge seiner Profikarriere beim FC Bayern München, wo er zusammen mit Lothar Matthäus, Mario Basler und Stefan Effenberg spielte)*

Jimmy Hartwig
Gern streife ich bis zum frühen Morgen durch Nachtbars, schleppe aber dabei nie wahllos, sondern nur gezielt ab. Trotzdem bin ich glücklich verheiratet.

Karl-Heinz Heddergott
Als Trainer habe ich die halbe Welt befruchtet.

Dirk Heinen
Wir halten den Kopf hoch, auch wenn der Hals schon dreckig ist.

Siggi Held
Das Alter ist nur in zwei Fällen wichtig: Mit 18 darf man in jeden Film, und ab 65 bekommt man Rente.

André Heller
Die FIFA ist ein faszinierendes Aquarium mit bizarren Fischen. *(der Aktionskünstler versucht zu erklären, warum die FIFA seine WM-Eröffnungsgala 2006 abgesagt habe)*

Sepp Herberger
Fein haben Sie das gemacht. So kann der Rasen bleiben! *(der Bundestrainer zum Platzwart des Länderspiels am 23. Dezember 1953 am Essener Uhlenkrug)*

Freilich muss ich Dummheiten verhindern. Aber doch nicht alle! Wer meint, er könne alle Dummheiten wegtrainieren, der ist ein Dummkopf.

Höchstleistung im Sport und vergnügliches Leben sind wie Feuer und Wasser. Man kann nicht zwei Herren gleichermaßen dienen. Entweder oder!

Eva Herman
Frage: Was war Ihre größte Fehlentscheidung? Antwort: Die Dauerkarte beim FC Bayern.

Heiko Herrlich
Klopapier kaufe ich weiter bei Aldi. *(nach seinem lukrativen Transfer zu Borussia Dortmund)*

Das Potenzial ist da. Verglichen mit der Tierwelt, sehe ich die Bereitschaft des Teams, aus einer großen, schnellen Katze ein Löwe zu werden!

Andreas Herzog
Nein, da ist ja inzwischen Schnee über die Sache gewachsen. *(auf die Frage, ob er Oliver Kahn, der ihm vor Jahren nach einem Gegentor an die Kehle ging, immer noch böse sei)*

Jupp Heynckes

Der Wagen ist gewaschen und voll getankt. *(nach der Bekanntgabe seines Rücktritts als Trainer von Fußball-Bundesligist Borussia Mönchengladbach)*

Tom Hilde

Ich fühle mich wie ein Fußballer, der einen Elfer verschießt und sich dabei den Rücken bricht! *(der Skispringer nach einem schweren Sturz)*

Dieter Hildebrandt

DFB wird immer wieder fälschlich als Abkürzung für »Deutscher Fußball-Bund« verstanden. Richtigerweise heißt es ja: »Die fast Blinden«.

Ottmar Hitzfeld

Vor zwei Tagen hat Michael Rensing beim Schuhbinden einen Hexenschuss bekommen. Ich bin aber zuversichtlich, dass er spielen kann. Zur Not finden wir jemanden, der ihm die Schuhe bindet.

Sie sagte mir, dass ich der Vater sei. Theoretisch wäre das möglich. *(über seine Affäre mit einem brasilianischen Model)*

Thomas Hitzlsperger

Schwer zu erklären, wir waren nicht gut genug, ganz einfach. *(nach einer Niederlage)*

Carl Hoddle *(Mittelfeldspieler bei Barnet)*

F: Was war die verrückteste Frage von einem Fan?
A: Können Sie die Unterschrift von Ihrem Bruder nachmachen?

Uli Hoeneß

Wenn der Hund und ich mit 40 Fieber krank im Bett liegen, kriegt zuerst der Hund einen Tee. *(Hoeneß gewährt einen tiefen Einblick in sein Familienleben)*

Ich habe einen Traum. Den Traum, dass unsere Stürmer das Spiel ohne Ball entdecken. Den Traum, dass unsere Langzeitverletzten Sebastian Deisler, Valérien Ismaël, Owen Hargreaves und Andi Görlitz die Mannschaft verstärken. Den Traum, dass das Sommermärchen unserer Nationalspieler mit einem Frühsommer-Märchen im nächsten Jahr zu Ende geht. *(auf der Weihnachtsfeier der Bayern 2006)*

Es war eine perfekte Hinrunde – wie in diesem Film mit Jack Daniels: »Besser geht's nicht«.

Wenn man gegen Liechtenstein spielt, kann man auch gegen den FC Tegernsee spielen.

Ich durfte die Schuhe von Franz auftragen. *(über ein Highlight seiner aktiven Karriere)*

Bernd Hollerbach

Manchmal geht ein Stürmer an mir vorbei, manchmal geht auch der Ball an mir vorbei – aber nie beide gleichzeitig!

Ian Holloway *(englischer Spieler und Trainer)*

Es ist ein Fußballverein, kein Gefängnis. Die Leute sollten nicht denken »Oh, da kommt der Bastard«, wenn ich um die Ecke komme.

Dietmar Hopp

Ich merke mir das immer so: Pizza mit e, dann von meinem älteren Sohn Oliver die ersten drei Buchstaben und mittendrin ein i und ein u. *(merkt sich den Nachnamen seines Trainers Marco Pezzaiuoli)*

Joachim Hopp *(legendärer MSV-Duisburg-Spieler)*

Hauptsache, wir haben die Punkte – aber noch haben wir ja keine Punkte.

Ray Houghton

Ich habe bei einem Golfturnier zugunsten eines Jungen, der bei einem Autounfall schwer verletzt wurde, gespielt. Ich musste wie ein Wahnsinniger rasen, um hierhin zu kommen. *(erklärt, warum er zu spät auf »TalkSport« gesendet wurde)*

Mark Hughes

Ich möchte mehr Spieler durch die Tür bekommen, wenn das Fenster offen ist. *(als Trainer bei Manchester City)*

I

Zlatan Ibrahimović

Da musst du deine Frau fragen! *(zu einem Gegenspieler, der wissen wollte, woher er die Narben im Gesicht habe)*

Eike Immel

Nein, wir spielen doch erst morgen! *(bei Manchester City auf die Frage »Heute schon verloren?«)*

Volker Ippig

Frage: Stimmt es, dass du beim Training mit Erotik-Puppen von Beate Uhse arbeitest? Ippig: Ja, die sind sehr hilfreich. Die simulieren Stürmer und Abwehrspieler. Wenn ich unterwegs bin, sind die Puppen immer im Kofferraum dabei.

Irischer Spruch

Wenn ich wählen könnte, ob ich den Literatur-Nobelpreis gewinnen oder drei Tore gegen die Shamrock Rovers schießen möchte, würde ich jederzeit den Hattrick vorziehen.

J

Erik Jendrisek

Meine Kontoauszüge! *(auf die Frage nach seiner Lieblingslektüre)*

Walter Jens *(Schriftsteller)*

… und jeden Sonnabend freuten wir uns, wenn man den Dirigenten Overath mit dem Dirigenten Karajan verglich, und wir fanden es – ehrlich! – richtig, dass Wolfgang nicht schlechter als Herbert verdiente.

Jens Jeremies

Sie können eine Nachricht hinterlassen, aber ich rufe nicht zurück. *(Ansage auf dem Anrufbeantworter)*

Paul Jewell

Ich werde einfach das sagen, was ich immer sage: »Geht raus und gewinnt das verfickte Spiel, ihr Säue!«

Reporter: Wann hören Sie auf, über den Abstieg zu grübeln und über die Europa League nachzudenken?
Paul Jewell: Ungefähr nach zehn Pints Bier. *(in einem Fernsehinterview, als Jewells Mannschaft auf dem sechsten Platz in der Premiership stand)*

Gary Johnson

Meine Mutter hat mir ein paar Glücksunterhosen gekauft. Ich werde nicht sagen, ob ich sie trage, aber ich hoffe, dass ich auf dem Heimweg nicht von einem Bus überfahren werde. *(bei Bristol City)*

Peter Crouchs Hand am Ball war so offensichtlich, man konnte es im Radio sehen.

Mo Johnston

Für eine kurze Zeit habe ich die Fans von Celtic und den Rangers vereint. Sie haben mich alle gehasst. *(nachdem er für beide Glasgower Teams gespielt hatte)*

Vinnie Jones

Ich muss vor, einen Einwurf machen, aber ich bin gleich wieder da, Arschloch. *(zu Paul Gascoigne)*

Gewinnen ist nicht wichtig, solange man gewinnt.

Frage: Ist es Ihr Ziel, in einem WM-Finale zu stehen?
Jones: Ich spiele für Wales!

Burkhard Jung
Wir freuen uns auf den argentinischen Tanga. *(Leipzigs Oberbürgermeister bei einem Empfang zur WM 2006)*

K

Heidi Kabel
Diese jungen Menschen mögen zwar Millionäre sein. Aber was haben sie im Kopf? Lauter kleine Lederkugeln.

Oliver Kahn
Ich fasse mir ans rechte Ohr, schaue am Reporter vorbei und rede irgendein Zeug, das ich inzwischen selbst nicht mehr hören kann.

Meine Titan-Geheimnisse

Ein Spieler pinkelte mich unter der Dusche an

NUR WENN MAN AUCH MIT SO ETWAS FERTIG WIRD, KANN MAN DEN GANZ GROSSEN ERFOLG HABEN

Wenn man auf dem Gipfel eines Berges steht und noch höher will – dann muss man die Fähigkeit entwickeln, sich auf seine eigenen Schultern zu stellen.

Ich nehme immer nur einen. Zwei wären zu viel. Das kostet zu viel Kraft. *(übers Kaugummikauen während des Spiels)*

Philipp, an dir lag's nicht! *(der Torwart gönnerhaft nach dem frühen Ausscheiden bei der EM 2004 zum Jungprofi Philipp Lahm)*

Andrea Kaiser
Lars und ich standen im Stadion relativ nah zusammen, konnten aber nicht miteinander reden. Vielleicht ist das ja das Erfolgsgeheimnis einer guten Ehe ... *(Ehemann Lars Ricken und sie moderierten dasselbe Spiel)*

Manfred Kaltz
Als Spieler habe ich es nie nach Italien geschafft. Dafür jetzt als Getränkefachmann. *(nachdem er 1991 Vertriebsdirektor einer italienischen Getränkefirma wurde)*

Chris Kamara *(englischer Fußballspieler und Kommentator)*
Sogar Stevie Wonder hätte das Handspiel erkannt.

Kevin Keegan
Diese Entscheidung war meiner Meinung nach fast zweifellos eindeutig falsch.

Walter Kelsch
Ausgerechnet der, der Skat spielen kann, wird verkauft! *(über den Wechsel seines Mitspielers Hansi Müller vom VfB Stuttgart zu Inter Mailand)*

Thomas Kempe
Mit dem Flugzeug! *(auf die Frage, wie er denn zu einem Trainer-Engagement in Panama gekommen ist)*

Joshua Kennedy
Einen Australier mit Känguru zu fotografieren, das ist ungefähr so, wie einen Deutschen mit einer Bratwurst im Arm abzulichten.

Nicolas Kiefer *(Tennisspieler)*
Wenn ich beim Davis-Cup in die Kabine komme und da sitzt ein Psychologe, dann frage ich: »Was willst du hier?« Das ist doch nur Ablenkung! Wenn die Spieler Ablenkung brauchen, sollen sie auf den Parkplatz gehen und ihre Autos waschen! *(er ist offensichtlich kein Fan von Psychologen im Fußball)*

Paul Kinnaird
Ich wusste, dass meine Tage gezählt waren, als ein Fan beim Warmmachen rief: »Kinnaird, wir mögen die Kopfsteuer mehr als dich!« *(als er bei St. Mirren spielte)*

Ivan Klasnić
Wir dürfen uns nicht zu weit aus dem Fenster werfen.

Das war ein Märchen mit dem Titel »Scheiße und Juchhu«. *(nach einem 3:2-Sieg mit Werder Bremen gegen Juventus Turin)*

Jürgen Klinsmann
Seine Wade ist noch nicht da, wo sie hin muss. *(über Michael Ballacks Wade vor dem Eröffnungsspiel gegen Costa Rica bei der WM 2006)*

Da kommt einem die Gänsehaut hoch!

Ich habe mir während der WM 1994 ein Spiel von Deutschland angeschaut, und als ich aufstand, um mir eine Tasse Tee zu machen, stieß ich aus Versehen gegen den Fernseher. Klinsmann ist gleich hingefallen. *(der britische TV-Komiker Frank Skinner über den »Diver«)*

Jürgen Klopp
In Extremsituationen muss man ideenreich sein. Den Junggesellenabschied eines Kumpels haben wir im Nikolaus-Kostüm gefeiert. Voll maskiert.

Wenn du das Glück an dem Tag eingesammelt hättest und es in die Welt rausgeschossen hättest, dann hätte noch ganz China gegrinst. *(über die BVB-Meisterfeier 2011)*

UEFA-Cup-Feeling? Ist das so was wie Sodbrennen?

Wie soll ich einem Blinden erklären, was Farbe ist? *(auf die Frage eines Schalkers, wie man Meister wird)*

Das war ein aktiver Vorgang, der zu Passivität führte.

Mit schlechtem Fußball habe ich mich lange genug rumgeschlagen – und zwar mit meinem eigenen.

Rudolf Knoell *(Publizist)*
Im Begriff Profisport fehlt ein »t«.

Matze Knop
Auf Ultraschallbildern erkenne ich gar nix. Dabei habe ich früher jahrelang Fußball verschlüsselt bei Premiere geguckt.

Adrian Knup *(Fußballspieler aus der Schweiz)*
Eigentlich bin ich der Matchwinner. Als ich vom Platz gegangen bin, lief es endlich gut bei uns.

Jupp Koitka
Ich verkaufe sogar dem Papst ein Doppelbett.

Andreas Köpke
Wir können nicht aufstellen, wie die Ted-Umfragen sind. Dann hätten wir in jedem Spiel einen neuen Torwart. *(der Torwarttrainer über die Torwart-Diskussion)*

Bei 16 Gegentoren schmerzt der Rücken, wenn ich die Bälle aus dem Netz hole.

Horst Köppel
Ich bin so heiß auf den Ball, dass ich ihn fressen könnte. *(der damalige Dortmunder Trainer bei einem Prominentenspiel)*

Wer nicht kämpft bis zum Umfallen, kann sich bei Schneeweiß Bethlehem anmelden.

Bernd Korzynietz
Wir wollten nach der Halbzeit da weitermachen, wo wir zu Beginn aufgehört haben.

Lorenz-Günther Köstner
In einer toten Mannschaft ist einfach kein Leben mehr drin.

Michael Kostner
20 gegen zwei? Trainer, glauben Sie, das geht? *(nachdem Peter Neururer ein Trainingsspiel Raucher gegen Nichtraucher angeordnet hatte)*

Erhard Kräher
Eben hat jemand angerufen, der will Tip und Tap als Neger unter die Leute bringen. *(Geschäftsführer der Firma, die bei der WM 1974 die Maskottchen produzierte)*

Bernd Krauss
Irgendwann kommt man morgens zum Training und ist gar nicht mehr Coach.

Kreisklassen-Fußballtrainer
Keine Angst vor dem Spiel am Sonntag. Wenn der Gegner was taugen würde, müsste er nicht in der Kreisklasse spielen. *(zu seiner Mannschaft)*

Axel Kruse
Als er zur Welt kam, war er ein so hässliches Kind! *(Mama Erika im Fernsehen)*

Dirk Kuijt
Heute hat man mal gesehen, dass Jungs, die nicht Fußball spielen können, einem trotzdem das Spiel verderben können. *(nach einem 2:2 gegen Deutschland)*

Peter Kunter *(Torwart, u. a. Eintracht Frankfurt)*
Hinter einem Mann mit Brille vermutet man keinen Spitzensportler. Seit ich eine Brille trage, muss ich keine Autogramme mehr schreiben.

Marco Kurz
Der Kopf der Gruppe darf nie auf Sparflamme brennen.

L

Bruno Labbadia
Wir sind mit einem blauen Auge davongekommen – und das war schon zugeschwollen.

Philipp Lahm
Ich glaube, körperlich fehlt uns nichts. Das hat man auch gesehen, dass wir auch am Ende noch hinterherlaufen können … *(über die Fitness beim FCB)*

Ata Lameck
Ein Handwerker gibt seine Werkzeuge auch nie aus der Hand. Ich habe meine Schuhe auch immer selber geputzt.

Frank Lampard
Ich habe die Biografie von Michael Caine gelesen. Sie erzählte davon, wie er aufgewachsen ist.

Fritz Langner *(Spieler und Trainer)*
Stellt euch vor, die wollten mir einfach ein Bein adoptieren.

Udo Lattek
Die Deckung hat Angst vor ihrem schwachen Torwart. Deshalb spielt sie so gut.

Heiner Lauterbach
Frauenfußball! *(auf die Frage »Was erwarten Sie in der Hölle?« bei »Dalli Dalli«)*

Claude Le Roy
Afrikaner sind wie kleine Hunde. Du musst mit ihnen herumtollen, um sie bei Laune zu halten. *(Nationaltrainer Kameruns)*

Graeme Le Saux
Es ist allen scheißegal, ob Graeme Le Saux schwul ist oder nicht. Der Grund, warum er der meist beschimpfte Mann beim Fußball ist, ist die Tatsache, dass er den »Guardian« liest. *(Piers Morgan, Journalist beim »Daily Mirror«)*

Frank Lebœuf
Bei einem französischen Verein kauft man dir Champagner und Kuchen zu deinem Geburtstag. Hier haut man dein Gesicht in die Matsche. *(während seiner Zeit bei Chelsea zu den unterschiedlichen Sitten beider Länder)*

Florian Lechner
Als ich beim Jubel die Fäuste ballte, hatte ich sogar in den Fingern Krämpfe. *(nach dem DFB-Pokalspiel 2005 zwischen St. Pauli gegen Hertha BSC, das 4:3 endete)*

Gordon Lee
Afrika? Wir sind verdammt noch mal nicht in Afrika, oder? *(Evertons Trainer, als er in Marokko gefragt wurde, wie er den afrikanischen Kontinent findet)*

Thorsten Legat
Außerdem plane ich eine Autobiografie, das wird ein Bestseller. Wenn Effenberg das macht, kann ich das schon lange machen. Da kommt die Wahrheit bei einigen Leuten ans Tageslicht – ich habe nichts mehr zu verlieren.

Nur die Harten kommen durch. *(meinte der Bochumer zu Journalisten, als er, mit sieben Stichen genäht, frisch aus dem Krankenhaus kam)*

Jens Lehmann
Ich habe ihn gefragt, ob er weltmeisterlich schießt. Aber er wusste es nicht genau. *(Frage an Andreas Brehme vor einem Elfmeter-Duell zwischen den beiden)*

Robert Lembke *(Journalist und Moderator)*
Die gute alte Zeit war, als Fußballer ihre Suppe noch zu Hause aßen und nicht im Werbefernsehstudio.

Willi Lemke *(Politiker und Fußballfunktionär)*
Stinkefinger und Schwalbenkönige sollten nicht die Vorbilder für unsere Jugend sein.
(über Stefan Effenberg und Andreas Möller)

Ewald Lienen
Manchmal denke ich, was da
auf meinem Hals sitzt, ist nur
noch ein riesiger Fußball.

Beim Anrennen zum Schluss
haben wir uns fast den Finger
in der Nase abgebrochen.

Gary Lineker
Ich habe es niemals zugegeben, aber es stimmt. Zur Halbzeit war ich nicht in besonders
guter Verfassung, aber ich
machte weiter. Der Ball kam
über die linke Seite, und ich
ging in einen Zweikampf mit
einem Gegner. Ich grätschte,
und dann »erleichterte ich
mich«. Es ging drunter und
drüber, und da ist es einfach herausgekommen. Ich
hatte Glück, dass es an diesem
Abend regnete. Das konnte ich
nutzen. Es war die schrecklichste Erfahrung meines Lebens. Aber ich habe in einem
Spiel noch nie so viel Raum
gehabt wie an diesem Abend.
*(über das Spiel bei der WM
1990, als er auf dem Platz plötzlich musste)*

Matthias Lindner *(Fußballspieler)*
Solange wir als Fettaugen auf
der Wurstsuppe schwimmen,
wollen wir glänzen.

Pierre Littbarski
In dieser Saison haben wir uns
einen Nachteil erarbeitet.

Passen Sie auf, da sitzt noch
der Thomas Häßler drauf. *(zu
einem Kellner, der einen leeren
Stuhl wegräumen wollte)*

Loaded *(britisches Magazin)*
Reporter: Was hat Ihre Karriere am meisten beeinflusst?
Ian St. John: Bill Shankly.
Jimmy Greaves: Wladimir
Smirnow.

Jogi Löw
Ein Sparkassen-Angestellter
nimmt seine Frau auch nicht
mit in die Bank. *(auf die Frage,
warum er seine Frau nie mit zu
Länderspielen nimmt)*

M

Felix Magath
Bevor ich Journalist werde,
werde ich schwanger.

Heute werde ich keinen Tee
trinken, sondern einen im Tee
haben.

Jetzt laufen wir mal zügig den Berg hoch. Wir ... also, das heißt, du und die beiden Medizinbälle.

Jim Magilton

Reporter: Haben Sie sich Sorgen gemacht, als die Flasche geworfen wurde?

Jim Magilton: Hören Sie, ich bin in Belfast aufgewachsen – glauben Sie da etwa, dass ich Angst vor einer Flasche habe? *(Gespräch bei der Pressekonferenz mit dem Trainer von Ipswich Town)*

Sepp Maier

Unser Medizinmann Ritschi Müller ist so fromm, dass er beim Duschen mit uns die Augen schließt.

Diego Maradona

Ich bin froh, dass du von uns gegangen bist. Es war deine Schuld, dass wir die WM verloren haben. *(twitterte der Ex-Trainer der argentinischen Nationalmannschaft über den Tod von Orakel-Krake Paul)*

Ich wartete, dass meine Mitspieler mich umarmten, aber keiner kam. Also rief ich: »Kommt her, sonst überlegt es sich der Schiedsrichter noch mal anders!« *(nach seinem Tor durch die »Hand Gottes« bei der WM 1986 gegen England)*

Roberto Maroni *(Italiens Innenminister)*

Man sollte überlegen, auch für Fußballer, die sich überzogen unsportlich verhalten, ein Stadionverbot einzuführen. Daraufhin Livorno-Kapitän Cristiano Lucarelli: Zunächst einmal sollten wir für manche Politiker Parlamentsverbot einführen, dann ginge es uns allen besser.

Liliana Matthäus

Nicht lachen, aber ich stehe eigentlich total auf intelligente Männer!

Lothar Matthäus

Außer dass wir schlecht gespielt haben, hat alles gestimmt.

Eine Ehe ist wie ein Fußballspiel – man weiß nie, wie es ausgeht.

Ich bin keine Extrawurst, also kann ich auch sehr gut ohne den Senf einiger Journalisten leben.

Vielleicht komme ich mal als Karnickel wieder auf die Welt.

Ein Wort gab das andere – wir hatten uns nichts zu sagen.

Ich genieße mein Privatleben eher privat.

Wenn einem Guten gewisse Fehlerchen passiert sind, sollte man das nicht so hochkochen. *(in der »Bunte« über die Comeback-Pläne des Karl-Theodor zu Guttenberg)*

Nicht nur weil er so gut aussieht wie ich, sondern weil ich glaube, dass er in der Politik sehr viel bewegt hat in den letzten Jahren. *(ebenfalls zu Karl-Theodor zu Guttenberg auf die Frage, warum der 50-Jährige sich eine Rückkehr des Ex-Verteidigungsministers in die Politik wünsche)*

Ich würde gerne nach Dubai, um auch mal die andere Seite, den Osten Europas, kennenzulernen.

Ich möchte keine Frau sein, sonst würde ich ständig an meinem Busen spielen!

Ein Lothar Matthäus gehört in den Sportteil und nicht auf die Klatschseiten. Daran arbeite ich.

Ich hatte mir als 18-Jähriger meinen ersten BMW gekauft und lieh ihn Lothar Matthäus. Am nächsten Tag kam er wieder – ohne Auto. *(Armin Veh)*

Lothar will bei der Geburt seiner nächsten Frau dabei sein. *(Waldemar Hartmann zu Gästen einer Gala, als Matthäus überraschend nicht erschien)*

Ich weiß nicht, was er in Bulgarien machen wird. Das Maximum, was er rausholen kann, ist, noch mal zu heiraten. *(der bulgarische Premierminister Boiko Borisov über seinen neuen Nationaltrainer)*

Wolfgang Matthies *(Fußballspieler, u. a. Union Berlin)*
Schon als der Ball noch gar nicht bei mir war, spürte ich, dass ich ihn nicht erreichen würde.

Gerhard Mayer-Vorfelder
So lange georgelt wird, ist die Kirche nicht aus.

Jason McAteer *(irischer Fußballspieler)*
Mein Spitzname ist »Trigger« wie der Charakter bei »Only Fools and Horses«, da ich grundsätzlich begriffsstutzig bin. Der Name kam während meiner Zeit bei Liverpool auf, als mich eine Kellnerin fragte, ob ich meine Pizza in vier oder in acht Teile geschnitten haben möchte. Ich sagte vier, da ich auf gar keinen Fall acht Stücke essen könne.

Paul McGaughey
Wenn Gazza im Beisein der Königin furzt, sind wir ruiniert. *(der Adidas-Pressesprecher über die Risiken eines Sponsorendeals mit Paul Gascoigne)*

Alan McInally *(schottischer Fußballspieler)*
Meine Freunde sind alles Schotten, und die gehen in kein Hotel. *(auf die Frage, warum er so ein riesiges Haus benötige)*

Billy McNeill *(schottischer Spieler und Trainer)*
Schottland muss heute nicht unbedingt ein Tor erzielen, aber sie sollten gewinnen.

Michael Meier
Es war eine Dürreperiode mit einem plötzlichen Platzregen. *(über eine bescheidene Hinrunde und ein 3:0 im letzten Spiel vor der Winterpause)*

Ich bin doch kein Politiker! *(auf die Frage, ob er beim 1. FC Köln das Handtuch schmeißen wolle)*

Urs Meier *(Schweizer Schiedsrichter)*
Er war ja vor zwei Jahren Schweizer des Jahres. Das wird man nicht einfach so. Da muss man schon Schweizer sein. *(über den ehemaligen Schweizer Nationaltrainer Köbi Kuhn)*

Erik Meijer
Du kannst den englischen nicht mit dem deutschen Fußball vergleichen. Sie sind wie Omelett und Müsli. *(nachdem er von Liverpool zum Hamburger SV gewechselt war)*

Max Merkel
Frage: Herr Merkel, verspüren Sie Erfolgsdruck? Antwort: Wenn i a Obst ess, spür i a Druck.

Der lange Koller neben dem schmächtigen Rosicky – ich dachte, da führt einer seinen Yorkshire Gassi. *(über die Dortmunder Jan Koller und Tomáš Rosický)*

Wenn beim zweiten Mal die Knie immer noch nicht wund sind, ist's erlaubt. *(über Sex vor dem Spiel)*

Lieber neun Minuten Maradona beim Autowaschen zuschauen als 90 Minuten Hansi Pflügler beim Fußball!

Hans Meyer

Ich bin heute noch nicht darüber weg, dass wir damals das Europacup-Finale in Düsseldorf verloren haben. Aber zum Glück reißen sie ja das Rheinstadion jetzt ab. *(über das Finale 1981 Carl Zeiss Jena – Dinamo Tiflis)*

Ihr wisst ja, beim Geschlechtsverkehr dürft ihr mich immer stören, aber bei der Fresserei ist es einfach scheiße! *(als Fans ihn beim Mittagessen ansprachen)*

Rinus Michels

Sag mir, wenn du Geburtstag hast, damit ich dir rechtzeitig einen eigenen Ball schenken kann. *(der niederländische Trainer zu Pierre Littbarski, nachdem dieser das Fummeln etwas übertrieben hatte)*

Andreas Möller

Einige haben von einem recht guten Spiel gesprochen. Da frage ich mich, ob ich zum Augen- oder Ohrenarzt muss.

Andere können sich ja gerne vor dem Spiel die Eier hart kochen. *(zum Vorwurf, ein Weichei zu sein)*

Massimo Moratti

Es war wie bei einem Mann, der seine Frau betrügt, aber aus Rücksichtnahme nicht den Mut hatte, es zuzugeben. Er kletterte einfach aus dem Fenster. *(Präsident von Inter Mailand über José Mourinhos Abschied)*

Max Morlock

Wenn eine von ihnen ein Junge geworden wäre und nicht gut Fußball gespielt hätte, wäre ich bestimmt sauer gewesen. *(manchmal ist es eben gut, »nur« Töchter zu kriegen)*

José Mourinho

Wahrscheinlich wollten Sie Trainer werden, aber dann hat es nur zum Journalisten gereicht.

Die Moral von der Geschichte ist, dass man den Leuten, die einem erzählen, dass man nicht die Violine spielen, sondern bei dem Tamburin bleiben soll, einfach nicht zuhört.

Andreas Müller

Wenn wir alle am Tisch sitzen und essen eine große Suppe und einer spuckt rein, dann schmeckt die allen nicht mehr.

Gerd Müller

Wenn man sieht, wer heute die Stürmer in der Fußball-Nationalmannschaft sind – die hätten früher nicht mal am Ball riechen dürfen.

Thomas Müller

Traurige Gesichter bei schlechtem Wetter – und kein Grillfleisch. *(auf die Frage, wie er sich die Stimmung in Deutschland während der grandiosen WM 2010 vorstellt)*

N

Silvia Neid

Die Ähnlichkeit ist deutlich erkennbar, nur befürchte ich, dass meine Barbie-Doppelgängerin etwas beweglicher ist als ich. *(Bundestrainerin über ihre eigene Barbie-Puppe)*

Viele Männer waren nur gekommen, um den Trikottausch nach dem Spiel zu sehen. So ein Schwachsinn! *(nach einem Länderspiel der Frauen-Nationalmannschaft im Jahr 1982)*

Christian Nerlinger

Wir brauchen ab sofort Ergebnisse.

Günter Netzer

Von den Zweitrangigkeiten in meinem Leben ist das die Priorität. *(auf die Frage, wie ausführlich er sich über seinen Ex-Klub Gladbach erkundigt)*

Hermann Neuberger *(DFB-Präsident)*

Es gibt Trainer, die machen leider aus jedem Problem gleich ein Problem.

Willi Neuberger

Durch meinen Platzverweis hat es kein Gedränge unter der Dusche gegeben. *(der Wuppertaler Profi nach einer roten Karte 1974)*

Manuel Neuer

Wir schießen zu wenig Tore, vielleicht heißen wir deshalb auch die Knappen. *(auf Schalke)*

Charly Neumann

Ich rieche einen UEFA-Cup-Platz! *(vor einer neuen Saison)*

Peter Neururer

Spaghetti zum Frühstück sind beschissen! *(über die frühen Anstoßzeiten in der zweiten Liga)*

Wenn wir gewonnen haben, benutze ich zu Hause immer dasselbe Geschirr. Manchmal wochenlang.

Solch einen Pass spielt normalerweise nur jemand, der bedingt durch eine Krankheit im Rollstuhl sitzt.

O

Noel O'Mahony
Wir werden glücklich sein, auch wenn wir verlieren. Das Spiel ist zur gleichen Zeit wie das Oktoberfest. *(Trainer von Cork City, vor einem Spiel gegen Bayern München)*

Martin O'Neill
Reporter: Martin, haben Sie irgendwelche Neujahrsvorsätze? Martin O'Neill: Ja, hab ich, und die meisten betreffen euch. *(der Trainer von Aston Villa bei einer Pressekonferenz)*

Ivica Olić
Mein Sohn hat zu mir gesagt: »Papa, du hast die Nummer 11, und du hast 11 Tore gemacht.« Ich antwortete: »Okay, nächste Saison tausche ich die Nummer mit Danijel Pranjić. Der hat die 23.«

Rolf-Jürgen Otto *(Präsident Dynamo Dresden)*
Ob wir die Lizenz kriegen? Wie gefährdet ist man, wenn einen der Blitz trifft und die Sonne stand am Himmel?

P

Papst Benedikt XVI.
Ich freue mich über den WM-Titel für Italien. Schließlich bin ich in dem Land Gastarbeiter.

Papst Johannes Paul II.
Johannes Paul II. hat eine große Sympathie für die Torhüter der beiden Endspielteilnehmer, denn er war in seiner Jugend ebenfalls Schlussmann. *(sein Sprecher bei der WM 1998)*

Parkstadion
Der Weg über den Zaun führt ins Krankenhaus. *(Schild am Außenzaun des alten Schalker Stadions)*

Stuart Pearce *(englischer Spieler und Trainer)*
Ich kann die Karotte am Ende des Tunnels sehen.

Luís Pereira
Es wurde uns verboten, ins Trainingslager Frauen mitzubringen. Diese Richtlinie soll uns zu Weltmeistern machen. Von was? Masturbation? *(brasilianischer Spieler bei der WM 1974)*

Karsten Petrzika *(Kommentator)*
Standards sind eine Thüringer Spezialität, hier ist nicht nur Bratwurst angesagt.

Das Leben verläuft nun mal in Gleisen, die dauernd ausgebessert werden müssen.

Otto Pfister
In Frankfurt ist die Brieftasche schließlich auch schnell weg. *(in 40 Jahren bei acht afrikanischen Nationalteams und fünf Vereinsmannschaften beschäftigt, zur Sicherheit in Südafrika bei der WM 2010)*

Lukas Podolski
Der Trainer hat sagt, wir sollen den Fokus höher legen.

Toni Polster
Ich bin leider nicht zu sprechen, weil ich im Keller meine Waffen putze. *(Anrufbeantworter des Spielers vom 1. FC Köln)*

Ulli Potofski
So nah waren wir als Schalker lange nicht an der Schale. Uns trennen 36 Kilometer. *(als der BVB 2011 Meister wurde)*

Flemming Povlsen
Wir haben jetzt schon Luft für 90 Minuten – für 30 in jedem unserer drei Vorrundenspiele. *(bei der EM 1992)*

Kevin Pressman
Einer von denen, die aufs Spielfeld gelaufen waren, sagte zu mir, dass ich Millwall nicht lebend verlassen werde. Dann sagte er noch, dass ich fett wäre. Ich habe ihm geantwortet: »Hast du dich schon einmal selber im Spiegel angeschaut?« *(Torwart von Sheffield Wednesday)*

Peppino Prisco *(legendärer Vize-Präsident von Inter)*
Wenn mir ein Milanista die Hand gibt, gehe ich sie sofort waschen. Gibt mir ein Juventino die Hand, zähle ich zur Sicherheit meine Finger nach.

Herbert Prohaska
Die Chancen stehen bei 50:50. Für beide.

Q

Mick Quinn *(englischer Fußball-spieler)*
Wenn ich an Sheffield Wednesday denke, ist der erste Name, der mir immer ins Gedächtnis kommt, Lee Hurst. Entschuldigung, David Hirst.

Quiz-Frage im englischen TV
Zu welchem spanischen Verein wechselte John Toshack, nachdem er Sporting Lesbian verlassen hat?

R

Stefan Raab

Französisch heißt ab sofort: Es mit der Hand machen! *(nachdem Thierry Henry im entscheidenden WM-Qualifikationsspiel die Hand für ein Tor benutzt hatte)*

Wenn das mit Birgit Prinz in Perugia etwas wird, wäre das die zweite deutsche Frau, die in Italien Fußball spielt – nach Andreas Möller!

Petar Radenković

Münchens Oberbürgermeister Hans-Jochen Vogel zu Radenković: Besonders beeindruckt war ich, als Sie den Ball erst mit der Faust abwehrten und dann im Fallen noch einmal mit dem Fuß klärten. Radenković: Ja, ja, Herr Oberbürgermeister, müssen wir Gastarbeiter eben arbeiten mit Händen und Füßen …

Reinhard Rauball

Es kann sicher nicht von Schaden sein, wenn ein Bundesligapräsident einen Doppelpass nicht für eine doppelte Staatsangehörigkeit hält.

Unsere ganz jungen Spieler haben sich zu Weihnachten ein Extra-Spielzeug verdient. *(über die Leistungen der jungen Dortmunder Spieler)*

Friedel Rausch

Ich sehe Licht am Himmel.

Wir backen kleine Brötchen. Aber viele machen auch satt.

Harry Redknapp

Journalist: Haben Sie Morddrohungen erhalten? Harry Redknapp: Nur von meiner Frau, als ich nicht abgewaschen habe.

Otto Rehhagel

In Bremen duze ich nur meine Frau.

Stellen Sie sich vor, Boris Becker wirft den Ball hoch, und noch bevor er den Ball trifft, kommt jemand und schlägt ihm einen Ellenbogen in die Seite. *(über den Unterschied zwischen Tennisprofis und Bundesligastars)*

Ich bin mit Fußball geboren, und ich will mit Fußball sterben.

Wenn es den Menschen gut geht, machen sie alles nur noch mit Routine.

Golf ist mir zu langweilig. Zu Franz Beckenbauer habe ich mal gesagt: »Da stehen 6.000 Leute am Abschlag. Dann haut einer den Ball weg. Nach siebzig Metern sehen sie ihn nicht mehr. Also laufen 6.000 Leute hinter dem Ball her und suchen ihn drei Stunden lang, bis sie dann feststellen: Der Ball liegt oben im Baum.«

Ich biete mich nirgendwo an – außer bei meiner Frau. *(auf Fragen von Journalisten, ob er sich für Trainerjobs ins Gespräch bringe)*

Ich habe ein Gedicht für dich, und ich rufe dir zu, Erich: Nach trüben, widerwärtigen Tagen eilen des sanften Glücks frohere Stunden wieder herbei! *(bei einer »ran«-Leitung zu seinem Trainerkollegen Erich Ribbeck, nachdem Werder Bremen knapp vor den Bayern Meister wurde)*

Herr Rehhagel, mit welcher Farbe muss ich zu Hause bei mir die Wände streichen? *(ein Journalist auf einer Pressekonferenz, als der Trainer und gelernte Maler Rehhagel gemeint hatte, er beantworte ab sofort nur noch Fachfragen)*

Peter Reid
Wir alle wissen, dass man beim Fußball stillsteht, wenn man rückwärts geht. *(als Trainer von Sunderland)*

Willi Reimann
Einige müssen ihre Bauchmuskeln trainieren, obwohl sie nicht mal wissen, was das ist. Wenn wir die trainieren, kommen sie am nächsten Tag an und meinen, sie haben was mit dem Blinddarm.

Uwe Reinders
Ich sage meinen Spielern immer, sie sollen aufpassen, wenn die Journalisten kommen. Denn mit leerem Kopf spricht man nicht.

Michael Rensing
Barça hat Messi, Bayern hat Schweini, wir haben Poldi. *(der FC-Torwart über die Idole der Klubs)*

Rheinpfalz
Mit Sicherheit führen die schrecklichen Bratwürste auf dem Betzenberg an einem Spieltag zu mehr Lebensmittelvergiftungen als die Rauchbomben aller Vereine zusammen über eine ganze Saison verteilt. *(Leserbrief im Oktober 2001)*

Erich Ribbeck

Muss ich das jetzt als Frage verstehen oder die Antwort so beantworten, wie Sie sie in Ihre Frage reingelegt haben? Sie haben Ihre Frage so gestellt, dass ich das Gefühl haben muss, als wenn ich das, was Sie gerade gesagt haben, vorher schon gesagt hätte. Das habe ich aber nicht gesagt. Dem, was ich gesagt habe, möchte ich nichts hinzufügen.

Ich hätte ein Buch schreiben können. Es gab genug Stoff. Hatte ich aber keinen Bock drauf. *(auf die Frage, warum er nie eine Abrechnung mit den Kritikern aus seiner Zeit als Bundestrainer gemacht habe)*

Richter

Sind Sie BVB-Fan? *(Frage eines Bochumer Richters, bei dem ein Angeklagter erzählt hatte, er habe viele Feinde in Bochum)*

Jimmy Rimmer

Das hat mich auf die Idee gebracht, mir eine Münzsammlung zuzulegen. Ich kann nur hoffen, dass mich die Fußballfans jetzt mit möglichst seltenen Stücken bewerfen. In meiner Sammlung gibt es noch viele Lücken. *(der Keeper von Aston Villa geht äußerst cool und kreativ mit den Münzwürfen auf ihn um)*

Aleksandar Ristić

Seid ihr schlechte Mannschaft, aber habt Glück: Habt ihr jetzt guten Trainer.

Wollen Sie Interview machen oder Fragen stellen?

Ruggiero Rizzitelli *(italienischer Stürmer)*

Vielleicht wäre das Spiel anders gelaufen, wenn der Pfosten reingegangen wäre.

Jürgen Röber

Es steht gar nicht zur Debatte, dass wir Unentschieden spielen. Wie wir im Deutschen sagen: We'll be going for the sausages. *(der Trainer von Hertha BSC vor dem Spiel gegen Chelsea)*

Gary Roberts

Ich will eine neue Rückennummer. Die Nummer 33 macht mich fett. *(Spieler bei Ipswich Town)*

Bobby Robson

Wir haben sie nicht unterschätzt. Sie waren nur besser, als wir gedacht haben.

Wenn du deine Hühner zählst, bevor sie geschlüpft sind, werden sie keine Eier legen.

Gernot Rohr *(Technischer Direktor bei Eintracht Frankfurt)*
Von mir werden Sie Treueschwüre nicht hören. Ich spreche da aus Erfahrung, denn Treueschwüre werden ja auch fürs Leben gegeben. Meine Frau und ich sind schließlich geschieden.

Ronaldo
Es ist genauso eine Lüge, dass ich dick bin, wie es eine Lüge sein wird, dass er trinkt. *(süffisant über Staatschef Lula)*

Wir haben häufig bei McDonald's gegessen, wo es ja den Ronald McDonald gibt. Deshalb haben wir unseren Sohn auch Ronald genannt.

Cristiano Ronaldo
Es kommt auf Kleinigkeiten an, um noch schneller zu werden. Da ist jede Körperbehaarung, auch am Po, störend.

Wayne Rooney
Es ist einfach zu kompliziert und macht meinen Kopf kaputt. *(auf die Frage, warum er keine Gitarrenstunden mehr nehme)*

Ich ziele nie. Denn wenn ich nicht weiß, wohin ich schieße, woher soll es dann der Torwart wissen?

Tom Ross *(Radio-Kommentator)*
Seit »Brokeback Mountain« habe ich nicht mehr so viele erwachsende Männer gesehen, die sich umarmen und küssen. *(auf brmb, Aston Villa gegen Portsmouth)*

Paolo Rossi
Keine Sorge, Simonetta, ich habe schon öfters ohne Training hervorragend gespielt. *(der italienische Nationalspieler zu seiner Braut, als der Geistliche nicht zur Probe der Trauungszeremonie erschienen war)*

Frank Rost
Wenn man nur die Boulevard-Presse liest, vergisst man das eine oder andere Gedicht. *(der Torwart erklärte einem Reporter einen »Zauberlehrling«-Vergleich eine Woche zuvor)*

Petra Roth
Die Stadt Frankfurt begrüßt Sie zur endlosen Ausrundung. *(Frankfurts Oberbürgermeisterin bei der WM-Auslosung)*

Silke Rottenberg
Da dreht sich die Nordkoreanerin weg wie ein Mädchen. *(bei einer Spielanalyse zur Frauen-WM 2011)*

Joe Royle *(englischer Fußball-trainer)*
Ihr werdet mich nie dazu kriegen, Fußball im Radio anzuhören. Das sind Plattformen für Idioten. Ich würde eher einem Schachspiel im Radio zuhören.

Wynton Rufer
Ich würde es nicht unbedingt Arbeit nennen. Sie will versuchen, ein Baby zu bekommen. *(auf die Frage, ob seine Frau in Japan auch arbeiten gehen wird)*

Karl-Heinz Rummenigge
Wir sollten uns an die eigene Nase fassen – und diese Nase läuft etwas.

Wissen Sie, was 0,5 Promille ist? Das hat im Stadion wohl jeder. *(nach einem Führerscheinentzug für einen Bayern-Spieler)*

Wir müssen zusehen, dass wir uns bis Weihnachten Punkt für Punkt nach oben hangeln. Damit die Gegner sich bei der Weihnachtsgans zumindest überlegen müssen, dass jedes Gramm, das sie zu viel essen, in der Rückrunde problematisch werden könnte.

Ian Rush
Es war, als würde ich im Ausland spielen. *(der walisische Fußballspieler über seine Zeit bei Juventus Turin)*

Erich Rutemöller
Hinterher müssen meine Spieler auf dem OP-Tisch liegen und nach einem Luftröhrenschnitt röcheln.

S

Hasan Salihamidžić
Ich bin einfach heiß auf alles. Heiß auf die Champions League, heiß auf die Bundesliga – und meine Frau wartet daheim auch schon.

Ebbe Sand
Wir waren vier Minuten Meister. Das war so schön.

Sat.1
Frage: Wer ist aktuell Tabellenführer in der 1. Bundesliga? a) BVB? b) Bayer Leverkusen? Die Reporterin fragt den anwesenden Rudi Völler: Können Sie uns einen Tipp geben? Rudi Völler: Leverkusen ist es nicht ... Reporterin zu den Zuschauern: Das muss genügen!

Gerald Saubach *(ORF-Reporter)*
Eins zeigt die Statistik ganz deutlich: Wenn Tirol kein Tor erzielt, haben sie immer entweder unentschieden gespielt oder verloren.

Ron Saunders
Ron Saunders: Erzählst du den Presseleuten wieder den alten Mist, Ron?
Ron Atkinson: Ja, Ron. Ich habe ihnen gerade erzählt, was für ein guter Trainer du bist. *(Gespräch nach einem Spiel in den Achtzigern)*

Frank Schäfer
Ich bin richtig besoffen, aber wer will mir das verübeln? Ich bin zwar nur ein Allerweltsfußballer mit einem Allerweltsnamen, aber heute spricht ganz Deutschland von mir. *(nach seinem Tor für Bayer Uerdingen zum 2:1 im DFB-Pokalendspiel gegen den FC Bayern München)*

Hubert H. Schäfer *(Präsidiumsmitglied des VfB Stuttgart)*
Eine Elefantenrunde – alle lassen den Rüssel hängen. *(nach einer Pleite)*

Totò Schillaci *(italienischer Fußballspieler)*
Mein Tor möchte ich vor allem jedem widmen.

Klaus Schlappner *(Trainer)*
Der Zweck heiligt zwar manchmal die Mittel, aber nicht die Mittelmäßigkeit.

Günter Schlipper
Für sechs Mille hätte ich den Pass auch nicht gespielt. *(zu seinem Mitspieler Yves Eigenrauch, der eigensinnig den Ball vertändelte, aber auch deutlich weniger Gehalt bekam als Schlipper)*

Harald Schmidt
Unsere Spieler haben Abi und Fernstudium, aber wer braucht vor dem Tor einen Konjunktiv?

In der CSU gibt es so einen Krach um die Nachfolge von Stoiber, dass man schon gesagt hat: Liebe Freunde, wenn es wirklich eng wird – mein Gott, dann macht es halt eine Weile der Franz.

Warum gibt es in der deutschen Fernsehunterhaltung keinen Mario Götze? Ich sehe überall nur Ballacks und Frings.

Helge Schneider
Wichtig ist nicht, ob man gewinnt, sondern dass man gewinnt.

Werner Schneider

Uns haben nur noch die Pappnasen gefehlt. Das wäre die richtige Verkleidung für dieses Karnevalsspiel gewesen. *(der Dortmunder Mittelfeldspieler nach einem kuriosen Pokalspiel im Jahr 1980)*

Mehmet Scholl

Pass auf, was du sagst. Ich Lell dir gleich eine. *(Spaß auf Kosten des ehemaligen Kollegen, der seine Freundin geschlagen haben sollte)*

Man gilt als graue Maus – aber drei Tore machen einen Tiger draus! *(nach einer Klatsche gegen Wattenscheid)*

Helmut Schön

Ich habe nichts für Verhältnisse übrig. Vor allem nicht mit Männern. *(zur Bemerkungen von Paul Breitner, er habe kein Verhältnis zu Schön)*

Frage: Sind Sie der Meinung, dass Manfred Burgsmüller seinen schweizerischen Gegenspieler bei dessen Eigentor behindert hat? Antwort: Warum hätte er ihn stören sollen?

Atze Schröder

Wenn man sich zwischen Kahn und Lehmann entscheiden muss, ist das ungefähr so, wie wenn man sich von den Jacob Sisters die beste raussuchen soll.

Früher, da gab es noch einen wie Katsche Schwarzenbeck. 460 Bundesligaspiele, kein Ballkontakt. Der dachte 20 Jahre lang, so'n Bein wächst nach.

Helmut Schulte

Wer hinten steht, hat das Pech des Glücklosen.

Es ist nur ein Spiel verschoben worden: HSV gegen FC St. Pauli. Und das wegen Unbespielbarkeit des Platzes! *(als es in Hamburg regnete und Spieler im Wettskandal feststeckten)*

Ein guter Start ist nicht schlecht. Aber am Ende kommt es auf eine gute Landung an. *(auf die Frage, ob ein guter Saisonstart viel hilft)*

Harald Schumacher

Wir sind nun mal keine Eunuchen. Warum nicht käufliche Schönheiten einladen, die unter medizinischer Kontrolle stehen. Lieber organisierte Liebe als zusehen, wie sich die Jungs in die nächstgelegene Stadt flüchten und in irgendeinem üblen Puff Tripper, Maul- und Klauenseuche holen. *(in seinem Buch »Anpfiff«)*

Mit mir kriegt man keine Probleme. Man muss nur machen, was ich will.

Mir ist das egal, solange wir nicht die Spielersitzungen über Walkie-Talkie aus dem Knast machen müssen. *(nachdem Trainer Sören Lerby zu sechs Monaten auf Bewährung verurteilt wurde)*

Wenn ich mal sterbe, könnt ihr auf meinem Grab keine Blumen pflanzen, denn die wachsen nicht. *(wegen der Einnahme von illegalen Mittelchen während seiner Karriere)*

Bernd Schuster

Ich habe gehört, dass Bernd Schuster neun Kilometer gelaufen ist. Dann braucht er kein Auto mehr, dann kann er auch von zu Hause ins Stadion laufen. *(Dragoslav Stepanović)*

Dirk Schuster

Frage: Welche taktische Zuordnung hat Ihr Trainer vor dem Spiel für die Abwehr vorgenommen? Antwort: Blau gegen weiß.

Manfred Schwabl

Schön, dieser Tag der offenen Tür. Da sehe ich Sachen, die ich sonst nicht sehe: zum Beispiel den Strafraum.

Inzwischen homma fünf Sprochn. Des müss' ma' in den Griff kriegn. Aber auf dem Plotz wird weiter bayrisch gsprochn. Dafür sorg i scho!

Robert Schwan

Ich kenne nur zwei intelligente Menschen: Schwan am Vormittag und Schwan am Nachmittag.

Franz Beckenbauer und die verleumdete Dame, die so genannte Mutter, die es gar nicht gibt, werden das beide dementieren. *(Beckenbauers Manager über des Kaisers Weihnachtsfeier-Affäre)*

Luiz Felipe Scolari

Egal, ob wir Deutschland schlagen oder nicht. Ich werde euch für sieben Tage verlassen. Ich muss mit meiner Frau schlafen. *(Trainer von Brasilien zu der Presse vor dem Finale der WM 2002)*

Roman Sedláček *(tschechischer Fußballer)*

Wenn ich 15 Saisontore mache, hat der Trainer mir einen Trabbi mit Katalysator versprochen.

Karl Senne *(Moderator)*

Auf die Frage, wer deutscher Fußballmeister wird, hat mir Karl-Heinz Rummenigge vor einiger Zeit geantwortet: Kaiserslautern nicht! Das wäre so, als wenn Michael Stich Wimbledon gewinnen würde. *(beide siegten 1991)*

Bill Shankly
Natürlich habe ich meiner Frau nicht als Hochzeitstagsgeschenk das Spiel in Rochdale geschenkt. Es war ihr Geburtstag. Meinen Sie, ich habe während der Fußballsaison geheiratet? Und außerdem war es nicht Rochdale, sondern nur die Reserve von Rochdale.

Alan Shearer
Ich möchte den Verein nie verlassen. Ich möchte bis zu meinem Lebensende hier bleiben und am liebsten noch darüber hinaus.

Shoot *(englische Zeitschrift)*
Was ist der Unterschied zwischen einem Taxifahrer und Nottinghams Torwart Mark Crossley? Der Taxifahrer lässt höchstens vier auf einmal rein.

Günter Siebert
Erst hatten wir James Bond, jetzt kommt Professor Brinkmann. *(über den Präsidenten Günter Eichberg und seinen Vorgänger Michael Zylka)*

Mirko Slomka
Wenn Sie zuhause einen Nagel in die Wand schlagen, voller Überzeugung, und stellen dann fest, das Bild passt nicht. Dann können Sie den Nagel rausziehen, aber das Loch bleibt.

Graeme Souness *(schottischer Spieler und Trainer)*
Le Tissier war ein genialer Stürmer, aber er hat nie bei einem großen Klub gespielt. Wenn er das getan hätte, würden wir heute über ihn sagen, dass er ein genialer Stürmer war.

Harald Spörl
Es wäre optimal gewesen, wenn er rein gegangen wäre. So ging's völlig in die Hose.

Holger Stanislawski
Wir schlagen lieber noch mal einen Haken und legen im Sechzehner den Ball vom starken Fuß auf den schwachen. *(über die Abschlussschwäche seiner Mannschaft)*

Peer Steinbrück
VfL? Bedeutet das nicht »Verein für Ligawechsel«? *(so machte sich der Politiker bei einem Auftritt in Bochum selbstverständlich viele Freunde)*

Dragoslav Stepanović
Daheim passen die Frauen besser auf, als es jeder Trainer kann.

Huub Stevens
Ich habe ihnen gesagt, dass sie heute nichts zu essen bekommen. *(nach einer Niederlage seiner Schalker im Revierderby bei Borussia Dortmund)*

Rod Stewart
Junge, Junge, dass ich 50 Jahre alt werden musste, ehe ich auf die Idee mit dem eigenen Fußballplatz kam! Ich rufe jeden Tag von Los Angeles an und frage, wie es meinem Platz geht. Lächerlich. Es ist ja nicht so, dass irgendeiner meinen Platz einfach so über Nacht wegtragen kann. Oder?

Uli Stielike
Muss man jemandem mit Engelszungen zureden, hat ihn meist schon der Teufel an den Hammelbeinen.

Gordon Strachan
Reporter: Glauben Sie, dass Sie der richtige Mann für eine Kehrtwendung sind?
Strachan: Nein. Ich wurde gefragt, ob ich denke, dass ich der richtige Mann sei, und ich habe geantwortet: »Nein. Sie hätten George Graham holen sollen, weil ich nutzlos bin.« *(Gespräch bei der Präsentation von Strachan als Trainer von Southampton)*

František Straka
Wir haben am Wochenende das nächste Heimspiel, wieder zu Hause.

Frank Stronach
Je höher der Affe den Baum raufklettert, desto besser sieht man seinen Arsch. *(nach seinem Rücktritt als Präsident von Austria Wien)*

Thomas Strunz
Alle meine Kinder wurden im März gezeugt. Da bin ich wohl besonders aktiv und gefährlich. Da müssen sich die Frauen vor mir in Acht nehmen.

Davor Šuker
Frage eines britischen Journalisten an den kroatischen Fußball-Nationalspieler: Ist das Leben in Kroatien nicht viel zu gefährlich? Antwort: Bei euch ist alles viel gefährlicher; ihr habt Linksverkehr.

T

Erwin Teufel
Ich beglückwünsche den VfB Stuttgart zur ersten gesamtdeutschen Fußball-Weltmeisterschaft. *(als Ministerpräsident von Baden-Württemberg)*

Amand Theis
Wollen Sie ihn tot oder lebendig? *(der Vorstopper zu seinem Trainer Udo Lattek, der ihn beauftragt hatte, seinen Gegenspieler Ronnie Worm intensiv zu bewachen)*

Michael Thurk
Mein Vater hat italienische Wurzeln, und meine Frau ist Serbin. Wie für Löw gilt auch für die anderen Nationaltrainer, dass sie mich immer erreichen können. *(wollte unbedingt zur WM 2010)*

Beni Thurnheer
Adriano gibt als seine Vorbilder Kaká und Jesus an. Kaká von Milan und Jesus von Nazareth. *(kommentiert bei der Champions-League-Partie Thun gegen Amsterdam die Einwechslung von Adriano)*

Henk Timman *(Verwaltungsratsmitglied bei Ajax Amsterdam)*
Die Spieler durften bei Trainer Rinus Michels nicht rauchen. Cruyff und Keizer taten es aber dennoch. Nur, dass es Keizer dabei nicht beließ. Er fragte Michels sogar nach Feuer.

Stig Tøfting
Wenn wir hier Punkte mitgenommen hätten, wäre das Diebstahl gewesen.

Luca Toni
Es ist nicht schön, den Gegner betrügen zu wollen. Aber es ist schön, alles dafür zu tun, dass die eigene Mannschaft gewinnt.

Michael Tönnies
Marc, hör endlich mal auf, Kakao ins Aquarium zu schütten. *(während eines Interviews zu seinem vierjährigen Sohn)*

Tontechniker
Eins, zwo, drei, eins, zwo, drei, Medizinball! *(auf der ersten Pressekonferenz von Felix Magath in Wolfsburg beim Mikrofontest)*

Rolf Töpperwien
Dass Bayern München mal absteigt! *(im St.-Pauli-Stadionheft auf die Frage nach seiner sportlich größten Hoffnung)*

Ich bin doch kein Marathonmann! *(Antwort auf eine, seiner Meinung nach, überzogene Rechnung eines Bordells)*

Klaus Toppmöller

Ich schwöre als Zeuge Yeboahs Stein und Bein, dass Borowka Roth sieht, dass Herzog als einsamer Rufer in der Wüste Waldstadion herumhobscht und Olli sich vergebens nach den Bällen reckt.

Einer hält sich die Backe, einer hält sich den Fuß, einer liegt immer flach. *(über die Wehleidigkeit seiner Profis)*

John Toshack

Reporter: Machen Sie sich Sorgen wegen Tschernobyl?
John Toshack: Wer ist er – Linksaußen bei Dynamo? *(Gespräch vor dem Spiel Kiew gegen Real Madrid)*

Giovanni Trapattoni

Jeder Teamtrainer ist zum Tode verurteilt, er weiß aber nicht, wann er sterben wird.

Wenn ich mit dem Druck nicht fertig werden würde, wäre ich Lokführer geworden.

Spannen wir den Karren nicht vor die Ochsen, sondern lassen wir die Ochsen hinter dem Karren.

Aus dieser Mannschaft ist noch reichlich Erdöl zu fördern.

Wenn du dich an Zucker gewöhnt hast, willst du kein Salz mehr.

Sag niemals »Katze«, wenn du sie nicht im Sack hast.

The cat is in the sack, but the sack is not closed. The cat is it in, but it's open. It's a wild cat. *(als Nationaltrainer Irlands nach einem 4:0-Erfolg in der EM-Qualifikation in Estland)*

Wolfgang Trapp

Wir haben in Bremen 0:4 verloren. Sie werden Verständnis dafür haben, dass ich nicht zu sprechen bin. *(der KSC-Profi auf seinem AB)*

Gert Trinklein

Jetzt weiß ich endlich, wozu ich meinen Kopf habe. *(nach einem intensiven Kopfballtraining unter dem neuen Trainer Gyula Lorant)*

Thomas Tuchel

Im Moment fühlt es sich so an, dass wir dreimal durchs Dorf laufen, ehe wir in die Kirche gehen. *(in einer Niederlagenserie trotz vieler Torchancen)*

V

Victor Valdes
Der letzte Sieg Reals gegen Barcelona? War das noch schwarz-weiß oder schon in Farbe? *(Barças Keeper frotzelt gegen Real)*

Mark van Bommel
Garantien kriegt man nur auf Waschmaschinen. *(auf die Frage, wie sicher er sei, dass Bayern in der Champions League weiterkommt)*

Giovanni van Bronckhorst
Wenn sein Schuss rcingegangen wäre, hätte das Ergebnis anders aussehen können.

Rafael van der Vaart
Auf einem alten Fahrrad lernt man das Radeln. *(über seine fünf Jahre ältere Frau Sylvie)*

Louis van Gaal
Es geschieht nicht häufig, dass jemand, der noch lebt, eine Autobiografie schreibt.

Okay, zuerst. Ich habe gesehen, viele Frauen sind hier. So, auch, viele Mutti. Ein dicke Kuss von den Trainer von der Meister. Und, wer hat die beste Verteidigung? FC Bayern. FC Bayern. Wer hat die beste Angriff? FC Bayern. Und deswegen sind wir Meister. Und nicht nur von München, nicht nur von München, auch von Gel-sen-kir-chen, auch von Bremen und auch in Hamburg. Wir sind die Beste von Deutschland! Und, vielleicht, Europas, jaaaaaa! *(legendäre Bayern-Meisterrede 2010 an einem Muttertag auf dem Rathaus-Balkon in München)*

Fred van Halen *(Bauchredner)*
Wie heißen die Fußballschuhe von Jesus? Christstollen!

Willem van Hanegem *(niederländischer Trainer)*
Rauchen ist schlecht. Vor allem für die Gardinen.

Armin Veh
Es ist niemand gestorben. Es ist immer noch nur Fußball. *(als er den Meistererfolg in der Saison danach nicht konservieren konnte)*

Barry Veninson *(englischer Fußballer)*
Ich ziehe immer zuerst meinen rechten Schuh an, dann den rechten Socken.

Gertjan Verbeek
Wir haben kein Schwarzgeld! *(die Antwort des Trainers von AZ Alkmaar auf die Frage, warum niederländische Vereine keine Europapokale mehr gewinnen)*

Berti Vogts

Natürlich gibt es das schon einmal bei einem Amateurspiel, dass ein Spieler einen anderen als »Türkenschwein« beschimpft. Aber das hat nichts mit Rassismus zu tun.

Wenn wir Deutschen tanzen, und nebenan tanzen Brasilianer, dann sieht das bei uns eben aus wie bei Kühlschränken.

Auf so einen Platz kriegen sie keinen deutschen Fußballer. Da würde ein Deutscher nicht einmal seine Kuh drauf stellen. *(zu den Trainingsbedingungen in Nigeria, als er dort Nationaltrainer war)*

Die Realität ist anders als die Wirklichkeit.

Georg Volkert

Seine Frau braucht keine Bedenken zu haben: Auswärts ist der Schorsch schwächer als zu Hause. *(Trainer Lothar Buchmann über seinen Spieler)*

Rudi Völler

Von 34 Spieltagen frierst du doch gefühlt an 20. *(plädiert für einen Änderung des Spielplans)*

In Leverkusen wird jeder eingesperrt, der eine Vuvuzela ins Stadion mitbringt. *(Leverkusens Sportchef nach der WM 2010)*

Ich kann ja nicht mein ganzes Leben lang sagen: »Ich bin Weltmeister, sonst kann ich nix, aber das kann ich gut!«

W

Otto Waalkes

Der Ball heute mal wieder ganz in Leder.

Abby Wambach

Ich hätte mir heute ein Tor kaufen können und es nicht getroffen. *(die US-Nationalspielerin zu ihren zahlreichen vergebenen Chancen in einem Spiel)*

Ashley Ward

Als ich für Norwich gespielt habe, hat meine Frau Dawn ein Baby bekommen, und wir haben es Darby genannt. Einen Monat später bin ich zu Derby gewechselt. Die Jungs von Norwich versuchen nun alle, ein Baby zu bekommen, und sie werden es Lazio oder Barcelona nennen.

George Weah

Reporter: Haben Sie schon mal öffentliche Verkehrsmittel benutzt?
George Weah: Ja, ich bin Taxi gefahren. *(Zeitungsinterview mit dem ehemaligen Stürmer von Chelsea)*

Jürgen Wegmann

Ich werde ein Buch schreiben. Ich weiß noch nicht, was drin steht, aber es wird 19,90 Mark kosten.

Roman Weidenfeller

Journalist: Sie treffen auf Manuel Neuer. Der steht in dem Tor, in dem Sie auch gerne stehen würden. Roman Weidenfeller: Im Schalker Tor? Möchte ich nicht stehen.

We have a grandios Saison gespielt.

Gerhard Weigel *(Journalist)*

Wer mit solchen Spielern und solchen Mannschaften Profi-Fußball einführen will, der kann auch in Alaska eine Ananasfarm gründen. *(zum Spiel Jena gegen Erfurt im Dezember 1989)*

Arsène Wenger

Ich erlaube den Spielern eine bestimmte Anzahl von Wahlmöglichkeiten, was sie mit dem Ball machen können. Dann entscheiden sie selbst, ob sie ihn zu dem oder zu dem passen. Und wenn der Empfänger nichts daraus macht, spielen sie das nächste Mal woanders hin. So wird das Spiel zum Lehrer.

Der neue Trainer hat uns einen unglaublichen Glauben gegeben. *(Paul Merson)*

Werder-Revue
Wer behauptet, die Männer könnten nicht mehr küssen, der hat noch kein Tor auf dem Fußballplatz erlebt.

Franz Wichelhaus
Sehen Sie, das ist der Unterschied: Overath hätte den Ball erst noch mal gestreichelt, Netzer hat ihn reingehauen! *(der Ex-Kölner nach Netzers Tor im Pokalspiel 1973)*

Wolfgang Wolf
Tommy ging gestern Abend im Trainingslager auf die Toilette und kam erst heute Morgen wieder runter. *(über seinen Spieler Tommy Larsen)*

Jörg Wontorra
Das Abseits ist das letzte Geheimnis der Männer.

Ian Wright *(englischer Fußballspieler)*
Als ich die Anhänger von Coventry eine Gruppe von Flachwichsern genannt habe, waren es die besten 15.000 Riesen, die ich jemals ausgegeben habe.

Y

Anthony Yeboah
Für Yeboahs starken Oberarm mussten wir eine neue Kapitänsbinde herstellen lassen. *(Charly Körbel)*

Z

Zinédine Zidane
Mir ist eines klar: Er hat keine quadratischen Füße. *(spricht über das Talent seines Sohns Enzo)*

Rainer Zobel
Ich habe gehört, Meister wird die Mannschaft, die die beste Bank hat. *(der Trainer der Stuttgarter Kickers, als er den Nationalspieler Karel Kula nicht aufstellte)*

Theo Zwanziger
Vielleicht sollte man Oliver Kahn als Richter einsetzen … *(über den Beleidigungsprozess zwischen Jens Lehmann und Tim Wiese)*

Nachspielzeit

▶ Das sind ärgere Sachen!
Marko Arnautović und der Telefonstreich

Im Sommer 2011 wurde der Werder-Profi Marko Arnautović vom Radiosender Ö3 mit einem Telefonstreich hereingelegt. Ö3-Comedian Herbert Haider gab sich als Nationaltrainer Didi Constantini aus und rief bei Arnautović über das Hoteltelefon an.

Ö3-Moderator: Hallo Marko, hier ist der Didi Constantini.

Arnautović: Hallo!

Ö3-Moderator: Marko, wir haben schon wieder ein Problem. Angeblich hängst du jede Nacht vor dem Pay-TV-Sender. Ich weiß nit, was mit dir los ist. I mein, was soll denn das?

Arnautović: Wer hat das wieder gesagt?

Ö3-Moderator: Das ist ja wurscht, des is halt jetzt a' mal so.

Arnautović: Ich weiß nicht, was hier das Problem ist.

Ö3-Moderator: Anscheinend ziehst du dir Videos rein. Das hat mit Sport nix mehr zu tun.

Arnautović: Das sind ganz normale Filme. Wie »The Fast and the Furious«.

Ö3-Moderator: Das sind ärgere Sachen. Das sind Pornos. Heut' fragen sie mich, was führt der Arnautović wieder auf. Du bist angeblich bis zwei, halb drei Uhr im Zimmer narrisch gewesen.

Arnautović: Das soll mir einer beweisen, dass ich bis zwei, halb drei Uhr auf war.

Ö3-Moderator: Und Frauen waren auch dabei.

Arnautović: Ich habe alles eingehalten. Die anderen wollten bei mir schlafen. Ich habe aber gesagt, das interessiert mich nicht.

Ö3-Moderator: Bitte Bettruhe einhalten. Sei so lieb, wir spielen gegen die Türkei. Das wird ein Mordsdesaster, wenn du nit schlafen gehst.

Arnautović: Trainer, ich schwöre bei meiner Mutter: Ich geh schlafen. Ich bin fit. Ich bringe meine Leistung. Ich weiß nicht, wo das Problem ist.

Ö3-Moderator: Ich muss die konsequente Linie einhalten. Ich muss jetzt jemanden nachnominieren für das Spiel gegen die Türkei.

Arnautović: Sie wollen mich jetzt raushauen?

Ö3-Moderator: Es is halt jetzt a' mal so. Weißt du, wer dein Nachfolger ist?

Arnautović: Na?

Ö3-Moderator: Der Ö3 Callboy.

Arnautović: Wollt ihr mich häkeln? Geht's euch noch gut? Was redet ihr von Porno? Extrem, wie du das machst. ■

▶ **Joachim Ringelnatz** *(1883-1934)*
Fußball
(nebst Abart und Ausartung)

Der Fußballwahn ist eine Krank-
Heit, aber selten, Gott sei Dank.
Ich kenne wen, der litt akut
An Fußballwahn und Fußballwut.
Sowie er einen Gegenstand
In Kugelform und ähnlich fand,
So trat er zu und stieß mit Kraft
Ihn in die bunte Nachbarschaft.
Ob es ein Schwalbennest, ein Tiegel,
Ein Käse, Globus oder Igel,
Ein Krug, ein Schmuckwerk am Altar,
Ein Kegelball, ein Kissen war,
Und wem der Gegenstand gehörte,
Das war etwas, was ihn nicht störte.
Bald trieb er eine Schweineblase,
Bald steife Hüte durch die Straße.
Dann wieder mit geübtem Schwung
Stieß er den Fuß in Pferdedung.
Mit Schwamm und Seife trieb er Sport.
Die Lampenkuppel brach sofort.
Das Nachtgeschirr flog zielbewusst
Der Tante Berta an die Brust.
Kein Abwehrmittel wollte nützen,
Nicht Stacheldraht in Stiefelspitzen,
Noch Puffer außen angebracht.
Er siegte immer, 0 zu 8.
Und übte weiter frisch, fromm, frei
Mit Totenkopf und Straußenei.
Erschreckt durch seine wilden Stöße,
Gab man ihm nie Kartoffelklöße.
Selbst vor dem Podex und den Brüsten
Der Frau ergriff ihn ein Gelüsten,
Was er jedoch als Mann von Stand
Aus Höflichkeit meist überwand.
Dagegen gab ein Schwartenmagen
Dem Fleischer Anlass zum Verklagen.

Was beim Gemüsemarkt geschah,
Kommt einer Schlacht bei Leipzig nah.
Da schwirrten Äpfel, Apfelsinen
Durch Publikum wie wilde Bienen.
Da sah man Blutorangen, Zwetschen
An blassen Wangen sich zerquetschen.
Das Eigelb überzog die Leiber,
Ein Fischkorb platzte zwischen Weiber.
Kartoffeln spritzten und Zitronen.
Man duckte sich vor den Melonen.
Dem Krautkopf folgten Kürbisschüsse.
Dann donnerten die Kokosnüsse.
Genug! Als alles dies getan,
Griff unser Held zum Größenwahn.
Schon schäkernd mit der U-Bootsmine
Besann er sich auf die Lawine.
Doch als pompöser Fußballstößer
Fand er die Erde noch viel größer.
Er rang mit mancherlei Problemen.
Zunächst: Wie soll man Anlauf nehmen?
Dann schiffte er von dem Balkon
Sich ein in einem Luftballon.
Und blieb von da an in der Luft,
Verschollen. Hat sich selbst verpufft. –
Ich warne euch, ihr Brüder Jahns,
Vor dem Gebrauch des Fußballwahns!

Aus:

Joachim Ringelnatz: Turngedichte (1923) ■

375

▶ **You give me nothing**
Lothar Matthäus und Al Jazeera

Sommer 2011. Kurzfristig hatte man den ehemaligen National-spieler Lothar Matthäus um einen Auftritt beim Champions-Lea-gue-Achtelfinalspiel Bayern München – Inter (2:3) gebeten. Für den Job beim arabischen Sender sagte er extra einen Flug nach London ab. Dann die böse Über-raschung: Dem Sender fehlte ein Dolmetscher, Matthäus wurde plötzlich nicht mehr gebraucht. Und das ärgerte den verhinderten Kommentator hörbar!

Matthäus: I await only respect. And he don't respect.
Moderator *(kleinlaut)*: Why he didn't do anything?
Matthäus: I waste my whole eve-ning for this shit here?
Moderator: But he explained to you the situation.
Matthäus: What he explain me?
Moderator: He told you that there is a technical problem.
Matthäus: Yes, he can explain me everything, but I lose all my evening. I stay only in Eu-rope only for Al Jazeera for this evening, because I had a job to do in London.
Moderator: He's talking to you. If you want you can … *(zeigt auf ein Telefon)*

Matthäus: Of course he's talking with me. *Und dann am Tele-fon:* Yes, hello. No, sorry, hey, hey, I tell you now something. I stay only in Munich for this fucking job tonight; because I cancelled … Sorry, I come down, sorry, you give me, you give me nothing. Sorry. You think you can play with me? I'm not a child!
I respect, I respect you a lot. I respect, I respect. You don't respect me now in this mo-ment. Okay, finish. It's okay. Sorry, hello, my friend. I like to planes with, I like to ex-plain you something. I chan-ged my plane to make a fa-vour to Al Jazeera, for Mr. Nasser. I cancelled my trip to London, today. For tomorrow, sorry, for tomorrow. Sorry. Look, you don't have to in-sult it anymore for me. Sorry. I cannot accept this what you was doing today. First you must to prepare yourself bet-ter. This is a first. And I lose, in this moment when I am travel around the world, and I have my plan to go to Lon-don, now I must to go tomor-row, yes, to be here for no-thing. *(Stille)* I was here! ■

▶ **Das ist Arbeit, wo man leistet!**
Lothar Matthäus und
sein Ausraster

Bundesligasaison 1994/95,
14. Spieltag, 19.11.1994, 15:30 Uhr
Karlsruher SC – FCB 2:2 (0:0)
Schiedsrichter: Hellmut Krug
(Gelsenkirchen)

Das Spiel ist aus. In der 90. Minute hat Eberhard Carl doch noch den Ausgleich zum 2:2 für den Karlsruher SC geschossen. Matthäus wird nach einer hitzigen Unterredung mit dem Schiedsrichter mitten auf dem Feld von einem Kamerateam abgefangen. Er schwitzt und ist sehr erregt.

Premiere-Reporter: Lothar Matthäus, was haben Sie denn dem Krug …

Matthäus: … da braucht man doch gar nicht mehr drüber reden, das ist doch 'ne Frechheit, was der pfeift. Ein … ein … ein … ein … *(wegwerfende Handbewegung)* nur für eine Richtung, gelbe Karte für uns, rote Karte für uns, der Freistoß, der keiner war, der pfeift doch alles gegen uns, das ist 'ne Frechheit. Das muss doch jeder sehen, was hier gespielt wird. Das ist Arbeit, wo man leistet Samstagnachmittag, und ein Mann im Stadion bringt die Spieler um ihre Leistung, um ihre Prämie, um alles – und das ist eine absolute Frechheit. Und wenn da, gegen so was, der DFB nicht langsam einschreitet, dann verstehe ich das nicht mehr. Vielleicht kriege ich 'ne Sperre, aber das musste mal gesagt werden. Das ist immer wieder das Gleiche – Woche für Woche. Und so gravierend wie heute habe ich es in fünfzehn Jahren Karriere noch nicht erlebt.

Reporter: Aber der Schiedsrichter war doch nicht nur schuld?

Matthäus: Bitte? *(guckt ungläubig)*

Reporter: Der Schiedsrichter war doch nicht nur schuld?

Matthäus: Ich glaube, die Mannschaft hat hervorragend gespielt, und man hat ja gesehen, was hier in den letzten drei Minuten los war. Ja, wenn einer im Sechzehner umgefallen wäre, hätte es einen Elfmeter gegeben für den KSC. Ist doch logisch hier!

Reporter: Danke, Lothar Matthäus! ∎

▶ **Und wo holen sie es sich wieder? Bei uns!**

Ansichten eines Nationalspielers *(aus einem nie veröffentlichten Interview)*

Wir können doch nichts dafür, wenn ein Tsunami ausbricht. Tut mir leid für die Menschen, die da umgekommen sind, ganz klar. Aber da können wir doch nichts dafür. Was meinen Sie, wenn bei uns was passiert – was meinen Sie, wer uns Geld gibt? Aber wir Deutschen, unser Staat, sind die Ersten … wenn in Israel was passiert, sind wir doch die Ersten, wo Geld spenden, oder net?! Die meinen immer noch, wir hätten irgendeine Verpflichtung gegenüber denen … was früher mal war. Nee, es ist vorbei. Du kannst nicht einen fünf Millionen Jahre, wenn da was passiert, bezahlen. Für mich ist das unverständlich. Denn wir kriegen doch von den anderen auch nichts. Unser Staat hat doch Schulden, dass es gerade so kracht, aber wir sind die Ersten, wo spenden. Egal, wo auf dieser Welt was passiert, wir sind die Ersten, wo dabei sind, wo rufen 100 Millionen gibst, Soforthilfe. Unverständlich! Und wo holen sie es sich wieder? Bei uns! ■

▶ **Willi Konrad und das Drecksschwein**

Anfang der neunziger Jahre. Willi Konrad, technischer Direktor bei Dynamo Dresden, steht in einem hellgrünen Sakko auf der Tartanbahn des Rudolf-Harbig-Stadions. Ein Reporter des ZDF spricht ihn an.

Reporter: Wo ist denn das ganze Geld geblieben, das Sie in die Schweiz überwiesen haben?
Konrad: Ich hab kein Geld überwiesen. Was soll denn die doofe Frage? Sind Sie im Kopp nicht normal, oder was?! Unverschämtheit, mir so eine Frage zu stellen. Ich haue Ihnen in die Fresse – mehr sind Sie nicht wert! Das ist ja unverschämt, nehmen Sie das weg das Ding *(haut gegen das Mikrofon)*, das habe ich ja noch nicht erlebt, so etwas Dreckiges. Schicken Sie den Chefredakteur. Wie können Sie mich überhaupt ansprechen auf so etwas? Ich habe in meinem Leben noch kein Geld in die Schweiz überwiesen. Drecksschwein. So etwas habe ich ja noch nicht erlebt, du. Was fällt Ihnen überhaupt ein, mir so eine Frage zu stellen? *(Geht direkt auf den Reporter los, der ängstlich zu stammeln beginnt).*
Reporter: Nananananana.

Konrad *(energisch):* Heh? Was fällt Ihnen ein? Sagen Sie mir das! He!? Sagen Sie mir das, he!

Reporter: Sagen Sie mal, was ist denn nun los? *(Ein Security-mann mit kurz geschorenen Haaren und schwarzer Leder-jacke versucht Willi Konrad zu-rückzuhalten – zwecklos)*

Konrad: Was fällt Ihnen ein, mir so etwas zu stellen? Sagen Sie mir das! Aus welchem Grund? *(Der Reporter weicht ängstlich zurück)*

Reporter: Es ist doch gut. Es ist doch gut.

Konrad: Haben Sie einen Grund, mir das zu sagen? Sie sind ein Drecksschwein. Gehen Sie weg! ■

▶ **Werbung in den neunziger Jahren!**

Horst u. Helga Kowalski, Schnei-derstrasse 1, 44229 Dortmund

Dortmund, den 22.4.'95
Lieber »kicker«, wenn ich, Horst Kowalski, Trainer bei Borussia Dortmund sein kön-nen könnte, würde ich folgen-des tun.

1. Borussia Dortmund müsste wieder in »Rote Erde« spie-len. Als wir noch dort waren, war alles besser. Wir haben nie verloren. Jede Woche gab das zehn Jahrhunderttore, die Leute haben lauter gesungen, es hat da lange nicht soviel geregnet und der Deutschen Wirtschaft ging es besser.

2. Ein paar neue Spieler kaufen. Ich weiss natürlich am besten, dass die guten Spieler schon lange in Rente gegangen sind, aber mein Kumpel Manfred hat mir gesagt, dass es einen vielversprechenden jungen Fusssballspieler in Brasilien gibt, der noch billig zu haben sein soll. Er heisst Romario.

3. Die Spieler müssten wieder mit richtigen, harten Fussball-stiefeln ausgerüstet werden. Zu meiner Zeit waren die Din-ger noch wie Stahl und nicht wie diese Nike-Schuhe, die sie heutzutage tragen.

5. Alle, die kein Kleingeld für'n Bus haben, sollen sich ein Taxi rufen.

Mit freundlichen Grüssen, Horst

(Werbeanzeige eines Sportausrüsters aus dem Jahre 1995) ∎

▶ **Tatort DFB: Theo, lass uns nach Eppheim fahren!**

Runder Tisch in der DFB-Zentrale. Theo Zwanziger, Oliver Bierhoff, Jogi Löw, Steffi Jones und Célia Okoyino da Mbabi plaudern angeregt.

Die Sekretärin kommt herein.
Sekretärin: Herr Zwanziger, es scheint dringend. Die Frau Petra Krömer ist am Telefon.
Zwanziger: Ja! *Er erhebt sich und geht zu seinem Schreibtisch.* Hallo, Petra. Was kann ich für dich tun? *Langes Schweigen.* Nein, sag, dass das nicht wahr ist?!
Theo Zwanziger lässt den Hörer sinken, schnauft und nimmt die Autogrammkarte von der ermordeten Fadime Gülüc vom FC Eppheim unter der Schreibtischauflage hervor. Am Schreibtisch erwartet ihn bereits ein grinsender und überaus neugierig blickender Oliver Bierhoff.
Zwanziger: Fadime ist tot!
Bierhoff: Ist es ein Unfall, oder …?

Zwanziger: Nein, sie ist ermordet worden.
Célia Okoyino da Mbabi bricht zusammen.
Steffi Jones *spricht sanft, aber bestimmt den letzten Satz:* Theo, lass uns nach Eppheim fahren!
Vor der versammelten Mannschaft des FC Eppheim an einem trüben Herbsttag. Theo Zwanziger spricht. Er ist offenbar sehr bewegt, während sich Steffi Jones, Célia Okoyino da Mbabi und einige Spielerinnen das Grinsen sichtlich verkneifen müssen.
Zwanziger: Ja, liebe Petra, liebe Mädels, das ist ein schrecklicher Tag, der uns erschüttert. Unsere Steffi Jones und Célia sind mit mir gekommen, um mit euch zu trauern. Fadime lebt nicht mehr. Als uns diese Nachricht erreichte, waren wir geschockt. Wir können es immer noch nicht glauben. Wir empfinden ehrliche Trauer und Anteilnahme. Wir haben eine Spielerin verloren, hier in eurem Verein, der Deutsche Fußball-Bund, eine tolle Nationalspielerin, die wie ihr den Fußball geliebt hat. Fadime, ruhe in Frieden.
Célia Okoyino da Mbabi: Und … und für Fadime holen wir jetzt den Weltmeistertitel!
Aus dem Off: Danke, lieber Theo, Célia, Steffi …! ∎

▶ **Berti Vogts rettet den Tatort**

Ein Gasherd ist im Bild. Er zischt. Dann sehen wir Berti Vogts vor einer Terrassentür. Er klopft an das Glas. In seinen Händen wuselt ein Kaninchen herum. Es ist Nacht. Niemand öffnet. Vogts klopft erneut. Licht geht an. Ein Mann im Morgenmantel erscheint, er öffnet die Türe.

Mann: 'n Abend!?
Berti Vogts streichelt liebevoll das Kaninchen.
Berti Vogts: 'n Abend! Das ist doch euer Kaninchen, das saß vor meiner Haustür.
Der Mann im Morgenmantel ist verwirrt.
Mann: Wie kommt das Kaninchen zu dir?
Berti Vogts schnüffelt lautstark.
Berti Vogts: Es riecht nach Gas!

Der Mann rennt in die Küche, löscht eine Kerze und stellt den Herd ab.
Berti Vogts *(aufgeregt):* Was ist denn hier los?
Eine Frau im Morgenmantel kommt dazu.
Frau: Hallo?!!
Berti Vogts *(vorwurfsvoll):* Ja, wollt ihr uns denn alle in die Luft jagen?
Mann *(stammelnd):* Das ... das ... hä ... das müssen die Heizungsmonteure gewesen sein. Die ... die waren heute hier, und ich hatte schon das Gefühl, die waren besoffen, als sie kamen!
Berti Vogts *(nüchtern):* Erstatte Anzeige! Solche Leute arbeiten im falschen Beruf! Gib dem Kaninchen eine Möhre extra *(übergibt das Kaninchen)*, es hat uns das Leben gerettet ... Tschüss!
Frau *(nachdenklich):* Tschüss?!
Mann: Ja, ciao! ∎

▶ **Er ist dann mit einer Pfanne auf mich los!**
Holger Stanislawski und sein Sky-Interview im Sommer 2011

Reporter: Holger Stanislawski, Tom Starke ist als Maulwurf enttarnt worden, letzte Woche. Diese Woche hat man das Gefühl gehabt von außen, er hat sich innerlich von der Mannschaft schon verabschiedet. Gut, er hält den Elfmeter und ein paar andere Schüsse, aber den Elfmeter hätte auch meine Oma gehalten, und er hält ihn nicht fest – hätten Sie nicht gedacht, jemand anderes die Chance zu geben heute?

Stanislawski: Ja, gut. Es ist ein bisschen wie bei Klaus Störtebecker, er hat ja keine Hände, er hat ja eher Haken, und da ist es natürlich schwer, so einen Ball festzuhalten. Aber wir bieten ihn im Moment wie Sauerbier überall an, Ernst Tanner ist da wirklich bemüht, ihn loszuwerden, aber nicht mal, wenn wir dem neuen Verein Geld mitgeben würden. Wir müssen wohl dieses Jahr noch mit Tom Starke vorliebnehmen, und das ist traurig genug. Aber wir versuchen, ihn ein bisschen chemisch kalt an den Rand zu drängen, aus der Mannschaft so ein biss-

chen zu isolieren und ja, ich werde mir Dinge einfallen lassen müssen, dass er keinen Spaß mehr hat bei uns.

Reporter: Uns ist schon aufgefallen, liebe Zuschauer, Tom Starke hat eine Verletzung, auch Holger Stanislawski ist verletzt. Wir vermuten, das hat etwas miteinander zu tun. Sie haben gesagt eben, Sie müssen sich Sachen einfallen lassen: Hat es da Konfrontationen gegeben?

Stanislawski: Ja, es gab eine wüste Schlägerei eben. Und mein Spruch ist immer »Die Großen fallen am schönsten«, deswegen habe ich ihn kurz niedergestreckt in der Kabine. Er ist dann mit einer Pfanne auf mich los und hat die mir einfach auf die kurze Rippe gehauen. Da habe ich mich verletzt. Ich denke, dass ich ihn noch verklagen werde. Und sein Gehalt nächsten Monat – er kennt meine Kontonummer.

Reporter: Das war allerdings auch keine Überraschung. Tom Starke, der verschlagene Blick, immer unrasiert, außerdem Ossi?

Stanislawski: Ja, gut, dazu möchte ich mich nicht äußern. Das ist ja ein ganz heikles Thema. Aber ich bin froh, dass einer weniger Haare hat als ich. Und es sieht natürlich aus wie ein geplatztes Kopfkissen bei ihm auf dem Kopf. Aber gut, das muss er selber wissen, er macht jedes Mannschaftsfoto kaputt, Jahr für Jahr. Und auch da versuchen wir jetzt, ihn zu isolieren.

Reporter: Letzte Frage noch, von meiner Seite: Sie sind von St. Pauli gekommen nach Hoffenheim, von Ruhe und Besinnlichkeit in die Frivolität an sich, Hoffenheim. Haben Sie gedacht, dass es so schlimm werden würde?

Stanislawski: Nein, schlimmer hätte ich es mir nicht ausmalen können in meinen Träumen. Dagegen ist die Reeperbahn wirklich, wie gesagt, ein Kinderfest. Was in Hoffenheim los ist, ist eigentlich mit Worten nicht zu beschreiben – permanent Lärm, Krach. Ich muss mir wirklich überlegen, ob ich das so weitermache. Dennoch, Spieler wie Tom Starke, ich hatte mir das anders vorgestellt. Aber gut, da muss ich jetzt durch. Werde aber mit Dietmar Hopp jetzt sprechen.

Reporter: Herzliches Beileid!

Stanislawski: Danke! ∎

Ben Redelings

… ist Deutschlands erfolgreichster Fußball-Komiker, Bestseller-Autor, Filmemacher und »der ungekrönte Meister im Aufspüren kurioser Fußballgeschichten« (»Deutsche Akademie für Fußballkultur«). Regelmäßig schreibt er für das Magazin »11FREUNDE«, »Reviersport« und »Spiegel Online«. Nach Meinung der »Jungen Welt« tut er dies sogar »um Längen besser als Nick Hornby«.

1975 in Bochum geboren, studierte er Deutsch und Sozialwissenschaften auf Lehramt. Nach dem ersten Staatsexamen siegte jedoch die Liebe zum runden Leder. Seine Fußballabende SCUDETTO sind deutschlandweit bekannt, regelmäßig ausverkauft und genießen mittlerweile Kultstatus.

Ben Redelings hat in den letzten Jahren zahlreiche Bücher und Filme veröffentlicht. Sein Buch »Fußball ist nicht das Wichtigste im Leben – es ist das Einzige« war der erfolgreichste Fußballroman 2008 und wurde für das »Fußballbuch des Jahres 2009« der »Deutschen Akademie für Fußballkultur« vorgeschlagen. Das Magazin 11 FREUNDE schrieb euphorisch: »Reviercharme trifft Kickeralltag – herrlich!«

Blog und Termine:
www.scudetto.de

Buchveröffentlichungen:
Ein Tor würde dem Spiel gut tun. Das ultimative Buch der Fußball-Wahrheiten, *Göttingen 2006*

Der Ball ist eine Kugel. Das große Buch der Fußballbücher, *München 2007*

Fußball ist nicht das Wichtigste im Leben – es ist das Einzige, *Göttingen 2008*

Dem Fußball sein Zuhause. Pöhlen, Pils und Pokale entlang der B1, *Göttingen 2009*

Halbzeitpause. Die Fußball-Klolektüre, *Göttingen 2010*

Freunde der Südsee. Meine Spielzeit, *Göttingen 2011*

Hörbuch-Veröffentlichungen:
Dem Fußball sein Zuhause – Das Hörbuch, *Göttingen 2010*

Filmveröffentlichungen:
Wer braucht schon ein Sektfrühstück bei Real Madrid? Ein Film über Fans des VfL Bochum, *Rösrath 2004*

Wem gehört das Spiel? Ein Film über FIFA, VIPs und Fußballfans, *Bochum 2007*

Die 11 des VfL. Ein Film über Spieler des VfL Bochum, *Bochum 2007*